本书为北京市教育科学"十三五"规划 2020
年度重大课题（课题批准号：BAMA2020423）
最终成果。

陶西平
教育思想研究

方中雄　杜玲玲　著

北京师范大学出版集团
BEIJING NORMAL UNIVERSITY PUBLISHING GROUP
北京师范大学出版社

作者简介

方中雄，现任北京开放大学党委书记，北京市政协教卫体和文化文史委员会副主任，研究员。兼任中国教育学会学术委员、北京市社科联常委、北京市学习科学学会理事长等学术职务。曾任北京市教委基础教育处处长、北京教育学院副院长、北京教育科学研究院院长。长期从事基础教育管理和研究工作，广泛涉猎行政管理、校长教师培训、中小学教育教学研究等工作，主持的多个调研报告成果呈报领导批示，发表论文数十篇，出版专著4部，曾获国家基础教育教学成果一等奖、北京市哲学社会科学优秀成果二等奖。

杜玲玲，北京教育科学研究院教师研究中心副研究员，博士，曾承担北京市财政专项、北京市社会科学基金青年项目、北京市教育科学规划优先关注课题，并作为主要成员参与教育部和北京市多项重点课题。主要研究领域为区域教育发展水平监测、学校评价与改进、教师专业发展等。

前　言

　　陶西平（1937.3—2020.5）毕生从事教育工作，先后任北京市第十二中学校长、北京市教育局局长、北京市人大常委会副主任等职务，并长期担任北京市、全国以及国际相关教育组织、学会协会的领导职务。纵观陶西平的一生，他始终以为党育人、为国育才为己任，至诚至坚，"造次必于是，颠沛必于是"；始终与广大中小学校长、教师、学生在一起，深刻把握鲜活的教育实践；始终善于思考、勤于著述，紧密结合实际工作思考理论问题，阐述教育思想；始终以前瞻的眼光、开阔的胸怀和务实的作风来指导和推动教育改革与发展，为促进国家特别是北京教育的进步作出了重要贡献。

　　陶西平是中国教育改革的参与者和推动者，他视野开阔、思想睿智、知识渊博、工作创新、待人友善、风度儒雅，备受广大教育工作者的信赖与尊敬。研究这样一位具有重要影响的本土教育家，整理其教育思想，是纪念他的最好方式。陶西平的教育人生伴随着新中国成立特别是改革开放以来教育事业发展的辉煌历程，研究他的教育思想与实践，在一定意义上就是从特定的侧面研究改革开放 40 多年中国教育改革与发展的历史，也是研究一位本土教育家的成长历史。陶西平毕生致力于贯彻党和国家的教育方针，致力于研究、解决我国教育改革的各种热点和难点问题，洞悉国际教育的创新前沿，展望教育改革发展的未来图景，以其丰富的教育思想和实践智慧给从事教育政策制定、理论研究和实践工作的人们以务实的指导和深刻的启发。我们坚信，陶西平的教育思想不仅对推动北京乃至全国的教育改革与发展已经产生了重要影响，也对进一步探索中国教育现代化道路有重要的借鉴意义。研究陶西平教育思想，不仅仅是在研究历史，启发当下，也是探索未来教育发展的重要途径。当然，陶西平的教育思想也是特定的历史条件与环境下产生的，也必然有历史的局限性，但这丝毫不影响其思想的价值。

与许多从事基础教育研究、管理工作的同人一样，笔者长期得到陶西平的指导与帮助。每一次聆听他的演讲，每一次读他的文章，每一次得到他的指点，总有醍醐灌顶、豁然开朗之感。陶西平不曾设席授徒，但他的思想影响着大批教育工作者，他是许多人的导师。正是带着传承其思想和尊敬这样一位教育家的感情，在陶西平逝世后，笔者就着手组织队伍开展陶西平教育思想的研究，申报了北京市教育科学规划重大课题。我们深知这是一项十分艰巨的任务，但我们责无旁贷。

我们把陶西平作为一个当代教育发展历史的亲历者和教育改革的先行者去研究，梳理其教育思想的发展历程、主要内容、基本特征与历史影响。相对于这样一个研究定位来说，也相对于回应大批与陶西平长久结交的教育界前辈与同人的期待来说，我们这个以年轻学者为主体的研究队伍在经历与能力上都有所欠缺，但同时也利于我们开展文献的研究并进行客观的分析。我们把工作的重心首先放在及时搜集陶西平的相关研究资料，包括发表及未发表的文章、各类重要讲话、主持起草的重要文件报告、访谈获得的资料等，整理好这些研究资料，梳理好陶西平教育年谱，既为本研究也为后来的研究做一些基础性工作。同时，我们以尊重陶西平本人的观点为重大原则来进行其教育思想的研究，重在将其思想进行结构化、条理化整理，梳理其丰富思想的内在逻辑与历史演进，而不作过多的演绎式的阐述与评价，旨在使我们的研究成果能成为后来研究者进一步深入研究的基础参考。

　　本书是这项研究的系列成果之一，主要在总体上对陶西平教育思想进行历史考察，在全面研究陶西平相关学术文献基础上梳理阐述其教育思想的主要内容，提炼其教育思想的核心观点、内容逻辑和思想特征。书中还附录了由课题组成员吕晓丽收集整理的陶西平教育年表和著作目录。

　　错误与浅陋之处，请不吝赐教。

目　录

引　言

一、陶西平生平

陶西平（1937.3—2020.5）是我国著名的教育家。1937 年 3 月，陶西平出生在北平，祖籍湖南益阳，家中五个兄弟姊妹，其父陶元麟，毕业于国立北平师范大学及国立清华研究院。1947 年，陶西平从南京来到北京，进入志成中学（今北京三十五中）上学。1948 年，陶西平就读于北京四中，担任过学生会主席。1954 年，他以华北五省一市文科第一名的成绩被北京大学历史系录取。1955 年因病中止大学学业。

1955 年 5 月，陶西平参加工作，任北京第九中学教员，开始从事教育工作。1957 年，被打为"右派"，发配到农村务农。1960 年，摘除"右派"帽子，分配到丰台区岳各庄小学任教。1966 年，"文化大革命"

开始,被送去劳动改造。1969 年,任丰台区小屯中学教师、校长,先后教过语文、数学、历史、地理、英语、俄语。

1978 年,陶西平被调到北京市第十二中学任教。1979 年,彻底平反,任北京市第十二中学教导主任。1980 年 9 月 2 日,加入中国共产党。1981 年任北京市第十二中学副校长。1982 年,被任命为北京市第十二中校长。1985 年,获得"全国五一劳动奖章",被评为全国优秀教育工作者、北京市特等劳动模范,被北京市委授予"优秀共产党员"称号。

1986 年,陶西平任北京市教育局党组书记、局长。1987 年,北京市教育局督学室成立,陶西平兼任主任,同年兼任北京市教育科学规划领导小组组长。1988 年,当选中国共产党第十三次全国代表大会代表。同年任"北京教育丛书"领导小组副组长。1989 年,担任《中小学管理》主编和编委会主任。1990 年,当选北京市老教育工作者协会会长、中国教育学会教育管理分会普通教育评价专业委员会理事长。1991 年,陶西平任北京市市长助理兼教育局局长、北京市联合国俱乐部协会主席。1992 年,当选中国共产党第十四次代表大会代表。

1993 年 2 月,担任北京市第十届人大常委会副主任。1993 年 3 月,陶西平卸任北京市教育局局长、党组书记。1993 年 5 月,陶西平任北京教育学会会长,同年,任北京市家庭教育研究会会长,受聘北京市教育学会普通教育评价研究会名誉理事长,当选亚太地区联合国教科文组织俱乐部协会联合会 21 世纪特别委员会主席。1993 年至 1998 年,担任第八届全国人大代表,全国人大教科文卫委员会委员。1994 年,当选北京市教育局关心下一代工作委员会会长。1995 年,当选为联合国教科文组织协会全国联合会主席、亚太地区联合国教科文协会联合会执委会副主席、北京教育学会会长、北京继续教育协会理事长、第七届全国人大内务司法委员会青少年专门小组组长。1996 年，任教育部职业教育研究所指导委员会主任委员。1997 年，任北京教育科学研究院首批顾问和学术委员会委员。1998 年 1 月至 2001 年 8 月，担任北京市第十一届人大常委会副主任。1998 年，担任中国可持续发展教育项目指导委员会主任、北京学研究所名誉所长。1999 年，当选联合国教科文组织协会世界联合会副主席。2002 年，被聘为中国职业技术教育学会顾问。2003 年，担任中国教育学会副会长、中国教育国际交流协会副会长，受聘香港可持续发展教育协会名誉会长、香港可持续发展教育学院名誉院长。2004 年 3 月，退休。

　　2004 年，当选亚太地区联合国教科文组织协会联合会主席。2006 年受聘国家督学聘任审查委员会委员、教育部总督学顾问。2007 年，受聘中国教育学会基础教育评价专业委员会名誉会长、北京市"十一五"第一期校长工作室导师。2008 年，担任中国民办教育协会首任会长、《国家中长期教育改革和发展规划纲要（2010—2020 年）》国家教育发展战略教育公平组组长，受聘担任国家总督学顾问、圣陶教育发展与创新研究院院长。2009 年，担任国家教育发展战略教育公平组组长、中国教育学会中学德育研究会理事长，受聘国家教育咨询委员会委员。2010 年，当选亚太地区联合国教科文组织协会联合会主席，受聘国家基础教育课程教材专家咨询委员会副主任委员。2011 年，受聘海淀区教育督导室督学顾问。2012 年，受聘国家教育考试改革指导委员会委员。2013 年，受聘北京语言文化建设促进会顾问。2015 年，当选为中国教育学会副会长、中国职教学会副会长。2016 年，担任北京明远教育书院学术委员会主任。2017 年，被评为当代教育名家。2018 年，受聘北京市学校德育研究会咨询专家、北京师范大学教育集团专家委员会副主任委员。

2020 年 5 月 19 日，病逝于北京。

二、研究文献综述

陶西平是扎根中国本土的教育家，从普通教师到校长、局长、教育决策者、教育咨询顾问，他常年深入中小学和校长、教师、学生们在一起，广受基层校长和教师的爱戴，是中国教育事业的参与者和推动者。他具有丰富的理论知识和实践经验，对中外教育的历史、现状都有深切的了解和思考，紧紧抓住我国教育的各种热点和难点问题，指向解决问题的根本，着眼教育发展的未来。一路走来，他始终勤奋地学习，并以开阔的胸襟、宽广的视野，保持着高瞻远瞩的姿态，由此带来教育思想的多元性、丰富性和发展性。

陶西平去世后，不少教育界同人表达哀思。国家教育咨询委员会委员、中国教育学会名誉会长、北京师范大学资深教授顾明远撰文称："他不仅有丰富的教育经验，而且视野开阔，思想深刻，总是站在教育发展的前沿，具有很强的教育领导力。他对教育事业的热情和不辞辛苦的奋斗精神，值得我们钦佩和学习。他的逝世是我国教育事业的重大损失。"

2020 年 6 月，《中小学管理》以一组文章缅怀陶西平。1987 年，时任北京市教育局局长的陶西平直接推动了《中小学管理》的诞生，为《中小学管理》确立了办刊定位，并亲自担任首任主编、编委会主任。①

---

① 参见顾明远，刘小伟，罗洁，刘长铭. 缅怀陶西平先生：他把一切都献给了教育事业[J]. 中小学管理，2020，(06)：24.

2020 年 10 月北京十二中编写了《仁心笃行 高山仰止——陶西平老校长追忆录》，收录了部分他在北京十二中的学生、同事、好友的追忆故事，不同的讲述人，不同的讲述风格，但都情真意切，令人感动。这些感人的故事和鲜活的案例，能够帮助读者了解陶西平为推动教育事业发展呕心沥血的一生，以及他优秀的品格和崇高的精神。① 2021 年 5 月，中国教育学会副会长、北京市教育学会会长罗洁主编了《陶西平先生纪念文集》②，收录了陶西平生前好友、有关领导和同事、学界同人、学生等撰写的纪念文章。此外，还有许多学界同人、校长、教师也在报纸、杂志上发表了有关陶西平教育思想的文章。

(一)相关学者对陶西平所关注教育议题的论述

陶西平一生致力于教育实践和教育理论的探索，在明确教育目的、促进教育公平、提高教育质量、提升学校管理水平、加强教师队伍建设等诸多方面皆有重要的思想建树。学者的描述主要集中在以下几个方面：

1. 引领和推动学校内部管理体制改革的理论研究与实践

早在改革开放之初，陶西平在北京十二中对中小学内部管理体制改革进行了专门研究，借助系统论分析学校内部管理诸因素，提出以整体优化的思想对学校内部管理体制进行改革，在全国率先建立校长负责制、教职工代表大会制和教职工聘任制三位一体的学校内部管理制度，推行领导体制、管理体制和分配体制相协调的学校管理改革。陶西平领导的十二中的变革是整体性的改革，不仅体现在办学理念、办学方式、

① 参见北京十二中. 仁心笃行 高山仰止——陶西平老校长追忆录[C]. 北京. 2020.
② 罗洁. 陶西平先生纪念文集. 北京：教育科学出版社，2021.

育人方式、管理方式等方面，还具体到学生的活动、教师的教学等方面。1986 年，陶西平被任命为北京市教育局局长，在他的推动下，北京市分期分批，在试点的基础上全面推进以校长负责制、教职工代表大会制、教职工聘任制、结构工资制度等为主要内容的学校内部管理体制系统性改革。在陶西平的带领下，二十世纪八九十年代，北京市学校管理体制改革工作开展得如火如荼，多次召开学校管理体制改革经验交流会。随后，北京市委、市政府又决定在全市高等教育和成人教育系统全面推行这些改革。陶西平领导创造的北京市教育改革经验，努力探索建立现代学校制度，为我国中小学内部管理体制改革提供了基本框架和实践经验，引起国务院领导和原国家教委的高度重视。北京经验在全国推广，对全国学校内部管理体制改革起到了重要的推动作用。校长负责制、教职工代表大会制、教职工聘任制、评价改革等至今仍是我国学校管理体制改革的主要内容。①

2. 践行素质教育

陶西平是当代素质教育创新实践的先行者。早在北京市第十二中学任教与担任学校管理职务期间，陶西平就率先一步思考与行动，在教育教学及管理工作中实施素质教育，任北京市教育局局长期间，持续多年引导全市校长、教师更新观念，并广泛开展大面积素质教育实践。自二十世纪末开始，他无数次参与全国各地学校教育改革与创新实践的指导、诊断与评估，大量时间与精力主要用于引导与推动当代中国的素质教育。史根东将陶西平践行、指导素质教育的核心理念与实践原则概括为：注重从全民教育向全民学习转变；注重从以课程为中心向以学生为

---

① 参见顾明远，刘华蓉. 陶西平：坚守教育初心[N]. 光明日报，2020-06-20.

中心转变；注重从以能力为导向到以价值为导向转变；注重从知识授受向创新精神培养转变；注重从信息工具的使用向教学模式改进转变；注重从单一测评向综合评价转变。不仅如此，陶西平还以高度的社会责任感与敏锐的批判精神多次指出推进素质教育过程中的偏颇与问题，诸如理念与政策脱节、目标与评估脱节、热点与重点脱节、展示与常态脱节等。继续深耕与扩展素质教育，仍是教育系统未来面临的重要任务。①

3. 借鉴多元智能理论，进行开发学生潜能的实践研究，促进因材施教

"借鉴多元智能理论，开发学生潜能的实践研究"，是中国与美国亚利桑那大学于 2000 年 8 月签署的国际合作项目，先后被批准为中国教育学会"十五""十一五"科研规划重点课题，陶西平是课题总负责人。这项研究开始是针对基础教育，之后拓展到职业教育领域。陶西平在教育理念的建设，改变传统的人才观、教育观、学生观、教学观，尊重学生的个性发展，深化素质教育实践等方面发挥了引领和推动作用。该研究正式注册的项目学校有 106 所，覆盖了全国 11 个省（区、市）。陶西平借助多元智能理论，使素质教育追求的"两全"目标获得了理论依据，聚焦教学改革，特别是课堂教学的改革，并有效推行了多元互动情境化教学和多元智能问题连续体教学两种教学模式，为培养创新人才提供了理论与实践的支撑。②

4. 特别重视教师队伍建设

陶西平任北京市教育局局长期间，北京市率先在全国实行了特级教

---

① 参见史根东. 浅论陶西平先生的历史地位[C]. 罗洁. 陶西平先生纪念文集. 北京：教育科学出版社，2021：87.

② 参见梅汝莉. 陶西平成功引领"借鉴多元智能理论，开发学生潜能的实践研究"[C]. 罗洁. 陶西平先生纪念文集. 北京：教育科学出版社，2021：67－84.

师制度，在教师待遇和医疗保障等方面，北京市也走在全国前列。如教龄满 30 年的教师退休以后可以领取 100％工资，就是北京市的一个创举。他说，只有使教师的待遇和社会地位受到全社会重视，教师得到尊重，才能吸引更多的优秀人才进入教师队伍，才能够培养更多的优秀人才。他强调，教育为本实际上就是以教师为本；在教师队伍建设中，应尤其重视班主任队伍建设。为了培养优秀班主任，在他的推动下，北京市设立了班主任奖励制度——"紫禁杯"优秀班主任奖。在首都教育现代化与教师专业化发展历程中，从政策法规的研制，到师资服务保障体系、研修机制、培训基地的建设与完善，再到教师专业发展路径的设计、骨干校长与教师的培养、国内外师资交流平台的搭建，直至促进教育家成长的生态环境的营造，都倾注了陶西平的智慧与心血。陶西平担任十二中校长期间，办学治校与创办校企双管齐下，改善办学条件和教师待遇，调任北京市教育局局长后，对于教师队伍建设的管理理念是不仅要留住青年教师，还要培养骨干教师，他是在当时条件下拓展在职教师专业发展路径的设计者。1989 年颁布的《北京市中小学教师继续教育暂行规定》，是全国第一个中小学继续教育的地方性法规文件，自此北京市在全国率先实行中小学教师继续教育制度。陶西平在教师成长规律、成人学习特性、首都基础教育改革创新实践需求与教育现代化、教师专业化要求有机结合的基础上，研究教师继续教育的内容与方式，不断提高教师培训的针对性与实效性。为广大教师著书立说建立学术出版阵地，1986 年北京市委、市政府创办"北京教育丛书"，旨在有领导、有计划地组织北京市普教系统的优秀教师总结教育教学经验。在教师全员继续教育全面铺开、步入正轨后，陶西平不失时机地将首都名校长、名教师的培训推上日程。面对新课程新教材，陶西平总是超前研究，捕捉发达国家课程改革趋势，结合国情加以本土转化，并做出前沿性的辅导。对于学前教育、艺术教育、职业教育的师资建设，对于培训者、教研员、专兼职督学的培训，陶西平也都给予关怀与支持，鼓励一线广大教师直接参与教科研实验。

5. 支持校长办出学校特色

陶西平善于用他的经验和学识影响每一位教育工作者。2007 年，在庆祝北京四中建校 100 周年的论坛上，刘长铭校长代表学校做了"大气成就大器——北京四中教育思想与实践"的主旨报告。陶西平充分肯定了"大气成就大器"的说法。[①]

北京第一师范学校附属小学自 1986 年起从"愉快教学"探索做起，逐步扩展到全校快乐教育的整体改革。30 多年间，陶西平到学校调研或给予具体帮助，并先后撰文，为快乐教育以及一师附小的持续发展注入思想内涵与动力。[②]

1984 年，陶祖伟校长在北京市第八中学开始了教育改革实验——实行校长负责制、教师聘用制、工资总额包干制、结构工资制，并取得成功。这是一项富有智慧与创造的改革，由此掀起的北京市教育改革浪潮广泛地影响到京城内外，并迅速引领全国。1988 年陶西平在全市推广北京八中的经验。

陶西平 1947 年至 1949 年曾在北京志成中学也就是今天的北京市第三十五中学上学。1993 年，在三十五中建校 70 周年之际，陶西平为学

①　参见刘长铭. 他把自己完全沉浸在了教育生活之中[J]. 中小学管理，2020，(06)：29－30.

②　参见张忠萍. 给生命涂上明亮的底色——陶西平"实现教育过程的整体优化"思想与一师附小快乐教育改革实践[J]. 中小学管理，2021，(05)：56－58.

校题词："办出特色，培育英才"。在三十五中几十年的教育改革之路上，他持续给予关注和支持。①

1985年，联合国教科文组织在中国的第一个基层俱乐部在北京市第二十六中学成立。1989年，时任北京市教育局局长的陶西平全力支持北京市第二十六中学恢复"北京汇文中学"的校名，对学校办学历程中取得的成就、在中国近现代教育发展史上的地位给予肯定。2007年9月17日，陶西平为北京汇文中学文化手册《百年汇文》作序。30余年间，陶西平给予北京汇文中学的建设和发展多方面亲切关怀与悉心指导，对学校发展历史进程产生深刻影响。②

1987年李金初担任北京十一学校校长，率先进行了公办学校"国有民办制"改革，1992年他将这一改革表述为"自主筹集日常办学经费，自主招生，自主用人，自主工资分配，自主教育教学实验改革"，简称"五自主改革"。1993年陶西平认为"五自主"的概括不简练，也不清晰，建议改进。两天后，李金初报了新的归纳——"国有学校，校长承包，经费自筹，办学自主"，简称"国有民办"。陶西平将"国有学校"改成"学校国有"，将太市场化、不适合学校的"承包"，改成"承办"，学校国有，校长承办，经费自筹，办学自主，简称"国有民办"，他认为这种概括集中反映了十一学校改革的基本特征，从此，"国有民办制"的表述就传遍大江南北，至今仍属经典定义。③

---

① 参见朱建民. 温暖的老人 睿智的长者[C]. 罗洁. 陶西平先生纪念文集. 北京：教育科学出版社，2021：147—149.

② 参见北京汇文中学. 陶西平先生与北京汇文中学[C]. 罗洁. 陶西平先生纪念文集. 北京：教育科学出版社，2021：188—190.

③ 参见李金初. 北京十一学校教育改革的智慧引路人——怀念陶西平主任[C]. 罗洁. 陶西平先生纪念文集. 北京：教育科学出版社，2021：158—161.

　　史家小学原校长卓立回忆说，在他的教育生涯中，处处都得到陶西平具体细致的指导、激励和鞭策。比如，二十世纪九十年代初，陶西平对绿色校园设计蓝图的修改建议。2011 年，史家小学举行和谐教育实施 20 周年庆典，陶西平肯定了卓立校长所倡导的和谐教育，还明确提出了成为教育家校长的三条标准：有执着的教育追求；有明确的教育目标、教育理念，而且贯穿在学校的全部工作中；有显著的教育成效。①

　　1996 年 12 月，"幸福村中心小学"更名为"北京市朝阳区实验小学"，陶西平受校长马芯兰之邀为学校题写了校名。2010 年，陈立华校长确立了"为幸福人生奠基"的办学理念，陶西平指导学校将育人体系的表述凝练为"幸福人生从健康起航，幸福人生让道德引航，幸福人生用习惯护航，幸福人生乘能力远航"。他还多次走进学校，将世界教育改革的前沿信息、发达国家课堂教学的鲜活案例等分享给老师。②

　　陶西平重视校长教师教育思想的宣传传播。早在 1991 年，他就策划组织暑期名校长教育思想宣讲活动，邀请全国最有影响的中小学校长为北京市全体校长分享办学思想与经验。他还特别关心对名师教育教学思想的总结推广，先后多次组织开展孙维刚、马芯兰教学思想的总结宣传活动。2005 年 12 月 6 日，陶西平出席北师大附中为王树声先生从教55 周年举办的教育教学研讨会，集中阐述了他的名师观，强调名师应当有自己的追求、不断地学习、具有很高的素养、有良好的操守、严格

---

　　① 参见卓立. 我们心中的丰碑[C]. 罗洁. 陶西平先生纪念文集. 北京：教育科学出版社，2021：170—174.
　　② 参见陈立华. 感念恩师陶老[C]. 罗洁. 陶西平先生纪念文集. 北京：教育科学出版社，2021：162—164.

的自律。宣传可以使老师有名，但不能使老师成为名师。名师之所以有
名，是因为他在和学生长期互动的过程中，获得了认同，得到了高度的
信任，赢得了学生、家长乃至社会的极高尊重。名师是在一定的环境中
成长起来的。[1]

此外，西安高新国际学校"名校＋"教育联合体校长王志宏、北京市
第五中学校长王蕾、北京市海淀区中关村第三小学校长刘可欣、江苏师
范大学附属学校总校长周愍、北京市通州区潞河中学原校长张世义等校
长也都撰文纪念。

6. 强调重视艺术教育

北京基础教育领域有一张响亮的名片——金帆艺术团，开启于陶西
平当教育局局长的时代。他强调要重视艺术教育和劳动教育，由此开启
了各所学校的金帆艺术团活动，并设立了金帆奖和银帆奖。[2] 陶西平担
任北京市第十二中学校长期间，率先创立北京市第一个中学生民族管弦
乐团，乐团成立之初，只有五六位热爱民乐的中学生。陶西平非常重视
乐团建设，其发展规划体现在三个方面：一是教育特色上坚持民族音乐
教育方向；二是活动形式上坚持开展民族音乐进校园活动，让学生在演
奏民族音乐的过程中享受美的熏陶、体验美的教育；三是发展定位上坚
持规范化和专业化建设原则，借鉴与参考国家一流专业团队的编制与活
动设计，定位为常规课余活动性质的准专业学生乐团。乐团的基本设想
不仅奠定了其发展方向与基本原则，也成为了后来北京市乃至全国中小

---

① 参见刘沪. 回忆陶西平先生在北京师范大学附属中学的一次讲话[C]. 罗洁.
陶西平先生纪念文集. 北京：教育科学出版社，2021：130－133.

② 参见罗洁. 他说自己顶多是一名认真的教育工作者[C]. 罗洁. 陶西平先生纪
念文集. 北京：教育科学出版社，2021：26－31.

学生民乐团的建设指南。① 二十世纪八十年代，陶西平任北京市教育局局长，决定在北京大力发展中小学艺术教育，倡导建立学校艺术团体，在基础教育中广泛播撒艺术的种子。40多年过去了，金帆艺术团已成为北京市艺术教育的名片，从最初的600余名学生发展到了拥有多个艺术门类、119个分团和万余名团员的专业艺术队伍。陶西平始终密切关注金帆艺术团的发展，多次亲自带领艺术团成员出征海外演出、比赛，展示中国青少年的艺术实力。金帆艺术团影响了好几代人，培养了数万名热爱艺术的少年走进艺术的殿堂，绽放最美的自己。他一路帮助、爱护着金帆，大家都称他是金帆的"鼓风人"。②

7. 积极参与促进中国民办教育健康发展

民办教育的发展一直萦绕在陶西平心头，陶西平推动国家在政策和立法层面筑牢了民办教育发展的坚实根基。2003年，中国民办教育首部法律《中华人民共和国民办教育促进法》颁布，陶西平参与了全部调研、起草和宣传工作。③ 2008年，他创建中国民办教育协会，后又发起成立民办教育研究院，进行大量的调研工作，为我国民办教育的健康发展作出了重要贡献。④

8. 积极倡导推动学前教育立法

2001年，时任北京市人大常委会副主任的陶西平力推《北京市学前

---

　　①　参见陶航. 陶西平与中学生民乐团[J]. 北京教育（普教版），2021，(07)：39—41.

　　②　参见鲁晓艳. 金帆远航，让世界充满爱[C]. 罗洁. 陶西平先生纪念文集. 北京：教育科学出版社，2021：184—187.

　　③　参见王本中，夏隽. 谨庠序之教，曾有国士——纪念陶西平先生[C]. 罗洁. 陶西平先生纪念文集. 北京：教育科学出版社，2021：115—118.

　　④　参见顾明远. 缅怀老友陶西平[C]. 罗洁. 陶西平先生纪念文集. 北京：教育科学出版社，2021：11—14.

教育条例》出台，这是全国第一部学前教育地方性法规。此后，他参与推动国家立法，并多次就学前教育发展提出意见。2017 年暑期，陶西平对一些地方在幼儿园开展半日二部制的做法提出意见：如果再出现更多的半日制园，恐怕就很难让老百姓满意了。他提出，要解决老百姓入园难、入园贵的问题，不能仅靠教育内部努力"克服困难"，以牺牲局部利益或降低质量来解决问题，而是要调动全社会各方面的资源，关心学前教育的发展。比如在城市疏解过程中，政府应加强协调，利用中心城区腾退出来的教育用地(高校、职校等)和培训机构、企业、事业单位办公场地，优先、适量建设一批学前教育机构。①

9. 推动职业教育研究和发展

陶西平担任北京市第十二中学校长期间，提出"办学要办厂，办厂为办学"的方针，走出去找市场，拓展办厂资源，将北京十二中的校办工厂发展成"全国效益最好的校办工厂"，这段实践经历可算作陶西平最早的职业教育实践。1986 年担任北京市教育局局长之后，陶西平更是从教育事业发展的高度支持职业教育的发展，其后的几十年间，陶西平始终坚持以党和国家的职业教育政策为引领，及时将文件精神融入到职业教育思想中，为众多职业学校提供实实在在的指导和帮助，坚持与社会产业的发展、职业教育自身发展历程同频共振，从中国职业教育发展的实际问题出发，剖析原因，提出具体的对策建议，有力助推了职业院校能走、会走、走好发展之路。他关注职业教育人才培养的适应性，认为职业教育要提高为社会服务的能力，要将培养人与社会紧密结合，与市场保持零距离，培养出适应社会发展的人。陶西平的职业教育思想有

———————————

① 参见顾明远，刘华蓉. 陶西平：坚守教育初心[N]. 光明日报，2020-06-20.

机融合了可持续发展理论、供给侧结构性改革理论、系统论等思想元素，推动了职业教育的制度性安排，推动职业学校学习借鉴多元智能理论开发学生潜能，为职业教育工作者提供具体可行的改革思路与方案，指导职业学校开展"经营学校""多元成才"、集团化办学等创新与实践，有力助推了职业学校高质量发展。①

10. 教育公平与义务教育均衡发展研究

陶西平参与了《国家中长期教育改革和发展规划纲要（2010—2020年）》的调研、起草工作。担任国家教育发展战略教育公平组组长，后担任国家教育咨询委员会义务教育均衡发展组组长，完成的调研报告实实在在，颇具指导价值。②

11. 区域教育现代化的理论和实践研究

从2003年开始，陶西平主持"区域教育现代化"的研究课题，研究方向是区域教育现代化的途径和评价体系。对全国20个实验区进行了长达十几年的持续跟进研究并完成评估，为我国区域教育现代化的理论研究与实践做出了贡献。③

12. 推动教育评价的理论与实践研究

陶西平在担任北京市教育局局长期间，主持推动北京市教育科学研究所率先将教育评价理论引入我国，借鉴国外理论开展评价功能、评价体系、评价方法的研究，并在北京市试点后在全国推广。1990年成立了中国教育学会教育评价专业委员会，他担任第一任理事长，并连任

---

①② 参见段福生，王于. 陶西平职业教育思想的内容、形成及主要特征[J]. 北京教育（普教版），2022，（06）：50—52.

③ 参见顾明远. 缅怀老友陶西平[C]. 罗洁. 陶西平先生纪念文集. 北京：教育科学出版社，2021：11—14.

15 年。陶西平主持的关于教育评价的研究是较早将教育评价理论引入中国，并在教育实践中应用和推广的，对全国教育评价研究的开启和发展产生了重要影响。此外，北京市教育督导制度的建设，也是陶西平在全国率先提出的，北京市在全国率先成立了市教育局督导室。他到北京市人大工作后，还坚持倡导将市人大的教育督导和北京市教育局的教育督导与学校教育督导、督政督学相结合，进行联合督导。[1]

13. 可持续发展教育的理论与实践研究

1998 年，中国联合国教科文组织全国委员会委托北京教育科学研究院及随后组建的中国可持续发展教育全国工作委员会具体执行中国可持续发展教育项目，陶西平担任中国可持续发展教育指导委员会主任。在他的带领下，该委员会进行了以下几方面的研究：可持续发展教育的时代特色与能力建设，有效推进学校与地区开展可持续发展教育；促进优质教育与深化素质教育；推动将可持续发展教育融入地方与国家教育政策与规划，等等。在全国 10 余个省（区、市）近千所中小学中产生了深度推进素质教育的良好效果，同时促进了将"重视可持续发展教育"理念写入《国家中长期教育改革和发展规划纲要（2010—2020 年）》。[2]他在深入研究国内外文献的基础上梳理了由"环境人口"等与人类发展攸关的问题到"可持续发展教育"的发展趋势，最终确立"教育促进可持续发展"这样一个极具前瞻价值的教育发展视角，进而彰显教育在推动未来公民素养与社会可持续发展目标之间的关系。陶西平不仅为"ESD"项目确立了全新的价值定位，而且身体力行地宣传教育促进可持续发展的先进

---

[1][2] 参见罗洁. 他说自己顶多是一名认真的教育工作者[C]. 罗洁. 陶西平先生纪念文集. 北京：教育科学出版社，2021：26—31.

理念。不遗余力推动"ESD"深化发展。中国可持续发展教育这项在国内外产生巨大影响的教育创新在价值定位、发展方向、推进策略、实践方法和可持续发展等重要环节都深深得益于他的教育视野与具体指导。①

14. 促进国际民间教育交流活动

陶西平对中国民间教科文运动发展起到了重要的推动作用。1986年，北京市联合国教科文组织协会率先成立，并代表中国参加亚太地区联合会，是时，陶西平正担任北京市教育局局长。1995年，中国成立了联合国教科文组织协会全国联合会，陶西平任主席。5年后，他当选联合国教科文组织协会世界联合会副主席。10年后，当选亚太地区联合国教科文组织协会联合会主席。陶西平善于团结和利用不同力量和资源推动教育发展。他提出"多一个角度，多一块阵地，多一条渠道，多一份效益"。中国联合国教科文组织协会组织开展了大量丰富多彩的活动，组织了大批国内校长师生"走出去"、国外校长师生"走进来"。陶西平常年活跃在国际教育舞台上，是向国外讲述中国教育故事、介绍中国教育经验的"使者"，也是在国外发现值得借鉴之处并将其介绍到国内的传播者。他总能敏锐捕捉到世界各地最新的教育改革信息，并选取到可用的"他山之石"。陶西平认为，教育家的成长与培养要有全球化的视野。教育现代化不是西化，要坚持洋为中用、开拓创新、中西合璧、融会贯通。② 无论在北京、上海、蓬莱、曲阜、香港，还是在欧洲与北美洲、南美洲，都留下了陶西平传播中外教育工作者友谊和推动友好合作

---

① 参见张铁道. 陶西平先生对于可持续发展教育创新的贡献[J]. 北京教育（普教版），2021(02)：17—21.

② 参见顾明远. 缅怀老友陶西平[C]. 罗洁. 陶西平先生纪念文集. 北京：教育科学出版社，2021：11—14.

的足迹。他数十年如一日，始终致力于向国际社会介绍与展示中国教育的成功经验，同时积极吸纳与借鉴其他国家先进的教育思想和经验并开展比较研究，通过多样化平台，加深中外教育工作者的友谊，扩大中国教育的国际影响。① 陶西平为推动我国民间教育国际交流事业作出了重要贡献。②

(二)学者对陶西平教育思想特征的提炼

顾明远认为陶西平的梦想是实现教育的整体优化，是实现教育公平而有质量，让每一个孩子都进步。他用一生的理论和实践来推动这个梦想变成现实。陶西平的教育理论与实践，具有鲜明的中国特色、创新特色和国际视野，真正称得上"世界眼光，博学睿智"。他站得高，看得远，善于从各种教育生活中发现教育现象，并从中概括出教育智慧。他思路清晰，分析精准，提出的对策建议既务实可行，又有创新突破。③

史根东认为陶西平之所以能够成为众多教育工作者的良师益友，是因为他的教育信条与工作教诲总能站在理论思考和人文精神的制高点，并且直接指向实践发展与人的发展的现实和长远需要，具体特征有：一是注重引导学习与解读国家重大的政策文件精神，并能够在深入浅出的论述中提出在实践中贯彻落实的具体解决方案；二是注重引导学习与参照国内国际最新教育研究结论与成果经验，通过逻辑严谨的论证与客观

---

① 参见史根东. 浅论陶西平先生的历史地位[C]. 罗洁. 陶西平先生纪念文集. 北京：教育科学出版社，2021：86－93.

② 参见王渝生. 学为人师 行为世范 杏坛园丁 培育桃李芬芳 勇于探究 敢于实践 善于创新 奉献教育终身[J]. 中国科技教育，2020，(05)：76－77.

③ 参见顾明远. 缅怀老友陶西平[C]. 罗洁. 陶西平先生纪念文集. 北京：教育科学出版社，2021：11－14.

周全的评述，帮助人们扩展思想视野与深化实践思考；三是注重在准确全面了解学校与各类对话对象实际情况和需求的前提下，及时提出经过缜密思考而得出的最具创新性、指向性与实操性的工作建议；四是注重时时处处保持学而不厌、诲人不倦、虚怀若谷、谦虚谨慎的工作作风与人格风范。①

成尚荣将陶西平教育思想的文化特征概括为：尊德性而道问学的人格特征，致广大而尽精微的论域特征，极高明而道中庸的取向特征。陶西平教育思想的丰厚、多视角、多侧面并非散乱，而是通过"实现教育过程的整体优化"这一核心主张，将各方面的论域串联、贯通、编织起来，形成网状结构，提纲挈领，彰显其教育思想的整体性、系统性和层次性。这一教育主张是其教育思想的价值观、系统论、本体论和方法论。整体优化既指向教育过程中各要素的优化，更指向对完整的人的培养。追求教育公平、促进教育的可持续发展、推动教育现代化是其三个核心价值要义。陶西平立足于整体优化，着力建构一个较为健全的教育体系，将整体优化落实在体系建构中。在教育的类别上，陶西平关注并研究基础教育、职业教育、民办教育、家庭教育等。在教育的体制上，坚持义务教育以县为主。在教育的机制上，以加强教育督导和教育评价为重点。整体优化需要有切入口和突破口，其中尤为重要的是学校内部管理体制改革与教育评价。学校教育教学改革、管理改革是陶西平教育思想中极为闪光耀眼的一部分，他的那颗心永远在可爱的校园里跳跃。陶西平教育思想的核心关切，表现在对学校素质教育、学校德育、开发

---

① 参见史根东. 浅论陶西平先生的历史地位[C]. 罗洁. 陶西平先生纪念文集. 北京：教育科学出版社，2021：86—93.

学生潜能的关切。①

　　沙培宁认为陶西平在专业写作中表现出深厚的教育情怀与独特的教育智慧。他写得"实""深""杂""广"，他最兴奋、纠结、在意、关注的主题，全部是来源于基础教育改革实践中的"原问题"与"真问题"。② 陶西平洞察时代关切，对当代中国乃至世界教育改革的总趋势以及基础教育多领域、多方面的改革走向作了精准的概括。陶西平从揭示与解析教育现场中多重、多对矛盾的视角，把握大趋向下改革的艰巨性与复杂性，其所触及的是只有进入变革过程本身才会有的真纠结、真冲突、真挑战。这充分彰显了他一贯坚守的实践本位立场和实践思维取向；也为他在更高层次上扬弃理论逻辑与实践逻辑的抽象对立奠定了基础。在陶西平对改革中诸多两难甚至"多难"问题的分析中，可以清晰地看到其独特的解释与解决教育问题的基本框架，特别是渗透其间的辩证思维的方法。陶西平常常在一线改革者容易迷失、游移、走偏、混淆处，给出理性的辨析和方向的指引。因为心里装着大问题，所以即使对实践细节的分析，他也能做到"微而不小"，理清"术"中之"道"，深掘"这样做"的意义；因为有对教育虔诚的敬畏、浓厚的情怀，所以他能在与改革者的共情、共理、共为中，对他们有一份深深的"懂得"；因为以探究与解答实践者的真问题为己任，理实兼备而活用，所以他能辨证施治，一人一方；因为有经年累月的深厚积淀，所以他的文字已淬化至深入而浅出、

---

① 参见成尚荣. 实现教育过程的整体优化——陶西平教育思想评述[J]. 中小学管理，2020，（06）：33－36.
② 参见沙培宁. 永远的"主任"不尽的"絮语"——深切缅怀《中小学管理》编委会主任陶西平先生[J]. 中小学管理，2020，（06）：31－32.

以生动的感性表达深刻的理性的自如境界。①

(三)陶西平所彰显的教育家精神、人格

众多学者、校长、教师怀念陶西平，被他身上所彰显的教育家精神和人格所感动。顾明远认为陶西平是一个不忘教育发展来时路、永不放弃教育理想的追梦人。从直接投身教育改革实践，到退休后致力推动教育改革实践，陶西平的一生，是心怀教育理想，永不放弃追寻的一生。在生命的最后岁月里，只要还能走、能写，他都坚持在国内外四处奔忙，笔耕不辍。陶西平用自己的胸襟胸怀和高超的领导能力推动着一个个理想变成现实。对不同声音，陶西平坚持"兼容并包，求同存异，团结一切可以团结的力量"，鼓励大家不要陷于争论，要一起谋发展。陶西平是教育大家，是温厚长者，也是一个热爱生活、乐观积极的人。与他接触过的人，无不被他的人格魅力所感染，被他关心身边每一个人的长者风范所温暖，被他对生活的热爱所影响。他不仅是教育家，还是真正的大才子。他热爱生活，喜欢音乐、摄影、美食，爱北京的炸酱面，也爱西餐。陶西平的一生充满了教育情怀，他把自己完全沉浸在教育生活之中。他说，只有知晓青少年喜欢什么，才能有针对性地做好教育工作。他听孩子们喜欢的歌曲，也会唱很多流行歌曲，还能用俄语、意大利语、英语、日语演唱。在给幼儿园园长做报告时，他会在结束后播放歌曲《最好的未来》，因为他希望中国的学前教育能给孩子们"最好的未来"。②

罗洁回忆，陶西平曾说自己就是一名教育工作者，顶多是一名比较

---

① 参见沙培宁. 在"涌动的潮流"中"为生命而为"——品陶西平先生两部教育漫笔选集有感[J]. 中小学管理，2019，(09)：58—59.

② 参见顾明远. 缅怀老友陶西平[C]. 罗洁. 陶西平先生纪念文集. 北京：教育科学出版社，2021：11—14.

认真的教育工作者。就是这样一位"比较认真"的教育工作者，在教育实践和教育研究领域辛勤耕耘了整整 65 年。他严谨求实、锐意进取、乐于奉献、甘当人梯、扶持后学，为我国教育事业发展作出了杰出贡献；他严于律己、宽以待人、淡泊名利、博学儒雅、厚德载物，体现了一名模范教育人的优秀品格，展现了一位中国优秀知识分子的精神风貌。①

马宪平经常从陶西平身上感受到一种强大力量，感受到他的人格魅力，对教育事业的热爱与投入，强烈的责任感和担当意识。他将自身的经验与知识无私地、毫无保留地与校长们共享，体现出一种大爱，一种大的教育观。陶西平就像一个磁场，把大家紧紧地吸附在一起。他鼓励校长们召开办学思想研讨会，阐述自己的办学理念和治校方略。不管是对高层领导还是对普通教师，他都善解人意，坦诚相待，助人成功，一辈子把全部身心都献给了基础教育事业。他信仰坚定，始终对中国特色社会主义和中国教育发展拥有无限的信心与豪情；他锐意改革，在教育改革大潮中勇立潮头，敢于实践；他思想睿智，透过现象看本质，对教育的热点、难点问题总是分析得入情入理、入木三分，让人折服；他人品高尚，平易近人，领导者的风范和长者的慈祥集于一身。②

史根东认为陶西平是众多教育工作者拥戴的敬爱导师。由于陶西平积累了多级教育岗位的极其丰富的经验，更由于他几十年如一日，善于结合工作需要学习理论与国家政策，进行深入的理论思辨，并且勤于写

---

① 参见罗洁. 他说自己顶多是一名认真的教育工作者[C]. 罗洁. 陶西平先生纪念文集. 北京：教育科学出版社，2021：26—31.

② 参见马宪平，陶西平. 我成长中的精神导师[C]. 罗洁. 陶西平先生纪念文集. 北京：教育科学出版社，2021：39—48.

作，所以，他不仅能够适时提出一系列重要理论观点，而且善于结合实际加以解读，并提出经过验证的实践思路与解决方案。这就是陶西平思想睿智、思维敏捷、思路清晰，对多方面重大教育问题总能做出不同凡响的正确预判与论述的主要原因所在。无论是就所关注与研究问题的跨度而言，还是就所研究的主题与内容之全面性、整体性、系统性、现实指导性和长远导向性而言，以及就在新时代中国大局与国际大局相互对接背景下开展国际教育比较研究和合作交流的宽广视角而言，其思考、视界、行动、影响，皆更显别具一格、特色非凡，鲜有出其右者。陶西平是集教育理论家、教育实践家、教育活动家于一身的大师型教育家。①

北京市二中校长李有毅纪念文章中称陶西平先生是一位敢于创新的教育实践家，一位造诣深厚的教育理论家，是一位仁心笃行的教育思想家。作为一校之长，陶西平从不高高在上，也从不发号施令；他只是以民主宽厚的姿态倾听教师的心声，并热情地鼓励学生。熟悉陶西平的人，总会被他的虚怀若谷、谦逊和蔼、平易近人、极具亲和力所折服。2006 年，李有毅初任校长时，陶西平就如何把握教育改革形势、如何寻找学校发展路径、如何成为一名优秀校长等给予她细致的指导和帮助，充满信任，每当她工作上遇到瓶颈时，陶西平都能用深邃的智慧和幽默的语言破解难题、指点迷津。②

《中小学管理》原主编孙金鑫将陶西平回归到一个"人"的角度来阅读

---

① 参见史根东. 浅论陶西平先生的历史地位[C]. 罗洁. 陶西平先生纪念文集. 北京：教育科学出版社，2021：86-93.

② 参见李有毅. 仁心笃行　高山仰止——追忆我们的老校长陶西平[J]. 中小学管理，2021，（05）：53-55.

他：他是一个上天眷顾的超常者，他思维敏捷、思路清晰、逻辑严密、决策果断、表述得体，他能记住很多大小事件发生的具体日期和前后情境，也能记住很多日常琐事中的微小细节。他是一个自主成长的逆袭者，他的学问基本源于自学。他的大部分著述，都是在退休以后才发表的。他是一个永不停息的创造者。怀念陶西平的人跨越了各个专业和领域，他一生经历了多种岗位的磨砺，在每个岗位上他都选择了开辟创新，不断进入新的领域，不断创立新的样态，他的创新和创造的原动力源于他争分夺秒的事业紧迫感和强烈的责任感，源于他坚毅的品格，对信仰的持续激情及持久耐力，是一种包含了自我激励、自我约束和自我调整的性格特征。他是一个成就他人的托举者，他一生提携、扶持、关照、保护过无数人。他还是一个特别"有意思"的人，无论遇到什么艰难险阻，心中都永远充满勃勃生机与活力，充满对生命与生活的热爱与情趣，他歌唱得好，舞跳得也有板有眼，爱好摄影，"好看的皮囊"与"有趣的灵魂"在他这里相映成趣。他的身边永远簇拥着一批人，但大部分人其实未必真懂他。但他一定是没有忘记"心"为何物的人。我们每个人遇到的和看到的陶老可能都不一样。但所有不那么熟悉他的人，一起拼成了一个大家熟悉的他。[①]

(四)文献述评

1. 陶西平教育论著概述

一个人的思想可以表现为通过概念的联系，概括地说明现象的本质和规律的理论原理，也可以表现为观点的综合的理论体系。思想是在实

---

① 参见孙金鑫."我还是那颗心"——追忆陶西平主任[J]. 中小学管理，2021（08）：54—57.

践的基础上对客观存在的反映，这种反映是否正确又要通过实践检验。凡是经过实践检验证明符合客观实际的思想是正确的思想，不符合实际的思想是错误的思想。思想对客观现实的发展有强大的反作用，正确的思想一旦为群众所掌握，就会变成改造世界的巨大物质力量。

从其公开出版发表的著作和论文来看，陶西平一生致力于推动我国教育事业的发展，主编《教育评价辞典》(1998 年)、《中国民办教育发展报告(2003—2009)》(2010 年)、"借鉴多元智能理论实践研究丛书"，著作有《让失败率为零——教育整体改革的思考与实践》(2003 年)、《一路走来：陶西平教育漫笔》(2006 年)、《追梦人——陶西平教育漫笔》(2008 年)、《沉浸于求索之中(陶西平自选集)》(2014)、《大家不同大家都好》(2019 年)、《在反思中创新》(2019 年)、《涌动的潮流》(2019 年)、《为生命而为》(2019 年)。

从 1986 年《北京教育》杂志的《实现教学过程整体优化，积极推动首都普教改革》开始，到 2020 年《北京教育(普教版)》的《积极推动人工智能和教育深度融合》，陶西平在报纸杂志公开发表文章约 575 篇，剔除相同文献后约 483 篇，每年发表文章数量详见图 1。

图 1　陶西平文章发表年份统计图

对其 483 篇文章的题目进行编码发现，出现频率较高的是教育、发展、改革、学校、教师、民办教育、素质教育、课程、均衡、公平、创新等，详见图 2。

图 2　陶西平文章题目词云图

这些文章主要发表于《中小学管理》《北京教育（普教版）》《基础教育参考》《中国教育学刊》《人民教育》等杂志，详见图 3。

图 3　陶西平文章来源词云图

　　进一步使用信息可视化软件作为分析工具，通过关键词的共词分析，可以对陶西平的研究文献进行可视化呈现。

　　本书时间分区的设置为陶西平所公开发表文章的 1986—2020 年，每一年为一个分区。通过对高频关键词(选择每一时间段中出现频次最高的 50 个关键词节点数据)的分析进一步了解陶西平所关注的热点和焦点问题。图谱中共有 458 个节点，998 条连线，详见图 4。

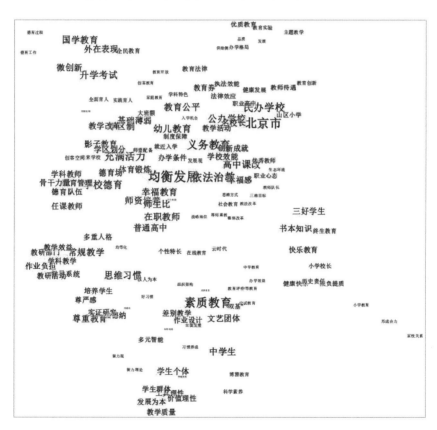

图 4　陶西平文章网络共现图谱分析

　　通过 CiteSpace 检测文献的突变词，得到突变词图谱，详见图 5。

突变词是在较短时间内出现或使用频次较高的词，从图中可以看出，陶西平在某段时间内关注的教育问题以及持续时间。

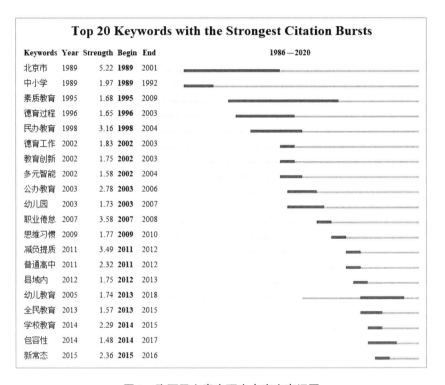

图5　陶西平文章中研究内容突变词图

　　进一步对关键词聚类按时间分析，得到图6的聚类时间线图，从上往下代表聚类的规模大小。CiteSpace根据网络结构和聚类的清晰度提供了两个评价指标，本书的聚类视图评价指标显示：聚类模块值Q＝0.8824(Q＞0.3意味着划分出来的社团结构是显著的)，聚类平均轮廓值S＝0.9375(S＞0.5聚类一般认为是合理的，S＞0.7聚类是高效率令人信服的)，表明视图的聚类效果良好。

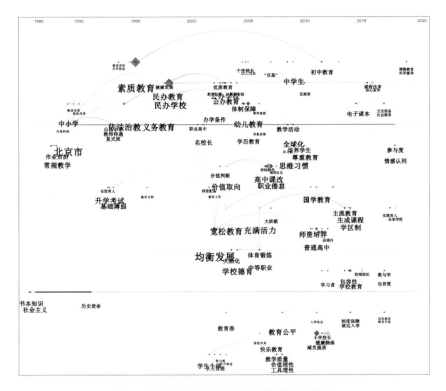

图 6　陶西平文章研究关键词聚类时间线图

除关键词分析外，对文章的研究内容进行初步分类发现，陶西平对学校管理体制改革、中小学整体改革、基础教育改革、教育评价、学校德育、全面素质教育与教育发展和改革、职业教育、民办教育、学前教育、学生多元智能、学生培养、学校法治思维、课堂教学、课程改革、教育公平、教师的智慧、教育优质均衡发展、教师队伍建设、教育创新、学校特色建设、普通高中多样化发展、减负提质、可持续发展教育、美育、家校关系、基础教育的本位价值、义务教育均衡发展、教育多元化、教育家和教育家精神、教育质量、教育现代化、现代学校制度建设、世界教育改革的动向、学校活力、教育科学研究、教育信息化、未来教育等议题都有着广泛深刻的论述。

2. 相关研究文献述评

结合对陶西平教育思想研究现状的综述以及陶西平论著的基本情况概述，可以看出，相关学者所发表的文章，以怀念陶西平为主，一方面是从宏观、整体的角度，介绍了陶西平对当代中国基础教育事业的巨大贡献，另一方面是通过回忆与其交往的实践经历，聚焦于感受到的陶西平所展现出的教育家精神和人格魅力。这些文章从多个侧面、多个角度展现了生活、工作、学习和研究中的陶西平形象，从每一篇的字里行间，能充分感受到一位著名教育家的高尚品格与情操、教育理想与追求。这些文章为进一步开展陶西平教育思想研究提供了大量资料和可借鉴的视角。

不足之处在于，这些回忆或评论性质的文章虽然在某些方面提供了新的素材，揭示了陶西平的人格魅力，初步概括了其对教育发展的贡献，但往往篇幅有限，没有对陶西平的著作、文章进行系统收集和整理，由于依据材料各有偏重或占有不充分，论述主要集中于其教育思想的某几个方面，不足以完整呈现陶西平教育思想的基本面貌，也没有系统归纳和建立其丰富内容的内在结构和逻辑。

三、研究意义和价值

(一)研究意义

陶西平的教育人生，伴随着新中国成立以来教育事业发展取得巨大成就的历程，与这种历程相对应的是，中国并没有大量涌现出与教育发展成就相匹配的有影响力的本土教育家。

当前中国的许多教育研究所阐述的理论多未能充分地分析中国教育现实问题及其相应的本土情境，即使采用了合理有效的分析方法，这些研究也很难为中国本土教育理论的发展贡献知识。究其原因，中国的教育学者更倾向于借用异域(西方)的理论研究中国的教育实践问题，采用异域(西方)研究方法研究本土教育问题，这种不加批判的借鉴甚至全盘引进制约了中国本土的教育理论的生成和中国教育实践发展。瑞典教育家胡森认为："教育作为一个实践的领域，其真正的本质在于地方性或民族性。教育毕竟是由它所服务的具体国家的文化和历史传统形成的。"①

陶西平运用当代教育科学理论的思想和观点，深层次探究我国教育的各种热点和难点问题，并提出解决问题的主张、途径和方法。系统研究陶西平先生的教育思想，微观上，能为学生发展、教师发展和学校管理改革指明方向；中观上，能为区域教育发展政策制定提供参考；宏观上，能为国家教育发展战略提供理论指导。

研究陶西平的教育思想，正是基于其丰富的教育实践经历和教育思想表达，立足中国国情和教育问题，反映或者揭示根植于中国本土情境中的教育元素，为中国教育理论的本土化发展和中国教育的现代化贡献思想资源，具有重要的理论和实践意义。

(二)研究价值

1. 研究陶西平教育思想就是在研究当代中国教育理论和实践

陶西平的教育思想几乎涉及当代教育理论与实践发展的所有领域。研究他的教育思想，就是在研究近 40 年来当代中国教育改革与发展重大问题、解决路径及发展趋势，对深化中国特色社会主义教育理论体系

---

① 胡森. 教育研究的国际背景[M]//瞿葆奎. 教育文集·教育研究方法. 北京，人民教育出版社，1988：56.

与实践体系研究具有重要指导价值。

2. 研究陶西平教育思想就是在探索当代教育改革与创新的历史潮流

陶西平所研究的教育问题从二十世纪八十年代至今长达四十年，时间跨度大；研究内容具有全面性、整体性、系统性、现实指导性和长远预见导向性；研究视角宽，教育理论、教育政策与教育实践相互结合，国内与国际比较借鉴，微观与宏观融通。从实现 2035 年国家教育现代化目标的需要出发，以实施"十四五"教育发展规划为契机，亟须整理、研究、传播陶西平教育思想。

3. 研究陶西平教育思想就是在梳理当代中国教育思想发展的基本脉络，总结当代中国教育理论生长的基本特征

当代中国一方面缺少有系统思想体系的教育思想家，另一方面却又涌现出无数的教育思想家和实践家，陶西平的实践与思想是其中的杰出代表。陶西平是一位教育理论与教育实践的集大成者，研究陶西平丰富的教育思想，将会为全国教育工作者树立起一个献身当代中国教育事业的著名教育家的光辉典范。

四、研究内容与方法

(一)研究内容

教育事业的发展是和国家整体发展态势同步的，人民对更好教育的需求与教育事业发展不平衡和不充分的矛盾也一直在演进，陶西平针对解决这些矛盾和困惑，结合教育理论、教育政策、教育实践方面的新趋势、新突破，形成了一系列的观点与看法。这些观点和看法，是有内在逻辑上、时空上的关联，有其核心的问题和思想主张，有理论的思考，

也有实践的探索。

本研究以陶西平著作、论文、相关史料为基础，结合访谈、座谈，研究陶西平教育思想及其实践。一方面，全面搜集陶西平相关著作、论文、会议发言、访谈报道，以及有关其教育思想与教育实践的史料；另一方面，通过文献及史料研究，结合访谈、座谈，全面、系统梳理陶西平教育思想体系。

通过探讨陶西平教育思想独有的特征，以及它的发展演变、影响力、现实启发等，力求从整体上呈现陶西平教育思想的形成脉络、内容构成、逻辑结构、核心思想、思维特征、重要观点和理论贡献等内容。从而在史料搜集分析、专题研究、座谈访谈的基础上，体系化、结构化梳理陶西平教育思想。

(二)研究方法

1. 文本分析法

教育思想研究的重要载体是著作、文献、史料等文本，通过全面收集相关资料，对其中的文本进行分析，内容涉及陶西平教育观点的各个方面，最终梳理出陶西平教育思想的形成脉络、核心内涵、根本特质及启示。

2. 访谈与座谈

对熟悉陶西平生平及教育思想的相关群体进行深度访谈和座谈，并对访谈资料进行详细的分析。通过访谈与座谈，深入了解陶西平教育思想的形成及其对实践的意义，与文本研究相辅相成，互相补充，使思想体系更全面、更系统。

3. 历史研究

把陶西平视为一位历史人物，运用历史资料，按照历史发展的顺序和人物思想发展脉络研究陶西平教育思想产生、发展和成熟的阶段。

第一章 陶西平教育思想的发展脉络

本章主要阐述陶西平教育思想的发展脉络，分为四节论述其思想产生、发展、成熟、丰富的轨迹，并阐明其思想产生的时代背景、实践探索、核心主张及其发展变化。

理论与实践的充分结合是教育家陶西平极其突出的品质，相应地，其教育思想发展的脉络也有明显的双线结构，一方面是岗位变化带来的实践探索经验，另一方面是与时代发展紧密结合的理论借鉴。

其思想的发展大致可以分为四个阶段：任北京市第十二中校长，全面主持学校工作。尤其是举办校办工厂、推动学校内部管理体制改革，奠定了其教育思想的基础；任北京市教育局局长，领导北京市基础教育改革，教育思想逐步成熟；任北京市人大常委会副主任、国家教育咨询委员会委员、国家教育总督学顾问，参与全国教育督导和调研，推动北京和国家教育发展，教育思想得以充分阐述；作为联合国教科文组织官员，在与其他国家和地区的教育国际交流中，用世界的眼光看教育，思想体系表述更加丰富。

第一节　主持北京市第十二中学工作，奠定其教育思想的基础

陶西平调至北京十二中之前的从教经历留下的记录不多，主要来源于与其共事过的教师的回忆。王金重回忆自己 1968 年初调到新建的小屯中学，与陶西平开始了共处十年的小屯生涯。从 30 岁到 40 岁，在小屯中学的十余年，陶西平经常谈教学，讨论对学生的思想教育和活动。他生活起居有条不紊，干净利落；他的班，很快就搞得有模有样。平时，他不苟言笑，没有闲话，但谈起教学和班级管理，就条理清晰，头头是道，令人折服。小屯中学的老师对陶西平的天赋印象深刻。他带的班，很有特色，出操队列严整，听课正襟危坐，神情专注；他教课，不仅知识严谨，还妙趣横生。学生在语文方面的特长都能被他发现，得到扶植，快速发展。他曾在教导处监管全校教学活动，知识比赛、创作演出，活动不断。由于他认真、谨慎，积极做事，低调、热情，善于助人，众人服膺，是学校实际的教学业务领袖。他设计了不少活动，师生都很支持。他曾在小屯中学讲过全区的观摩课，曾在全市高中语文教师大会上，以个人的气质、学识、讲课的风度，吸引了在场的每一位老

师。类似的言行，类似的事，桩桩件件，不胜枚举。[①]

1978 年陶西平调到北京市第十二中学，1981 年任副校长，1982 年任校长。在北京十二中的近八年时间，正值改革开放初期，国家恢复高考，开始大力发展社会主义的文化教育事业。在这个特殊的历史时期，陶西平以他对时代发展的敏锐把握、对学校教育的深入剖析和对教育改革发展的极大热情，带领全校师生开创了全新办学局面，以一个典型学校的作为推动了北京教育的改革。

一、二十世纪八十年代教育改革的时代背景

1978 年党的十一届三中全会召开，邓小平在全国教育工作会议上，强调教育事业必须同国民经济发展的要求相适应，培养社会主义建设需要的合格人才。为了加速造就人才和带动整个教育水平的提高，必须考虑集中力量加强重点大学和重点中小学的建设，尽快提高它们的教学水平和教学质量。尽管当时国家经济力量有限，难以较大改善教职员工的物质生活待遇，但邓小平仍然强调，必须为提高教师待遇创造条件。[②]

由于教育投资和经费过少，发展教育事业所必需的校舍建设、仪器设备补充和广大教师的物质待遇过低问题，长时期得不到很好解决。"从中小学领导体制看来，现行的体制是党政不分，以党代政，党支部包揽一切行政事务，党支部和校长、行政组织不能充分发挥各自的作用。学校管理的职、权、责不统一，上级对学校管得过多、统得过死，校长无权负责、无法负责、无力负责、无心负责。导致工作上职责不

---

① 参见王金重. 感谢那段岁月[C]. 北京十二中. 仁心笃行 高山仰止——陶西平老校长追忆录. 2020.

② 参见邓小平. 邓小平文选(第二卷)[M]. 北京：人民出版社，1994：103－110.

清、指挥不畅、行动迟缓、效率不高"①。

1983 年，邓小平鲜明地提出："教育要面向现代化、面向世界、面向未来。"1984 年党的十二届三中全会通过中共中央《关于经济体制改革的决定》，明确要在中央领导统筹之下把基础教育管理的责任和权力交给地方政府，逐步实行校长负责制；增加中央和地方政府对教育的投入，同时多渠道筹措教育经费，鼓励和指导企业、社会团体和个人办学。教育体制改革迅速被各级党政机关负责人提上了日程。

1985 年 5 月，党中央、国务院在北京召开改革开放以来的第一次全国教育工作会议，以中共中央决定的形式发布执行《中共中央关于教育体制改革的决定》，提出教育体制改革的根本目的是提高民族素质，多出人才、出好人才；要把发展基础教育的责任交给地方，有步骤地实行九年制义务教育；调整中等教育结构，大力发展职业技术教育；改革高等学校的招生计划和毕业生分配制度，扩大高等学校办学自主权；加强领导，调动各方面积极因素，保证教育体制改革的顺利进行。在教育体制改革中，必须尊重教育工作的规律和特点，要调动各方面的积极性，最重要的是要调动教师积极性。必须紧紧地依靠教师，认真听取他们的意见，充分发挥他们的作用。

二、主持十二中工作，成为北京市教育改革先行者

北京市第十二中始建于 1934 年，在 1978 年 2 月 12 日被确定为北京市首批 20 所重点中学之一。

---

① 陶西平. 启动学校内部活力的理论与实践——北京市学校内部管理体制改革研究[M]. 北京：北京教育出版社，1990：5—6.

1982 年 9 月，陶西平正式担任北京十二中校长。这一年，陶西平45 岁，他想在改革的历史潮流中，走改革的路，真正办出一流的教育。陶西平首先同校党总支书记方军燕畅谈了自己对学校改革的设想。后者同样是位有抱负、有见识的志士同人，她鼓励和支持陶西平团结全校师生员工放手进行改革。他们向全校提出了"同心同德、兢兢业业，为十二中在 1990 年进入首都第一流学校的行列而奋斗"的改革目标。围绕实现这个目标，他们制定了学校发展的两个五年规划。第一个五年规划的任务是打好思想基础、组织基础和物质基础；1986 年到 1990 年为第二个五年计划，争取进入首都第一流学校的行列，在教育质量、队伍、校风和设备的建设上取得新的进展。[①]

(一)改革学校教育管理体制

1978 年 9 月 22 日，教育部颁布《全日制中学暂行工作条例(试行草案)》，规定学校实行"党支部领导下的校长分工负责制"。八十年代初，在中央密集调研和讨论教育体制改革的同一时期，北京市也在探索中小学管理体制改革的出路。丰台区委、区政府领导同志来到十二中，决定在这里实行校长负责制试点。陶西平欣然接受了这一重任，决心为校长负责制摸索出一套经验来。

当时的弊端，一是缺乏科学合理的教职工任用管理制度和充分体现按劳分配原则的运行机制，二是学校使用管理教职工的主体地位未落实，不能充分发挥学校在国家计划和政策指导下自主管理的能动性[②]。因此，在

① 参见李有毅. 仁心笃行，高山仰止——追寻老校长足迹，传承教育家思想[C]. 罗洁. 陶西平先生纪念文集. 北京：教育科学出版社，2021：150—157.

② 参见陶西平. 启动学校内部活力的理论与实践——北京市学校内部管理体制改革研究[M]. 北京：北京教育出版社，1990：6.

推动十二中的办学领导体制改革逐步实行校长负责制之外，陶西平也开始积极探索学校内部劳动、人事和工资制度的改革途径和办法。

陶西平在十二中努力恢复教育秩序，狠抓教育质量和教师队伍建设，特别是对新中国成立以来我国三十年教育事业发展道路和中小学内部管理体制改革进行了专门研究，借助系统论理论分析学校内部管理诸因素，提出以整体优化的思想对学校内部管理体制进行改革的主张。推动十二中在全国率先建立校长负责制、教职工代表大会制和教职工聘任制三位一体的学校内部管理制度，推行领导体制、管理体制和分配体制相协调的学校管理改革。① 1985 年 10 月，学校在总结一年多试行校长负责制经验和教训的基础上，制定《北京十二中校长负责制条例》，规定"学校实行校长负责制"。

1. 校长负责制

北京市从 1984 年开始试行校长负责制，校长负责制的核心是"责任制"。它是现代行政管理的一种岗位责任制。实施责任制必须实现职、责、权的统一。校长是一校之长，是学校的法人代表，对外代表学校，对内统一指挥学校工作，对上级承担管理学校的全部责任。校长的基本责任是遵照党的方针政策和国家的法律法令，以自己的教育思想，去创办一所有特色的社会主义学校；而校长的具体责任，体现在他的任期责任目标之中。为完成责任目标，校长必须有相应的决策权、指挥权、人事权、财务权。②

------

① 参见罗洁. 他说自己顶多是一名认真的教育工作者[C]. 北京十二中. 仁心笃行，高山仰止——陶西平老校长追忆录. 2020.

② 参见陶西平. 启动学校内部活力的理论与实践——北京市学校内部管理体制改革研究[M]. 北京：北京教育出版社，1990：26—27.

北京第十二中学实行校长负责制后，为之前提出的"同心同德，兢兢业业，为在1990年进入北京市第一流学校行列而努力"目标制定了尽可能具体化的指标，如对质量指标，提出变单一的质量结构为多层次的质量结构，所谓多层次结构有两个标准，一是德智体美劳全面发展，二是要有不同的层次，第一个层次是特优生，到1990年要达到当年毕业生人数的10%，第二个层次是优秀生，到1990年要达到当年毕业生人数的50%，第三个层次是三好生，到1990年达到当年毕业生人数的30%，第四个层次是基本合格生，到1990年占当年毕业生人数的10%。

2. 教职工代表大会制

实行校长负责制后，校长责任加重，权力增大，在学校实行校长负责制后建立和健全学校的民主制是非常重要的。涉及学校的重大问题或教师的福利待遇等问题要让群众发表意见。①

教职工的民主管理，一要组织化，二要制度化。北京十二中在实行校长负责制后，相应建立了教职工代表大会制度，教职工代表大会是教职工参政议政的主要机构，参与决策，实行监督。其职权是讨论学校的规划、工作计划和政策方案，参与对学校重大问题的决策，审议校长工作报告，评议校长的工作，通过讨论学校各项工作和提出各项提案对学校工作实行监督，维护职工利益，推动和加强教职工的自我教育等。从1985年到1987年的两年间，学校召开了两届六次全体会议和若干次代表座谈会，讨论通过了《教职工聘任制条例》《评奖暂行办法》《关于贯彻中小学教师职业道德要求的决定》，以及《关于计划外招生入学与管理的

---

① 参见陶西平. 启动学校内部活力的理论与实践——北京市学校内部管理体制改革研究[M]. 北京：北京教育出版社，1990：57.

暂行办法》等重要的规章制度，审理了上百条提案，对一些关系到群众切身利益的问题作出了决定，维护了教职工的合法权益。此外，还评议了学校的领导干部，加强对干部的民主监督，从制度上保证了学校领导体制的群众性和民主性，使校长负责制具有更坚实的群众基础①。

3. 教职工聘任制

由上级教育行政部门根据教育事业的计划和需要派人到学校任教曾是我国一段时期任用教师主要形式，当时，学校没有任用教师的自主权，常发生专业不对口或不称职的情况，降低了教师队伍素质。学校有的部门、学科超编，人浮于事，有的学科人员紧张开不了课，富余的出不去，缺额的补不进，一方面人才积压，另一方面又缺人，劳逸不均现象严重。在分配上又搞平均主义，严重挫伤了教师的积极性，影响教学质量的提高。"聘任制"是指用一定契约合同，聘请某人来校任职，发给教师聘用证书。聘任制冲破了派任制造成的沉闷空气，启动了内部活力。它使校长有了用人权，在聘任中允许教师合理流动，充分发挥教师特长，人员结构趋向合理，从整体上提高师资队伍素质。广大教师的才能得到了充分的发挥，工作效益明显提高。为此，学校制定了《北京十二中工作人员聘任制暂行条例》。

实行教职工聘任制需要落实以目标管理为核心的岗位责任制，明确教职工职责，使教师工作有明确的方向和要求，促使教师按目标完成任务，并依据岗位责任开展教师考核评价。

岗位责任制的目的在于使每个教师明确各自所任职务的职责范围、

---

① 参见方军燕. 我校对中学管理体制改革的探索[J]. 中小学管理，1987(01)：6－12.

具体要求，促使教师保质保量地完成任务。北京十二中把学校看成一个整体，设置学校机构时，从功能分化、信息通畅、合理协调三个原则出发，建立起校级、年级、班级三级直线职能型的行政管理系统，同时还设立教学研究室、思想教育研究室、校务办公室、校长办公室和基建办公室，在五室下面设若干业务组，全校共设有二十一个基层单位，给每个单位制定了岗位责任，给每个工作人员定岗、定责、定权。教职工个人的岗位责任是建立在按年级的教师集体责任制的基础上，实行小循环责任制，以利于实现整体优化，有利于德智体美劳全面发展的方针得以落实。

教师考核评价制度是为了激励教师尽职尽责，不断提高自己的素质和修养，不断提高教育教学质量。北京十二中年终对全体工作人员进行考核，在个人总结基础上，由主管负责人写出评语，填写年终总结考核表，计入业务档案。学校把进行考核评价工作和实行结构工资制结合起来；把评价结果和效益工资直接挂钩，优质优酬，从而提高了教师工作的积极性。①

实施教师职务聘任制，必定有一部分教师要合理调动岗位，对需要调整工作的人员必须妥善安置才能稳定情绪，使教师职务聘任制得以落实。争取多安排一些编余人员到校办工厂从事生产或从事行政后勤工作，对不能继续工作的长期病休人员给予照顾，让他们离岗休养，保证他们得到基本工资和一些政策性补贴。②

---

① 参见方军燕. 我校对中学管理体制改革的探索[J]. 中小学管理，1987(01)：6—12.

② 参见陶西平. 启动学校内部活力的理论与实践——北京市学校内部管理体制改革研究[M]. 北京：北京教育出版社，1990：99.

4. 校内结构工资制

过去学校每进一个人，国家就给一个工资指标。地方、学校完全没有增加教师工资的自主权和灵活性，给教师增加工资只有国家一个渠道。学校无权处置学校各类人员的工资。以职务为主的结构工资，职务的评定，是根据教师的学历、教龄、教学水平等因素来考虑的，但由于没有建立有效的考核、评价制度，对教师无工作量的要求，因而工资同劳动贡献只挂钩一阵子。当教师拿到职务工资后，干多干少都不影响工资，也就丧失了约束和激励的作用。另外，改革开放初期，教师的工资始终处于低谷，挫伤了教师的积极性，尤其是中小学教师的职业缺乏吸引力。从根本上改革教师的工资制度，提高教师的工资待遇，就成了刻不容缓的任务。

北京十二中试行了工作量制和奖惩制，拟定了《北京十二中工作量补贴和职务津贴的规定》，分别规定了教师课时量和职工工作量的计酬方法。提倡教师满工作量，鼓励教师在保证质量的前提下超课时，并按规定发超课时补贴。担任各种行政职务的干部教师，均有相应的职务补贴。这种以责定利、责利一致的原则，增强了各级干部及广大教职员工的责任心、主动性、积极性和创造性。学校还实行了奖惩制度，制定了《北京十二中教职工评奖暂行办法》，推动学校各方面工作不断向上，逐步解决干好干坏一个样的问题。①

(二)发展校办工厂

在学校内部管理体制改革中，有一个不可回避的问题是办学经费从

---

① 参见方军燕. 我校对中学管理体制改革的探索[J]. 中小学管理，1987(01)：6－12.

哪里来。当时国家财政投入不足，只能靠学校自主解决。勤工俭学被视为一个可能的经费筹措办法，其中最重要的是通过校办企业、校办工厂来解决问题。在这方面，陶西平领导的十二中走在了全国的前面。

1."全国效益最好的校办工厂"

北京十二中从 1971 年就开展了勤工俭学活动，进入八十年代，校办工厂得到了迅速发展。工厂从无到有，从小到大，他们白手起家，走上了自力更生，艰苦创业，勤俭办厂的道路。在陶西平任十二中校长期间，为了使校办工厂发展更上一层楼，他和时任丰台区区长李英威、十二中校办工厂厂长杜蕴茹共商办厂发展大计。陶西平提出"办学要办厂，办厂为办学"的方针，以"不等不靠"的精神，将十二中的"全国第一所校办工厂"发展成为"全国效益最好的校办工厂"①。

十二中校办工厂先后建起了以为北京同仁堂生产药丸外壳为主的塑料制品加工厂，为香港顺丰泰参茸有限公司加工西洋参的参茸药材加工厂。后又建成了妙灵美容保健用品厂，发展成为由港商亨利实业有限公司投资的外向型企业。校办工厂的各类产品打入国际市场，行销美国、日本、中国香港、东南亚等国家和地区，使校办工厂走上了外向型经济的道路，而且为外贸出口、创收外汇作出了一定的贡献。十多年间，校办工厂生产不断发展，经营项目不断扩大，到 1988 年前后生产总值累计 2580 万元，利润总额累计 1071 万元，其中 1987 年产值达 441 万元，利润 202 万元。

2. 改造学校校舍

勤工俭学事业的发展，带来了学校的巨大变化。陶西平认为，学校

---

① 参见李有毅. 追寻大师足迹，致敬教育人生——陶西平先生与北京十二中[C].
北京十二中，仁心笃行，高山仰止——陶西平老校长追忆录. 2020.

的首要任务是培养人，是要出人才，提出"不向国家伸手，力争一年一座楼，早日向现代化迈进"的口号，利用校办工厂的收入改善办学条件。

校办工厂的收入，使学校的校舍得到了根本的改造，办学条件有了明显改善。从 1981 年开始，他们用校办工厂的收入，自筹资金，建起了能容纳 800 名学生住宿的学生宿舍楼。宿舍宽敞舒适，每个房间配备大衣柜两个，给学生生活上带来了便利。1985 年竣工的科技实验楼，使该校教学手段又向现代化迈进了一步。实验楼内物理、化学、生物实验设备齐全，还设有电子计算机教室、语言教室、视听教室，并从日本进口成套录像设备，能独立进行摄像、编辑、放像。实验楼内还有史、地、音、美专用教室和能容纳 250 人的学生阅览室，文科、理科教学资料室。办学条件的改善，大大促进了教学科研活动的开展，为提高教育教学质量提供了可靠的物质基础。学校还建成了生活服务楼，内设男女浴池、理发室、洗衣间、缝纫组，大大方便了师生的生活。五年里，他们先后盖新楼五座，总建筑面积 9897 平方米，总投资约 412 万元。办公楼、图书馆楼、电化阶梯教室，总建筑面积 3200 平方米，投资 180 万元，其中国家补贴 70 万元，自筹资金 110 万元。

学校还陆续新建了学生餐厅，翻修了田径运动场、沥青篮球场，翻修了学校大门，铺设了水泥甬道，新建了长廊、假山、喷泉，植草植树，美化校园，使校园园林化，总投资约 30 万元。学校食堂能供应 1400 多人就餐，校办工厂拨款 3 万多元购置了电冰箱、远红外线烤箱、电饼铛、饺子机、切菜机、切肉机、绞肉机、和面机、切面机等，实现了食堂机械化。

3. "提供一流教师福利"

校办工厂的收入除用于修建校舍、改善办学条件外，还特别注意提高教职工的工资待遇和集体生活福利。几年里,他们从工厂提款 652 万元用于以上费用。1983 年投资 32 万元,为教职工购买 35 套住宅,大大缓解了教职工住房紧张的状况。此后几年,在市、区党委和政府的关怀下,又分配了新楼 30 个单元,该校教职工总数 80% 的骨干教职工均住进了三室一厅、二室一厅的楼房。教职工的工资待遇也有了明显提高,1987 年教职工工资外收入平均 800 多元。暑期组织教职工去外地学习、参观、考察,既丰富了知识,扩大了视野,还达到了劳逸结合的目的。

4. 培养学生劳动观念与技能

校办工厂的发展,增加了学校收入,能够改善办学条件,也为学生提供了劳动技术教育的场所,为培养"四有"合格人才创造了条件。1984 年 4 月,学校制定了《劳动技术教育试行条例》,也成立了劳动技术领导小组,由陶西平任组长,聘请专职和兼职的教师开展劳动技术课的教学工作,确定劳动技术课的内容和考核标准,按优、良、中、差评定等级,记入学习成绩及学生档案,把勤工俭学作为培养学生劳动观念和技能的重要途径。

几年内,学校工厂安排了 100 个班、5000 多人次到厂参加劳动学习技术,提高了学生的学习兴趣。根据不同年级,安排不同内容,包括机床常识、无线电常识、缝纫技术、家用电器维修、电工常识、计算机常识、烹饪技术、花卉常识等。不仅扩大了学生的知识面,而且陶冶了情操,发展了智力,培养了能力,是一种很好的社会实践活动。

学校建设与校办工厂之间互相依存、互相促进。校办工厂增加的学校收入,改善了办学条件,提高了教师待遇,能够吸引好教师,稳定师资队伍,为提高教育教学质量创造了良好的环境和条件。十二中的办厂经验也在全北京市、华北地区乃至全国得到推广，成为当时的一面旗帜。

(三)改革教学方法

陶西平在十二中首先实现了领导体制、管理体制和分配体制相协调的管理体制改革。他撤销教导处、总务处，设立了教学研究室、思想教育研究室、校务办公室，提出"以教学为中心，全面安排，各得其所"的办学指导思想①。

1."打造一流教师队伍"

为了打造一流教师队伍，陶西平在十二中建立了年级组管理体制，年级组与教研组双结合教育教学体制；创新了若干例行会议和管理体制，如每学期一次的教育教学研讨会、开学第一天的入学教育大会、第一次校会、第一次住宿生会议、第一节班会、第一堂文化课、参观校史展览等；改革了分配制度，坚持"多劳多得，按劳取酬"的分配原则，创建了"基本工资加奖金"激励机制；一年一度的"教师新秀"评选制度；师徒结对子制度等。通过有效的奖励机制和人人参与的教学实践活动，通过严格要求与宽厚仁爱的有机结合，为教师队伍尤其是青年教师搭建了展示个人能力的平台，营造了宽严相济的教学氛围，推动中老年骨干教师每学期上一节观摩课，引领示范教学研究活动，创造了集体智慧助力下个体良好发展的教学环境。这一系列措施让一批青年教师迅速成长，成为独当一面的教学主力和骨干，使学校尽快走出了教师断层、断档的困境。不仅如此，陶西平还开门办学，亲自带十二中的老师去北京四中

---

① 参见刘惠新. 师恩遍泽，精神永存[C]. 北京十二中. 仁心笃行，高山仰止——陶西平老校长追忆录. 2020.

听课，把北京市的知名教师请到十二中给师生们开办讲座，创造机会组织教师进行各种教学考察和夏令营活动。在这样开放交流的实践中，十二中的教师队伍不断优化，逐步形成了"老中青，多学科，强重点，有特色"的教师梯队和教师队伍体系，实现了"打造一流教师队伍""创一流教学质量"的目标①。

针对教职工政治、成就、业务提高、民主和福利的需要，学校进一步研究了老、中、青不同类型教师的需求，制定相关的解决办法，使得学校教师情绪比较稳定，工作积极性较高，并按照政治素质良好，教育思想端正，业务水平高，教学效果好并且具有求实创新精神的标准前进。②

2."创一流教学质量"

北京十二中在 1978 年刚刚定为重点学校时，学校领导和教师因十二中高考升学率低而感到压力很大，就采取把骨干教师集中到毕业班打翻身仗的办法，升学率虽然明显提高了，但学生的德、智、体全面发展却受到了影响，教师的健康状况也明显下降。陶西平担任校长后，特别强调要端正办学指导思想，努力落实"教育要面向现代化、面向世界、面向未来"的要求，推进教学改革，持久地提升教学质量。

传统教育思想和教学方法往往偏重课本知识的传授，重视课堂教学，重视教师在教学过程中的主导作用，但填鸭式、封闭型的教育思想

---

① 参见马瑞珍. 先生以其特有的人格魅力书写和践行了十二中的辉煌——深切缅怀我的师傅陶西平暨学习传承陶西平教育思想[C]. 北京十二中. 仁心笃行，高山仰止——陶西平老校长追忆录. 2020.

② 参见方军燕. 我校对中学管理体制改革的探索[J]. 中小学管理，1987(01)：6—12.

和教学方法，忽视实事求是精神的培养，忽视学生能力的提高和智力的发展，忽视课外教育，忽视学生个性特长发展，存在明显弊端。为了革除这些弊端，努力提高教育教学质量，陶西平在主导学校教学改革过程中，坚决贯彻整体、开放、求是和发展的精神。他认真研究了新中国成立三十年来教育事业发展的道路，提出了实现教学过程整体优化的主张，把教学改革的重点放在四个课题上，一是加强学生能力的培养与智力的开发，二是发挥学生在认识过程中的主体作用，三是培养学生的创造精神，四是加强课外教育以及发展学生的个性特长。陶西平在学校里支持老师们进行各科课堂教学改革的试验，同时还改革了考试方法。除了笔试考查外，在语文、外语课中试验口试，在数理化生中试验理解能力、动手能力和创新能力的综合考查的考试方法。在智力方面，注意培养学生分析问题、解决问题的能力。学校在初中一年级开设了智力课，对发展学生的观察、记忆、思维和想象力方面进行了指导和训练。[①]

为实现教学过程的整体优化，陶西平重视教学手段的现代化，用先进的科学知识、现代化的教学手段武装学生的头脑。校办工厂的收益使学校的实验室、语言视听设备已达到比较先进的水平，为全面提高教育教学质量提供了充分的物质条件。从 1984—1987 年连续四年，学校升学率达到百分之百。其中 90％的学生考上了重点大学。

当时十二中的教育改革，已经成为全国基础教育界的楷模，前来参观学习取经的单位很多。后来十二中定期举行开放课堂，每周二为开放日，来自全国各地的学校领导和教师都可以进校听课。

---

① 参见柏生. 一步一个脚印——记北京十二中校长陶西平[J]. 人民教育，1986（06）：17—21.

3."培养一流社会人才"

陶西平曾说,培养学生要考虑到四个现代化建设对他们知识和智力发展提出的要求,应当具有远大的理想、高尚的情操、敏锐的思想、广博的知识、很强的自学能力和高度发展的智力,能够牢固掌握先进科学技术知识的基础。

学校坚持德、智、体、美、劳全面发展,对全优学生实行奖学金制度,每学年奖 30 名,每人奖金 30 元,大大激发了学生刻苦学习、奋发进取的精神。此外,课外活动丰富多彩,陶西平认为这是开阔学生视野、陶冶学生情操、开发学生智力、发展学生个性特长的重要阵地,和课堂教学相辅相成。学校的大阅览室订有四百多种杂志,一百种报纸。全校有 36 个学科小组和 11 个文体小组,学校还举办了几十种课外讲座,有文学、历史、地理、自然、科学、体育、音乐、书法、绘画、朗诵、法治常识、国际知识等,还有英雄人物的报告会。①

陶西平还创建了北京市最早的金帆民乐团,十二中民乐队成立之初即在北京市音乐比赛中获得了一等奖。30 多年来,金帆民乐团已经成为十二中的一张金字招牌,经常参加北京市、全国乃至国际的演出并多次获得金奖,取得了令人瞩目的成绩。可以说既体现了特色办学,又贯彻了全面育人的方针,在八十年代的教改中是一大创举。在陶西平成为北京市教育局局长后,他在十二中民乐团成功实践的基础上,提出建立高规格的北京市金帆艺术团的方案,这成为改写北京市乃至全国艺术教育与艺术实践历史的标志,也是陶西平教育成就中浓墨重彩的一笔。②

---

① 参见柏生. 一步一个脚印——记北京十二中校长陶西平[J]. 人民教育,1986 (06):17-21.

② 参见北京十二中民乐团. 扬起民族音乐之帆,开启素质教育之行——记陶西平与十二中金帆民乐团[C]. 北京十二中. 仁心笃行,高山仰止——陶西平老校长追忆录. 2020.

三、学校内的全面实践探索，奠定了其教育思想的基础

陶西平任北京十二中校长期间，提倡教育改革，北京十二中校办工厂的不断发展，使办学经费大幅增加，办学条件得到较大改善，教师福利待遇提高，带来了学校的巨大变化。

学校提出的"办一流学校，打造一流教师队伍，创一流教学质量，培养一流社会人才，提供一流教师福利"的"五个一流"，"注重学校学生可持续发展，整体优化"的办学目标，以及所制定的学校规划和校长负责制、党组织监督保障、岗位负责制等具体的体制改革方案，在当时的学校内外都产生了极大的震动和轰动效应，教育教学质量不断提高，成为全国完全中学中的先进学校，也为北京十二中的长久发展打下了坚实的基础。①

陶西平还在十二中推出一系列首创性举措：建立北京市最早的金帆民乐团，在全国率先建立心理教研室，开设形体课、心理课和综合实验课……十二中的改革成果受到广大师生、各级领导和社会各界的充分肯定，《人民日报》《光明日报》等均做了大量报道和宣传，北京市委、市政府等也对北京十二中的改革给予很高评价。

这一时期，陶西平接触到苏联教育家巴班斯基（1927—1987）教学教育过程最优化理论。巴班斯基是苏联著名的教育家、教学论专家，苏联教育科学院院士，曾任苏联教育科学院副院长。他的研究最大特点是以唯物辩证法为指导，把现代系统论的原则和方法引进教学研究中，对教

---

① 参见马瑞珍. 先生以其特有的人格魅力书写和践行了十二中的辉煌——深切缅怀我的师傅陶西平暨学习传承陶西平教育思想［C］. 北京十二中. 仁心笃行，高山仰止——陶西平老校长追忆录. 2020.

学理论进行综合性探索。[1]

作为校长，作为一个对时代、对问题非常敏感的人，陶西平非常善于思考和学习。对上，了解学校所处的环境和发展定位，对下，了解教师的困难和问题。这也使得他在之后几十年的教育生涯中，能够始终站在学校、教师、学生的立场阐述问题，找到现实困境下的改进和解决路径。陶西平在这一时期的改革有高度的理论自觉，并且通过实践不断证明了学校内部改革的有效性以及对于教育发展的重要意义。理论的启发，加上实践的探索，奠定了其之后论述教育议题的思想基础。因此这是奠定其教育思想的重要时期，为其以后的进一步发展成熟，在北京市乃至全国的教育改革实践中不断完善提供了重要基础。

第二节　领导北京市基础教育改革，教育思想逐步成熟

1986 年，陶西平从北京市第十二中学调任北京市教育局党组书记、局长。1987 年，北京市教育局督学室成立，陶西平兼任督学室主任。1991 年，陶西平担任北京市市长助理兼教育局局长。1993 年 2 月担任北京市第十届人大常委会副主任，3 月卸任北京市教育局局长、党组书记。

一、改革背后的困境与挑战

二十世纪八十年代兴起的教育改革热潮，有其深刻的经济、社会背

---

① 参见张仁贤. 中国教育教学改革实用全书[M]. 北京：经济日报出版社，1996：717—718.

景和时代要求。1982 年，党的十二大把教育列为经济发展的战略重点之一，1985 年，中央作出了关于教育体制改革的决定，1986 年，国家颁布义务教育法，1987 年，党的十三大进一步把教育摆到了突出的战略位置，并通过不断深入的改革，实质性推动教育事业进一步健康发展，其根本政策目标是实现教育现代化，适应社会主义现代化建设的发展需要。

八十年代，教育对推动社会进步的巨大作用越来越被全党全社会重视，教育列入了党和政府的主要议事日程，每年召开教育工作会议，制订实际措施，推动教育的发展和改革。在北京开始出现"尊师重教""科技兴县"的好势头，同时，北京市积极落实中央关于教育工作的政策和指示，发动社会关心和支持教育事业的发展。

由于教育的历史欠账太多，八十年代初期，北京市中小学教育在取得巨大成就的同时，仍然遇到种种矛盾和实际困难。其中反映最为强烈的问题有两个，一是教育经费不足，与教育事业的发展需求严重不相适应；二是没有形成稳定和优化教师队伍的机制。由于自八十年代初以来奉行的计划经济和市场经济双轨制、物价上涨等原因，知识分子与其他行业职业相比存在经济收入脑体倒挂现象；社会上重新出现知识贬值、读书无用的观点；再加上思想政治工作受到削弱等原因，一些地方出现学生厌学、辍学，教师流失等现象，教师队伍不稳定、工作积极性不高。1988 年春天，全国和北京市的人大、政协会上教育问题成为热议话题，人们强烈要求改善教育的处境，寻求出路。

二、领导北京市基础教育改革

(一)推进学校内部管理体制改革，激发办学活力

学校内部的管理体制是教育管理体制的基础，它直接关系到学校这一办学实体的正常运行和发展，也直接关系到教育质量的提高。

中小学内部管理体制改革是关系到教育事业发展全局的重大问题，而且涉及当时北京市近 15 万教职工的切身利益，必须谨慎从事。一方面，需要各级党委、政府对改革的领导，由点到面，积极而稳妥逐步推进；另一方面，改革也需要理论和思想指导，尤其需要对教育本身有深刻理解和实践经验。

时任北京教育局局长的陶西平显然是领导改革的不二人选，他在北京十二中改革试点的实践经验已为全市层面的改革提供了可以借鉴的典型案例，同时他对于教育政策、教育理论的深刻理解，也为他领导全市范围内的学校内部管理体制改革做好了准备。在陶西平的努力和推动下，北京市教育体制改革由点到面、积极而稳妥地开展起来。

在前期改革实践的基础上，全面的中小学管理体制改革在 1988 年推开。当年 11 月 4 日，中共北京市委办公厅、市政府办公厅转发市委教育部、市政府文教办公室、市教育局《关于当前进一步深化中小学改革的几点意见》。该意见提出从 1988 年 6 月到 1989 年底，全市中小学2220 个单位全部实行以校长负责制为中心的，与实行工资总额包干、教职工聘任制、校内分配制度改革配套的学校内部管理体制改革四项改革。

这一系列的改革内在逻辑可以从 1989 年初，陶西平在《中小学管理》杂志上发表署名文章《关于学校管理体制改革的思考》中看得更加清

晰。他在文章中强调：各级党委和政府对教育改革试点的领导是学校内部管理体制改革的重要前提，充分发扬民主，增强改革过程中各项决策的透明度是学校管理体制改革的重要保证。目的是使职工真正成为学校的主人，学校的各项决策，要经过广大教职工的充分讨论，要由教职工代表大会通过，这样才能使改革方案得到多数教职工的拥护，从而得以顺利地推行。提高教育质量是学校管理体制改革的根本目的。改革促使教师合理组合，体现了按劳分配的原则，调动了广大教职工的积极性，这是教育质量提高的重要保证。但是，没有对教育的思想、内容、方法改革的切实领导，没有提高教师水平的扎扎实实的工作，教育质量的提高仍然是一句空话。因而，把管理改革和教育教学工作的改革同步推进，是改革试点的重要经验。[①]

随后改革推向市属中专学校和市属高校。1990 年 6 月到 1991 年初，市属中专学校全面推行了以校长负责制、教育目标责任制、教职工聘任制和结构工资制为主要内容的改革。1991 年 3 月到 1991 年底，市属高校 25 个办学实体全部进入高校内部管理体制改革轨道。到 1992 年底，市属局办技校和成人高校、成人中专全部进入改革轨道。

北京市进行的中小学内部管理体制改革实施后，带来的最大变化是使学校充满生机与活力，极大地调动了广大教职工教书育人的积极性。改革在以下三个方面取得显著成效。

1. 学校领导体制改革

实行改革的学校经过全面考核和一定的民主程序，重新任命校长。进一步健全和完善了学校内部领导体制，初步理顺了党、政、群

---

① 参见陶西平. 关于学校管理体制改革的思考[J]. 中小学管理，1989(01)：6—7.

之间的关系,加强学校领导班子建设,使党组织的政治核心作用、校长的指挥管理职能、教代会的民主管理和民主监督作用都得到了加强。据 1990 年 1 月中旬对北京市 2220 个改革单位的初步统计:有 95 位校长落聘,其中 37 位因不胜任而落聘。校长任职好、较好、一般、较差的分别占 35.86%、49.68%、13.78%、0.68%。市和区县教育行政部门做好校长选拔工作的同时,还加强了对学校领导干部的培训和考核。

各校通过建立管理责任制,实行目标管理、质量管理、制度管理,建立健全各种管理制度,学校内部的民主管理向规范化、制度化的方向发展。

2. 教师队伍管理改革

学校内部管理体制改革的实质是冲破旧体制对教师的束缚,使教师劳动的价值得到社会的充分承认,使教师队伍从旧体制下得到真正的解放。搞活学校的内部机制必须改革学校内部的劳动、人事、分配制度。

实行聘任制,落实编制标准。明确教师职责,提出教师工作要求,长期死水一潭的劳动人事制度,出现了有上有下、有出有进的合理流动。据初步统计,2220 个改革单位有未聘人员 11191 人,占原有人数的 7.61%,通过校内重新安排工作、学习进修、学校之间调动或借调、离退休、在职休养等多种途径安置了 9300 人,调出教育系统的有 944 人,尚待安排工作的有 947 人。此外,从其他系统调入了 438 人。在教育系统内部教职工开始从超编学校向缺编学校、从条件好的学校向条件差的学校、从中学向小学合理流动。教师的平均课时量和职工工作量日趋合理,提高了劳动效率。

教师管理改革激发了广大教职工的责任感。很多学校的干部、教师反映：改革后学校的气氛变了，人心齐了，积极性高了，工作好推动了。出现了"三多一少"的新气象，即出满勤的人多了，服从分配、抢着多干工作的人多了，工作创优的人多了，"挑肥拣瘦""应付差事"的人少了。很多学校长期难以实行的岗位责任制、工作绩效（质量）考核制和奖惩办法得以落实。教职工都在努力工作，工作效率和工作质量有了提高。

3. 分配制度的改革

实行工资总额包干和校内结构工资制，是北京市在推行校长负责制方面迈出的关键一步。实际上把市政府和教育主管部门的部分财权和人权交给了学校，使校长负责制增添了新的内容，增加了新的活力，使学校领导指挥的力度增强，为建立科学的管理体系、实现学校管理的科学化提供了有利的条件和机会。实行了"工资总额包干"和"校内结构工资制"，为择优聘用创造了条件，使教师队伍中的冗员减少，结构趋于合理。由于启动了竞争机制，有能力有责任心的优秀教师能够充分发挥才干与潜力。那些过去不思提高教学质量、熬年头、混日子的教师，产生了"危机感"，有了压力。学校因势利导，狠抓教育教学管理，有力地推动教学改革向前发展，把教学改革引向深化。

1990年，陶西平主编了《启动学校内部活力的理论与实践——北京市学校内部管理体制改革研究》，对北京市中小学内部管理体制改革的历史背景、基本思路、发展过程、初步成效，学校领导体制的改革、教师队伍管理改革、分配制度的改革、教育经费分配筹措与勤工俭学、改革的发展趋势等问题，进行了非常具体的总结和研究。其中谈到，实行工资总额包干和校内结构工资制是学校内部分配制度的重大改革。要把教师的工作质量、效益与收益合理挂钩，必须建立起较科学、可行和民主的评价制度,这是劳动、人事、分配制度改革的又一项配套工程。①

实行工资总额包干和校内结构工资制,促进了教育经费的合理使用,进一步体现了按劳分配的原则,打破了分配中的平均主义,相对合理地拉开了分配档次,提高了教师待遇。其中,工资增幅比较大的是骨干教师和山区教师,稳定了教师队伍。

(二)制定办学条件标准,促进义务教育发展

中小学校内部的正常运转,在相当程度上要依靠教育外部条件的改善。其中增加对教育的投入无疑是首要条件。在当时的历史条件下,这需要政府增拨教育经费,也需要多渠道进行社会集资。

教育经费不足,是一个多年来一直存在的大问题。党的十一届三中全会以后,北京市普通教育经费投入的增长速度开始加快。但中小学办学经费,尤其是除去经常性开支外,用于改善办学条件的经费仍然十分紧张。在陶西平主政北京基础教育期间,全力争取各方支持,通过财、税、费、产、社、基等途径,使得教育投入有很大增加。同时,组织制定中小学办学条件标准,并按照规划推动办学条件达标。在陶西平的推动下,北京市提前通过了义务教育"双基"验收。

1. 多途径增加教育投入

1989 年,北京市中小学校内部管理体制改革全面推开以后,教育经费不适应事业改革和发展的情况,也引起党和政府以及社会各界的高度重视和关心。1986 年北京市人大通过立法,规定:"市、区(县)财政用于中小学教育事业费的增长比例,应当高于财政经常性收入的增长比

---

① 参见陶西平. 启动学校内部活力的理论与实践——北京市学校内部管理体制改革研究[C]. 北京:北京教育出版社,1990:151.

例,并使按在校学生人数平均的教育事业费的公用部分实际上逐年增长"。

陶西平主管全市基础教育期间,一方面确保财政支出中教育经费的"两个增长",使国家拨款保持在一个合理的稳定的增长比例。同时,采取各种措施,使非国拨经费快速增加。通过社会宣传、具体鼓励和奖励办法,向各企、事业单位、社会团体及个人广泛募集教育经费。增加城乡教育费附加,集资助学改善办学条件,增加义务教育阶段的杂费和非义务教育阶段的学杂费。协调各有关方面在政策、制度上扶持校办企业。在资金的分配使用上加以合理的调整,使校办企业收入成为教育经费的一个重要的、稳定的来源。

2. 制定办学条件标准并分步落实达标

1988 年,北京市教育局联合五个单位联合发出《关于颁发〈北京市中(小)学办学条件标准(试行)〉的通知》,该标准分为《中学办学条件标准》和《小学办学条件标准》。分别对中小学教职工的编制及配备,中小学校舍规划面积定额,中小学各科教学仪器配备,体育器材及医疗卫生器械、音乐教学设备、美术教学设备、图书资料配备和中小学教学办公家具设备配备等 9 个方面的办学条件标准作了规定,把办学条件分为基本、一般、较高三个层次。

为了促进标准的落实,北京市自 1986 年起,每年组织以落实达标为重点的义务教育大检查,城近郊区检查,远郊县逐年验收。到 1991年底,城近郊区学校的全部,远郊区县除 53 个贫困山区乡外,全部按规划达到基本标准。

3. 提前通过义务教育"双基"验收

从 1986 年起,我国开始实行九年制义务教育,宣布对义务教育阶段的学生免除学费。全国提出到 2000 年实现两个"基本"。第一是基本普及九年制义务教育;第二是基本扫除青少年文盲。北京市在 1993 年提前实现"两基"要求的基础上,制定了新的教育发展目标。

陶西平强调,质量问题仍然是教育的生命,北京市两基任务基本完成,但全面贯彻党的教育方针,全面提高教育质量的"两全"任务并没有完成,所以主要抓"两全",抓好"两全"的关键是解决"三化":一是办学条件标准化,到 1992 年底全市学校达到北京市办学条件的基本标准,在此基础之上,进一步提高达到一般标准和较高标准学校的比例;二是教师队伍的优良化,1992 年全市狠抓了青年教师队伍建设,虽然仍然存在很多问题,但取得了很大成绩;三是学校管理科学化,学校整个的管理上不去,质量还是上不去。陶西平始终强调抓质量不要每天去算考试分数,关键是要抓以上这三条。①

(三)加强师资队伍建设,提高教育质量

1. 优化教师队伍结构

陶西平任北京市教育局局长之后,非常重视教师队伍建设,努力建设一支整体素质比较好、老中青教师结构比较合理的教师队伍。从"七五"计划开始,补充了大量的青年教师。1992 年教师队伍中 35 岁以下的青年教师占了教师总数的 44.5%,之后还在不断增加。针对十年内将有 30% 的中学教师,34% 的小学教师以及大部分高级教师、骨干教师陆续离开工作岗位,新老教师即将大规模交替的情况,重视并加速青年教师的培养。他始终把尽快培养出一批青年骨干教师和学科教学带头人作为一项带有战略意义的紧迫任务,把建设一支德才兼备的教师队伍作为重大目标。

———————

① 参见陶西平. 全面推进农村教育综合改革[J]. 中小学管理,1993(03):11—13.

2. 培养青年教师

陶西平推动实施"五四工程"，对青年教师工作，提出"五给""四促"的具体要求。

"五给"，即：给要求，从青年教师成长的一般规律出发，分阶段、分层次地提出前进的努力目标；给担子，给青年教师业务实践的机会，压担子，压力变动力；给师傅，给青年教师配指导教师，带业务，带政治、带思想作风、带师德，用党的优良传统和自己的模范行动影响带动青年教师；给条件，通过建立教育党校，提高政治素质，树立正确的世界观与人生观，创造条件帮助青年教师解决实际问题；给鼓励，建立优秀青年教师奖励基金，用于对优秀青年教师的表彰，奖励和组织青年教师参加社会调查、社会实践、出国考察。

"四促"，即：促教育思想的转变、促职业道德的建设、促教育改革、促教育质量的不断提高。促教育思想的转变，强化教育为社会主义现代化建设服务的意识；促职业道德的建设，教师职业道德的核心是忠诚党的教育事业，热爱学生，热爱所教学科，认真负责，为人师表，教书育人，通过多种途径和方式开展职业道德规范活动；促教育改革，继续推进管理体制的改革，教育结构的改革和教育内容和方法的改革，方向是把改革调动起来的积极性，向教育的整体改革延伸，大胆进行教育改革试验，把教育改革渗透到德智体美劳各项教学中去，促进学生主动地、生动活泼地得到发展，把党的教育方针、"尊重知识、尊重人才"的方针落在实处；促教育质量的不断提高，这是教育工作的出发点和根本目的。①

---

① 参见陶西平. 建设一支德才兼备的教师队伍[J]. 中小学管理，1992(05)：12—13.

3. 全面提高教师素质

陶西平十分重视提高教师的素质和业务能力，针对教师实际能力不足的突出问题，提出进修部门主要负责长远的文化素质的提高，教研部门主要负责现实的教师的业务能力的提高。具体的措施方面，包括：重视对大纲教材的研究和辅导；重视组织提高教师业务能力的活动，包括研究课、观摩课、讲座及其他提高业务能力的活动等；重视课堂教学的检查。行政、科研、干训、教研四个系统相辅相成，检查教学状况，分析教学存在的问题，提出指导性意见，同时在提高教师能力方面和教学实验方面进行领导和组织。[①] 通过各种途径在确实提高老师的业务能力上下功夫。

(四)倡导中小学整体改革，全面实施素质教育

陶西平强调，管理体制改革归根结底是为提高教育质量服务的。仅仅实行管理体制改革本身并不意味着保证教育质量的提高，提高教育质量是一个复杂的系统工程，必须要对其他方面进行整体的改革。

改革开放之后，教育领域一直有许多单项的改革，包括学制、课程、教材、考试、教学方法、学校内部的教学改革、管理改革等。陶西平任北京教育局局长之后，认为为了避免在提高教育质量问题上产生新的片面性，有必要强调改革应该进入整体改革的阶段。他以《中共中央关于教育体制改革的决定》为依据，强调整体改革是以提高教育质量为根本任务，对中小学教育的教育思想、教育内容、教育途径、教育方法，以及教育管理、教育环境进行综合的改革。教育整体改革的目标是建立一个有中国特色的社会主义教育体系，并使这个教育体系能为实现

---

① 参见陶西平. 深化教育改革 提高教学质量[J]. 中小学管理，1988(05)：2—7.

第二步直至第三步战略目标打好基础并为之服务。

1. 管理体制改革

主要是启动教育内外部机制的活力。一是整个教育管理体制，实行地方负责分级管理的办法，调动了社会办学积极性，效果很好。二是学校内部体制改革，主要调动学校内部积极性。北京实施了校长负责制、教职工聘任制、工资总额包干制、结构工资制等，取得了明显效果。

2. 教育结构改革

主要是改革原来结构单一的以普通高中为主的中等教育结构转到发展普通教育和职业教育相互结合的复合结构体制，大力培养社会主义建设急需的初中级人才。

3. 教育思想、内容和方法上的改革

陶西平强调主要解决培养人才的质量问题，由"应试教育"向"素质教育"转变。[①] 一是转变教育思想，要把培养优秀人才和提高劳动者素质的任务统一起来，把群体培养目标和个体发展目标统一起来，把重视教育结果和重视教育过程统一起来。

二是大力推进基础教育的改革试验。改革现行的教学计划、课程设置和教材，以适应真正打好基础和发展特长的需要；改革教学思想，加强教学研究，推广教法改革的经验，进一步推动以加强双基、培养能力、发展智力、发挥特长为重点的大面积的教学方法的改革；改革现行的考试制度，取消小学、初中的选拔考试，解决九年连贯的整体改革问题，用毕业会考这样的水平考试作为高中阶段的主要考试，然后改革高

---

① 参见陶西平. 中小学整体改革的若干问题[J]. 教育科学研究，1992(01)：3—4＋20.

考制度；改革教育途径，建立以课堂教学为中心，课堂教学与课外教育相结合，理论与实际相结合，教育与社会生产劳动、社会实践相结合的教育体系；改革学校教育的封闭体系，建立以学校为主渠道，学校、社会、家庭教育相结合的教育体系。

三是努力提高教师队伍的素质，改善师资来源，改革师范教育，改进教师培训制度。教师是素质教育的直接实施者，因此，教师的教育思想、自身素质、教育科学和教育艺术的水平，就对素质教育的实施起决定作用。至关重要的是提高教师队伍的自身素质，首先是基础素质，把它放在队伍建设的极其重要地位。从某种意义上说，推行素质教育的过程，既是提高学生素质的过程，也是提高教师素质的过程，并以此提升带动全社会的物质文明建设和精神文明建设。[1]

此外，改革教育行政部门的领导方式，以适应全面提高教育质量的需要，把教育行政部门的职能放在制定规章制度，进行调查研究，检查督导；调整机构，避免机构设置对基层实行多头领导；调整政策以提高领导素质；调整安排，以集中学校的精力研究整体改革，不能把注意力都集中在管理体制改革，因为教育质量牵扯很多其他问题。[2]

(五)其他重要工作

陶西平在担任北京市教育局局长期间，从 1986 年开始，以主持推动北京市教科所开展教育评价研究为开端，率先将教育评价理论引入我国，开展评价功能、评价体系、评价方法的研究。1987 年，北京市召

---

① 参见陶西平. 学习邓小平教育思想加快基础教育改革[J]. 中小学管理，1995(06)：6—10.

② 参见陶西平. 推进中小学整体改革 全面提高教育质量[J]. 中小学管理，1990(04)：2—4.

开由各区县主管教育的区长、县长和教育行政部门负责人、教育科研人员参加的北京市第一次，也是全国第一次区域教育评价工作会议。1988年6月，北京市教育局公布试行《北京市中小学教育质量综合评价试行意见》，各区县相继制订了区县评价方案和意见；市教育局相继制订了幼儿园、职业高中、师范学校、特教学校等各级各类学校的评价方案。在北京市改革实践的基础上，1990年，中国教育学会专门成立了教育评价专业委员会，陶西平担任第一任理事长，并连任15年。1998年，陶西平主编了《教育评价辞典》，至今仍是教育评价工作者学习和研究的重要文献。

三、全市教育改革的成效，促使其思想逐步成熟

陶西平担任北京市教育局局长的七年时间，正值国家"七五""八五"计划实施，全国深化经济体制改革，全面提高经济效益，确保国民经济持续、稳定、协调地向前发展。他领导开展北京市普教系统的一系列改革取得了显著成效。

陶西平任北京市教育局局长期间，主导了全市普教系统的改革，针对当时经费短缺、缺乏活力、教育质量不高等问题，提出了"办学条件标准化、学校管理科学化、教师队伍优良化"的基本思路。教育事业的发展在大力改善教育外部条件的同时，搞活学校的内部机制。一方面，多渠道筹资，制定办学条件标准，改善学校办学条件；另一方面在加强思想政治工作的同时，改革学校内部的劳动、人事和分配制度。陶西平主持推动的北京市学校内部管理体制改革，是新中国成立以来普教系统进行的最广泛、最深刻的改革，为我国中小学内部管理体制改革提供了基础框架和实践经验。自试点开始时起，就引起了教育界内部的强烈反

响和社会各界的关注，从改革的实践到理论展开了广泛热烈的讨论。

在深化教育改革的过程中，陶西平敏锐地抓住教育改革的牛鼻子——切实提高教育质量，这也是他一上任北京市教育局局长时即十分强调和重视的，"首都普教战线面临的最根本的任务是切实提高教育质量。"陶西平开始思考和倡导整体改革。紧紧抓住"全面提高教育质量"这一目标，论述把握改革整体性的必要性和解决方案。继在北京十二中提出"注重学校学生可持续发展，整体优化"的思想基础上，陶西平针对提高北京教育质量的任务目标，再次强调"必须树立整体优化的思想，推动全面的教育改革"。

这一时期，陶西平全面领导北京市教育局的工作，其关于教育改革的思想逐步形成完整的框架，结合北京市的实践经验，他对于宏观层面的教育管理体制和教育结构，中观层面的学校内部管理体制改革和整体改革，以及微观层面教育思想、培养目标、教育内容、教育方法和途径，已经有了完整的论述，这也是陶西平教育思想成熟的标志。

第三节　推动我国教育发展，教育思想得以充分阐述

1993 年至 2001 年 8 月，陶西平担任北京市第十届、第十一届人大常委会副主任。在此期间先后兼任北京教育学会会长等职。2003 年担任中国教育学会副会长、中国教育国际交流协会副会长。2004 年 3 月退休。因应国家教育现代化发展重大需求，他持续关注学前教育、基础教育和民办教育立法工作，探索教育质量与公平、区域教育发展、教育现代化等时代命题，直接参与了国家教育事业改革发展多项重大决策，体

现了很强的教育思想影响力、教育价值引领力和教育实践领导力。

一、推动教育立法

陶西平在担任北京市第十届、第十一届人大常委会副主任期间，围绕首都改革发展稳定大局，认真履行法律赋予的职权，加强教科文卫体等方面的法治建设。他参与调研和主导制定了教育、科技、文化、卫生等领域的主要立法项目 20 余项，推动《义务教育法》《教师法》《职业教育法》的实施办法和《专业技术人员继续教育条例》等法规的出台，初步搭建了北京市教育法规体系的基本框架。建立了教育法律、法规检查监督制度，推动相关领域各类监督工作近 40 项。持续多年开展"加大对山区教育的投入，改变山区学校的落后面貌"重点议案督办和跟踪检查监督工作，有效推动了北京市城乡教育事业的均衡发展。不断改进检查的方式方法，力求突出重点，讲求实效，在促进北京市加大教育投入，落实教育经费单独列项、实现事权财权统一、解决教师住房困难和推进技术市场、文化市场的发展与管理方面，做了大量工作[1]。

(一)积极推动《北京市学前教育条例》出台

2001 年，时任北京市人大常委会副主任的陶西平力推《北京市学前教育条例》出台，这是全国第一部学前教育地方性法规。此后，他参与推动国家立法，并多次就学前教育发展提出意见。呼吁要调动全社会各方面的资源，关心学前教育的发展。比如，在城市疏解过程中，政府应加强协调，利用中心城区腾退出来的教育用地(高校、职校等)和培训机构、企业、事业单位办公场地，优先、适量建设一批

---

① 参见顾明远，刘华蓉. 陶西平：坚守教育初心[N]. 光明日报，2020-06-20.

学前教育机构。

(二)参与《中华人民共和国民办教育促进法》起草

陶西平思想解放，开放开明，是中国民办教育发展的重要推动者和引路人。早在 1998 年，他就撰文强调发展民办教育要做好立法工作，要坚持依法治教，通过立法，促进民办教育更健康地发展。他曾是《中华人民共和国民办教育促进法》起草领导小组成员，在使用"促进"二字、确定合理回报等关键性问题上，起到了重要作用。2003 年 9 月 1 日，《中华人民共和国民办教育促进法》正式实施。2008 年，陶西平与柳斌等发起成立中国民办教育协会，他担任首任会长，团结、凝聚了民办教育界人士，指导帮助一大批民办教育机构健康快速的发展。

(三)重视《中华人民共和国职业教育法》施行

陶西平非常重视职业教育立法和发展。1996 年 9 月，《中华人民共和国职业教育法》正式施行。1997 年 11 月，他在北京日报撰文《依法治教开创职业教育新局面》，认为《职业教育法》以及北京市实施《职业教育》办法，是教育法制建设和职业教育发展史上的一件大事，标志着北京市职业教育进一步纳入了依法治教的轨道。陶西平强调，职业教育是教育事业极为重要的组成部分，直接地关系到劳动者的整体素质，影响着经济、社会发展的质量和速度，是一个国家生产力发展水平的标志之一，具有重要战略地位。他从逐步完善职业教育体系，努力引导和促进职业教育运行机制改革、提高教育质量和办学效益，规范发展职业教育的资金渠道等方面，对职业教育依法规范、健康发展提出了专业解读意见和建议。

二、推动国家公平有质量的教育体系建设

"八五"期间,我国教育事业进一步发展,取得了显著成绩,但还存在不少问题和困难:国民受教育总体水平较低,人口中文盲和半文盲比重较高且绝对数大,教育体制改革还不能很好适应社会主义市场经济和面向 21 世纪的需要。1993 年颁布的《中国教育改革和发展纲要》提出,我国教育事业发展的目标是,以普及九年义务教育和扫除青壮年文盲为重点,积极发展职业教育和成人教育,适度发展高等教育,优化教育结构,努力提高教育质量和办学效益,形成具有中国特色的、面向 21 世纪的社会主义教育体系的基本框架。

陶西平作为教育部总督学顾问,参与了国家基础教育相关的督导工作,集中围绕贯彻国家有关教育的法律法规和实现"两基"目标做了大量的工作,做出了重要的贡献。通过各种综合的和专项的督导检查,增强了地方政府及有关行政部门依法治教、依法行政的意识,促进了科教兴国战略和教育优先发展的战略地位的落实,进一步规范了学校的管理和教学工作,促进了教育改革和发展。陶西平不同程度地参与了这些年我国基础教育领域几乎所有重大文件的制定和重大工作的战略谋划、组织实施,对基础教育发展发挥了积极的推动作用。

(一)参与国家教育督导工作

1.“两基”督导检查工作

鉴于 2000 年底我国将实现九十年代"两基"工作目标,普及九年义务教育和扫除青壮年文盲成为"九五""十五"期间国家教育工作的重中之重。国家按经济发展水平和教育基础,把全国划分为东部沿海地区、中部一般地区、西部贫困地区,实行分类指导。2000 年下半年开始国家教育督导团组织国家督学对全国 14 个省(区、市)的"两基"工作进行督

导调研，之后又对西部地区完成"两基"攻坚任务进行检查。陶西平作为国家督学，参与了部分省份的督导检查，主要包括：教育经费"三个增长"落实情况，农村学校建设情况，"两基"的攻坚县办学条件达标情况，义务教育阶段家庭经济困难学生资助制度建立和完善情况，加强教师队伍建设的具体措施和成效，保障农村中小学校正常运转所采取的措施和成效，推进农村中小学课程和教学改革的相关措施和成效。陶西平在督导调研的基础上，对边远贫困落后地区的义务教育发展、农村教育经费、农村中小学教师工资拖欠等问题建言献策。

2. 督导评估素质教育实施情况

1999 年 6 月 13 日，中共中央、国务院印发《关于深化教育改革全面推进素质教育的决定》，提出全面推进素质教育，培养适应二十一世纪现代化建设需要的社会主义新人。保障实施素质教育成为教育督导的重要任务，作为教育部总督学顾问的陶西平也参与了相关的督导调研工作，建立指导、监督地方人民政府贯彻教育方针政策情况的机制，主要是建立和完善检查评价领导干部抓素质教育的工作制度。通过"督政"和"督学"相结合，按照教育法律法规、方针政策的要求，对区域推进素质教育工作进行检查和评价，使素质教育的有关改革措施落实到每个地市、县区和乡镇，促进学校遵循教育规律，规范办学行为，提高教育质量。

3. 督导调研教育热点、难点问题

陶西平还参与了减轻中小学生过重课业负担，提高教育质量，开足开齐规定课程，特别是音、体、美课程，开展教师继续教育问题等多个专项督导检查的工作。参与《教育督导条例》的讨论，积极推动国家教育督导工作的体制机制建设。

(二)关注义务教育均衡发展

陶西平特别关注教育公平问题。参与《国家中长期教育改革和发展规划纲要(2010—2020年)》(以下简称《教育规划纲要》)的调研、起草，担任国家教育发展战略教育公平组组长，主持完成调研报告和政策建议。担任国家教育咨询委员会委员后，他任义务教育均衡发展组组长，多次带队深入中西部地区进行专题调研，向国家和当地政府提出了许多富有建设性的政策咨询意见。他带队完成的《成都市以城乡一体化推动义务教育均衡发展》等报告，得到国务院领导充分肯定并批示加以推广。

三、教育思想得以充分阐述，影响力进一步扩大

二十世纪九十年代，教育发展被视为国家战略，频繁出现在中央文件中，但是现实中教育条件却因为经济发展落后、财政经费不足，凸显出巨大的矛盾。在当时的国情下，如何寻找教育改革和发展的出路，是陶西平参与国家层面教育决策咨询中的重要主题。陶西平强调依法治教，在法律的框架内确立教育的基础性、战略性重要地位，解决教育经费不足、教育条件落后、教育公平、城乡教育均衡与优质协调发展等问题，推动民办教育和职业教育发展，以期实现与社会主义经济体制、政治体制和科技体制改革相适应的教育体制改革，培养适合时代发展需要的专门人才和高素质劳动者。

这一时期，作为教育领域的专家和内行，陶西平始终保持学习，无论是推动教育立法，还是参与国家教育督导活动，他都深入实际调查研究，特别是对社会关注的教育难点、热点问题进行深入调研，提供有分量的调研和决策咨询报告。除了推动教育立法，参与国家教育发展重大

政策制定之外，他还公开发表论文近百篇，教育思想得以充分阐述。陶西平总是站在时代发展的前沿，着眼于发展适应社会主义建设事业需要、同时能够发挥引领科技进步和社会发展作用的教育体系，去思考教育改革的主题，他的思想总是观照全局，具有整体性和体系性，同时兼顾教育改革创新过程中的重点，因此总能因时因势而发，既体现出思想的影响力，也体现为实践的领导力。

第四节　用世界性的眼光看教育，思想体系表述更加丰富

2004 年之后，陶西平先后当选亚太地区联合国教科文组织协会联合会主席、中国民办教育协会首任会长、中国教育学会副会长、中国职教学会副会长等，并先后受聘为国家教育咨询委员会委员、国家总督学顾问、国家基础教育课程教材专家咨询委员会副主任委员、国家教育考试改革指导委员会委员。这一时期，他参与大量的教育决策咨询活动，深入全国各地的学校调研指导，参与了大量教育国际交流研讨，写作并发表了内容丰富的教育著作、文章，从思想上、方法上引领着许多领域、许多问题上的教育改革。

一、倡导基础教育特色建设和微创新

（一）倡导学校特色办学

任北京市教育局局长期间，陶西平就开始关注学校的特色建设问题。彼时普通学校的办学风格比较单调，有鲜明特色的学校不多，学校之间至多是水平的差距，绝少有风格的差异。学校按规定设置课程，基

本上使用单一的统编教材，各种级别的统一考试统一了对学校的质量要求。他所积极倡导的各种改革，以支持、鼓励学校努力形成自己的办学特色为目标，以形成千姿百态、生动活泼的局面。为此，他还坚持开展全市"全面育人办有特色学校"的评选、表彰活动。

卸任领导职务之后，陶西平发表了许多关于学校特色研究的文章，并以出访国外所到学校、其他省市及北京市的多所学校为例，阐述学校的特色建设。"办有特色"是校长办学应有的重要指导思想。市、区重点中学必须有自己的特色，通过特色起示范作用，其他各类学校也只有通过发展特色，才能更好地推动整体面貌的改变。特色可以从多方面形成：学科特色、艺术教育特色、体育特色、教育思想特色、校风特色……特色是全面育人的突破口，一旦形成就要保护它、发展它，使之成为学校的宝贵财富和光荣传统，从而推动全面育人的落实。①

2007 年，陶西平出席第二届中国中学校长大会，提出当代中学校长的重要使命就是：在国家教育方针指引下，以不拘一格的方式办好不拘一格的学校，为培养不拘一格的人才打好基础。并引用日本一位女作家的诗句："大家不同，大家都好。"认为我国的现代化教育应当形成这样的学校格局。特色学校的存在与发展，正是"大家不同，大家都好"这种理念在教育中的升华。创建特色学校，是学校优质发展的一个途径，也是整个教育事业优质发展的一个途径。

(二)鼓励学校微创新

学校在追求特色发展的过程中，同质化发展的现象很普遍，学校教育改革难以有真正的突破。学校办出特色，就是要突破陈旧的办学理念

---

① 参见陶西平. 打好质量纵深战 办好教育为人民[J]. 人民教育，1993(01)：13—14.

的束缚，探索各自的发展道路。陶西平鼓励一线校长和教师尊重教育实践，勇于创新，从"微创新"起步，他也总是为校长和教师的创新和进步鼓劲。

教育事业的发展需要政府的统筹和顶层设计，也需要专家的引领，但所有这些都不能取代学校和教师对每天遇到的具体问题的回答。陶西平鼓励校长和教师，寻找解决这些具体问题的途径，同样是实实在在的教育创新，这种创新可能不够宏观，也可能一时不成体系，可将其称为"微创新"，但不能低估微创新的意义。

"微创新"最重要的特点是高度重视实践，校长和广大教师每天所面对的问题，都是"微创新"的切入点。每所学校、每位教师都可以，也应当成为改革者、创新者。这不仅是对学校改革与发展的贡献，更是对中国教育事业改革与发展的贡献。

二、关注国际基础教育改革动向

(一)积极促进教育国际交流

陶西平是促进我国教育国际交流的教育外交家。长期领导与推动我国民间教科文交流运动，搭建了联合国教科文组织协会世界联合会主办的"亚欧教育论坛"等重要教育国际交流平台。他对扩大中国教育的国际影响力、推动我国基础教育借鉴国际经验进行改革创新作出了巨大贡献，同时也对联合国教科文组织在中国的工作作出了巨大贡献。中国联合国教科文组织协会先后发起、举办和参加了10届东亚地区和平文化节、5届蓬莱和平文化节、4届中日韩青年文化节，在推动我国的可持续发展教育，特别是保护环境和资源的绿色发展教育以及文化遗产教育，促进科技、文化交流等方面发挥了积极的作用。

陶西平善于团结和利用不同力量和资源推动教育发展。陶西平提出"多一个角度、多一块阵地、多一条渠道、多一份效益"。中国联合国教科文组织协会组织开展了大量丰富多彩的活动，组织了大批国内校长师生"走出去"、国外校长师生"走进来"。陶西平多次率团赴联合国总部、联合国教科文组织总部、北欧三国参加"中欧知名高中校长论坛""中法知名小学校长论坛""中芬知名高中校长论坛""中瑞知名小学校长论坛"等活动，促进基础教育国际交流与合作，分享我国教育改革经验与成果。他常年活跃在国际教育舞台上，是向国外讲述中国教育故事、介绍中国教育经验的"使者"，也是在国外发现值得借鉴之处并将其介绍到国内的传播者。他总能敏锐捕捉到世界各地最新的教育改革信息，并选取可用的"他山之石"。

80 岁高龄之后，陶西平仍然常年在各国奔走。他肩负中国在联合国教科文组织的许多工作，需要经常出国开会。家人回忆，他每年有亚洲 48 个国家和地区要飞，欧美澳洲也是常客，一年几乎 200 天在外面，航程计百万公里。有时他回国到机场后也不能回家，在机场换下该洗的衣物又飞走了。他为国家奔波，始终无法闲下来，把一切献给了他的事业。

(二)倡导可持续发展教育

在中国联合国教科文组织全委会的指导下，1998 年国内开始启动"中国环境、人口与可持续发展教育"项目，时任联合国教科文组织协会世界联合会副主席的陶西平，担任该项目指导委员会主任。2006 年，联合国教科文组织将该项目更名为"教育为了可持续发展"，从"应当进行可持续发展教育"到"教育为了可持续发展"，教育有了新的功能定位。自实施起之后的二十余年，陶西平始终关注该项目在中国的发展，并推动中国可持续发展教育在国际上的影响力。

教育为人类可持续发展服务，是历史赋予当代教育的历史使命。可持续发展教育旨在以可持续发展的理念影响决策和人们的行为，通过教育形成人的可持续发展的认识和能力，是一种关于价值观的教育。陶西平将其核心理念理解为"尊重"：尊重他人，包括当代人和后代人，尊重差异性与多样性，尊重环境，尊重星球上的资源。以"尊重"的理念引导人的生命发展方向，应当使学生从环境的、经济的、社会的及贯穿其中的文化层面，学会尊重，学会把握生命发展的正确方向。学生在与自然环境、社会环境的交互作用中加深对生命价值的理解。

(三)密切关注教育前沿发展动态

自 2000 年，尤其是 2005 年之后，随着国际交流活动逐渐频繁，陶西平立足中国本土的教育改革和发展，不断介绍有关基础教育的国际前沿动态，通过整合和创新，将国外先进教育理念与实践与我国优秀的教育传统相结合。

陶西平通过对其他国家和地区基础教育学校的考察出发，结合学校的实际情况，引发教育工作者对教育理念、课程设置、课堂教学、学校特色、办学条件、教育评价、制度保障等相关问题的思考。

面对世界各国教育发展中表现出的多样、竞争、反思、改革等共同趋势，陶西平主张在教育开放的过程中，增强创新意识，追求公平和优质的共同价值。提高中国的教育国际化水平，应该把握世界教育发展态势，借鉴国外的课程和课程体系，促进中外合作办学，加强中外学生之间的交流和国际理解教育。

陶西平密切关注国际教育发展前沿动态，尤其是联合国教科文组织通过的相关教育报告，如 1972 年的《学会生存》、1996 年的《教育：财富蕴藏其中》、2000 年的《全民教育行动纲领》、2002 年的《可持续发展世界首脑会议实施计划》、2004 年的《关于提高所有青年教育质量优先行动事项的建议》、2010 年的《2010 年全民教育全球监测报告》《到达最边缘》、2012 年的《塑造明天的教育》《2012—2015 教师战略》、2015 年的《仁川宣言》《改变我们的世界——2030 年可持续发展议程》《处于争论和教育改革中的课程问题——为 21 世纪课程议题做准备》《反思教育：向"全球共同利益"的理念转变?》《教育 2030 行动框架》，他还介绍过 OECD 的 PISA（国际学生评估项目），以及美国、日本、英国、法国、德国、新加坡等其他国家有关教育改革的相关动态。直到 2018 年、2019 年，已逾 80 岁高龄的陶西平仍然撰文传递有关 STEAM 课程的教育发展动态和英国精英教育与教育公平的相关思考。

(四)重视人才素质培养

陶西平关注世界教育改革动态的同时，始终关注世界各国对人才素质的要求和培养。在 1996 年"九五"计划和《2010 年远景目标纲要》实施之际，陶西平就开始介绍国际主要组织和国家对学生核心能力的界定，并与我国的素质教育相结合。2000 年，陶西平作为课题总负责人，代表中方与美国亚利桑那大学开展多元智能的国际合作研究，借鉴多元智能理论，指导开发学生潜能的实践探索，与中国基础教育改革相结合，推进落实素质教育。2015 年，通过介绍美国的"21 世纪学习框架"和新加坡的"21 世纪技能"框架，强调我国创新人才培养中的关键能力，如品格与道德培养、创造力、批判性思维、沟通和协作能力、信息与通信技能等，并以此论述即将引起的教育变革和对教师专业发展提出的挑战。

三、思想体系表述更加丰富

从 2004 年卸任教育行政领导职务，到 2020 年辞世，在全面建成小康社会和科教兴国背景下，陶西平的教育思想表述也更加丰富和全面。这一时期，《国家中长期教育改革和发展规划纲要（2010—2020 年）》《中国教育现代化 2035 》《关于深化教育教学改革全面提高义务教育质量的实施意见》等重要文件相继颁布和实施。陶西平紧跟时代发展，倡导基础教育创办特色的思想，直接影响了北京和全国基础教育发展走向；他积极促进教育国际交流，借鉴国际经验，扩大中国教育的国际影响；他特别支持民办教育事业；他推进素质教育研究，关心教育公平和优质均衡改革，参与制定《国家中长期教育改革和发展规划纲要（2010—2020年）》；他倡导教育理论创新、制度创新和实践创新，强调学生全面发展，不断践行实现教育过程的整体优化思想。这一时期他公开发表论文数百篇，涉及教育领域的方方面面，通过国际教育考察、交流、学术研讨、学校活动，他的教育思想产生了广泛的实践影响力。

第二章 学生培养："人人成才、人尽其才"

"培养什么人"和"怎样培养人"是当今世界教育改革和发展的核心课题。

本章主要阐述陶西平关于学生培养的教育思想，分为三节：以什么样的理念培养学生，培养什么样的学生，促进学生素质发展的理论与实践。

"人永远是目的"，陶西平认为这是全部教育活动的出发点和归宿。在任何情况下，要始终把人作为目的而非手段。学生的发展永远是教育活动的目的，也是教师专业发展的目的。"每个学生都是重要的"理念让他对所有教育问题的思考能够回归教育本源。陶西平追求实现教育过程整体优化的终极目标是"人人成才"，这种追求始终体现在他的学生观、教育观、质量观和改革观之中。陶西平始终坚持教育要面向每一个学生，他主张"人人成才，人尽其才"，人都是可以成才的，只是他们的优势智能领域不同。"人人成才"是培养不同类型的人才，而不是将所有人都培养成同一类型的人，每个学生都是不同的。"教育是为所有学生的持续发展服务。"要认真了解每个学生，创造适合每个学生发展的教育。让学生树立正确的价值观是教育价值最重要的体现，全面提高学生素质是教育的基本任务。教育改革和发展的根本目的是提高民族素质，多出人才，出好人才，要把学生放在正中央。

学生发展是回答"培养什么样的人"的问题。在为学生打下良好素质的基础上，陶西平始终关注时代发展对学生素质发展的不同要求。陶西平认为品德、智力、体质是基础教育应当为学生奠定的最重要的基础，而能不能在这三个方面都打好基础，最重要的检验尺度即是否形成了良好的习惯。"向上"的信念和"向善"的价值观是基础教育价值的真实体现。学生终将走向社会，社会责任感和自我和谐是学生适应社会的基本素质。学生应具备的、能够适应终身发展和社会发展需要的必备品格和关键能力还包括：服务国家人民的社会责任感，即规则意识、民族自信和担当精神；用于探索的创新精神，即批判性思维、综合思维；公民意识；高阶思维能力；合作能力；口头表达能力等。对国家而言，我国进入人力资源强国的关键因素是培养创新型人才，中小学阶段，要培养学生良好的发散性思维和批判性思维习惯，注重学生提出问题和独立思考的能力，以及科学素养和信息素养。

全面提高学生素质是教育的基本任务，陶西平认为基础教育就是素质教育，素质教育的实质是全面贯彻国家的教育方针，由应试教育向素质教育转变，需要转变教育思想、大力推进改革试验、努力提高教师队伍的素质。基础教育的独立价值是育人不是选拔，素质教育的实质是开发人的潜能，"人尽其才"是针对人的先天智能结构不同，创造或者提供适合每个学生发展的教育，必须重视全面发展与因材施教的统一。

第一节　教育追求的终极目标：人人成才

陶西平认为人都是可以成才的，只是每个人的优势智能领域不同。孩子是不同的，每一个人都是可以学好的，没学好是因为没找到适应他的智能特点和学习方法，因为用现在这种教学形式，对于一个逻辑智能和语言智能相对发达的人，他比较容易接受，但是忽视了其他智能比较发达的人如何能够学好。因此，在教育过程中要通过因材施教，最终达到人人成才、人尽其才的结果。

一、学生观、人才观："人都是可以成才的，只是他们的优势智能领域不同"

（一）每个学生都是重要的

陶西平一直坚持，在任何情况下，要始终把人作为目的而非手段。把人作为目的，这是人类尊严的基础。学生的发展永远是教育活动的目的，也是教师专业发展的目的。任何时候都不能把学生当成手段。要树立"每个孩子都很重要"的理念，使每个孩子都能在教师关爱的目光里，体会到自身的价值，体验到自身的尊严。学生是学习的主体，学生爱学、学会、会学是教学中的关键问题。教师的主导作用在于使学生充分发挥主体作用。将"每个学生都是重要的"理念贯穿于教学过程之中，这是教育过程公平和结果公平的重要体现，是回归教育本源，也是义务教育均衡发展的重要标志。

(二)每个学生都是不同的

陶西平始终坚持教育要面向全体学生并为全面提高学生素质服务，"面向全体学生"应该理解为面向每一个学生。学生既有共同的生理基础、生存方式、时代特征、发展环境等方面的共性，也有生理基础、智能结构、不同时代、不同地区、生存环境和成长历史等方面的差异。

他批判性地阐述了许多以"理想的学生"为对象描述的教育规律和模式，认为这些规律和模式可以提供指导和借鉴，但实践中往往并不能取得预期的教育效果，因为实际上并不存在"理想的学生"。每个学生的智能结构以及原有的学习史造成的发展基础与水平的差异决定了他与别人的不同，而且影响每个人内因发挥积极作用的外因也不尽相同，教育学发展的原动力来自这一个个不同的"非理想"的人。如果教育只停留在对一般规律进行研究与应用的层面，以假设的学生逃避现实的、具体的学生的挑战，并以固定的模式为标准，对教育教学工作作出评价，就难以真正引导学校和教师面对现实的、个体的差异，也难以发挥学校和教师的创造性。

(三)人人都能成功，人才是素质基础和个性特长的统一体

陶西平始终坚持"人人都能成功"的学生观，坚持用欣赏的眼光看待学生的优点，用发展的眼光看待学生的缺点。

人才是素质基础和个性特长的统一体。人人成长就是培养不同类型的人才，而不是将所有人都培养成同一类型的人，也不可能培养出理想的一模一样全面发展的人。每个人总会有某些方面的优势，又总会有某些方面的不足。成为人才的总是那些基础素质良好而优势智能得到充分发挥的人。

学生要全面发展，就是素质基础和个性特长都得到充分发展，"全面发展"不是所有方面都一样的均衡发展，也不是平均发展。全面发展应该是扬长补短，而不是填平补齐，要引导学生发现自己的优势，发展自己的兴趣，发现自己的特长和不足，引导学生正确认识自己。如果教育不能真正扬长然后补短，就永远难以培养出优秀人才来。他一再提倡基础教育应当为培养"图钉式"人才打好基础。宽厚的素质基础就像图钉帽，精专的个性特长就像图钉针，两者紧密结合，才能像图钉牢牢地钉在墙上那样，为未来的创新型人才打下真正全面的基础。

二、教育观、教学观："教育是为所有学生的持续发展服务"

教育是学生自身主动发展的过程。树立学生的自信，适应学生的需求，激发学生的兴趣，然后引导他塑造更好的自己，才是真正的教育，才是家长和教师应当承担的责任。以家长和教师的主观设计与安排代替学生的主动发展，以家长和教师对学生的刚性要求与规范代替学生的自觉行为，都有悖于教育的真谛。教育学是人学，脱离了人的发展就不是教育；脱离了研究人，特别是脱离了研究不同类型、不同个体的人的发展，就不是真正的教育学。①

(一)认真了解每个学生

陶西平认为好的教育是在了解学生、研究学生基础上进行的教育。提高教育质量必须以教师的发展为本，而教师队伍的建设应该以学生的发展为本。着眼点放在使教师面向全体学生的全面发展上，教师是在促进学生发展的过程中实现自身的价值的，是在与学生互动的过程中发展

---

① 参见陶西平. 塑造更好的自己[J]. 中小学管理，2007(05)：57.

自己的，决不能将教师为学生发展服务的目标倒置。要突出强调研究学生、为学生发展服务的问题。教师如果以为自己通过学习，了解了一些规律性的东西，了解了学生的共性，不去研究自己所面对的学生的个性，自己的专业发展就能实现，就如同一个不对病人进行诊断的医生以为能开出治病的良方。

陶西平将对学生的研究分为三个层次：一是对学生群体进行研究，把握当代学生的脉搏；二是对不同类别的学生进行研究，如学生价值观、学习方面都大致分为几种类型；三是对个体学生的研究，这是为了避免教师习惯于把一个"班"作为思考单元，而忽视对一个一个学生的了解和把握。

基础教育立足"每个学生"，学校从关注整体到关注个体，从关注百分比到关注每一个学生，是教育观念的更新和回归。在关注每一个学生发展的前提下，促进学生个性化发展，不仅是教育理念的革新，更是未来发展基础教育的价值取向。陶西平认为，应当从解决校长和教师根深蒂固的教育价值观入手，促进其教育观念的转变，进而转变教师的教育行为，特别是在班级授课制度的群体教育背景下引导学校做到促进学生个性化发展，并探索在学校管理、课程建设、教育过程、教育评价等各环节中落实学生个性化发展的制度建设。只有当教师能够对所教的学生进行个性化反馈的时候，学生的自主学习才能成为现实，因材施教才能取得实质性进展。而了解学生、研究学生恰恰是现在教育现实中的薄弱环节。教师说课时，要说教学内容、教学方法、教学过程，但首先应该说学生。

针对很多地区学校班额比较大、教师无法做到面对每个个体学生的情况，他认为不能一刀切，应当加强对不同类型学生群体的研究，探索新形势下的复式教学，根据学生的不同情况，采取分层、分组教学，进一步深化到适应学生不同需要的教育上去，解决共性教育和个性教育的结合，从而创造真正适合于不同学生的教育过程。所以，只有"有教无类"是不够的，还必须"因材施教"，而要做到这一点，前提就是要研究学生。①

（二）创造适合每个学生发展的教育

教育的任务是创造适合学生发展的教育，重视不同学生智能结构类型的差别，使不同类型学生的潜能都得到充分开发，而不是去选择适合教育的学生。陶西平将教育形容为根雕艺术家加工一个根雕艺术品的过程，弃之荒野的树根是无用的废料，到了根雕艺术家手里，经雕琢却成了艺术品，这种加工使树根的艺术价值得到挖掘，社会价值、经济价值也提高了，根雕艺术家拿到树根，会先看它的优点。教育是为人的发展服务，要关注服务对象，在人人都能成功的学生观指导下，以欣赏的眼光看待学生的优点，以发展的眼光看待学生的缺点，把发展学生的优势智能和提升学生的弱势智能结合起来。

陶西平认为教育需要模式，但绝不能凭借权威不加区别地推行，甚或作为唯一的标准来评价教育教学工作。他反复强调要重视研究不同的人在自身发展过程中的变量，才能减少其对教育效果的制约。有些学生只要你写一个定义他就知道是怎么回事，因为他语言智能很强；有些同学你一进行公式推导，他就明白，因为他数学推理能力强；但也有人用这两样都解决不了问题，还需要其他的办法来让他理解，所以必然需要教育方法的综合应用问题，适应不同学生的智能优势。而学生发展的动

---

① 参见陶西平."多元智能"理论值得借鉴[J]. 中小学管理，2002(04)：4－6.

力最主要还是激励，通过鼓励为主的激励机制来增强学生发展优势和提升弱势的信心。一个人总是会跌倒的，关键是要鼓励他能够迅速爬起来，引导和激励的机制是发挥学生主体作用的重要途径。这种引导和激励不是针对一部分人，而是对所有的学生。

创造适合的教育，是要促进学生的个性化学习，使不同的学生都能在自己的基础上打好全面的素质基础，发展优势潜能和自身个性，从而增强社会责任感，增强适应社会、服务社会的意识和能力，成为最好的自己。学生的个性化学习过程是社会性发展和个性发展相统一的过程。陶西平认为适合每个学生发展的教育，就是最好的教育。这对于达成教育目标具有本原性意义。

(三)让学生树立正确的价值观是教育价值最重要的体现

陶西平认为教育价值最重要的体现是让学生树立正确的价值观。价值观主要包括，正确对待自己，正确对待别人，正确对待社会、国家和世界。价值观是社会成员用来评价事物以及选择追求目标的准则，是决定人们行为的内部动力。个人的价值观形成了个人的价值取向和行为定式，而社会共同认可的普遍的价值标准，就形成了一个社会普遍的行为模式。价值观的培养，是一种做人品质的培养。教育是价值引导和价值创造的过程，它在促进青少年核心价值观形成，并反过来影响社会价值认同的良性变化方面有着巨大的积极作用。

陶西平反复强调，学校教育要坚持社会主义核心价值观的导向。改革开放以来，社会价值观多元化促进了思想活跃，观念碰撞，文化交融，对于经济发展和社会进步起到了重要的推动作用。但价值主体、价值标准、价值取向的多元化也容易给人们造成一些认识上的混乱，出现对社会核心价值观的冲击。陶西平认为，越是在思想活跃的情况之下，在价值观问题上越应该旗帜鲜明地坚持主流价值观的导向，并将这种导向贯穿于全部的教育教学活动中。教育有促使学生思想活跃的任务，但在价值观问题上不能停止在多元，而要在多角度思考之后有引导，帮助学生通过讨论、比较、鉴别，最后形成正确的认识，这是教师的教学职责和教育艺术所在，也是教育改革的难点。既要启发学生独立思考，又要引导学生明辨是非。

我国教育的根本任务是立德树人，为使社会主义核心价值观成为多数人认同并践行的社会主流价值观奠定基础。在学生心中树立对本国核心价值观的自信几乎是各国学校教育的首要任务，陶西平介绍了英国、法国、韩国、日本、新加坡、新西兰等国家的价值观培养，认同"教育是国家发展的关键，不涵盖国家价值观的教育没有任何价值。"当我们还停留在从知识本位向能力本位转变时，许多国家已经开始了从能力本位向价值本位的转变。

学校教育的首要任务应该是价值引领，而如何确保价值引领的重要地位是关键问题。以价值观为核心的道德、人格、修养是学生今后为人处世的基本准则。陶西平认为这些基础不会完全自发地形成，如何让社会主义核心价值观成为社会主流价值观，学校和教师承担着重要的责任。价值观是教育目标，不是教育工作，要增强全体教师进行价值观教育的自觉性。内化于心，外化于行，重要的是教师自身。陶西平认为当我们要求学生如何做的时候，也反思一下自己做得究竟怎么样。如果学生生活在一个官德很好、商德很好、师德很好的环境里面，学生的道德自然也会很好。作为教育工作者，应该有勇于担当的精神，真正把立德树人作为教育的根本。

三、质量观、评价观："全面提高学生素质"

(一)高水平地促使所有学生全面发展

提高教育质量首先遇到的是质量观的问题。陶西平通过批判传统的质量观阐明了全面的质量观。他认为全面提高学生素质是教育的基本任务。人们习惯于用考试成绩来判定学校和学生的水平，但也认识到考试有片面性，在相当长的时间里，将实施素质教育和应对考试对立起来的观念，给教育工作者带来极大的困惑。陶西平认为以片面的违反教育规律的做法单纯追求升学率，会影响人的全面发展，但是不应忽视以科学的方法努力提高教学水平和学习质量。他赞同一批学校提出的追求人品与学识同步卓越的口号，认为他们在正确的理念指导下，努力探索提高学生学业成绩和全面提高学生素质相结合的途径，把这个本来不应对立而又长期处于对立状态的问题在教育实践中统一起来。

陶西平认为，好的教育要体现在教育能力上。优质教育的重要特征是高水平的教育能力，即高水平地促使所有学生全面发展的能力。提高教育质量不仅要明确基础教育的任务是为孩子切实打好基础，而且要明确基础教育主要应打好什么基础，树立全面的质量观。社会主义现代化的实现对人的素质要求，最重要的是高尚品德、关键能力和良好体质，也是中国学生核心素养和世界各国教育质量标准的共同内涵。在提高质量成为全球教育共同话题的背景下，陶西平明确了教育质量是以全民学习为重点，以学生为中心，以价值观为导向，应用信息技术，培养创新精神，最终达到"教育内涵发展，学校办出特色、办出水平，出名师，育英才"的目标。

(二)以多元多维评价促进教育质量提升

评价具有导向作用，不同的评价观对基础教育的发展产生不同的导向。陶西平通过罗森塔尔"权威性谎言"的实验说明了以人为本的评价观,强调激励在教育中的作用。他认为教育评价的最终功能是激励学生,而不是简单的判断,评价的根本目的在于使学校、教师、学生明确方向,树立信心。评价方式影响着教育的效果,必须高度重视评价方式的人性化,将绩效性评价与发展性评价统一起来,通过评价来激励进取,使教育评价成为每所学校、每个学生全面了解自己,并自觉地改进和完善自己,努力去争取达到规定目标的武器,促使学校和学生形成自我发展的机制。使被评价的学校和学生,同时成为评价的主体,而不是消极、被动地单纯作为评价对象存在。在发挥评价改进教育功能的同时,也为评定、选拔提供服务。

陶西平也阐述了只以学生的学业成绩作为评价标准的传统评价观的局限性,它从整体上导致了学校教育以片面追求学业成绩为目的,致使"德育为首,五育并举"的教育思想难以贯彻。

因此,需要树立多元多维的评价观。评价内容不能仅仅局限于传统的课业学习,而应当是多元的;评价方式也不能只注重书面的考试,而应当探索多维的评价方式。高一级学校和用人单位进行选拔时,也不能只注重考试的结果,而应当探索多元多维的选拔方式。对于人们认为只有考试成绩才能保证选拔的公平和公正的问题,陶西平的观点是,不能为了维护这一看起来的公平公正,而放弃了实际上的公平和公正,即人的发展的公平与公正。只有注意评价内容的全面性与评价方式的科学性,才能使评价真正成为促进每个学生充分发展的有效手段。

陶西平赞同国家通过制定标准、实施绩效问责制、运用评估手段来促进教育质量全面提高,需要加强对教育质量监测与评估的研究与实践。教育质量标准是教育质量监测框架构建的前提和尺度。实现国家教育质量标准的主要途径在学校，要重视对学校教育工作的评价，并使之成为学校自主提高教育质量的听诊器。①

四、改革的价值观："把学生放在教育改革的正中央"

陶西平认为教育改革和发展的根本目的是提高民族素质，多出人才，出好人才。应当下决心从政府各部门开始，引导全社会树立正确的人才观、教育观和学生观，并以正确的观念指导政策的制定和影响人们的行为。

(一)让失败率为零，把学生放在正中央

"让失败率为零"是法国教育思考委员会向法国政府建议的教育改革目标，是使所有的学生都能通过教育得到发展。陶西平认为，这个目标很值得借鉴。"失败率为零"是一种理想和美好的愿望，但却是许多教育工作者的追求。正是这种追求，激励着一代代人进行着教育的改革与创新。

2016年8月陶西平在《人民教育》发表文章《把学生放在正中央——北京教育综合改革观》，结合自2014年以来的改革举措，阐述了北京不断深化基础教育领域综合改革的核心价值取向。他认为"把学生放在正中央"是对以往教育改革"以人为本"的延续和升华。一是从解决学生和家长最关心、最直接、最现实的利益问题入手，抓住考试招生制度改革这个"牛鼻子"，让学生在入学过程中享有更大公平和更多接受优质教育的机会。二是尊重成长规律，提升学生的实际获得感。这既是改革的基

---

① 参见陶西平. 换一种眼光看教育[J]. 教书育人，2005(28)：24—25.

本要求，也是改革的最终落脚点。针对不同学段在学生成长中的不同角色和任务，实施有针对性的教育教学改革。三是聚焦核心素养，服务学生的终身发展。无论是考试招生改革、课堂教学改革，还是人才培养模式改革，都应该指向学生核心素养的培育。"把学生放在正中央"的改革价值取向，正是让教育回归育人本原的应有之义。①

(二)追求教育过程的整体优化

2003 年陶西平在《让失败率为零——教育整体改革的思考与实践》一书的自序中写道："这 20 年的教育改革与发展，气势之磅礴，成就之辉煌，是历史上少有的。……教育始终在不断进行改革之中……但在推进教育改革的过程中，也会在注意一种倾向的时候忽视了掩盖着的另一种倾向。这样就造成了今天的改革方向，明天却可能变成改革的对象。……教育改革当然是针对教育的偏颇，但最终不只是为了这种偏颇的消失，还要尽力防止新的偏颇的出现。教育是一个系统工程，它是由若干个相互联系而又相互制约的因素组成的系统。这些因素的矛盾运动促成了教育的发展。教育改革的过程正是不断推动这些相关因素由不和谐达到和谐的连续过程。

……于是实现整体优化的思想逐渐地成为我思考教育问题和参与教育实践的理论支撑之一，指导我对教育整体改革的探索。

整体改革就是通过教育事业诸多环节的变革实现教育事业朝着既定目标前进的整体变革。当然，整体改革的协调性并不影响改革的坚定性，整体改革的全面推进也并不影响改革的重点突破，关键在于把握住

---

① 参见陶西平. 把学生放在正中央——北京教育综合改革的价值观[J]. 人民教育，2016(16)：17—18.

各项改革的进程，必须始终明确它的归宿。"①

　　陶西平始终坚持面对教育事业发展与改革的复杂局面，必须从整体着眼观察问题，必须充分估计构成教育体系各相关因素的相互联系和相互制约的关系。对教育事业存在的问题不能企图通过单一的措施来解决，必须全面综合考虑解决问题的途径，更要防止以一种倾向掩盖另一种倾向。

第二节　培养什么样的学生：从基础素质到创新型人才

一、基础素质

　　对于什么是中小学生最为重要的素质基础，陶西平引用《中华人民共和国义务教育法》的规定："义务教育必须贯彻国家的教育方针，实施素质教育，提高教育质量，使适龄儿童、少年在品德、智力、体质等方面全面发展，为培养有理想、有道德、有文化、有纪律的社会主义建设者和接班人奠定基础"，认为一是品德，即做人的基础；二是智力，即做事和继续学习的基础；三是体质，即品德和智力的载体。2012 年5 月，陶西平在《中小学管理》上发表文章《回归基础教育的"本位价值"》，阐述了"品德、智力、体质是基础教育应当为学生奠定的最重要的基础"②。

① 陶西平. 让失败率为零——《让失败率为零》一书的自序[J]. 中小学管理，2003(05)：41.

② 陶西平. 回归基础教育的"本位价值"[J]. 中小学管理，2012(05)：21—23.

（一）良好的品德基础

良好的品德基础，是为学生学会做人奠基。价值观是社会成员用来评价行为、事物以及选择自己合意目标的准则，是决定人们行为的内部动力。教育是价值引导和价值创造的过程，陶西平强调基础教育学校应当坚持在各种教学活动中，培育学生正确的价值观念，在多元中立主导，使社会主义核心价值体系成为社会的主流价值体系。注重启迪学生的智慧，注重培养学生的兴趣，这些无疑都是培养优秀人才之必需，但绝不能把智慧、兴趣的培养与良好道德的形成对立起来。学校应当引导并要求教师坚持在学科教学和全部教育活动中进行社会主义核心价值观的教育。学校不仅教给学生知识，还应当教给学生进入社会所需要的品质。通过价值观教育增强学生的自信心，使学生乐观地进行自我实现，并帮助学生形成道德判断能力和社会责任感。

（二）良好的智力基础

良好的智力基础，是为学生做事和继续学习奠基。陶西平认为尽管一直强调培养能力，但从总体上看，教学还是很难脱离知识本位教育模式的窠臼。学生思维方式的形成，与学校教学有着密切的联系。以应试为目的和以知识授受为途径的教学，由于考题答案的唯一性，使得教师重视帮助学生掌握标准答案，而忽视学生发散思维和批判性思维的培养。思维的作用不只是获取信息，更重要的是处理信息。而现在的整个教学过程容易使学生养成相对单一的惯性思维，而没有形成良好的思维方式。

（三）身心健康

身心健康，是为学生一生的生活和发展奠基。学生的身心健康既是素质教育的重要目标，又是学生全面素质的载体。充沛的体力，饱满的精神，坚强的意志，和谐的人际关系，是一个人高素质的表征，更是一个民族高素质的体现。

增强学生的体质，为学生的终身发展奠定坚实基础，是全面贯彻国家教育方针的重要环节。陶西平认为，体育自身需要不断改进，特别是要重视克服体育教学竞技化、体育教育应试化的倾向，并正确处理好体育锻炼与保障安全的关系。要以增强学生体质为宗旨，切实提高学生进行体育锻炼的自觉性、主动性与实效性。要根据学生年龄特点加强学校的生理卫生教育、青春期教育和性健康教育。倡导科学营养、合理膳食，保障食品的卫生与安全。大力加强眼保健工作，控制日益提高的近视率和近视的低龄化。

同样应当给予特别关注的是学生的心理健康。我们试图加强学校的心理教育，开设必要的课程，开展心理咨询，特别是在重大的考试面前，努力减轻学生的心理压力。却常常忘记，造成学生心理障碍的重要因素之一正是教育工作自身的缺陷。培养学生健康的心理，需要调整教育观念和教育行为，关键是要处理好结果愉悦和过程愉悦的关系。传统的教育观念重视追求结果的愉悦。认为学习过程的"苦"，是为了将来的"甜"。于是，强制学生树立"远大"的目标，接受沉重的课业负担，承受来自各方面的心理压力。教师和父母常把自己所做的一切，甚至包括对学生身心所施加的几近残酷的压力，都归结为"为了孩子好"这种善良的愿望。孩子们勤攀书山，苦渡学海，为了圆一个自己的，甚至不是自己而是老师的、家长的梦，结果不少学生在这场竞争的途中，丧失了乐观和自信，厌倦了拼搏和追求，身心受到严重伤害。应该倡导动机、过程与效果的统一，特别是教育过程中学生的心理体验，使学生始终保持乐观向上的心态，只有这样才能形成学生持续发展的心理动因，才能使学生通过过程的积淀最终形成良好的基础素质。

"少年强则国强"，我们需要也有责任培养体魄健康、意志坚强、乐观进取的亿万青少年。①

(四)良好的习惯

陶西平认为内化的素质，首先就是品德、智力和体质，教育能不能在这三个方面打好基础，最重要的检验尺度即是否形成了良好的习惯。

品德形成的习惯体现在对事物的反应倾向上，智力形成的习惯体现在对问题的思维方式上，体质形成的习惯反映在生活和发展的方式上，最终都体现在行为习惯上。习惯影响着人的发展，未成年期培养良好的反应倾向、思维习惯和行为习惯的效益，远远高于后来的改变习惯。我们的教育只有归结为养成一种习惯，才不会"忘掉"而能够"剩下"，这就是真正的教育成果。

陶西平强调要防止将基础教育功利化，以应对把升学、培养精英、早期智力开发等作为主要目标，导致忽视奠定所有学生全面发展的基础，造成学生的品德形成、能力培养、身心发展、习惯养成等受到削弱，影响民族素质的提高和个人的健康成长。②

(五)社会适应能力强

为国家培养身心健康、社会适应能力强的社会主义建设人才符合人的发展的要求，既是社会主义现代化的目的，也是实现社会主义现代化的条件。

陶西平认为培养学生适应社会的能力之所以重要，首先是因为在社

---

① 参见陶西平. 少年强则国强[J]. 基础教育参考，2006(07)：1.
② 参见陶西平. 回归基础教育的"本位价值"[J]. 中小学管理，2012(05)：21－23.

会转型期，社会变动加快、价值取向多元、竞争日趋激烈、就业难度加大等因素常给人造成巨大的精神压力，从而考验着人的承受能力。同时，独生子女的新一代，受到的关怀呵护增多，批评指责减少；在家庭独处增多，与社会交往减少。这些使得他们承受和调适心理压力的能力相对减弱。再加上教育改革强调培养学生的自信、自立、自强，强调以激励为主的教育方式，但在实施过程中，有些学校和教师也不同程度地产生了忽视培养学生适应社会能力的偏向。因此，学生进入社会以后，会产生诸多难以适应社会环境的问题。

教育是使人社会化的过程，当学生步入社会后，他应当成为能够适应社会环境的公民，应当以一种健全的人格生活在社会之中。培养学生适应社会的能力是促进学生全面发展的重要的不可或缺的组成部分。培养学生适应社会的能力，重点应在两个方面：一是社会责任感，二是自我和谐。陶西平认为要引导学生对自己、他人、家庭、集体、社会、国家负责，以一种负责的态度对待人生，以一种负责的态度行使自己的权利，履行自己的义务。要引导学生正确认识自己，既不妄自菲薄，又不妄自尊大；既要树立远大理想，又要使理想符合客观实际；既要重视个人的性向和志趣，又要使自己的性向和志趣适应社会的要求；既要勇于进取，又要能够经受挫折和失败的考验。[①]

(六)"向上"与"向善"

"基础教育是为人的一生奠基"，陶西平与年逾古稀的同学和学生聚会时提出基础教育对自己的一生有什么作用的问题。大家虽然表达方式各异，但概括起来，有两个关键词："向上"和"向善"。他感悟到这两个

① 参见陶西平. 培养学生适应社会的能力[J]. 中小学管理，2010(02)：57.

词可能就是基础教育为人的一生奠基的作用之所在。2015 年 9 月陶西平在《中小学管理》上发表同名文章。这些走过漫长人生道路的同窗和学生们，几乎都经历过许多坎坷和失败，他们把人生比作一次攀登。在攀登的过程中，每个人都会遇到绝壁悬崖、乱石滑坡，有时还会遇到雷电交加、雨骤风狂，爬上去又跌下来是常事。他们说，是青少年时期在学校里形成的"向上"的意志和信念，使自己始终无怨无悔，永不言弃。他们走到今天，都为自己在人生之路上没有退却而引以为豪；而这，也是他们幸福感之所在。

在文章中他提到了美国的"Grit 教育"的改革试验，Grit 的本意是石砾，Grit 品质是保持对长期目标的持续激情及持久耐力，是不忘初衷、专注投入、坚持不懈的精神，是包含了自我激励、自我约束和自我调整的性格特征。他们认为，一个六岁的孩子是否知道"3＋2＝5"根本不重要，重要的是，他是否愿意在第一遍回答成"3＋2＝4"后重新尝试，直到得出正确答案。应该教会孩子的不是要跑得多快，而是要在摔倒后站起来继续跑，哪怕他是最后一名。陶西平认为这也就是"向上"精神的体现。

大家谈到的另一个话题就是"向善"。这些人从事各行各业的工作，都没有感到遗憾的是，自己一辈子都是好人。陶西平认为"一辈子做好人"，也应该是基础教育为人的一生打下的最重要的基础。"一辈子做好人"从根本上说取决于正确的价值观，以及与价值观密切关联的良好的反应倾向、思维习惯和行为习惯。新中国成立以后，倡导的社会主义主流价值观曾贯穿于中小学的全部教育教学活动中，这为几代人奠定了道德修养的基础。

陶西平认为，如果基础教育能够为学生"向上"和"向善"奠定基础，那大概就是帮助学生扣好了人生的第一粒纽扣。而这，也正是基础教育价值的真实体现。

二、核心素养与关键能力

2000 年之后，陶西平开始关注学生的核心素养。核心素养是基础教育的重点，也是中小学生发展的关键要素。多国的教育中体现出对学习的新认识，"美国 21 世纪素养"、新加坡"21 世纪技能"等框架受到广泛关注。这些都促进了对学生应具备的、能够适应终身发展和社会发展需要的必备品格和关键能力，即核心素养的研究。

陶西平认为核心素养具有共同性、基础性、关键性和生发性的特点。共同性是对中国所有学生的共同素养要求；基础性是指学生发展的底线、底色、底蕴；关键性是指经过选择的、相对必要的关键性品格和能力；生发性是指有助于生发其他优良的品格与能力，包括专业、专门、个性和变通的素养等。

从现实来看，核心素养还具有时代性、指向性、引导性和实践性。核心素养的提出是适应世界发展趋势，提升我国教育国际竞争力的迫切需要；旨在建立基于核心素养发展情况的评价标准，有助于全面推进素质教育、深化教育领域综合改革；能够引领课程改革，课程标准将全面体现学生发展核心素养的总体要求；用于指导人才培养具体实践。

2016 年 9 月 13 日，《中国学生发展核心素养》总体框架正式发布，同年 12 月，陶西平在《创新人才教育》发表文章《学生发展核心素养与课程改革》，论述了他对学生发展核心素养的理解。在此之前，陶西平对学生核心素养的阐述，是基于《国家中长期教育改革和发展规划纲要（2010—2020 年）》和教育现代化的要求。教育现代化的核心是人的现代化，即人的比较全面、自由、充分的发展。我国教育促进人的现代化的两个着力点是，提高学生服务国家人民的社会责任感，培养学生勇于探索的创新精神和善于解决问题的实践能力。

(一)服务国家人民的社会责任感

陶西平认为，学生服务国家人民的社会责任感有三个关键的构成要素：规则意识、民族自信和担当精神。

他强调，首先要通过法治教育和道德教育，增强学生的规则意识。一是增强干部教师的法治观念，增强依法治教的意识，提高依法办事的能力，积累通过法律解决纠纷的经验。二是结合青少年的特点，采取活泼有效的形式，开展法治教育，提高法治知识课程和法治教育活动的质量。三是通过民主程序，制定合理可行的校规校纪，规范校园行为，增强师生的规则意识，形成学校的法治文化。学校应该有成文的校规校纪；校规校纪还应该具体，以利于实施。四是学校应该将法治教育和道德教育紧密结合起来，既重视法律的规范作用，又重视道德的教化作用，以法治体现道德理念，强化法律对道德建设的促进作用；以道德滋养法治精神，强化道德对法治文化的支撑作用。

其次，通过民族优秀传统教育和国际理解教育，增强学生的民族自信。在全球化时代，民族文化可能遭受外部的冲击，也可能有内部的自我贬低和放弃，必须引起警惕。事实上，中华民族不管有多么博大精深的文化，关键是在我们以及我们的学生手里还剩下多少，对自己的文化还知道多少。学校的全部活动都应该把爱国主义作为主旋律，引导学生树立坚定正确的历史观、民族观、国家观和文化观，增强做中国人的骨气和底气。学校教育一定要有定力。对自己的信仰、理想、道路和方向，不能有丝毫的怀疑、迷茫和动摇，也不能有丝毫的懈怠和反复。教育者首先要保持清醒的头脑，在错综复杂的国际背景下，始终保持民族自信。大力开展继承与发扬民族文化、弘扬和培育民族精神的教育，是学校教育的一项重大而又紧迫的任务。

再次，通过学生自主发展、自立自强的教育，培养学生的责任意识和担当精神。担当，就是有高度的责任感，对国家负责，对社会负责，对工作负责，对他人负责，对自己负责；面对矛盾敢于迎难而上，面对失误敢于承担责任，面对歪风邪气敢于坚决斗争。学校教育要加强对古今英雄模范事迹的宣传，引导学生学习英雄模范的胸怀和品质。要改进家校合作方式，共同创造学生自主发展的环境，减少过度干预，培养学生的自立精神。

最后，要培养学生从小事做起的责任感和勇于承认错误、接受失败的担当勇气。应该把学生的失败看作他成长的阶梯；要让学生懂得：你可以不是跑得最快的人，但一定要做摔倒后爬起来最快的人！学校还应当开展适合学生发展的社会活动和志愿者行动，在实践中培养学生敢于作为、善于作为。

(二)勇于探索的创新精神和善于解决问题的实践能力

陶西平认为素质教育的实质是要全面贯彻教育方针，核心是加强德育，重点应该放在培养学生的创新精神和实践能力这两种素质上，这是下个世纪一个能够自立于世界民族之林的国家的国民特别需要具备的素质。

关于创新精神与实践能力的培养，陶西平特别强调了两点：一是学生批判性思维的培养。批判性思维是创造的关键，它强调从多角度思考，从而获得更为全面的认识。二是学生综合思维的培养。在聚合科技引领世界发展的今天，我们面对的任何问题，都很难靠单一的学科来解决。因此，聚合科技的发展为课程改革突破单一学科本位的局限、走向多学科的综合提供了新的思路。

培养学生的创新精神和实践能力，一是学习借鉴教育科研和实践的成果，逐步形成工具性(传授知识技能)、思维性(发展思维能力)、文化性(培养人文精神)相结合的新的教学常态。二是寻找"以学生为主体"和"以教师为主导"的契合点，拓展学生自主学习、自主发展的空间。"以学生为主体"的探索有很多。有体制性的探索，如综合高中、书院式教学、自主选课自愿选层全员走班、新复式分组教学等。还有一些机制性探索，试图将接受式、启发式、参与式和讨论式等多种教学方式进行合理组合。三是积极探索信息技术与常规教学的整合，主要包括：云计算、移动学习、学习分析、开放内容、3D打印、虚拟和远程实验室、游戏化学习等。[1]

(三)公民意识

陶西平认为青少年还应该具备公民意识。公民意识就是国家主人翁的意识。每一个青少年都应该树立这样一种意识，我是国家的主人，我、你、我们，所有人都是国家的主人。有了公民意识，一个国家才能和谐，一个社会才能和谐。有四种意识非常重要：一是责任意识，就是每个公民都应承担起国家主人翁的责任，责任意识是公民权利意识和义务意识的统一。二是规则意识，具有依照规则来规范行为、处理问题的意识；把规则落实在行为当中，形成良好的习惯；能把良好的习惯延续下去，形成一个传统。规则意识是秩序的基础，而秩序也是社会和谐的

---

[1] 参见陶西平. 教育现代化的核心是人的现代化[J]. 中小学管理，2015(01)：19－22.

基础，所以依照规则办事非常重要。当然，这个规则首先要合理，要由大家共同参与制定，共同遵守。三是尊重意识，尊重他人（包括前人和时人）；尊重差异和多样性（包括个体的差异、民族的差异、国别的差异）；尊重环境；尊重星球上的资源。四是学习意识，要有强烈的学习欲望和学习行为。这种学习意识包括学习公民的道德、价值观、知识和参与技能等，是一个素质比较高的公民应该具有的意识。①

（四）思维能力

思维能力是关键能力的核心，是各项能力的基础。培养学生的思维能力应该正确处理教学过程中知识和能力的关系。陶西平认为尽管近年来一直强调培养能力，但教学还是很难摆脱知识本位教育模式的窠臼。教学活动在很大程度上还是一种知识循环：教师将书本知识传授给学生，学生记住这些知识，然后在考试时再把它们答给教师。学生需要死记硬背的东西很多。有些是通过不同类型的问题，引导学生讨论、探求解题的方法，然后再通过反复练习加以巩固，以应对考试时同类型的思考题。但这种教学不是培养"思路"，而是培养"套路"；不是让学生掌握思维规律，而是使学生形成思维定式。掌握广博的知识是形成能力的基础，但是，以学习知识、特别是死记硬背的知识为目的，肯定是无法培养创新型人才的。

同时，尽管近年来一直强调启发式教学，但是学生在教学过程中，表面的、局部的、浅层的思考多，而真正深入地分析和思考问题的机会少。多年来，我们善于帮助学生在掌握知识的过程中分散难

---

① 参见陶西平. 关于青少年学生公民教育的若干思考［J］. 教育科学研究，2006（07）：9—11.

点，从而将一个完整的问题化解为一个一个小的问题，这种小步子、阶梯式的教法，固然也是一种思维训练，但是由于其缺乏整体性，学生很少进行比较完整的独立思考，所以也就难以真正提高思维能力。可以说，要让学生产生好的、创新性的想法，就必须先使他们有许多想法。而对学生而言，在教学过程中主动提出许多想法的机会就更少。加强学生思维能力的培养已经成为当前各国教学改革亟待解决的问题。

高阶思维能力集中体现了新时代对人才素质的新要求。人工智能开启了人类深度学习的新时代。"在已有的思维模式、思维层次与思维规律研究的基础上，我们面临着由大数据产生的思维黑洞等诸多新的问题。提高学生的思维能力是课改的重要命题。①"

(五)在学会合作中张扬个性

教育改革正处于从过去只重视对学生共性要求向重视学生个性发展的转变过程之中，但什么是发展学生个性，发展什么个性，怎样发展个性，却仍有许多值得研究的问题。

陶西平引用一位在法国著名乐团担任首席大提琴的音乐家的观点，如果从北京挑五位学提琴的学生，每位单独进行演奏，常常比巴黎挑出的五位学生水平高，但是，如果让五位学生合奏，则巴黎学生经常会比我们的学生和谐得多。陶西平认为这位艺术家的看法切中了我们教育存在的问题。

陶西平认为我们在鼓励学生张扬个性的时候，比较重视的是对每个学生的个人能力的展示，这已经是很大的进步了。在"应试教育"体制

---

① 陶西平. 思维进阶课堂[J]. 中小学管理，2019(07)：59.

中，学生心目中缺少对他人的理解、宽容、关心和尊重，学校缺少一种融洽、和谐、互敬、互爱的氛围，往往只重视创设学生个体相互间竞争的平台，从而造成学生之间只有相互超越的关系，而缺乏相互合作的意识，甚至肤浅地认为竞争就是个人的排他过程。从班级的分数排队，到各项竞赛排名次，几乎都是如此。即使是在学生进行的物理、化学、生物实验中，我们追求的也只是创造条件，由8人一组变为4人一组，再变为两人一组，最好是一人一组单独进行。对学生作业的基本要求，也是必须独立完成。陶西平认为其中有些做法是必要的，但很显然，只这样做是绝对不够的。他在介绍美国、德国、法国的学校考察感受时，写到了为了培养学生的合作能力，教师经常设计一些作业，学生必须合作才能完成的作业和理化实验。完成任务后，教师还要对学生的表现，包括合作意识和合作能力，进行评估。

陶西平很高兴看到在课程改革中，开始倡导合作学习，但认为学会合作不能只是停留在安排一些合作学习活动上。在实现社会主义现代化的进程中，在每个公民健全人格形成的过程中，合作作为一种时代精神和基础能力十分重要，学会合作是当代学校的一个重要的教育目标。当孩子不仅懂得以创造"我"的成绩自豪，更懂得以创造"我们"的成绩自豪，那才应当是我们教育工作者真正引以为自豪的事。①

(六)口头表达能力

随着学校校际交流、地区交流、国际交流的日益增多，陶西平认为交谈、演讲、辩论以及通过话语表达情感也开始成为学生的重要能力。培养学生的口头表达能力需要加强引导、做出示范、提供机会、引入

---

① 参见陶西平. 在学会合作中张扬个性[J]. 北京教育(普教版)，2004(Z1)：10.

评价。

一要加强引导。由于考试主要是书面形式，对学生表达能力的考查也多局限于书面表达，加上教学形式以知识授受为主，学生的主动性难以充分发挥，培养目标中的口头表达能力被边缘化。因此，各级教研部门和学校对加强教师培养学生"说"的能力的引导至为重要，要把口头表达能力的培养当作基础教育的重要责任，当作课内外教育教学活动的重要目标之一。

二要做出示范。应当从学校做起，校长、干部和教师除了极为必要的情况外，都应当脱稿讲话、无稿讲话，这样往往能够去除陈词套话，更加真切生动，更加贴近群众。这是对学生提高口头表达能力的最好的示范。

三要提供机会。现在学校的教育教学活动中，学生"说"的机会很少，教师为了完成教学进度，在课堂上向学生提出的问题往往都是可以用一两句话甚至一两个词就可以回答，学生没有完整思考和系统表达的机会。探究课上学生畅所欲言的时间也不多。在班会、学校庆典活动中，也多半是让学生先写发言稿，经教师修改后再去宣读，即使这样的机会，也常常只有极少数学生才有。学生缺少口头表达的机会，也就难以提高口头表达的水平。所以从某种意义上看，重视对学生"说"的能力的培养是我国教育模式改革的重要标志之一。

四是引入评价。"说"的能力是学生进入社会后生存与发展之必需，是学生的重要基础素质，也是改变当前社会普遍存在的说假话、空话、大话的不正之风的奠基工程。应当把学生的口头表达能力作为评价学生基础素质的重要标准，作为衡量教师教学水平的重要尺度。要建立起包括愿意讲话、善于讲话、能够大声讲话、讲自己的话、讲真实的话、讲生动的话、讲理性的话以及相关的讲话技巧与艺术等维度的评价体系，以促进我国学生口头表达能力的整体提高。

　　"'说'的能力实际上是学生各项基础素质的综合体现，既包含价值取向、思维能力，又包含情感、意志；既包含知识的广度，也包含认识的深度。而教师通过倾听学生的'说'，就可以及时获取教学效果的反馈，及时调整教学方案，从而使教学真正成为师生间的良性互动。这样，学校教育也就会在更加和谐的氛围中健康发展。"①

三、创新型人才的素质基础

　　创新型人才的培养是我国进入人力资源强国的关键因素，良好的思维方式是创新型人才的素质基础。陶西平认为中小学要像培养学生良好的行为习惯一样，把培养学生良好的思维习惯提到重要的日程上来，借以深化课程改革，是当务之急，否则创新型国家的建设就会受到严重制约。

（一）发散思维

　　学生惯性思维的形成，与学校教学有着密切的关系。良好的思维习惯推动着人的自我突破，不良的思维习惯制约着人的自我超越。惯性思维能够帮助快速认知和适应周围的世界，也有助于我们遵守社会认同的行为规则。但如果成为一种刻板的思维定式，就会使人难以突破常规，进行新的创造。因此，培养学生良好的思维习惯，应当成为中小学养成教育的重要内容。

　　思维能力的提升不仅取决于如何获取信息，更取决于如何处理信

---

　　①　陶西平. 让学生学会"说"[J]. 中小学管理，2012(10)：59.

息。发散思维和批判性思维的培养是形成良好思维习惯的重要方面，是培养学生创新精神和创新能力的基础，而这正是教学中最为缺乏的。发散性思维是思维活跃程度的重要体现，陶西平认为学生思维具有流畅性、变通性和创新性。流畅性表现在他们很容易地产生大量的想法、观点；学生思维的变通性表现在他们能够对同一问题提出许多性质不同的办法和途径，一旦思维出现困难，能主动地改变思路；创新性则表现在每个学生的答案都具有相当程度的个性成分。但是，陶西平也指出，在课堂教学过程中，有时教师只是出于分解知识难点的目的，提出的问题极为简单，学生不需要思索即可回答；有时虽然学生纷纷举手抢答，但答案并无两样；有时教师甚至对感到陌生但很有个性的答案不予鼓励。这样，学生的思维方式就会凝固在单一的惯性思维上，发散性思维很难发展起来。[①]

(二)批判性思维

批判性思维是执着探求真理的良好的思维品质。它不是否定一切，而是用充分的理性和客观的事实进行合理反省的思维。在教学过程中，它表现为学生不盲目接受课本和教师的结论，经过思考，勇于提出新的问题和新的见解。

质疑是批判性思维的重要能力，也有专家翻译为"审辨思维"，其目的不是驳倒什么、否定什么，而是反对盲从，提倡"保持怀疑"的科学精神，主张从多角度思考，验证其合理性，并通过检测、补充、融合、修正，提升观点的水平和进行新的创造。批判性思维作为一种高级思维，决定着一个人面对学业、人生和社会问题时的情感态度、思想倾向和实

---

① 参见陶西平. 鸟笼逻辑[J]. 中小学管理，2010(08)：58.

际解决问题的能力。

陶西平认为培养学生审辨能力的关键是要引导学生以理智的怀疑和反思的态度，发现问题、提出问题、质疑观点、自主分析，通过缜密的推理解决问题。只有通过自身的探索活动，学生的学习才可能是有效的，而有效的学习过程不能单纯依赖模仿与记忆，因此，培养审辨能力要从学生乐于并善于质疑开始。

乐于并善于质疑可以激发求知欲望和学习兴趣，是推动学生主动学习的动力。在教学中，教师应当积极设疑，设计一些与教学内容相关的、学生想知而未知的问题，激发学生的求知欲，让他们产生探求新知识的热情，从而使学生形成稳定的、持久的学习动力。

乐于并善于质疑可以使学生获得正确的认识，对知识和观点有更深刻的理解。要引导学生在遇到新的知识和观点时，问一问"为什么""是不是有道理""还有没有别的看法"，在比较与鉴别中做出自己的判断。通过审问、慎思而明辨，进行理性判断，得出正确认识。这在当今社会矛盾复杂化、学生信息来源多渠道、社会价值取向多元化的背景下，更显示出其重要意义。

乐于并善于质疑可以为培养学生的创新精神和能力奠定基础。创新往往始于质疑。鼓励学生主动提出与教师不同的看法，教学中对不同内容的比较研讨，出些无标准答案的开放题，甚至一些检验判断能力的问题等，都为培养学生思维的变通性、创造性提供了更多的可能。[①]

(三)乐于提问，善于提问

建设创新型国家，培养创新型人才是一项复杂的系统工程。培养创

①　参见陶西平. 培养善于质疑的审辨能力[J]. 中小学管理，2018(04)：62.

新型人才是我国现阶段理想的教育目标，陶西平引用心理学家斯腾伯格的成功智力理论，认为最基础的智力是分析性智力，是分析和回答问题的能力。而更高层次的智力是创新性智力和实践性智力。创新性智力首要的因素是会提出问题，只有会提出新的问题，才有解决这些问题的创新起点，才可能进而把创新设想转化为现实，取得成功。乐于提出问题，善于提出问题是创新型人才的首要品质，基础教育就应当认真培养学生的这种品质。

陶西平也指出，长期以来，我们在教学过程中比较重视教师的知识传授，学生对知识的牢固掌握以及在考试时能够正确地回答问题。这样，就形成了一种并非良性循环的教学过程，即教师在教学中将知识传授给学生，学生考试时再将所学的知识回馈给教师，这一教学过程的循环往复并没有发生任何增值。许多老师在课堂教学结束以后，经常问：同学们还有什么问题没有？同学们回答：没有了。老师常常因此而十分满意自己的教学效果。陶西平认为一堂课下来，如果学生提不出什么新问题，至少不能算作一次成功的教学。

对于课堂教学过程中的生成性的问题，教师也常常缺乏妥善的处置。如果学生提出的问题是在老师备课过程中思考范围之内，有时还能给予适当的关注，但对那些学生突然提出的质疑或者问题，教师往往采取冷淡的态度，或一掠而过，或不予理会。从而，学生求索的热情会逐渐冷却，智慧的火花也会逐渐熄灭。所以不但原有的教育模式需要改革，正在推进的课程改革也必须完善，才有可能为培养创新型人才打好基础。

提出问题的能力和独立思考的能力是创新型人才的基础素质，这种素质需要学生在接受基础教育的过程中逐步积累并内化为自身的品质。

任何的创新都起源于梦想，梦想来自激情，激情则发端于兴趣。使学生对学习充满兴趣，对生活充满情趣是培养创新型人才基础工程的基础。陶西平特别强调，将学生从过重的课业负担中解放出来，从枯燥无味的教学过程中解脱出来，给学生更多思索的空间，更多实践的机会，更多人生的乐趣，更多幸福的体验，才能放飞学生的思想，从而以情趣产生激情，以激情成就梦想，以梦想促成创新。①

(四)科学素养

发展科学技术是人类应对全球挑战、实现可持续发展的战略选择。陶西平主张，孩子们通过在真实情境中的自主探究、认知建构和合作学习，逐渐形成适应未来科学变化和终身发展需要的科学素养。提高未来一代的科学素养是时代的要求。

科学素养的培养，首先不在于说教，而在于培养孩子们对科学的感觉。只有当孩子们对科学产生情感认同，把它当成乐趣，当成生活，才有可能引发他们对科学认知的渴求和对科学探索与创造的激情。因此，提供一个可以观察、可以思考、可以动手、可以创造的充满欢笑的环境，对培养学生对科学的感觉十分必要。

其次，在基础教育学校中加入更多的科技创新课程，提高年轻一代人的科技素养。当前，学校教育正在通过学科教学、综合实践活动、借鉴 STEAM 和创客教育理念等，进行提高学生科学素养的教育创新。在基础教育领域，引导学生进行以"微发现"为目标的探索和以"微发明"为目标的创造，是许多学校关注的热点。STEAM 教育强调问题的真实性，注重学习与现实世界的联系，提倡个性化和创造力的发展，让学生

---

① 参见陶西平. 以创新成就理想[J]. 基础教育参考，2007(04)：1.

自己动手完成他们感兴趣并且和他们生活相关的项目；强调育人的综合性，注重跨学科的学习与研究，以及理论和实践的融合；强调参与的开放性，建立起学校、社区以及全球企业之间的联系；强调发展的可持续性，注重学习的过程，而非体现在试卷上的知识结果，从而让学习者获得持续学习与发展的能力，最终提升科学素养。①

(五)信息素养

信息时代的到来，对人类提出了新的挑战。新时代赋予教育信息化新的使命，教育部印发《教育信息化2.0行动计划》，推动教育从专用资源向大资源转变，从提升师生信息技术应用能力向全面提升其信息素养转变。

陶西平认为教育信息化是实现教育现代化的基础与条件。首先，要提高学生的信息素养，包括信息认识、信息思维、信息能力和信息道德；还包括警惕互联网使用可能产生的负面影响，使学生成为互联网服务和数字媒体的批判性消费者，成为信息时代和智能社会的主人。其次，运用信息技术改进教学，实现信息技术与教学的融合，以促进优质教育资源的共享和个性化学习、合作化学习。最后，培养学生的创造能力，为学生提供体验、探究和创造的空间，从小培养学生的创新精神和创造能力。

信息技术应用于教育绝不是简单地将现有的教学内容和教学方式加到互联网上，这个过程不是物理变化，而应当是化学变化。技术可以放大杰出的教学，但是再伟大的技术也不能代替平庸的教学。因此，信息

---

① 参见陶西平. 从培养"感觉"开始[J]. 中小学管理，2019(05)：60.
参见陶西平. 借鉴STEAM教育理念的中国科创教材[J]. 中小学管理，2018(09)：59.

技术与教育的结合更需要新的创意，如慕课、翻转课堂等，从而产生广泛而深远的影响。陶西平认为，信息技术与教学的整合，会成为一种动力，大大地推动教育创新。[①]

第三节　怎么培养学生：全面发展与因材施教的统一

一、基础教育就是素质教育

人的素质是由各项因素所形成的结构的综合体现。发展教育事业，提高全民族的素质，是我国实现社会主义现代化的一条必由之路。学校教育，特别是基础教育的功能，决定了它的价值体现于未来，必然要求科学地预测未来社会需要人们具备的素质，以正确地确定学校教育的培养方向。从这些意义上看，陶西平认为基础教育就是素质教育。推进素质教育是教育战线上的一场重大变革，涉及教育观念、教育内容、教育方法，需要经过若干年许多人的努力才可能实现。

陶西平1995年6月在《中小学管理》杂志公开发表第一篇涉及素质教育的文章《学习邓小平教育思想　加快基础教育改革》，2019年7月在《中小学管理》发表《思维进阶课堂》。他对素质教育这一议题的持续关注超过20年。

---

① 参见陶西平. 涌动的潮流——关注当代世界教育教学改革新动向[J]. 人民教育，2014(07)：63-66.
陶西平. 面向未来 基础教育改革的目标和途径[J]. 中小学管理，2016(08)：61.
陶西平. 深化高中教育改革的四个关键点[J]. 创新人才教育，2017(01)：11-13.
陶西平. 提高信息素养 迎接新的挑战[J]. 中小学信息技术教育，2003(09)：1.

（一）基础教育的价值是育人不是选拔

基础教育就其性质与价值而言，一是要立足每个学生。陶西平认为，应当从转变校长和教师根深蒂固的教育价值观入手，进而转变教师的教育行为，特别是在班级授课制度的群体教育背景下引导学校做到促进学生个性化发展，并探索在学校管理、课程建设、教育过程、教育评价等各环节中落实学生个性化发展的制度建设。二是要立足打好基础。陶西平认为基础教育存在多元的功能，但是必须认清它的本位价值，就是它的基础性，这是它有别于高等教育，有别于精英教育的地方。

陶西平强调，基础教育在整个教育系统内部，具有它自己独立的、不依附于其他类型和层次教育的独立价值。主要表现在两个方面：第一，基础教育的基本目标在于提高整个中华民族的素质，它的对象和着眼点是全体人民，而不是一部分人，更不是少数人；第二，基础教育的功能是为提高全民族的素质奠定基础，它强调的是基本素质的培养，而不是专业或某些专门人才的培养。因此，基础教育的教学内容课程体系、教育教学观念与思想、教学方法以及评估等，都必须服从这样一个基本的价值目标。

他认为强调基础教育的独立价值，并不否定为高一级教育和学校输送合格生源的任务，这也是基础教育的重要功能之一，但它并不能替代基础教育最根本的价值，基础教育主要应该是育人，而不是选拔。基础教育是面向整个民族并注重基本素质培养，高等教育"担负着培养高级专门人才，发展科学技术文化和促进现代化建设的重大任务"，两者的价值显然是不一样的，陶西平认为单纯以为高等教育服务来衡量基础教育的发展，实际上就是以高等教育的价值取代基础教育的价值。

正是由于基础教育的对象是全体人民，是提高整个民族的素质，因而能够平等地接受基础教育是每个人都具有的基本权利，这种权利不能是依靠个人的行为或其他资源通过"交换"而获得的，它必须是通过政府的行为来实现的。这也正是基础教育中教育机会均等原则的特点。这种权利的实现是保证每个人在社会中发挥其积极性的重要前提。充分认识基础教育的这种独立价值是非常重要的，甚至可以说是深化基础教育改革的先导。①

(二)素质教育的实质是全面贯彻国家的教育方针

1. 素质教育的提出过程

陶西平认为素质教育的提出实际上是从群众的教育改革的实践开始提出的，最后上升到国家的教育改革目标和指导思想。整个素质教育的提出过程始终是围绕培养什么样的人和怎么培养人这个问题的。"文革"结束以后的教育改革开始恢复"以书本为中心，以课堂为中心，以教师为中心"，加强基础知识教学和基本技能训练。加强"双基"主要是在课堂当中精讲多练，后来变成了课堂当中精讲，课外多练，开始出现学生负担过重，改革口号就变成了加强"双基"，培养能力。接着又引进了苏联和西方的教育理论，教育改革的目标提出了加强"双基"，培养能力，发展智力。之后大家关注到学生的学习兴趣问题及学生的心态、情绪、毅力等，最后提出一个加强"双基"，培养智力、能力，开发非智力因素。陶西平介绍，随着教育改革的深入，其内涵越来越丰富。1983年，当时北京八中在著名校长陶祖伟同志的倡导下，提出了"着眼于未来，着力于素质"的教育目标，并且制订了一套完整的素质教育大纲，在学

---

① 参见陶西平. 基础教育的价值是育人不是选拔[J]. 基础教育论坛，2012(14)：16.
陶西平. 重新认识基础教育"独立价值"[J]. 中国教育学刊，2012(01)：6—7.

校内开展实施素质教育的改革实验。这是陶西平所见到的最早的关于素质教育的理论与实践的探索。后来，谈素质教育的人多了起来，而关于素质教育的争论也越来越激烈。国家的教育发展目标，从最初提出的多出人才、快出人才、出好人才，发展到要提高国民素质，从提高国民素质的要求跟群众改革的素质教育口号两者结合，逐步上升为国家的教育改革的意志。因此，到1999年《中共中央 国务院关于深化教育改革全面推进素质教育的决定》公布的时候，素质教育已经成为一个国家的意志。陶西平认为素质教育一直是国家意识，是作为整个国家教育改革的目标和指导思想提出来的，不能简单地只把它看成专家意识。素质教育是一个国家的教育改革目标，是一个国家机制的体现。

2. 素质教育的内涵

什么是素质？什么是素质教育？什么是素质教育的科学体系？特别是当素质教育与传统教育在现实教育活动中发生明显冲突时，需要从理论上做出回答。陶西平依据《中共中央 国务院关于深化教育改革全面推进素质教育的决定》，认为素质教育的实质就是全面贯彻国家的教育方针。

我国教育方针中规定要培养德、智、体等方面全面发展的社会主义的建设者和接班人。人的素质结构会根据时代的需要不断加以调整，赋予其时代的内涵。《国家中长期教育改革和发展规划纲要（2010—2020年）》提到的思想道德素质、科学文化素质、身体心理素质、劳动纪律素质，使学生形成比较稳定的品德、智力、才干、体力等内在品质。素质教育的根本宗旨是提高国民素质，特别是明确基础教育的任务，同时又有针对性地提出素质教育的核心是加强德育，重点一个是提高创新精神，一个是提高实践能力。

针对有些专家指出素质教育只不过是一种政策性提法，在教育学里很难找到素质教育的地位的观点，陶西平认为，素质教育是科学的，它本身就是为了开发人的潜能。人都是有多种智能，每一个人都是可以学好的，只不过是适应它的智能特点和学习方法没有找到。另外，他认为关于素质教育的理论研究也还是不够的。

3. 素质教育与国家教育方针的关系

陶西平从三个维度阐述了素质教育与国家教育方针的关系：

教育是面对未来的，教育的前瞻性体现在现在培养出来的人在未来如何。学校教育，特别是基础教育的价值是体现在未来的，是看学生毕业之后、步入社会时所能发挥的社会功能的性质和水平。

教育对象是全体适龄公民。基础教育必须面向全体受教育者，不能单纯面向被高一级学校选拔、继续接受教育的少数学生。这应该是素质教育和教育方针的基点。受教育者本身存在着个体差异，教育应该使有差异的个体都能达到一定的共性要求。也就是说，虽然人不一样，但经过教育，都应达到起码的标准，但起码的标准还不够，还应该使每个受教育者能在自己原有基础上得到更大的发展。由于原有基础不同，发展程度最后也会不同。大家都达到了起码的标准，但有的人可能在某些方面发展得更好一些。所以，要真正实施素质教育，就必须因材施教。

教育内容的基础性体现在要使学生在学校受教育阶段真正打好素质基础。第一突出全面，重视学生全面素质的提高。第二突出精要，精要是打好基础的重要条件。陶西平认为教育内容庞杂艰深，教学方法重复繁琐，是导致教学质量下降的一个重要原因。基础的最主要的东西只有精要以后才可能掌握好，而且要抓住不放的东西必须要抓得准。教育质量低，内容太多太难，如果把最基础的东西真正把握住，教育质量要比现在高得多。第三突出内化，人在进入社会以后，当年上学时学的很多知识可能会忘记，但是在学校受教育阶段的一些比较稳定的品质可能在他们一生中起作用，跟人相伴终生。良好的素质是需要通过内化、科学的教育过程来实现的。①

4. 素质教育研究的方法论问题

陶西平认为推进素质教育，首先要树立对立统一的思维，改变非此即彼的思维模式。非此即彼的思维模式认为过去的教育就是"应试教育"，现在提出来的就是素质教育，这种绝对化忽视了教育的发展。另外一种是现在的学校不是进行素质教育就是进行"应试教育"，那些中高考考得好的学校都是"应试教育"，而考得不好的反倒被说成是素质教育，把素质教育与"应试教育"绝对化。还有一种情况，在推进素质教育的过程中只要出现问题，那就证明是错的。关于素质教育改革到底是成功还是失败了，陶西平认为，虽然现实离素质教育的目标还有距离，但还是取得了很大的进展，有进展就会有问题，这是客观的，需要辩证地看待。

其次，要树立一个整体优化的思维模式，改变相互割裂的思维模式。不能把推进素质教育跟选拔对立起来，两者应该统一，陶西平认为应该响亮地提出提高学生学业成绩和提高全面素质的目标。整体考虑，树立整体优化的思想，努力地探索学业成绩和全面素质同步提高的途径。②

素质教育本身是包容的，既要继承又要借鉴，把传统和创新结合起

---

①②　参见陶西平. 关于素质教育的几个问题[C]//. 第六届中国科学家教育家企业家论坛论文集，2007：42—53.

来，把主流与多元结合起来。但陶西平一直强调的是，素质教育强调多元不等于强调多元化价值观，这不是一个概念。尊重多元文化还要坚持主流文化，要坚持统一和分散的结合，既要有体现国家意志统一性的教育纲领、目标和一系列的政策措施，又要尊重不同的创造，尊重地区特点，尊重学校特点。陶西平认为素质教育是一个巨大的教育系统工程，是一个长期的改革过程，是没有终点的，是最终的一个目标，是一个方向。素质教育的基础需要完善，保障需要健全体制，对它的检验是教育质量是否提高了，关键在于教师的素质。素质教育有渐进性，应该有阶段性的目标。在推进过程中需要有广泛的参与，需要反复的实践，需要与时俱进和不断完善。

(三)由应试教育向全面素质教育转变

陶西平认为实施素质教育的实质就是全面贯彻我国的教育方针。改革是教育的根本出路。教育思想、教育内容、教育方法的改革是教育改革的核心部分，由"应试教育"向素质教育的转变，要着重做好以下几方面的工作：

1. 教育思想的转变

转变教育思想是实现由"应试教育"向全面素质教育转变的重要前提。由"应试教育"转向素质教育，在宏观上有管理体制问题、激励机制问题，学校教育、社会教育、家庭教育的协调问题，学制、课程设置、教学大纲的制定等问题；在微观上有学校管理问题、教师组织教育教学活动问题，直至对每一个学生的教育问题。但这些问题无不取决于教育思想。教育活动总是在一定的教育思想指导下朝着预想的方向进行。陶西平这里说的教育思想不单纯是讲校长或哪一位教师的思想问题，是总体的思想，包括社会，甚至某些领导的教育思想问题。

在转变教育思想的过程中，陶西平认为，一是要把培养优秀人才和提高劳动者素质的任务统一于打好素质基础这一基本任务中。二是要把群体培养目标和个体发展目标统一起来，必须重视基础素质中的时代要求，如法治观念、科技意识、竞争意识、合作能力、外语使用能力、计算机运用能力、交往能力等的培养。与此同时，必须看到群体目标最终要落实到不同的学生身上。在教育活动中，教师面对的不能只是一个班，而应是一个个不同的学生。必须坚持共性和个性的统一，因材施教，这是实现素质教育的重要基础。三是要把重视教育结果和重视教育过程统一起来，教育的现效不能单纯以分数为标志，教育的现效也不等于教育的后效，教育的后效才是教育结果的最终体现。

陶西平强调改革必须有较为广泛的思想基础，没有各级领导、广大教育工作者，乃至全社会对教育思想的广泛学习讨论，很难在实现"应试教育"向素质教育转变的改革中取得认识的统一，改革必将遇到重重思想阻力而难以推进。

2. 大力推进基础教育的改革试验

推进素质教育是政府、学校、家庭的共同责任，陶西平认为，首先是加强导向与统筹问题，素质教育既然是一种国家意志，就不能只是学校的责任，而是各级党委各级政府很重要的责任，舆论导向对素质教育的推进也是一个很大的问题。统筹方面，比如说与劳动人事制度统筹协调的问题，改制学校和公办学校参与民办教育问题，还有优化社会环境等。

其次，学校自身深化教育改革也牵动着一系列跟推进素质教育相关的问题。比如说课程改革问题，课程改革实验成果的检验周期长与推进的速度快的关系怎么处理好，课改理念表述的全面性与实践的片面性的关系，教材编写多样性与版本选择问题。

最后，关于教学模式的高要求与条件现状低的关系。当然还有教师决策、方法的转变和教师传统决策、方法习惯性之间的关系。课程改革的评价体系的引导作用跟基础教育的两次分流选拔方式的实际指挥作用之间也有复杂的关系。

学校是素质教育的实施者。各个学校在推进素质教育的程度上是不一样的，一方面是推进素质教育确实取得了创新的成果，有很明显的成效。这些成果有的正在被推进，有的正在被其他地方学习。另一方面还仍然有一些违背教育规律的做法，用片面加重学生负担的做法，用影响学生身心发展的做法来应试。这与学校校长的指导思想，和学校整体改革方案的推进程度有密切关系。学校和教师应该就教育思想认真进行研讨，对学校实际的改进问题拿出方案，进行推进。①

3. 努力提高教师队伍的素质

教师是素质教育的直接实施者。陶西平认为教师的教育思想、自身素质、教育科学和教育艺术的水平，就对素质教育的实施起决定作用。必须采取有力措施，改进师范院校教育和教师的继续教育，要切实加强教育思想的学习，重视教师自身素质的提高，提高教师的教育教学能力。在这里至关重要的是教师自身的基础素质。"教人先正己"，教师的基础素质渗透在全部教育过程之中，将对学生产生有实效性的潜移默化的影响。必须提高教师队伍的自身素质，首先是基础素质，把它放在队伍建设的极其重要地位。"推行素质教育的过程，既是提高学生素质的

---

① 参见陶西平. 关于素质教育的几个问题[C]//. 第六届中国科学家教育家企业家论坛论文集. 2007：42—53.

过程，也是提高教师素质的过程。"①

4. 推进素质教育过程中需要处理好几个关系

陶西平认为推进素质教育还需要处理好几个关系：

第一，通过因材施教协调全面素质与培养优秀人才的关系。

第二，提高学生应试能力与提高学生素质的关系。

第三，素质教育的切入点与素质教育的体系的关系。每个人都是凭着自己的理解寻找切入点，这些切入点再深化之后，往往都涉及了人的全面素质。这就有一个素质教育自身体系的问题。

第四，处理好教育改革的重点与教学工作之间的关系。如教学工作提出在加强双基的同时要注意学生情感和态度的培养，要培养学生搜集和处理信息的能力、研究性学习的能力、合作学习能力等，这些教育改革目标都是必要的，但它和日常教学工作是什么关系？对这个问题往往缺乏研究。

第五，信息技术与学科教学的关系。最初要求通过信息技术教育让学生掌握信息技术，现在是进行与学科教学的整合，再进一步可能会用信息技术改变学科教学模式，甚至包括学科教学的理念。

第六，国外先进教育理念与实践和优秀教育传统之间的关系。既需要创新，也需要整合，整合也是一种创新。陶西平认为我们在创新方面花的力量比较多，在整合方面花的比较少。如果进一步加强教育改革，需要加强整合的力度。因为不整合起来，素质教育就永远是分散的。

---

① 陶西平. 学习邓小平教育思想　加快基础教育改革[J]. 中小学管理，1995(06)：6—10.

"推进素质教育最终还是呼唤出现有中国特色的素质教育学。"①

(四)不片面追求升学率、不造成学生过重课业负担是素质教育的务实追求

素质教育的推进是一项社会系统工程,涉及劳动人事制度、考试选拔制度、社会舆论导向、办学体制改革、教育结构调整、教师教育制度,以及人们的文化观念,这种整体改革不是短时间可以完成的。针对出现的两种情绪,一种是急躁,希望通过发一两个文件,进行几次检查,就把问题解决;另一种是等待,反正问题单靠学校也解决不了,索性等着大环境的改善吧。急躁引出盲目作为,等待引出无所作为,都无助于素质教育的推进。陶西平认为素质教育既有面向全体学生,以德育为核心、以培养创新精神和实践能力为重点,提高学生全面素质的长远的目标,又有克服当前存在的片面追求考试成绩和升学率,学生课业负担过重的现实针对性。

在推进素质教育的过程中,应当立足于达到不要片面追求考试成绩和升学率,不要造成学生课业负担过重,制定阶段性的目标和基本标准。

不要"片面"的基本标准有两条,陶西平认为,一是学校应当制订全面安排学生思想道德教育、课业学习、体育锻炼、课外活动、社会实践的计划,并努力提高活动的质量。二是学校应当面向所有学生安排教育教学活动,使所有的学生都有参加教育教学活动的机会,都能在原有基础上得到发展。

不要"过重"的基本标准也有两条:一条是减轻学生过重身体负担,

---

① 陶西平. WTO与中国教育[J]. 高教探索,2002(02):13—17.

要把教师的精力引导到教学上来、引导到课堂教学上来、引导到课堂教学改革上来，努力提高学生的课堂学习质量和课堂教学效益；另一条是减轻学生过重的心理压力。要避免采取不适当的增大学生不必要心理压力的举措，要建立以增强信心为主的激励机制及和谐愉悦的校园氛围。

树立素质教育的阶段性目标和基本标准，是为了防止提出许多脱离现实的过高要求而使相当一部分学校望而却步，也不使有些学校因难以摆脱现实的困扰而不敢作为，更不使有些学校明知其应为、可为而不为之。这有助于统一对素质教育的认识和行动的步调，使推进素质教育成为在政府主导下，学校、家庭、社会共同努力的，看得见、摸得着，可以检测又可以督导的教育行为。

（五）素质教育就是培养好习惯

陶西平认为应当旗帜鲜明地倡导："素质教育是什么？往简单说，就是培养好习惯"。推进素质教育就是要培养学生做人、做事、学习、共处的好的思维习惯和行为习惯。个人有了好的思维习惯和行为习惯，个人的素质就得到了提高，就为一生的发展奠定了坚实的基础；多数人有了好的思维习惯和行为习惯，国民的素质就得到了提高，就为建设和谐社会与人力资源强国奠定了坚实的基础。养成好习惯是实实在在的素质教育。

习惯受潜意识支配，意识的积累就会成为潜意识，根深蒂固地埋进大脑深处，内化为人的素质。良好道德的培育，需要通过认知能力的提升、情感的培养、意志的形成、行动的落实等德育过程来实现，知、情、意、行最终要归结为养成一种习惯，否则就会被学生"忘掉"，也就不会真正成为教育的成果。素质教育最终是要通过培养好习惯，对孩子一生的行为产生影响，成为他们一生持续发展的力量。习惯，是由于无数次的重复或练习而逐步固定下来，变成自动化或半自动化了的行为方式。

中小学时期是青少年生理心理发育、变化的重要时期，正是培养良好思维习惯和行为习惯的最佳时期。这就需要有针对性地确立培养学生良好习惯的内涵和途径，并将其贯穿于学校全体教育工作者的教育活动之中。当然，前提是教师自身良好思维习惯和行为习惯的养成，以及教师良好教育思维方式和教育行为方式习惯的养成，也就是教师自身素质的提高。因此，培养学生的良好习惯是教育创新应当突出的课题，是教师教育的重要内容，也是学校特色形成的重要标志。

性格决定命运，而习惯决定性格。陶西平强调全部的教育活动都应当把培养好习惯作为主要的任务，作为实施素质教育的主要追求。素质教育就会成为看得见、摸得着，可以评价、可以检验的教育。①

二、借鉴多元智能理论，因材施教

陶西平认为霍华德·加德纳的多元智能理论并不是从基础层面到技术层面的完善的应用理论，而是以其心理学的研究成果提供了一种关于人的认知的教育哲学，对中国的教育改革有着非常重要的借鉴意义。它所揭示的人的智能结构的多样性和差异性，成为一种审视教育的新视

---

① 参见陶西平. 素质教育就是培养好习惯[J]. 中小学管理，2009(04)：56.
陶西平. 既要热情 又要冷静——在新时期北京师范大学附属实验中学教育发展暨王本中、张锦斋教育思想研讨会上的讲话[J]. 中小学管理，2001(Z1)：2—3.
陶西平. 需要坚韧精神与务实态度[J]. 基础教育参考，2007(01)：1.
陶西平. 寻求适应素质教育需要的组织架构[J]. 北京教育(普教版)，2004(02)：7.
陶西平. 令人感动的攻坚之举[J]. 中小学管理，2013(01)：58.
陶西平. 三个应当关注的问题[J]. 中国教育学刊，2005(10)：5—7.

角。陶西平探索多元智能理论与中国基础教育改革的结合点，使其在转变观念和教学改革实践中发挥积极作用，并积极推动运用多元智能理论开发学生潜能的实践研究。

(一)"多元智能"的理论价值

陶西平认为霍华德·加德纳的"多元智能"理论值得我国教育界借鉴之处在于：第一，"多元智能"理论指出人具有多种智能，其形成既有先天的基础，又有赖于后天的开发，可以调整和培养。从而加深了对素质教育的认识，那就是素质教育的实质即开发人的潜能。第二，"多元智能"理论指出人的智能有其结构，而且每一种智能都可以测量。这与全面发展的理论是一致的。"全面"也是由若干素质组成的素质结构。促进人的全面发展的实质就是通过对人的潜能开发来不断完善人的素质结构。第三，"多元智能"理论既可以为每个人的个性发展提供方向性的指导，又可为每个人的全面发展提供指导。通过"多元智能"的测量可以看出一个人的智能优势和弱势，这就有可能对学生个体未来的发展方向进行科学的指导。

素质教育在推进过程中长期存在一个问题，即"上边雷声大，下边雨点小"，长时间内停留在政府层面。陶西平认为与政府层面沟通是非常必要的，因为只有政府出面，才可能解决诸如课程体系、考试制度改革等宏观问题。这些问题不解决，素质教育的大环境就不可能解决好。但是素质教育的真正落实，还需要进入每一所学校的每一个课堂，这样才能真正提高教育的质量。素质教育必须从政府层面发展到学校层面，再推进到课堂教学层面。从已有的实践上看，"多元智能"理论确实可以为学校的教育教学改革提供从素质测量、发展方向预测、潜能开发，直至全面素质教育评价体系的建立等方面的可操作性借鉴。

(二)教育中应用"多元智能"理论的主要研究方向

陶西平认为教育工作者对"多元智能"的研究重点应该放在运用这个理论指导开发学生潜能的实践上。

第一,研究教学改革。学校实施素质教育的主要途径还是课堂,要把教师的积极性引导到课堂教学的改革上来,否则素质教育的目标将无法实现。值得研究的问题包括:如何了解学生多元智能的发展水平?如何在课堂教学中发展学生群体的优势智能?如何在教学中提升弱势群体的水平,也有待研究。如何在教学过程中发展学生的个体优势?如何在教学中提升学生个体弱势智能的水平?以及特殊智能的培养。

第二,研究开发艺术。例如,如何使学科教学能够发展学生多方面的智能,如何通过单项课型或专门的教学方法开发学生的某些特殊潜能。

第三,研究学生个案。因为这个理论最终要求面向每一个学生,使他们的"多元智能"得到全面发展。"多元智能"理论很重要的一点就是,每个学生都有自己相对的智能优势,每个人都有成才的机会。

第四,研究教改整合。陶西平认为多种教改课题都取得了一定的成效、都有一定的针对性,但是课题林立,名目繁多,也令人目不暇接。进行一项改革,就编出一套理论来,会出现很多理论的碰撞,用"多元智能"理论来整合,有助于使原来的教学改革有一个稳定的理论支撑,在理论上取得统一。但他也认为,整合现有的改革,并不是简单地都放在"多元智能"研究的框架里,而是通过借鉴使改革有更坚实的理论基础。

第五,研究教育评价。多元智能的测量方法为多角度评价学生提供了可贵的借鉴,有助于新的评价体系的建立。其可贵之处在于它非常强调评价的激励功能，让学生充分认识自己的智能优势并充分地展示和发挥这种优势，从而永远充满自信。自信对于学生，特别是平时被认为后进的学生，是最为宝贵的东西，这将成为他自我发展的强劲动力。实践过程中创出来的"学生档案夹"的形式，让学生经常把自己各方面取得的成果以不同的表现形式放入自己的档案夹中，进行自我评价，取得了很好的效果。

多元智能，主要是在学校和教师这个层面上开展的研究。一方面需要通过学习"多元智能"理论来转变观念，陶西平更强调的是在实践过程中转变观念，紧密结合实际，将这个理论与中国实践相结合，东西方的教育是不完全一样的，需要结合我国的实际进行创新，不断完善，形成自己的见解。

(三)多元智能与课程改革

国家正在进行的基础教育课程改革，是全面推进素质教育的核心工程。传统教育理念与现代教育理念之间激烈碰撞，陶西平认为多元智能理论的传播对传统教育观念形成挑战：

首先是传统教育智力内涵的局限性。传统智力理论以语言能力和数学逻辑能力为核心，其内涵和结构有明显局限性。多元智能理论认为智能是多元的，不是一种而是一组能力，各种能力不是以整合，而是以相对独立的形式存在：人的智能包括语言、数学逻辑、音乐、身体动觉、空间、人际、自我认知、存在智能等。每位学生都有自身的智能结构和优势智能。

其次是传统教育智力与现实世界联系的割裂性。传统智力理论注重人脑的智力水平，可以预测学生的学业成就，但难以预测个人的生活及事业。智商测试中的智力概念，主要是指解答问题，寻求特定问题答案以及迅速有效地学习的能力。多元智能理论中的智能概念不是单纯指解答问题的能力，而是指解决问题和生产产品的能力。

最后是传统教育智力活动与道德教育割裂，忽视情感与态度的培养。尽管传统智力理论并不否认情绪、动机、人格等因素对智力活动的作用，但它突出强调的仍是课业学习的智力，严重地忽视了学生情感态度的培养。

陶西平倡导借鉴多元智能理论，推进课程改革：

第一，以培养多元智能为重要目标。学校教育过分注重课业学习智力，导致长期以来课程结构过于单调，课程内容过于局限，教学模式过于统一，评价方式过于僵化。全面推进素质教育，肩负发展学生智力的使命，但更应重视发展学生的多元智能，这应成为当前基础教育课程改革的重要目标之一。

第二，以培养创新精神和实践能力为重点。培养创新精神和实践能力的关键是要求学生具有创新思维，并能将新的理念付诸实践。通过培养多元智能使学生实现由善于解答问题向善于解决问题转变。

第三，树立人人都能成功的学生观。每个学生都有自己的优势智能领域，学校里人人都是可育之才。应当关注的不是哪一个学生更聪明，而是一个学生在哪些方面更聪明。教育必须真正做到面向全体学生，努力发展每一个学生的优势智能，提升每一个学生的弱势智能，从而为每一个学生取得最终成功打好基础。

第四，树立因材施教的教学观。多元智能理论认为，不同的智能领域都有自己独特的发展过程并使用不同的符号系统，因此教师的教学方法和手段应根据不同的教学内容而有所不同。同样的教学内容，又应该针对不同学生的智能特点进行教学，创造适合不同学生接受能力的教育方法和手段，并能够促进每个学生全面的多元的智能发展。

第五，树立多元多维的评价观。改变单纯以学科成绩考试为主的评价观，评价内容应当多元，评价方式应多维。人们认为只有考试才能保证选拔公平和公正，但不能为了维护这一看起来的公平公正，而放弃了实际上人的发展的公平与公正。只有注意评价内容的全面性与评价方式的科学性，才能使评价真正成为促进每个学生充分发展的有效手段。

第三章　学校办学："大家不同，大家都好"

　　学校作为学生成长的主要场所，是实施教育教学的主阵地。学校办学质量以学生的全面培养全面发展为核心。

　　本章主要阐述陶西平学校办学的思想，分为六节：如何通过管理改革激发学校办学活力，学校怎样办出特色，学校教育的目标是什么，如何深化课程教学改革，如何探索学生、教师、学校评价，如何加强教师队伍建设。

　　陶西平对于学校办学的思想，是从激发学校办学活力开始的，校长和教师是学校教育活动的实际组织者，是教育改革从理念转化为实践的桥梁，校长和教师的主动性和创造性是取得教育实效的关键。构建现代学校管理制度是为了调动学校办学和教师教书育人的积极性。

学校管理制度改革不是目的，激发办学活力，让学校成为真正的办学实体，才有可能涌现有特色的学校。学校的多样化发展归根结底是要由"更多的教育"变成"更好的教育"，要创造适合学生发展的教育。激发办学活力、办出特色是为提高育人质量服务的，一方面是激励机制，另一方面是学校文化建设，以校内师生为主体创造并形成共识的价值观念、办学思想、群体意识、行为规范等构成的价值观体系是学校持续健康发展的保证。

德育、智育、体育、美育都是学校教育的重要工作，但首先是学校教育的目标，应当贯穿于学校的全部教育教学活动之中，成为全部教育教学活动的目标，成为全体教育工作者的责任。

目标确立之后，陶西平认为有三个环节是至关重要的。

一是课程体系的建立。建立新的课程体系，需要实现教育思想、教育内容、教育方法、教育技术的系列变革，"教有法，无定法"。课程改革是由课程教材改革和教学方式改革两个相互依存的部分组成。课程结构的调整和改变，从根本上说是为人才培养模式转变服务的。

二是评价体系的落实。评价体系的激励、校正和选拔功能必须统一。评价不仅是目标，也是不断前进的动力，是促使学校和学生形成自我发展的机制。陶西平非常强调评价对于学生的激励功能，让学生充分认识并展示和发挥自己的优势，从而永远充满自信。教师评价要看教师在多大程度上促进了学生发展的增值，而不是单纯追求一节课的璀璨，引导教师以使学生获得生命价值的增值为根本目标；对学生，要实现热爱尊重与严格要求的协调，把每个孩子的进步作为评价教师的首要目标。学校教育的效能最重要的是体现在学校的教育能力上，也就是体现在促进学生在原来基础上的发展幅度。

三是教师队伍的建设。教师是教育活动的组织者，教师的教育理念以及由此决定的教育方法，教师把握教学内容和驾驭教育进程的能力，决定着教育改革的成败。陶西平认为教师队伍建设的关键是将教师集体建设成为学习型组织，一方面改善教师发展的外部生态环境，另一方面促使教师自身内强素质，外塑形象，学而不厌，诲人不倦。中小学校长是我国基础教育的顶梁柱，当代校长的重要使命是在国家教育方针指引下，以不拘一格的方式办好不拘一格的学校，为培养不拘一格的人才打好基础。

需要说明的是教师队伍既是教育发展的宏观战略问题，也是促进教育质量提升的关键因素。陶西平将教师队伍的建设视为教育事业发展的关键，有很多相关论述，但大部分立足于学校办学，是在学校环境中与校长和教师的对话，因此本研究将他关于教师队伍建设的思想放在"学校办学"这一章呈现。

总而言之，学校内部管理体制改革是为了激发办学活力、促进学校特色建设，学校文化是学校持续健康发展的保证。德育、智育、体育、美育不仅仅是学校的工作，更是学校教育的目标。课程体系、评价体系、教师队伍是推进教育改革、提高教育质量的三驾马车。各级领导、各个学校都应该增强统筹意识，努力使各个环节形成合力。

第一节　激发学校活力：推动整体面貌的改变

一、学校内部管理体制改革是为了激发教师队伍活力

(一)学校内部的劳动、人事、分配制度改革

学校内部管理体制改革是为了激发教师队伍活力。本书第一章论述

了陶西平在二十世纪八十年代完整经历的北京中小学内部管理体制改革,当时学校内部管理体制改革包括校长负责制、教职工聘任制、工资总额包干、校内结构工资制,改革的出发点和落脚点是调动学校办学和教师教书育人的积极性。通过搞活学校内部的劳动、人事、分配制度,学校行政有了领导人、指挥人、决策人,工作效率得到提高,教职工参与学校管理和监督,增强了责任感和学校凝聚力,激发了工作积极性。

提高教育质量是学校管理体制改革的根本目的,改革调动了广大教职工的积极性,这是教育质量提高的重要保证,但没有对教育思想、内容、方法改革的切实领导,没有提高教师水平的扎实工作,教育质量的提高仍是一句空话。把管理改革和教育教学工作的改革同步推进,是改革试点的重要经验。①

(二)在管理中体现价值导向

2017 年 12 月,教育部印发实施《义务教育学校管理标准》,陶西平撰文讨论学校管理中应该体现的价值导向。他认为中小学管理工作需要进一步处理好六组关系:

1. 办学理念和办学信念的统一

办学理念是办学主体对"教育应然状态"的理性认识和判断,是对教育的价值取向的描述。办学信念是办学主体对已成事实或者必将成为事实的教育理念的追求,以及将"应然"变成"实然"的信心和决心。实现两者的统一,既是防止由于没有正确的办学理念,致使办学实践带有盲目性和片面性,也是防止学校的办学理念只是停留在文字和口头上,而非真正成为指导办学实践的信念,从而造成言行不一甚至言行背离。

---

① 陶西平. 关于学校管理体制改革的思考[J]. 中小学管理,1989(01):6-7.

2. 工具理性和价值理性的统一

教育的"价值理性"是指教育行为的目的和其本身所代表的价值取向，即中国特色社会主义的价值追求。而"工具理性"是强调教育实践（包括决策和手段）的有用性，它追求解决问题的最大功效，并为实现教育的某种需求服务。工具理性和价值理性的统一是防止由于缺少有效决策和方法，而使教育目标难以实现，也是防止很多具体的教育决策和做法只考虑眼前利益，不顾及长远利益，甚至不符合中国特色社会主义的价值取向。陶西平特别强调要处理好教育"热点"与"重点"的关系。在解决"热点"问题的过程中防止工具理性和价值理性的背离；也要对教育重点问题给予足够的关注和解决。

3. 顶层设计和终端激活的统一

顶层设计是运用系统论的方法，从全局角度对办学的各方面、各要素统筹规划，流程重组，以集中有效资源高效地实现教育目标的过程，也是把实现办学愿景的规划具体化的过程。教育是科学，更是艺术。秉承教育方针，遵循教育规律，遵守教育规范，落实课程要求，都要针对不同地区和不同学生的个性特点，学生是教育的终端，学校和教师是教育工作的终端。陶西平认为顶层设计和终端激活的统一，是防止故步自封，无法体现改革精神，又是避免脱离实际，违背教育规律，出现假大空的问题。在激发终端活力上，既要防止因为不能"简政放权"而束缚学校和教师的手脚，甚至造成终端疲惫和职业倦怠，使良好的顶层设计成为一纸空文，也要明确学校的有限责任，现在学校是无限责任者，出现任何问题，都要由校长来承担责任，校长的压力越来越大，办学活力就很难激发出来。

4. 发扬传统和互学互鉴的统一

任何一种现代文明，都必须从传统当中吸取营养才能获得长足发展，只有把中华优秀传统文化更好地融入到中国特色社会主义教育当中，才能造就实现中国梦的强大的教育软实力。借鉴西方教育理论和实践经验，也成为我国教育改革的重要推动力量。陶西平认为要实现在教育方面发扬传统和互学互鉴的统一，要防止打着"国学"的旗号，把我国文化和教育传统中的糟粕部分一概作为我国现代教育的理论依据；也要防止不顾国情，全盘照搬西方的教育模式，甚至形成一种排浪式的跟随。

5. 教育目标和教育评价的统一

一方面，要防止国家规定的教育目标不能够成为学校全部教育活动的目标，而只是分解为不同部门的工作；另一方面，也要防止教育评价脱离教育目标，产生片面的评价标准，甚至评价标准跟教育目标相背离，产生负面的导向作用。

6. 制度建设和作风建设的统一

要想落实上述诸多问题，关键还要注重作风建设。如果作风问题，包括行政领导和学校领导作风问题不解决的话，那么前面所谈的其他问题恐怕也都是空谈。①

(三)建设现代学校制度

当我国的教育从以扩大规模、提供更多教育机会为主，向提高质量为主转变；从以单一模式为主，向多元模式发展转变；从以政府管制为主，向政府服务为主转变的过程中，需要建设现代学校制度。陶西平认

---

① 参见陶西平. 在管理中体现价值导向[J]. 中小学管理，2018(01)：5-7.

为建设现代学校制度就是要构建政府、学校、社会之间的新型关系，要抓住《国家中长期教育改革和发展规划纲要（2010—2020 年）》中"依法办学、自主管理、民主监督、社会参与"四个关键点。

1. 依法办学

依法办学包括依法行政和依法治校。依法行政首先是政府要依法管理学校，学校自身也需要依法治校。国家和社会有一整套法律法规；学校有自己的章程以及相应的规章制度。陶西平认为建设现代学校制度就是树立全员法治观念，从领导到所有教师，都有遵守法律和规则的意识。学校要有符合法律法规要求的明确、合理、具体的规则；进一步，形成依照规则，规范自身行为、处理问题的意识；再进一步，把法律法规和规则真正落实在行动中，变成大家的一种习惯；最后，把习惯延续下去，使其成为学校的传统。

2. 自主管理

自主管理主要包括：落实与扩大学校的办学自主权，完善校长负责制，完善科学民主的决策机制。实施自主管理后，学校内部应该建立一个良好的治理结构。

落实与扩大学校的办学自主权，首先是政府的事，关键是要做到推进依法行政，加快简政放权，坚持科学决策，强化监督问责，培育社会组织。当前创造学校自主管理的良好生态至关重要，应着力从减轻学校过重的压力入手，改善学校自主管理的外部环境。

校长的专业发展是完善校长负责制的重要条件，其专业性体现在：必须具备一定的学历标准和教学经历，有必备的教育和管理知识，有必需的教育和管理能力，有职业道德的要求。校长这个职业具有不可替代性。教师和学生是校长智慧生长的源泉，校长只有在促进师生发展与学校发展的过程中，才能使自身的智慧得到展现和提升，进而实现自我价值。陶西平认为，在现代学校制度建设过程中，建设学习型组织是校长履行职责的重要途径。

建立健全教职工代表大会制度对于完善科学民主决策机制非常重要，这是学校民主管理的基本制度，也是教职工参与学校民主管理、民主监督的基本形式，甚至可以说是现代学校制度最重要的特点。只有健全这个制度，才能使民主决策在体制上得以落实。

3. 民主监督

民主监督主要是建立与完善四个机制，即知情机制（校务公开等）、评议机制、互动机制、反馈机制。也就是说，除了教代会之外，平时要有一系列较为健全的机制，以保障民主管理、民主监督的渠道畅通。很多问题的出现都在于上下沟通不够、互不知情。建立健全相关的机制是十分必要的。

4. 社会参与

陶西平认为，推动现代学校制度建设，必须以拓展学校教育资源为重要条件，建设好家长委员会，作为群众性的自治组织，代表全体家长参与学校的民主管理，支持和监督学校做好教育工作。充分利用社会资源、国际资源，为学校发展服务，形成多元灵活的、全方位的教育资源意识和资源整合能力，是实现学校特色发展的必然要求。学校必须放眼全球，建立一个广泛的教育资源系统，利用一切可以利用的资源，推动现代学校制度的建设。①

---

① 参见陶西平. 对现代学校制度建设几个问题的思考［J］. 中小学管理，2013(10)：21—23.
陶西平. 从"十一学校现象"想到的［J］. 北京教育（普教版），2007(12)：11.

二、创造良好教育生态让学校充满活力

(一)创造教育事业发展的良好生态

除了学校内部,学校教育的发展还需要良好的生态环境,陶西平认为一是坚持依法治教,二是倡导尊师重教,三是保证必要投入,四是创造良好舆论氛围。

依法治教是教育事业有序发展的根本保证。凡是法律、法规规定必须做的,学校就要坚决执行;凡是法律、法规没有规定不可以做的,学校就可以进行试验;凡是法律、法规保障的,任何人都不得侵犯。这样学校才能够在规范自身办学行为的同时,充分发挥自主精神和创造力。

教育事业理应受到重视,教师理应受到尊重,社会需要以对教育事业的高度信任来发挥学校和教师对学生的影响力。当然,这要求学校必须自重,教师必须自尊,树立教育工作者的光辉形象。尊师重教是教育事业蓬勃发展的应有的社会风气。

教育投入是学校教育赖以生存和发展的条件。发展的目标必须首先得到政府经费的保证才可以付诸实施,以保证正常的社会秩序,以求得教育事业在法治化的轨道上前进。

全面实施素质教育的实质就是落实国家教育方针。这不仅需要学校深化教育改革,也需要全社会创造良好的舆论环境。"学校需要一个有助于落实国家教育方针的氛围,学生需要一个能够汲取营养以内化为自身素质的环境。"①

(二)统筹、攻坚、简政

陶西平认为教育改革的顶层设计和实施,必须防止学校因困惑和倦

① 陶西平. 创造教育事业发展的良好生态[J]. 北京教育(普教版),2006(Z1):15.

怠而失去活力。

　　学校困惑的产生，常常是由于制定的政策或者措施缺乏逻辑统一性。提出了改革的目标，但是与现实脱节；采取的措施，又与目标脱节。有时由于措施是不同的部门制定，措施之间相互冲突；更为常见的是，实际遵循的评价标准与确立的目标相背离，这样学校就会处于两难境地，难以充分发挥主动性与创造性。此外，常常是讲“要做什么”，而没有讲清“为什么要这样做”“这样做有什么好处”“应当避免出现什么问题”。基层很容易因缺乏对改革意义的深刻理解、对改革措施的全面把握、对改革风险的充分警觉、对改革评价的充分信任而产生困惑。

　　倦怠的产生固然有基层人员自身的原因，但也不可忽视改革设计与实施中缺乏统筹和整合等因素。教育是系统工程，如果忽视不同因素之间的相互联系，就容易使相关决策产生不协调；再加上基层学校要面对教育内部和外部的多头领导，不同部门都向学校布置任务、提出要求、制定评价指标体系、进行检查评比，并且都要求学校主要领导直接负责，这样就造成“上边千条线，下边一根针”，学校只能忙于应付，而难以将主要精力用于教育研究和推进学校教育教学改革。不少校长常常说，谈了这么多年“简政放权”，现在反而有“政更繁、主动权更少”的感觉。一些校长的倦怠情绪由此滋生。

　　困惑与倦怠是影响学校健康发展和教育改革顺利推进的阻力，必须引起高度重视。因此，在做教育改革的顶层设计时应加强统筹，保持对学校改革的目标、措施、要求和评价的统一性，减少对学校的多头领导，切实简政放权，使学校真正充满自主发展的活力，成为具有创造性的实体，是当前教育改革进入攻坚区需要解决的重要课题。

陶西平认为所有的改革最终还是要让基层充满活力，教育改革归根结底是让学校充满活力。有三个问题需要特别关注：一个是统筹，一个是攻坚，一个是简政。

首先，综合改革需要有一个整体设计，需要统筹。一是目标的设定应该跟现状的分析有逻辑统一性，二是目标设定与具体措施应该有逻辑统一性，三是统一目标与分散决策的逻辑统一性，四是目标设定与评价体系的逻辑统一性。陶西平认为改革需要不断提高决策的科学性，解决面临的突出矛盾和问题仅靠单个领域、单个层次的改革是难以奏效的，必须加强顶层设计，统筹谋划，增强各项改革的关联性、系统性、协同性，使决策有利于实现整体优化。

其次，要攻坚抓落实。当改革进入深水区和攻坚区，剩下的都是比较难解决的问题，不去攻坚，很难真正取得实效。教育是个系统工程，应该分析它的主要矛盾和矛盾的主要方面，然后正视这个问题，攻坚克难，抓住关键，务求实效。

陶西平认为要让基层有活力，简政很重要。要把主要的精力放在关键问题上。简政的关键在于要依法行政，防止政出多门，多头领导，频繁检查，繁琐要求，多种评比，等等，造成学校应接不暇。教育系统落实"简政放权"，应该是督导部门很重要的责任。通过"简政"让基层能够拥有自主办学的权力，让基层拥有集中办学的精力，让基层拥有热情办学的活力。

最后，充分发挥教育督导的作用，在推进政府有效治理，创造良好教育生态，加强统筹，攻坚克难，简政放权方面加强督导，最终使学校能够具有教育改革与发展的充沛活力。①

第二节　学校要办出特色：全面育人的突破口

一、学校持续发展的动力与保证

(一)"大家不同，大家都好"

2007 年 11 月陶西平在《中小学管理》发表文章《"大家不同，大家都好"》，引用日本女作家金子美铃《我和小鸟和铃》中的一句诗，表达他对学校特色发展的理解与思考。"大家不同，大家都好"，不仅是尊重多元文化的体现，也是尊重多元教育的体现。

陶西平认为"大家不同，大家都好"包含两重意思：一方面是虽然大家不同，但是大家都好。另一方面是因为大家不同，所以大家都更好。前者表达了事物因包容而绚丽多彩，后者描绘了事物因交融而百花争艳。

"大家不同"是学校之间即使在办学条件大致相当的情况下，也应当有各自的特色，这样才可能形成教育的活力。学校，特别是基础教育阶段的学校，其教育的核心价值都要符合各个国家教育的共同目标和共同规律，但每个学校的教育附加价值会有区别，这正是学校的优势所在，

　　① 　参见陶西平. 让学校充满活力[J]. 中小学管理，2014(08)：58.

陶西平. 聚焦"北京 2014 教育督导与评价"研讨会 建设良好教育生态 让基层充满活力[J]. 北京教育(普教版)，2014(09)：24—26.

陶西平. 呼唤学校管理流程重构[J]. 中国民族教育，2015(03)：9.

陶西平. 千头万绪瘦身急[J]. 中小学管理，2007(04)：56.

也是学校品牌的体现。

"大家都好"是对所有具有特色的学校的评价。学校可能形成自身不同的特色,如文化、区位、体制、学科特色等。用特色提升学校品质,打造学校品牌,增强学校凝聚力。特色学校虽然不同,但"大家都好"。"大家都好",整个教育事业也就会好。创建特色学校,是一个学校优质发展的途径,也是整个教育事业优质发展的途径。

陶西平认为现在我们关注教育公平,整顿教育秩序,教育正在朝着规范化的方向发展。但也要看到,一种忽视地区、学校特色,力图实现一种理念、一种模式"大一统"局面的管理思想在随之蔓延。不少地区只不过要求学校成为简单的执行机构。在此背景下,学校不需要创意,不需要个性。不少管理者满足于学校循规蹈矩、整齐划一,而不少改革者又希望以他们所倡导的模式取代旧的模式,使其成为新的唯一。陶西平认为,这会与现代学校制度建设的目标相去甚远,与国际教育事业发展潮流相去甚远。"中国的教育,还是应当通过鼓励'大家不同',进而实现'大家都好'!"①

(二)多样化发展与规范化治理的统一

陶西平认为主张各校有自己的独特个性,就要允许学校多样化发展。基础教育在多样化发展中取得了令人瞩目的成绩,但也产生了多样化与规范化如何统一的新困惑。要真正实现二者的统一,就必须处理好个性与共性、规范与多样、借鉴与创新、设计与执行的统一问题。

1. 个性与共性的统一

同质化是当前我国教育领域中存在的一种普遍现象。以标准化为显

---

① 陶西平. 大家不同,大家都好[J]. 基础教育论坛,2015(Z1):11—12.

著特征的同质化教育，在一定程度上加快了教育的普及与均衡，促进了教育管理的规范，保证了量的增长，使更多的人可以接受教育。但"更多的教育"并不意味着"更好的教育"。陶西平强调，学校的多样化发展归根结底是要由"更多的教育"变成"更好的教育"。学校张扬个性的同时注重共性的存在。一所好学校，一定是共性与个性的结合体，既符合国家对教育的总体要求，又有自身特色的彰显。

针对一些学校在特色发展中认为发展别人没有的"冷门"，更容易形成本校特色，因此避开教育的基础性、关键性以及热点问题去追求多样的现象。陶西平认为这样的所谓特色，很难得到社会认可，也未必真正适合学生和学校的发展。一定要正视教育的现实问题，以创新寻求解决方案，才能真正形成自己的特色。学校教育的多样化发展归根结底是要创造适合学生发展的教育。让"教育适合学生"与"学生适应教育"高度统一。学生的多样性决定了教育的多元化，个性化教育是多样化办学的重要前提条件。真正负责任的教育，应该把适合学生的发展和让学生适应教育的要求统一起来。

2. 规范与多样的统一

规范化治理要求决策程序化，权责明晰化，奖惩有据化，目标规划化，措施具体化。许多学校存在说一套，实际追求又是另一套，目标与评价相背离的二元价值体系。

陶西平认为学校的多样化发展必须扎实稳步推进，去除浮躁和投机心理。在以舆论评优劣的背景下，急功近利往往具有极大诱惑力。但急功近利、热衷于搞一些花样，却不会真正增强竞争力，不会真正赢得社会的尊重。只有着眼于长远，扎实推进，学校才能拥有更多、更实、更久的竞争力。

3. 借鉴与创新的统一

每位校长心中都有自己的学习目标。陶西平认为这是好事。有榜样，才有前进的方向。针对许多校长"我到底向谁学？我们到底要办一所像哪所学校那样的学校？"这样的疑问，陶西平认为无论学谁，都很难有人能肯定地告诉你是对了，还是错了。学习与借鉴是一个必要的过程，但当你感到身边没有鲜明的榜样时，你的追求就是要使自己变得更好。这时，真正的创新可能就要出现了，真正的多样化特色就要形成了。一所没有灵魂的学校是没有特色的学校，一所没有特色的学校是没有脊梁的学校。每所学校都可以没有榜样，但都应该有自己的脊梁。

陶西平认为在高度重视理论创新和制度创新的同时，还应当重视寻找解决这些具体问题的有效途径，那就是教育的"微创新"。学校管理人员和广大教师每天所面对的问题，都是"微创新"的切入点。"微创新"可以发生在创新链的任一环节。创新应该跳出简单的技术层面，融入到学校文化中去。每个人都有创新意识，学校才会有真正的创新。在创新环境的创设上，教职工只要认为自己有创新能力，学校就应该提供一个平台，展示其创造力。鼓励创新和允许失败，是学校创新文化的重要特征。"微创新"既有助于学校成员的广泛参与，有助于调动学校内部所有成员的积极性，又有助于推动学校的多样化发展。

4. 设计与执行的统一

陶西平认为谈论执行力的前提条件是学校要有清晰的战略和顶层设计，即执行的人明白执行什么、为什么要执行、执行了有什么好处。真正的执行力来自教职员工发自内心的认同，他们知道为什么而工作，以及要取得什么样的效果，这样才能把好的想法落实下去。作为一个领导者，绝不应该把执行力简单地理解为"听话"。做好顶层设计需要把握好四个关键要素：一是有前瞻的思考，把学校未来面临的外部环境和各种挑战想清楚，把学校特色发展的设想和发展趋势总结出来，并告诉每一位教职工，让大家明白学校面临怎样的机遇与挑战；二是有逆向的思维，就是找差距、定阶段性目标、选路径、根据目标配置资源，把学校可能的所有选项都列出来，然后针对每一个选项进行推演，做出选择；三是有具体的分析，甚至是量化的语言去分析、决策；四是有科学的分解，把任务变成"动作"，再用流程和制度变成"规定动作"。多样化也要靠规范化支撑。

陶西平强调，顶层设计绝不能沦为空谈，也不能闭门造车，更不能甩手请几位校外的专家编写一套方案，好的学校管理者都应该亲自花时间领导和参与顶层设计。"具体的执行过程中，学校领导要推进学校内部的和谐，以文化凝聚团队，充分尊重每一位教职工，帮助教职工设定自己的人生目标，找到在工作中实现个人专业发展目标的方法和路径。"①

(三)学校文化是学校持续健康发展的保证

现在学校都十分重视引入竞争机制，实行校长负责、教职工聘任、绩效考核、效益工资制等，以激发学校的活力，调动广大教职工的积极性，但这种激励机制的形成，并不能代替学校文化的建设。陶西平认为，优质学校的稳定性在于形成了优良的学校文化，它是一所学校良好的教育生态，是一所学校持续健康发展的保证。学校文化是在一所学校内，经过长期发展历史积淀而形成的，以校内师生为主体创造并形成共

---

① 陶西平. 多样化发展与规范化治理的统一——基础教育良性发展的途径[J]. 中小学管理，2014(03)：13－16.

识的价值观念、办学思想、群体意识、行为规范等构成的价值观体系，是一所学校精神与氛围的集中体现。

学校文化的建设首先要考虑稳定的教育理念，陶西平认为这是学校文化的核心，是学校的校魂，是贯穿于学校文化各层次的精髓，是学校文化各层次中最为稳定的部分。先进的教育理念具有导向功能、提升功能、凝聚功能、激励功能和稳定功能，是学校持续健康发展的动力。

学校文化是从属于社会主流文化的亚文化，应当有对社会主流文化的价值认同。社会主义核心价值观体系应当成为学校文化建设的共性价值标准，是贯穿学校文化建设的一条红线。

学校文化有助于学校形象的塑造。学校形象是学校文化的外显形态，是学校管理者、教师、在校生和毕业生、教育教学活动、公共关系的形象等综合因素形成的总体印象。陶西平认为创造学校形象实际就是创造学校的品牌。如果一所学校通过良好学校文化的外显，塑造了自己的学校形象，那必将会成为推动学校教育改革与发展的持久的驱动力量。

学校文化包括由浅入深、由表及里的不同层次，从表层的物质文化，到浅层的行为文化，到内层的制度文化，直到深层的精神文化。陶西平认为建设学校文化，要从学校的办学传统中发现和提取有特点的基因，并逐步使之升华为学校共识的价值标准。要使学校的制度有利于促进、支持和鼓励在教育教学活动中共同价值标准的形成。要建立学校的传统活动体系与行为规范，产生与师生终身相伴的影响。同时要积累学校过去和现在有关体现学校办学理念内涵的标志性名言、人物、故事、实物，使之逐渐成为学校的经典。还应当使学校的校舍建筑、校园环境体现学校的价值取向，形成良好的文化氛围。

陶西平认为，学校文化可以通过长时间的积累自然形成，但优秀而有生命力的学校文化是需要精心构建的。在理念上精心提炼，在实践上长期培育，最终使优良的学校文化成为学校持续健康发展的保证。

二、实践中的办学特色

陶西平专门撰文介绍过非常多自己熟悉、调研、参访过的学校的办学思想和特色，其中以北京地区的为主，例如，北京四中的"大气成就大器"、北京一师附小的"快乐教育"、北京十一学校"凝固了的理念美"、北京东直门中学的金帆管弦乐团与景泰小学的"快乐英语人人唱"、北京景山学校的教育实验与东城区的"尊重教育"、北京市第一六六中学的"生命科学创新人才培养实验班"和"高中冰心文学实验班"以及"博雅教育"、东城区北京五中分校的"精致教育"、北京宣师一附小的"童真文化"理念、海淀区五一小学的"守本归真"、中关村一小的自主发展课程体系、中关村三小的教育创新、海淀实验小学的"守真、从善、修美"、呼家楼中心小学的 PDC 教育理念、首师大附小的童心教育、人大附小的"笑声、掌声、质疑声和辩论声"、第一七一中学的"只问耕耘，静待花开"、北京八中的超常教育等。

他还介绍过全国其他省市，如江苏太仓、广西柳州、天津、浙江宁波、辽宁抚顺等地的学校，以及曾到访过的日本、英国、墨西哥、澳大利亚、新加坡、委内瑞拉、古巴、南非、意大利、俄罗斯、韩国等国家的基础教育学校的特点。

（一）激发教育活力：形成学校办学特色

千人一面、千校一面的无差别教育无法培养创新型人才，也无法办出高水平的学校。学校之间有特色差别，教育才有活力。陶西平认为特色是学校价值取向、生态环境、教育创新、教育传统的集中体现。

首先,学校鲜明的特色集中体现学校的价值认同,对学校发展发挥有力的导向作用与凝聚作用。

其次,当前学校特色表现为多种类型,有在特定教育理念指引下进行的教育改革实验形成的学校特色,如快乐教育、情趣教育、创造教育等;有学校办学模式的特色,如学制改革试验、中外项目合作的试验、办学主体多元化试验等形成的特色;有学校文化的特色,如基于地域特点、历史特点、教育对象特点的文化特色等;有基于学校课程体系的学科特色,如校本课程体系特色、学科特色、课外教育的特色等。特色不只是一个点,而是学校的价值观体系,它体现于学校的办学理念、生活方式、教学方式以及其他行为方式之中,从而成为学校师生成长的生态环境特征。

再次,学校的教育创新归根结底是针对普遍存在的固有的教育理念和教育模式进行的改革,改革的创新点就是形成学校办学特色的基础。特色的形成是一个需要不断深化、丰富、积累的长期过程,不能把特色变成点缀,变成肤浅的花样,更不能庸俗化。陶西平认为构成学校特色应当具有的维度,体现在:理念的认同度,参与的广泛度,内涵的深刻度,实践的系列度,优势的显效度,作用的迁移度。学校特色形成的关键环节在于进行合理的差异性策划,统筹学校的有限教育资源,拓展校外的无限教育资源,形成学校特色的氛围以及不断深化学校特色的理论与实践研究。

最后,学校特色是学校教育传统的集中体现。学校特色形成会对学校未来起到凝聚、迁移、导向和发展作用。学校特色形成学校的相对优势点,从而激发师生的自信、师生的兴趣和激情,带动整体水平的提高。学校特色有助于学校的持续发展与后发超越，一些原来水平较高的学校的持续进步，一些基础薄弱学校的成功超越，往往都由于它们形成自身某一方面的特色而实现卓越。特色的保持与发展成为学校的风格、品牌与传统，而风格、品牌与传统就是竞争力。①

(二)高中特色发展是实现某个领域的卓越

人才培养模式单一、"千校一面"、办学缺乏特色是普通高中教育一个不容忽视的问题。陶西平认为：加大高中学校特色发展的力度是中国高中教育事业改革与发展的重要课题。他就高中特色发展的背景、一般特点、高中特色办学探索、体制保证等问题进行了阐述。

1. 高中特色发展的重要背景：高中教育面临若干困惑

一是人才类别的多样化与培养模式的趋同化之间的矛盾，人力资源强国对人才类别有了多样化需求，社会发展对人的素质要求和职业要求也发生了变化，这些都要求学校教育培养出多种类型的人才。二是人的发展的个性化和学校发展的同质化之间的矛盾，工业化时代标准化的人才观与信息化时代个性化的人才观的冲突现在表现得很明显，教育应该让个人的潜能得到充分开发，为不同类型人才的发展和脱颖而出创造好的条件。三是学校竞争的激烈化与办学人员的惯性化之间的矛盾，现有的办学模式是长期以来在相对陈旧的教育观念支配下形成的融课程、教学、评价、选拔为一体的完整体系，惯性使得教育工作者容易墨守成规。突破原来的单一模式，形成学校的特色，有助于激发学校的活力，促进学校跨越式发展。因此，从社会需求和人的发展需求来看，学校需

---

① 参见陶西平. 现代化进程中中学校长的使命——第二届中国中学校长大会主题报告[J]. 中国教育学刊，2007(12)：6—9＋44.

要突破单一的模式，创造一种各具特色的、适合不同学生发展需要的高中教育。把更多的办学自主权还给学校，把更多的个人发展的选择权还给学生。

2. 高中学校特色发展的共同特点：实现某个领域的卓越

陶西平认为，学校的特色发展，就是要努力创造某一个领域的卓越。这一领域集中反映学校的价值观体系，并能将价值观融入到学校的生活方式、教学方式以及其他行为方式之中，从而成为促进师生成长的良好的、具有个性特征的生态环境。

首先，特色是学校价值取向的集中体现。学校的价值取向是学校的核心价值与附加价值的统一，核心价值是指学校都要贯彻国家的教学方针、实施国家的课程标准、落实国家的培养目标；附加价值是指学校可能具有的自身改革的切入点、自身的个性追求和自身的独特传统。不同学校的核心价值是共同的，是社会认同的标志，而附加价值取向是社会选择的标志，社会对学校的评价是在考察学校核心价值的基础上考察其附加价值。核心价值和附加价值同样重要。

其次，特色是学校教育创新的切入点。学校特色的形成需要不断地深化、丰富和积累，是一个长期的教育创新的过程。学校特色的最终形成应具有如下维度：理念认同度，即学校的价值取向在学校内部和社会上得到的认同度高；参与的广泛度，即师生参与特色活动的范围广；内涵的深刻度，即学校特色不是一个肤浅的，点缀性的东西，而是具有相当深度的内涵；实践的系列度，即它是一个持续的、系列的实践活动，而非一时一事；优势的显效度，即与周边学校相比，学校特色显示的是相对卓越程度；作用的迁移度，即某一个领域的卓越促进了整个学校办学水平的提升。

再次，特色是学校传统形成的重要基础。每一个学校都应该形成自己的传统，而且也都处在形成自己传统的过程中。开始可能只是学校的某一个优势项目，逐渐变成一种项目特色，再发展成学校特色，学校特色可能推动学校成为一个特色学校。学校特色的形成是一个持续的过程。学校特色的保持和提升会成为学校的品牌、传统与风格，这些就是学校的竞争力。

最后，学校的特色发展是教育家成长的有效途径。教育事业的改革与发展需要理念与实践的引领和示范，教育家就是突破常规理论与实践局限的人。在办学过程中突破常规的理论与实践，实际上就是形成学校的特色。从某种角度来说，教育家产生在具有办学特色的学校之中。

3. 高中特色办学的主要类别：多彩的高中特色办学的实践探索

当前高中学校办学特色主要体现在办学模式特色、文化特色、学科特色三个方面。办学模式的特色大多是在办学体制改革过程中形成的。例如，广东国华纪念中学，是佛山市顺德区一些企业家捐资兴办的纯慈善、全免费、全寄宿的民办高级中学；北京的中加学校，是北京师范大学附属实验中学与加拿大纽宾士域省的教育部、加拿大的加皇国际教育集团合作举办的高中，学校实行中、加高中双学籍管理。学校文化的特色有的是基于地域特色形成的文化特色，有的是基于历史特点形成的文化特色，有的是基于特殊价值取向形成的特色，有的是基于特殊的教育对象特点形成的文化特色。例如，北京四中倡导文化"大气"；北京八中的超常教育。学科特色是目前学校形成特色的重要导向，有基于学校课程体系的学科特色，有基于优势学科的学科特色，有基于优势课外教育形成的学科特色，如北京月坛中学的日语教学；北京师范大学附属实验中学的特色之一是在普及的基础上培养优秀的游泳运动员。

4. 课程改革是高中特色办学的重要机制保证

普通高中课程改革对于国民素质的整体提高、创新型人才的培养具有极其重要的价值，为因材施教和形成学校办学特色提供了重要的机制保障。

课程管理由过去国家统一管理走向三级管理体系，课程结构由过去的线性结构走向塔状结构，课程计划由过去的学期变成学段，学业管理由单纯的考试变为学分管理，学生选课由口号变为现实，综合实践活动由一般性的课外活动变为综合实践活动课程，课程评价由单纯的应试走向发展性评价。这一系列的改革为学校的特色发展和创新型人才的培养提供了较为广阔的空间。

推动高中学校特色办学任重道远，需要观念、条件、机制、管理、社会等多方面的支持。"高中特色办学是中国全面提高普通高中质量的一个历史进程，有关部门应最大限度地改善高中的办学条件，合理扩大学校的办学自主权，减少校长繁杂的事务，给校长更多的空间和时间，改善对学校'一刀切'的评价体系，正确对待学校管理和教育教学工作中形成的特色实验，为高中特色办学提供必要的环境。"①

第三节　德育为首：知、情、意、行的统一

德育是学校教育的重要工作，陶西平始终强调德育是学校教育的首要目标。长期以来，在不少地区和学校德育只被看作是学校的一项专门

---

① 陶西平. 谈高中特色办学[J]. 中小学管理，2009(08)：4—6.

工作,并形成相对独立于教学工作之外的体系。这样,就造成德育作为教育目标的地位被模糊了,德育成了一部分德育工作者的职责。陶西平认为,德育作为教育目标,和智育、体育、美育一样,应当贯穿于学校的全部教育教学活动之中,成为全部教育教学活动的首要目标,成为全体教育工作者的责任。

一、德育工作格局与德育工作流程

(一)学校德育工作的发展趋势

1996 年 4 月,陶西平在《中国教育学刊》发表文章《当前中学德育工作的发展趋势》,针对 1994 年《中共中央关于进一步加强和改进学校德育工作的若干意见》的文件,阐述了他对学校德育的目标、内容、途径与管理的改进方向的理解。

1. 德育目标的素质化趋势

"九五"期间,"改革人才培养模式,由'应试教育'向全面素质教育转变"是基础教育改革的重要任务,因此,出现了德育目标素质化的趋势。陶西平认为表现在两方面,一方面,增强了德育目标的前瞻性,学校德育必须着眼于未来,在重视继承和发扬中华民族优良道德和革命传统美德的同时,重视具有鲜明时代特色的品质的培养,使学生的政治、思想道德心理的发展都能适应新世纪的各种挑战。另一方面,更加重视德育目标的内化。由单纯重视学生在校的一般表现,转而更加重视学生内在的稳定的思想道德素质的形成,使学生真正增强抵抗力和免疫力。避免学生在步入社会后,由于缺乏政治、思想、道德批判能力,而无法适应,甚至步入歧途。

2. 德育内容的基础化趋势

陶西平将德育内容的基础化的趋势概括为德育内容整体性与层次性统一。学校德育包括政治、思想道德、心理品质等方面的内容，它们统一于培养社会主义建设者和接班人这一目标之中，学校德育必须坚持社会主义方向。但面对不同的受教育者又必须突出德育要求的层次性，一是要求必须适度，不考虑对象，盲目提高要求和增加内容的做法，效果往往适得其反。二是必须把握基本。加强爱国主义、集体主义、社会主义教育，培养遵守法纪以及良好道德品质和行为习惯的公民是中学阶段德育的基本内容，必须牢牢把握；同时还必须因材施教，即使是相同年龄的学生，也存在个性差异。

3. 德育过程的综合化趋势

德育过程是达到德育目标，落实德育内容的途径，陶西平认为，知、情、意、行是德育过程的重要环节。德育过程的综合化趋势，一方面表现为重视过程，重视协调和重视实践。对学生进行德育的过程是一项系统工程，在加强与改进政治课、思想品德课教学的同时，同样重视加强各学科中的德育渗透；在强调政治课教师、班主任、团队干部在德育工作中的地位与作用的同时，同样强调全体教职员工教书育人，管理育人，服务育人；在强调课堂教学主渠道作用的同时，同样重视课外活动的教育作用；在充分发挥学校德育功能的同时，同样重视提高家庭教育和社会教育的水平。在进行德育的过程中，提高认识，陶冶情操，培养意志与良好的行为习惯，是一个有机的整体，都不可偏废。思想道德素质是通过主体的活动表现的，也是通过主体的活动形成的。加强主体的活动，即加强实践是增强德育实效性的关键环节。

4. 德育管理的宏观化趋势

德育不仅是学校教育的重要组成部分，也是社会主义精神文明建设的重要组成部分。地区的社会主义精神文明建设推动着学校德育的开展，学校德育又反过来促进地区的社会主义精神文明建设。因此，德育管理也必然相应地出现宏观化的趋势。陶西平认为这种宏观化的趋势表现在：重视统筹规划，重视优化环境，重视基地建设。学校的德育规划要突破校园范围，充分借助社会力量，就要求各级党委、政府对学校德育进行宏观决策，纳入地区的社会主义精神文明建设规划。社会文化环境对学生的世界观、人生观、价值观有着潜移默化的影响，努力净化环境是加强学校德育宏观管理的重要内容，是具有战略意义的历史使命。德育基地充分开掘德育的社会资源，增强了全社会的德育意识，沟通了学校与社会的联系渠道，发挥了对青少年巨大的教育作用。①

(二)学校需要稳定的德育工作格局和流程

学校加强德育需要形成稳定的格局和流程，陶西平提出，一个好的德育工作格局至少应当由德育体系、德育点、德育场和德育队伍形成。而一个好的德育工作流程应当是"常"与"变"的有机结合。

学校德育体系的建设由从低学段到高学段的纵向体系和学校家庭社会一体化的横向体系构成。纵向体系应当体现由近及远，由浅入深，从具体到抽象，从局部到整体，既符合年龄特点又符合认知规律，既形成一个完整体系又有学段和年级分工的原则。横向体系则应当构建以学校教育为主导、以家庭教育为基础、以社区教育为依托的开放型德育体

---

① 参见陶西平. 当前中学德育工作的发展趋势[J]. 中国教育学刊，1996(04)：7—9.

系，形成目标一致、内容衔接、功能互补、关系和谐的三位一体的教育网络。有了这样的体系，德育才有了转化为实践的可操作的方案。

陶西平借鉴学科教学"知识点"和"技能点"的提法，认为学校德育也需要这样研究的经验。教师把握住"知识点"和"技能点"，就能有目的地进行教学活动，有目的地进行德育活动，加强学校"德育点"的研究。除了德育课程之外，开掘"德育点"是一些地区和学校加强与改进德育的重要经验，这包括对各学科教学"德育点"、传统活动"德育点"、行为规范"德育点"、社会实践"德育点"，以及其他教育资源"德育点"的开掘。"德育点"的开掘，社会主义荣辱观"德育点"的开掘，是健全德育体系、提高德育质量的重要环节。

学校"德育场"的建设，是为了改善与创造良好的德育环境，为学生的健康成长提供阳光和雨露。陶西平认为场就是环境，这种环境主要指学校的文化。学校文化建设是"德育场"建设的核心，要推进学校的物质文化、行为文化、制度文化和精神文化的建设，以体现学校的价值取向，最终使得全体成员有对价值观的认同。而优化社会环境则是"德育场"建设的关键。要通过党委和政府的统筹，实现学校、家庭、社会三个教育场的协调一致，包括价值观和教育理念的协调一致，政策制度与目标指向的协调一致，多种教育资源利用的协调一致，多元教育主体所实施的教育措施和教育行为的协调一致。

在学校的德育队伍中，德育管理人员、班主任、政治课与思想品德课教师、团队干部当然是重要力量，但陶西平一直强调全体教职员工都应当是德育的骨干力量，都有通过教育教学和管理，协调学校、家庭、社会进行德育的责任。学校的德育应当由校长领导，形成全校相互配合、步调一致的工作队伍。从某种角度看，只有当全体教职员工都能自觉提高自身的思想道德水平和行为规范水平，当各学科教师都把加强德育当作是自己的责任，而不是自外于德育工作的时候，增强德育的实效性才不会是一句空话。

陶西平将学校的德育工作流程归纳为"常"与"变"有机整合的过程。"常"就是相对稳定的部分，由相对稳定的德育体系、德育资源（像教材、德育基地、传统的德育活动等）、"德育点"、"德育场"和德育队伍组成，而"变"则是指变化着的新的形势、新的动态、新的资源。一个清晰的德育流程有利于增强德育的自觉性、科学性和实效性。[1]

(三)在引导学生遵守基本行为准则的基础上，追求更高的思想道德目标

陶西平针对党的十六大报告中提出的加强思想道德建设的观点，论述了学校思想道德建设的原则、内容和过程。

思想道德建设的原则，即社会主义思想道德体系必须与社会主义市场经济相适应、与社会主义法律规范相协调、与中华民族传统美德相承接。

思想道德建设的内容，即在社会公德、职业道德、家庭美德的教育中，要弘扬爱国主义精神，以为人民服务为核心、以集体主义为原则、以诚实守信为重点。诚实守信是尊重自己、尊重他人的重要的道德体现。

---

[1] 参见陶西平. 加强与改进学校德育的必然要求[J]. 基础教育参考，2006(05)：1.

陶西平. 整合学校德育的骨干力量[J]. 北京教育（普教版），2004(12)：12.

陶西平. 德育流程：一个值得重视的探讨课题[J]. 北京教育（普教版），2005(01)：11.

陶西平. 关于青少年学生公民教育的若干思考[J]. 教育科学研究，2006(07)：9—11.

思想道德教育的过程，即在引导人们遵守基本行为准则的基础上，追求更高的思想道德目标。

首先，高度重视德育的基础性、针对性和实效性的结合。陶西平认为这是德育工作多年来遇到的最大难点。德育既要为学生思想、品德的全面发展打好基础，又要针对学生实际的需要和解决现实存在的问题；既要使学生潜移默化，又要有看得见、摸得着的成效。一方面要以思想道德建设的基本要求作为基础道德教育的基本内容；另一方面，又要针对社会和学生普遍存在的各种问题，明确教育的针对性；同时在教育的过程中要提出并努力达到阶段性的行为养成目标。

其次，高度重视德育过程中认识水平的提高、情感态度的培养和行为习惯的养成的结合。知、情、意、行的统一是德育工作的规律，过去的德育工作常常把几者割裂开来，特别容易偏重于说教，以为只要学生记住了道理就一定会去做，把德育的主要方式放在讲道理上。讲道理是必要的，但实际上情感态度与行为习惯并不简单地与一个人所能说出来的道理同步发展，有时甚至可能养成一种言行不一的不良风气。一个人的情感态度和行为习惯也不是自然而然形成的，需要通过耐心细致、坚持不懈的努力来培养，而良好的情感态度和行为习惯有助于认识的真正提高。

再次，高度重视德育策略的全面性、系统性和切入点的结合。德育包括丰富的内容，而且随着社会生活的发展变化，随着社会对学校教育要求的增多，学校德育所承担的任务也越来越多。陶西平认为学校当然应当全面完成任务，但只有全面系统的教育，是很难取得实际效果的。善于选择切入点是重要的德育策略。例如，有些地区以尊重教育为切入点，有些学校以诚信教育为切入点。基础道德教育有了好的切入点，就可以从一点突破，进而举一反三，步步深入。

最后，高度重视德育的关键环节——教师发展和学生发展的紧密结合。过去，德育工作总是研究学生多，研究教师少；对学生的要求多，对教师的要求少。陶西平始终坚持基础道德教育要把教师和学生作为平等的主体，从教师做起，突出教师的示范作用，把抽象的道德标准先化为教师的具体的道德行为，进而在师生的和谐交融中使学生自觉地接受教育。这种把对教师严格要求作为对学生要求的前提，使教师和学生在教育活动中，共同得到发展与提高的认识，是德育观念现代化的体现，是对德育认识的升华。①

二、德育：学生正确价值观与人格的培养

(一)在多元中坚持社会主义核心价值观的导向

改革开放以来，社会价值观多元化推动了经济发展和社会进步，但价值主体、标准、取向的多元化必然对社会主义核心价值观形成冲击。这些变化给青少年价值观带来巨大影响。在多元文化背景下，坚持社会主义核心价值观的导向，是当前对学校德育工作的严峻挑战。

在我国，学校教育坚持社会主义核心价值观的导向。社会主义核心价值观所包含的马克思主义指导思想、中国特色社会主义共同理想、以爱国主义为核心的民族精神、以改革创新为核心的时代精神以及社会主义荣辱观，是我国民族优秀传统价值观与现代进步价值观的融合。中华

---

① 参见陶西平. 坚持教育创新 加强与改进基础道德教育[J]. 思想·理论·教育，2003(01)：3—7.

陶西平. 大力推进教育创新——学习江泽民同志在北师大百年校庆大会上的讲话[J]. 北京教育(普教版)，2002(10)：5.

陶西平. 推进基础道德教育要坚持教育创新[J]. 人民教育，2003(C1)：24—27.

民族优良传统文化所蕴含的人与自然、人与社会、人与人关系的基本价值观，至今依然具有强大的生命力。弘扬中华优秀文化、传承中华美德、培育民族精神应当是学校的重要任务。

教育是价值引导和价值创造的过程，现代教育肩负着重大使命——引导当代青少年树立正确的价值观。以大教育观推进学校、家庭、社会三位一体教育体系的建立。学校要重视校园文化建设，坚持社会主义核心价值体系，为青少年铸魂、求雅、立行，从而为他们的健康成长奠定政治信念和道德理念基础，提高情操气质品位，养成健康行为习惯。学校要主动通过多种形式，密切家校关系，形成和谐的家校协作氛围，将学校的正面教育与家庭教育的持续性、情感性有机结合起来，促进青少年良好品德的形成和内化。社会各界都应使所有有利于青少年发展的教育资源充分地为他们发展服务。通过形成引导青少年深入社会实际、参加社会实践的机制，拓宽其视野，丰富其课余生活，为他们提供更多的道德实践体验平台，使其从体验中感悟、从感悟中提升自身素养。[①]

(二)意识形态与人格培养

在学生心中树立对本国核心价值观的自信几乎是各国学校教育的首要任务。各国倡导的价值观不一定相同，甚至可能相抵触，多元价值观对青少年成长的负面作用不可低估。它会影响青年一代对中国特色社会主义的道路自信、理论自信、制度自信、文化自信；影响社会主义核心价值观真正成为社会主流的道德标准。因此"立德树人"是教育的根本任务。这应该成为推进教育改革和发展的坚定不移的方向。

---

① 参见陶西平. 在多元中立主导——坚持社会主义核心价值观的导向[J]. 中国德育，2010，5(04)：3—4.
陶西平. 教育必须坚持引导青少年正确价值观[J]. 中国教育学刊，2012(04)：5.

有人认为，体现人的生命意义、促进学生的人格发展是教育的本原，教育不应受意识形态的干扰，否则容易导致功利化。陶西平认为，这种去意识形态化的见解本身实际上就是一种意识形态、一种价值取向。意识形态说到底是世界观、人生观、价值观，其核心是信仰，是信念。学生的人格体现为对真伪、善恶、美丑的价值判断和行为取向，而学生在涵养自身分辨真伪、善恶、美丑的能力的时候，就是在选择价值取向，就是在形成世界观、人生观和价值观，因此，不可能脱离意识形态。现在是意识形态多元化的时代，那些混淆甚至颠倒真伪、善恶、美丑的人，那些将自身的价值观标榜为“普世价值”，甚至以文化霸权主义来达到政治目的的人，都在影响着年轻一代的人格发展和生命意义的体现。所以，强化意识形态的作用、突出社会主义核心价值观的主导地位，是提高我国国民素养的关键，是体现个体生命意义的基础。

陶西平强调意识形态是贯穿于全部教育教学活动之中的，不应采取生硬地灌输和枯燥地说教的办法。在实际工作中，有两方面的问题应该特别关注：

一是越是思想活跃，越要旗帜鲜明。应该重视对学生批判性思维的培养，只有这样，思想才能活跃起来。批判性思维是让学生对所学的知识和所遇到的问题，都要问一个为什么，能够换一个角度，看是否有更多、更好的解决办法。但批判性思维最终还是为了通过比较、鉴别，得到真理性认识。因此，教师在教学活动中，在意识形态、价值取向问题上，不应止于多元，而应“在多元中立主导，在多样中谋共识”。

二是内化于心，外化于行。一方面，我们习惯于倡导什么就将什么列入课程、编入教材中，然后讲授、考试、评价。这样做忽视了青少年的特点，也忽视了社会媒介的影响。言行脱节，将活泼生动的道德教育，变成了应试德育。另一方面，如有些同志所言，"得之于庙堂，失之于江湖"。学校和教师要切实将正确的信仰和坚定的信念贯穿于自身的言行之中，并以青少年喜爱的形式进行传播和示范；同时，要认真汲取正能量，警惕来自社会的某些负面影响，努力提升价值观教育的质量和水平。

(三)优秀传统文化是人格教育的价值基础

应把精神生活纳入实现理想之中，中国的传统文化有主流性、时代性、兼容性以及两面性等特点，用传统文化的精神来推动现代化，应该抓住一些要点：第一，弘扬刚健有为、自强不息的文化传统，推进现代化的建设进程；第二，弘扬以人为本、本固邦宁的传统推进民主化进程；第三，弘扬道法自然、天人合一的文化传统，推进生态化进程；第四，弘扬以和为贵、贵和尚中的文化传统，推动国际化进程。

增强文化自觉、文化自信、文化自强，实现中华民族文化的传承与弘扬，中华优秀道德体系的重构已经成为现代化进程中的首要任务。

在文化传承当中，陶西平认为应该处理好这样几个关系：一是传统形式(国学经典)和时代内涵的统一；二是知识教育和立德树人的统一；三是取其精华和去其糟粕的统一；四是提高认识和付诸实践的统一。[①]

(四)我国青少年道德教育困境与出路选择

1. 青少年道德教育面临的问题

陶西平认为价值观教育缺失、学科德育薄弱和师德建设有待加强是

---

① 参见陶西平. 优秀传统文化是人格教育的价值基础. "2015海峡两岸传统文化与现代化研讨会"上的发言,《人民政协报》,2015年7月22日,第10版.

我国青少年道德教育面临的三个突出问题，需要予以特别关注。

价值观教育缺失。社会主义核心价值体系涵盖了从指导思想到共同理想，从民族精神、时代精神到道德规范。价值观教育是青少年德育的核心，当前德育工作主要体现在管理和活动两方面。怎样突出价值观教育，如何在潜移默化中对青少年进行有效的价值引导，不少学校并没有清醒的认识，常常是为管理而管理，为活动而活动，德育实效性并不强。一些学生没有真正形成正确的价值观，突出表现为学生的法治观念、道德观念比较淡薄，不能理性地反思自己的言行。一旦有突发性事件，其认识和行为就容易产生混乱。强调价值观教育，就是要将它贯穿到中小学德育的整个过程当中，作为德育的灵魂去对待。管理不是简单地建立一种秩序，活动也不是为了表演和作秀，管理和活动的最终目的都是育人。学校应该通过管理和活动，帮助学生形成正确的价值观。

学科德育薄弱。德育是教育目标，而不是一项具体工作，更不是某些人的专职工作。强调学科德育，其实就是强化德育的目标意识。所有教师都应将德育作为教育目标，正确处理德育目标与德育工作之间的关系。现实中，学校总是处理不好这些关系。学科教学是德育的重要渠道，应强调全体教师都是德育工作者，要不断强化这一意识，所有教师都要把"立德树人"当作基本任务，贯穿在其教学当中，都要去组织、调动家长和社会力量，为德育服务。并重视评价全体教师的德育工作质量，避免过分重视教学和教研，而忽视德育。

师德建设有待加强。教师是学校德育的根基。陶西平认为，目前我国大、中小学教师队伍的建设还有许多值得关注的问题。首先，德育意识问题，即是否所有教师都有很强的德育意识以及德育的学科渗透能否实现；德育究竟是评价教师的硬指标，还是软指标。其次，教师自身的品德修养问题，这是基础，因为教师自身的价值观和品德对学生有直接的影响。最后，教师育人能力问题，怎样增强德育工作的实效性，如何进行德育改革，还需进一步探索。德育应立足于求真务实，要有针对性和实效性，不需要更多所谓的新花样。当前，大中小学教师要着重解决尊重学生的问题，要从价值观和行为操作层面努力解决学生人格、合法权益等不被尊重和保护的问题。不尊重学生的教师，将失去教书育人的道德资格。

2. 破解青少年道德教育困境的策略

将至虚归于至实。陶西平认为，德育切忌空对空，将至虚归于至实非常重要。要将相对虚的抽象概念体系变成实在的、通俗易懂的教育内容，变成大家容易把握的东西。如果学校的校长和教师始终停留在将社会主义核心价值体系视作一个抽象的概念，德育就无法落到实处。将至虚归于至实的关键就在于要有的放矢地落实价值观教育，需要相关部门组织专家进行专题研究。

将至繁归于至简。将至繁归于至简，指的是化繁为简、突出重点。德育工作的内容有很多，想要面面俱到往往容易顾此失彼。因此，德育工作在提法上应凝练一些，要有重点，全局工作可以阶段性安排，比如，明确今年的重点是什么、明年应在哪些方面有所突破。将至繁归于至简还意味着道德教育应突出效果。制订德育纲要时，一定要将学生的行为习惯培养工作具体化。学校可以分阶段培养学生的日常行为习惯，也可以在一定时期里突出几个重点，从而带动其余。如果多数学生都能养成几个好习惯，显然就比说一大堆空话和套话管用。现在德育的提法很全面，似乎所有的"工程"都有了，但更需要点面结合。如果学校每年能推动若干个重点工作，那么，教育效果就容易显现。

狠抓教师队伍建设。要继续加强教师队伍建设，强化全体教师的德育意识和德育能力，做到全员育人。同时，要强化班主任的基础德育工作者地位。榜样的力量是无穷的，一定要大力宣传优秀班主任的事迹，树立班主任典型，形成德育品牌，人人知晓。他认为北京市每年开展中小学"紫禁杯"优秀班主任评选的做法非常好，通过树立小学、初中和高中阶段的班主任典型，形成优秀班主任群体，从而影响全市、辐射全国。在评选优秀教师和班主任时，应表彰重视学生好习惯培养的教师和班主任。

积极营造课堂文化。德育必须和文化结合起来，和社会文化建设结合起来。在价值观多元的现实情况下，学校教育必须坚持社会主义核心价值观的正确导向，营造健康向上的校园文化。校园文化必须体现在课堂上，教育改革最终也要发生在课堂上。加强学校课堂文化建设不仅有助于提高德育水平，也有利于全员德育的开展，具有紧迫性和实践意义。

培养好习惯是关键。如果德育不能帮助学生形成良好的习惯，它就是空的。陶西平认为，尽管德育的效果并非能立竿见影，一些精神层面的变化有待在未来体现，但如果学生不良的行为方式没有任何改变，那么，很难说德育真正有效。每个学校每年应至少重点培养学生一个好习惯。各学校情况不一样，选择培养的内容可以不同。习惯能潜移默化地影响意识，影响人的思想和行为。所以，学校要重视学生良好行为习惯的养成。如果每一所中小学校的校长都能够自豪于学生的好习惯，"那么，我们的德育工作就会很美！全国有这么多中小学校，教育的综合效应就大多了，中国人的精神风貌就会得到整体改观。"①

① 陶西平. 我国青少年道德教育困境与出路选择[J]. 教育科学研究，2013(03)：30—33.

三、家庭教育、校外教育与美育

(一)家庭教育要培养负责任的下一代

家庭教育对家长提出了越来越高的要求,但家长不可能都是教育专家,因此,我们的责任是指导他们在千头万绪之中,把握住最重要的、最根本的东西。陶西平认为应当把培养下一代的责任感,作为家长的主要责任。

责任感是做人的基础。要想子女成为一个好人,就应当教育他(她)成为对自己负责、对他人负责、对家庭负责、对社会负责、对国家民族负责、对我们生活的地球负责的人。人自身的发展,人与人的交往,人对社会的贡献,都来自明确并且认真履行自己的责任。人的道德自律、遵纪守法也要靠着责任感。责任感也是成才的基础。进取精神、科学态度、创新能力是优秀人才的可贵的品质,但是离开了责任心,这些都会成为无源之水、无本之木。任何聪明才智,只有建立在强烈的责任心的基础上,才可能迸发出耀眼的火花,否则,只能是徒有其表。责任感更是一个真诚的人的标志。其言必信,其行必果,言行如一,表里如一,是一个人受到别人尊重与信赖的基本条件,也是社会健康的营养液和净化剂。

家长对子女的期望莫过于学会做人,能够成才。那么,首先就要帮助子女成为一个具有责任感的人。这种责任感的教育应当而且完全可以渗透在一时一事、一言一行之中。陶西平认为,只要心中有了这根"弦",就可以抓住根本,打好基础,就可以减少教育的盲目性。社会的种种辉煌,无不闪烁着高度责任感的光芒,而社会的诸多阴暗,又无不反映出由不负责任而产生的后果,缺乏真诚更是使人们深感痛心的人格病态。"一个国家的强盛靠着全民的责任感,一个人的发展靠着自身的责任心。"①

(二)构建和谐的社会、家庭与学校关系

教育下一代本是社会、家庭、学校共同的责任。陶西平认为，如果形成合力，则可以为孩子创造一个良好的成长环境与氛围，如果相互掣肘，则教育效果将大大降低，如果总是处于矛盾百出的状态，则本身就是在伤害着孩子的心灵。因此，社会、家庭与学校关系的和谐是教育事业发展的重要原则。

建立家校沟通的机构与机制，形成多种家校沟通的渠道，使家长能更多地了解学校教育的情况，参与支持学校教育的活动，做到家长与学校之间不仅在认识上一致，而且在感情上融洽。学校和家长都应当主动为家校关系的和谐作出努力，社区应当成为和谐家校关系的媒介，社会舆论应当多做一些有利于促进家校关系和谐发展的事。家校关系和谐了，教育的和谐发展也就有了重要的保证。

引导社会关心学校教育，引导学生了解社会，参加社会实践是政府、社会和学校共同的责任。增强全面育人的责任意识，就要求政府、社会和学校都增强学校教育和社会教育有机结合的主动性，不使校园的院墙成为教育责任的边界。

加强统筹是实现学校教育与社会教育资源有效整合的途径。政府在整合社会教育资源方面有着义不容辞的责任。地区内有丰富的人文资源，自然资源和人才资源，但由于体制的原因，往往难以转化为地区的教育资源，政府的统筹可以打破体制性障碍，使得这些资源充分发挥教育作用。学校是整合课堂教学，课外教育和社会教育资源，并使之和谐

①　陶西平．培养负责任的下一代[J]．北京教育，2000(10)：15.

地融于教育活动之中的实施者，使教育的节奏合乎学生发展的节律，使走出去、请进来安排得适时、得体，使活动具有教育作用又有安全保障，都有赖于学校的有力统筹。这是教育改革和课程改革向学校管理能力提出的新的挑战。

学生应当了解社会并参加社会实践，这是国家和社会对教育的要求，但这种要求必须通过教师的努力转化为学生的自觉需求。简单地把它规定在学校工作和学生活动的安排里，强制地去推行，并不能取得良好的效果。"学校要增强服务意识，切实减轻学生的过重课业负担，不断启发学生的参与兴趣，使活动适合学生的年龄特点，引导学生在实践中学会判断和评价，提供学生交流感受、心得、体会的平台，并鼓励和表彰学生在实践活动中的进步与成绩，最终使得学生在自觉的参与中生动、活泼、主动地得到发展。"[1]

开展社会资源服务中小学的立法准备。针对性强的专门教育立法，是保障教育可持续发展的最有力武器。国务院法制办和教育部应该发挥主导作用，开展前期专题研究，各省市政府应该出台社会资源服务中小学的地方性教育法规。[2]

(三)美育是培育学生的人格和心灵

陶西平一直呼吁，美育是学校的目标，不单纯是学校教育的一项具体的工作。德育、智育、体育也都是这样，德、智、体、美都是教育目标。由于管理体制和对教育目标理解上的差距，在教育实践中却往往把教育目标给肢解了，使德育、智育、体育、美育几乎变成互不相关的工

---

[1] 陶西平. 拓展学校教育的空间[J]. 基础教育参考，2006(03)：1.
[2] 参见陶西平. 抓紧开展社会资源服务中小学的立法准备[J]. 中国教育学刊，2017(10)：5.

作。美育是为培养身心全面发展的人，不仅仅是音乐、美术教师的事，而是所有教师的责任，应当贯穿于所有教育活动之中。

美育有多种教育功能，概括起来，最主要有三个方面：一是陶冶道德情操，因为美育是一种自由的形态，是润物细无声地使人的心灵得以净化，使人具有丰富而充实的精神世界，并形成一种自觉的理性力量；二是发展思维能力，美育是发展形象思维能力和想象力的重要途径；三是培养创新精神，创新型人才是具有较高审美素质的人才，审美素质体现在人的人格、情操、精神境界之中，是人文精神的重要组成部分，创新精神是科学精神和人文精神的高度统一。美育的目标，不仅是培养和提高学生对美的感受力、鉴赏力和创造力，而且是要美化人自身，帮助学生树立美的理想，发展美的品格，培育美的情操，形成美的人格。美育的根本宗旨是培育学生的人格和心灵。

将美育渗透于学校教育全过程。首先，要渗透于学校环境，好的校园环境对陶冶学生美的情操，培养良好的行为习惯，有着不可估量的作用。环境美不在奢华，而在内涵，要考虑环境到底想说点什么，想表达点什么。其次，要渗透于教师形象，教师对学生怀有真挚的情感，具有良好的师德、气质、风度，其本身就是最好的美育，美育不是教师的单向灌输活动，教师与学生各自有着对美的不同感受，教育过程应当成为教师与学生互相激发、互相交流的互动过程。再次，要渗透于学科教学，以教学过程为主要途径，强调教师要根据学科的特点和规律，努力挖掘教材本身的审美因素，做到让美的内容陶冶学生情操、启迪学生的智慧，教学过程成为学生美的享受，成为科学与艺术的完美融合。最后，要渗透于课外活动，要使学生在课外活动中开阔视野，启迪智慧，获得知识，培养能力，健美体魄，培养兴趣和发展个性特长，丰富精神生活。此外，美育要和家庭、社会相结合，对学生实施自然美、社会美、艺术美、人生美等方面的全面指导，引导学生正确、全面地理解、展现生活方式美、青春美，通过各种渠道培养学生成为审美主体，提高他们鉴赏美、创造美的能力。

加强与改进学校的艺术教育是当前全面提高学生基础素质的重要环节。我国贫困地区与发达地区之间，音乐教育方面还存在较大差距，艺术教育的普及与提高任重道远。艺术教育在陶冶情操、提高素养、净化灵魂等方面有着不可替代的作用，但是要防止艺术教育的功能异化。其一，要防止艺术教育特殊化，既不能得不到应有的重视，也不能只是个别社团的表演；其二，要防止艺术教育低俗化，尊重多元艺术的存在，但必须保证高雅文化艺术的主流地位；其三，要防止艺术教育技能化，片面强化技能训练，只是为了给学生升学时创造一些有利条件；其四，要防止艺术教育功利化，将学生作为学校和教师参与比赛获取名利的工具。

生活中不是缺少美，而是缺少发现美的眼睛。教育中也不是缺少美，而是缺少自觉地进行美育。将美育的教育目标最终转化为自觉的教育活动，就是在创造美的教育。①

(四)以"尊重"的理念引导人的生命发展方向

人是以生命的形式存在和发展的，教育就应当承担起引导生命发展方向的责任。于是，人们开始关注生命教育，关注教育与生命的关系。

联合国可持续发展教育是一项为了人类的可持续发展而开展的教育活动，它旨在以可持续发展的理念影响决策和人们的行为。其实，可持

---

① 参见陶西平. 创造美的教育——谈加强学校美育的问题[J]. 中国德育，2013，8(03)：35-39.

续发展教育就是一种关于价值观的教育，它的核心理念是"尊重"。

要尊重他人，包括当代人和后代人，尊重差异性与多样性，尊重环境，尊重我们星球上的资源，当然，也包括要尊重自己。只有这样，人类才可能持续发展，也只有这样，才能体现人的生命发展的正确方向。以"尊重"的理念引导人的生命发展方向是教育面临的重要课题。生命教育应当使学生从环境的、经济的、社会的以及贯穿于其中的文化的层面学会尊重，学会把握生命发展的正确方向。

"生命教育是科学教育。要帮助学生了解自己，了解自己的身心发展规律，了解自己生命的意义；要帮助学生了解社会，了解社会生活准则对自身生活和对他人生活的作用，了解作为公民应有的权利与义务；要帮助学生了解我们生活的地球，了解保护环境与资源对人类生存与发展的意义；要帮助学生了解光辉灿烂的中华文明和世界存在的丰富多彩的多元文化，从而使学生充分理解生命的价值，并自觉地体现自身的生命价值。

"生命教育是情感教育。要创造适合学生健康成长的环境与氛围，使学生体验展现自身才华，克服面临困难所带来的身心愉悦；使学生体验为社会作出贡献，为他人提供帮助带来的欣慰；使学生体验与自然和谐相处，欣赏文化的深邃与绚丽所带来的享受，从而使他们珍爱生命，乐观进取，充满自信，富有成就感。

"生命教育更是实践教育。学生在参加生产劳动与社会实践过程中领会人生的意义，在理想与现实的碰撞中锻炼意志，在参与公益事业与社会活动中培养社会责任感，在人际交往过程中学会理解与合作，在反复实践的积累过程中养成良好的生活习惯与心理素质，从而使自己能够在广阔的天地中自如地迸发出生命的火花。

"生命教育是在互动中实现的。学生在与自然环境、社会环境的交互作用中加深对生命价值的理解。特别是在与家长、教师、同学以及其他社会成员的互动中，显现并强化着自己的独立人格。在互动过程中，社会、家庭、学校都必须高度重视对学生独立性、自主性的尊重，必须最大限度地减少对学生发展的负面影响，防止对学生的心理伤害，并应以教师、家长以及其他社会成员的行为树立学生寻求生命价值的榜样。"①

第四节　课程教学改革：工具理性与价值理性的统一

从某种意义上讲，一个国家的学校教育功能主要是通过课程来实现的。我国基础教育的课程改革是全面推进素质教育的核心工程，通过课程理念、体系、标准、教材以及课堂教学结构、模式和方法的变革，使学校教育体现我国的教育方针，是一项关系国民素质、国家前途和命运的巨大的系统工程。课程改革是国家行为，是国家意志的体现。课程改革主要聚焦于课程的定位、课程的价值取向、课程的构建、课程的目标、课程的实施与课程的评价六方面。

一、课程改革：理念与发展方向

(一)课程改革需要处理的问题和一系列关系

课程改革包含课程教材改革和教学方式改革。陶西平认为课程改革

① 陶西平. 引导人的生命发展方向[J]. 基础教育参考, 2005(07)：1.

的核心与关键是制定体现国家意志的科学的课程体系和课程标准，编写符合教育目标与学生实际的学科教材。转变教师的教育观念，提高教师的教学水平是实现课程改革的基础与条件。

课程结构的调整和改变，从根本上说是为人才培养模式转变服务的。首先，要重视基础知识的学习，它在课程结构中应该具有相当重要的地位并保持相对稳定性。其次，把握未来课程结构的建构原则。课程结构应依据国家的社会、民族、文化与教育的历史传统，从本国实际出发，力求适合本国需要与发展的最佳选择。应该恰当处理必修课和选修课的关系；注意科学课程和人文学科的有机结合；针对新世纪科学技术和社会发展的变化调整课程内容；重视给予学生多元化因素和国际理解教育。

陶西平认为当前的课程改革的中心问题包括："1. 在不增加课程负担的前提下，如何保证课程内容的全面性和相关性；2. 在不损失课程传播人类优秀文化和价值观的长远目标的前提下，如何使课程对当前新的社会问题作出积极反应；3. 在保证内容连贯性和重点突出的前提下，如何满足不同学习者的多样化的兴趣需要；4. 在科学技术日益成为文化的一部分的现实环境里，如何定义核心课程，如何保证所定义的那些基本能力能够切实有效地运用于日后的生活。"[①]

他总结了推进课改需要处理一系列难以处理的关系。比如："课程改革试验成果的检验周期长与课程改革推进的速度快之间的关系；课程改革过程中继承优良传统与进行变革创新的关系；课程改革理念表述的全面性与实际推进出现的片面性的关系；教材一纲多本化与主体教材建设的关系；教材编写要求高质量、多样性与实际存在的多本化和重复性

---

① 陶西平. 重新认识基础教育"独立价值"[J]. 中国教育学刊，2012(01)：6—7.

之间的关系；学校自主选用教材原则与实际存在的地方保护和利益驱动形成的不合理干预之间的关系；教学工作要求对教材体系的完整理解及信息技术的充分运用与教材编写及信息资源开发的相对滞后之间的关系；教学模式设计的高要求与教学条件现状的低水平之间的关系；教师角色和教学方法的转变与教师传统角色和教学方法的习惯性之间的关系；课程改革评价体系的引导作用与基础教育阶段两次分流选拔方式的实际指挥作用的关系等。这些关系的处理制约着课程改革的方向和进程，关系着课程改革的成败。"①

(二)立足于促进全体学生的全面发展

陶西平始终强调，教育的责任，教育工作者的任务是使每个学生在原有基础上发生良性转变，得到较大幅度的提高，在进一步推动课程改革的进程中，有责任引导教师用更多的精力去了解学生，研究学生。

首先，课程改革的核心理念是立足于促进全体学生的全面发展。课程标准和教材在适应国家共性要求的同时，必须充分考虑不同的教育需求。应当坚持通过了解学生，研究学生，从学生的实际出发，来实现教学模式的转变。地区、民族、城乡之间的学生由于成长环境差别，仍然会有各自的特点。只有适应不同学生的不同需求而使所有学生潜能都得到开发的课才是好课。

其次，课程改革改变着课堂教学的面貌，努力实现从以传授知识为主向以培养能力和提高全面素质为主转变。教学目标上，不仅要重视知识和技能，情感、态度和价值观，而且要重视教学过程和方法。加强课堂教学呈现方式和互动方式的研究，应着眼于了解每个年龄段学生的身

① 陶西平. 为课程改革取得新的进展而努力[J]. 基础教育参考，2005(09)：3.

心发展共性特点和个性特征。每个学生都有他的优势潜能，都有适合他的学习方式，课堂教学方式、方法的多样化正是以学生的智能类型和水平的差异为基础的。

最后，课程改革正深入开展，教师专业化步伐不断加快，陶西平特别强调要强化为所有学生发展服务的意识。有些地区和学校倡导加强对学生的个案研究，对学生类型的特点研究，做学生成长的记录，研究大班化背景下的个性化教学，研究引导不同类型学生发展的多元化教学模式，这些都体现了课程改革理念的生命力，展现了课程改革一幅幅绚丽多彩的画卷。当然，也必须关注在课程改革过程中的某些形式主义倾向。比如，试图用一般化的标准来建立和评价新的教学模式。陶西平认为尽管有时课堂教学的过程流畅，结构严谨，表达方式生动甚至是华丽的，但往往缺少了课程改革的灵魂——了解所有学生的需求，为所有学生的发展服务。[①]

(三)构建以学生为主体、价值为导向的课堂文化

1. 理解课堂与课堂文化的内涵

课堂是现代学校教学的主要场所，课堂学习是传承与发展人类文化的基本形式。陶西平认为课堂教学的一个重要特点是规范性与随意性的结合。其规范性表现在，它有相对稳定的空间和人群，相对固定的时间，相对明确的任务；随意性表现在，教学设计无严格的规定性，教学过程具有很大的不确定性，教师作用的"权威性"，教学效果的难预期性。

课堂文化是学校文化的重要组成部分，陶西平认为学校在推进文化

---

① 参见陶西平. 为了每一位学生的发展[J]. 基础教育参考，2007(03)：1.

建设的过程中，不仅要重视环境文化、制度文化的建设，更要重视课堂文化的建设。它是师生在课堂教学中所体现出来的思想意识、思维方式以及学习方式的总和，是学校的价值取向在课堂活动中的体现。它是在长期的课堂教学活动中形成并为师生所自觉遵循和奉行的一种文化。

课堂教学水平是学校教育水平的集中体现，而课堂文化又是课堂教学水平的集中反映，是学校文化的一种表达形式和基础载体。

2. 当前课堂文化建设的新情况

其一，课堂文化建设并没有真正成为学校文化建设的重要领域，在课堂中，很难感受到学校所追求的文化的存在，课内外反差很大。其二，传统的质量观和由此形成的教学模式仍在课堂教学中占主导地位，研究课与常态课存在较大反差，新的课堂文化并未真正形成。其三，课堂教学改革的形式主义依然存在，针对性、实效性较差，学生的总体课业负担在多数地区仍然较重。其四，学校领导难以用主要精力研究教学，更难以坚持走进课堂，关注课堂文化建设。

3. 课堂文化建设要关注的问题

课堂文化就是课堂的价值追求，它应该体现为对生命的理解和尊重，对智慧的激发和启迪，对能力的培养和提升。陶西平主张努力构建平等民主、和谐共处、互动合作、自主探究的课堂氛围，赋予课堂以生命价值。需要关注几个问题：一是目标的基础性，把主要精力放在给学生打好品德、智力、体质应该打好的基础上，习惯是基础素质的重要体现，在课堂文化建设中要培养的好习惯主要包括反应倾向、思维习惯和行为习惯。二是理念的人本性，"人永远是目的"，课堂文化应当体现对学生生命价值的尊重，充满生命的活力和动感，凸显学生的主体地位。新的课堂文化倡导从"单向型教学"向"多向型教学"的转变，力图实现教师、学生、文本三者之间的互动，教师要构建课堂上的"沟通文化"，善于挖掘对话中的新意，创造生成性的教学。三是价值的导向性，学校必须在各种活动中，首先在课堂教学中培育学生正确的价值观念，教育者要善于在课堂教学中既让学生独立思考，又要引导学生明辨是非，这里强调两点，一个是学校必须重视价值观教育，另一个是价值观教育一定要讲究方式，让学生在比较与鉴别中提升认识。四是模式的多样性，注重学思结合、知行合一、因材施教，倡导启发式、探究式、讨论式、参与式教学，帮助学生学会学习。

4. 如何构建课堂文化

陶西平从三个方面为学校提供了建议：一是注重学思结合。倡导启发式、探究式、讨论式、参与式教学，帮助学生学会学习。能尽快实现从"接受型教学"向"质疑型教学"的转变，逐步构建起课堂的"思辨文化"；要倡导以问题为纽带，发展学生的发散思维和批判性思维，始终使学生保持足够的好奇心，这是看一节课是不是"好课"的重要标准。

建立开放而有活力的课堂文化，要求课堂成为学生充分施展和表现才能、取得学习成果的时空。要做到正确对待学生提出的"计划外"问题，正确对待学生的"错误"答案，正确对待没有标准答案的问题。

形成尊重学生、包容学生的课堂文化。要发展学生"好问"的天性，鼓励提问，即使学生的问题"幼稚可笑"；如果学生的回答不符合标准答案，那么我们应该从中找出其合理的成分，以保护他们的积极性；要正确处理好非预期事件中生成的各种课程资源，这是一种艺术。教过多年书的教师都明白，真正效果比较好的课都是磕磕绊绊的课，非常流畅的课基本上都是表演课。

二是注重知行统一，强调在实践中解决问题的能力。

三是注重因材施教，学生有很多共性，但也有很多差异，教育学发展的原动力就来自这一个个不同的"非理想"的人。必须在了解学生的基础上来研究教学。"通过创造适合不同学生的课堂教学，促进个性化学习，使不同的学生都能打好全面的素质基础，这就是最好的课堂教学。这种课堂教学对于教师的专业发展、对于达成教育目标具有本源性意义。"①

(四)以学生发展核心素养引领课程改革

基于大多数国家最新颁布或研制的课程标准都非常强调学科核心素养和跨学科素养，并在此基础上对不同学段学生所应达到的能力表现作出规范，陶西平概括了基于核心素养修订后的普通高中课程标准的三个方面的变化：

一是充分体现学生发展核心素养的统领作用。旧课程标准重视学科自身结构，课程目标、内容标准、实施建议主要从学科角度设立，较少体现对学生能力的培养。修订后的课程标准将在课程目标的确定、课程内容的选择、学业质量水平的划分以及课程实施建议等方面，全面体现学生发展核心素养的总体要求。

二是将学业质量标准纳入新课程标准之中。旧课程标准对学生完成规定的学习内容后应达到的程度没有明确、具体的评价要求。修订后的课程标准将增加学业质量标准，检验和衡量学生学习的程度和水平，以直接指导教学与评价工作。

三是操作实施的指导和建议将更加全面而具体。旧课程标准中的实施建议较笼统，缺乏培养学生具体学科能力的相关建议。修订后的课程

---

① 陶西平. 构建以学生为主体、价值为导向的课堂文化[J]. 中小学管理，2012(09)：4-9.

标准将用大量典型案例来说明在实施教学和评价过程中如何落实核心素养和课程目标。

陶西平认为聚焦核心素养的课程"更为关注教书与育人的统一；在关注学科知识的同时更关注学生核心素养和学科素养；在关注教学结果的同时更关注教学过程；更加关注教育目标与教育评价的一致；在关注单一学科教学的同时更关注跨学科的学习；在进行已知结论的研究性学习的同时更关注对未知的探索与创造；在重视共性要求的同时更重视因时制宜，因地制宜，因人制宜，因教情、学情制宜；在重视构建教学理论和应用教学新技术的同时更重视教学实践创新"①。

(五)二十一世纪课程发展的新方向

1. 课程是学校教育活动的全部，是实现全部教育目标的载体

2015 年联合国教科文组织国际教育局发表了一份题为《处于争论和教育改革中的课程问题——为 21 世纪课程议题做准备》的工作报告，陶西平认为报告强调了课程是学校教育活动的全部，是实现全部教育目标的载体。这样的课程定位给课程概念的界定赋予了新意，将课程的概念界定为教育目标的体现、社会集体建构的产物、教育政策的支撑和教育改革的动力。可以为我国提供可贵的借鉴。

在相当长的一段时间里，课程更多地被定位为一个单纯的技术问题，一批课程论和学科专家学者，共同研究如何设置某门课程，具有什么样的内容和体系，等等。课程的定位转变为国家教育发展的核心要素后，其实质是将课程定位为适合国家教育目标并适合国家教育发展的最重要的工具。课程应当明确体现教育发展的目标，要兼顾社会与个人的

---

① 陶西平. 学生发展核心素养与课程改革[J]. 创新人才教育，2016(04)：27—32.

学习发展需要，既为社会发展服务，也为个人发展服务，将育人目标融入到课程的概念内涵中，自觉承担起总体育人的任务。课程构建应该体现整体的教育政策，也应通过课程的重构和改革来推进整个学习变革的进程，以及教师角色的逐步转变，进而推动整体教育的变革。

关于课程问题的争论逐步聚焦，同时也达成了包括培养能力、学生中心、整体综合、多样包容、数字化以及科学评估在内的二十一世纪课程发展新趋势的共识。

其一，培养能力成为课程改革的主题。这种能力包括价值选择、沟通交流、与人合作、批判性思考、问题解决、创造力等。相当于我国提出的综合素质或核心素养。

其二，教与学应齐头并进。学习者被置于中心地位；过去被忽视的"双基"以外的其他维度的教育得到重视，如培养学生解决问题的能力、创造的能力，教育学生理解和尊重人权、认识文化的多样性、学会终身学习与合作等。坚持以学生为中心，促使教与学齐头并进、互为补充。

其三，加强课程框架的整体设计。改变过去各学段之间存在教育主题、教学方式、学习环境和课程设置上的分裂造成的整个教育体系被割裂，也使学生从一个学段过渡到另一个学段时备感艰难。因此，进行跨学科课程与教学是至关重要的。

其四，重视多样性、个性化以及包容性教育。不仅要有好的总成绩——卓越度，还应当使贫困家庭或弱势群体的学生有好的成绩——公平度，同时还要使学习困难学生的成绩有较大幅度的提高——包容度。

其五，推进教育信息化，建设数字化时代的课程，提高教师的信息素养。全球学校教育体系必须找到更有效的途径，将技术整合进教学和学习中，并为教育者提供能够支持二十一世纪教学法的学习环境，以及为儿童提供明日世界成功所需要的二十一世纪技能。

其六，将课程与评估有机结合起来，以评估推动课程建设。

2. 课程整合：走向综合化的课程改革

很多地方都在以学校为单位研究课程的整合，陶西平认为整合的趋势是走向综合化，原因在于："一方面，学生认识世界和解决问题的方式是综合的；另一方面，教学内容增加，学生负担过重往往也是因为教学内容繁杂、重复，因此，课程整合非常必要。"

陶西平认为走向综合化的课程整合大致有四个路径："一是对国家课程进行整合，一类是对学科自身的内容进行整合，另一类是研究学科之间的相互渗透；二是对三级课程进行整合，国家课程、地方课程和校本课程之间有很多重复的地方，给学校课程整合留下了很大的空间；三是有一部分课程，课内、课外与校外是完全可以打通进行整合；四是以主题课程形式为主的综合课。"①

陶西平也提到，"这样的课程整合是需要外部条件支持的，北京市正在尝试让20多所小学能够自主排课，这是一种体制上的突破"②。

3. "翻转课堂"与"生成课程"

"生成课程"也称"呼应课程"，由美国贝蒂·琼斯（Betty Jones）提出，从根本上是源于教学理念的改变。"生成课程"特别注重课程的创造品质和生成品质，强调课程应该是在教师、学生、教材、环境等多种因素的持续相互作用中动态生长的建构性课程。它把课程的"既定的"目标变成"将成的"目标，课程成为师生展现与创造生命意义的动态生

①②　参见陶西平，朱小蔓，谢维和，申继亮，沙培宁. 课程整合：走向综合化的课程改革[J]. 中小学管理，2013(07)：49.

成的生活过程，而不是单纯的认识活动。在课堂教学中，学生对已知的结论性知识的把握已经不是主要目的，教材成为学生迸发思想火花的资源，课堂成为学生体验生命意义、实现自我超越，从而为自我的持续发展奠定基础的阵地。在这里，科学精神与人文精神达到和谐与统一。

陶西平认为，"翻转课堂"是与"生成课程"理念相呼应的对学生学习过程的一种重构。"生成课程"的理念在"翻转课堂"的实践中得到了生动的体现。学生的学习过程通常由接受教师的"知识传递"和"知识内化"两个阶段组成。传统教学模式中，接受教师的"知识传递"是在课堂上，"知识内化"是在课外通过作业练习完成的。"翻转课堂"对这一传统模式进行了"翻转"——知识的获得由学生在课下完成，通过使用信息技术或者阅读文本教材自行学习，教师可以通过提供短小的视频、对特定的问题进行有针对性的讲解、在线辅导等为学生提供帮助；而"知识内化"则是在课堂上通过互动来完成的，教师通过了解学生的学习困难，给予有效辅导，同时通过组织多主体、多层面的相互交流，促进知识的吸收与内化。这样，课堂这一教学主阵地的功能就发生了改变：它主要不是用来获取知识，而是促进知识的内化和应用。课堂不再是预设的过程，而是生成的过程。

陶西平认为在教学改革中借鉴国外的经验是十分必要的，但任何新的模式都可能是一把"双刃剑"；应重在理解其基本内涵与精神实质，而不只是其外在形式。①

---

① 参见陶西平. "翻转课堂"与"生成课程"[J]. 中小学管理，2014(04)：58.

二、深化课程改革，提高课堂教学质量

(一)课程改革和课堂教学实效性的统一

陶西平将课改分为三个阶段：通过培训普及新课程的基本理念，为课改推进打下思想基础的理念启蒙阶段；着重研究课堂教学方式的改变、形成观课文化的模式探索阶段；突出关注课程改革与课堂教学针对性、实效性和目标达成度等问题的增强效能阶段。

1. 关注课程改革的目标、对象和途径

陶西平认为要深化课程改革、提高课堂教学质量，就必须着力于课程改革和课堂教学实效性的研究，实现工具理性与价值理性的统一。在转变观念中改革创新，在更新思路中真抓实干，在大胆实践中破解难题。

他强调要始终关注课改的既定目标是否实现的问题，工具价值必须服从于它的目标价值。课程改革的推进应当有助于解决原有的教育教学存在的问题，有助于减轻学生的课业负担，有助于增强学生的身体与心理素质，有助于提高学生的思想道德水平、培养学生的创新精神和实践能力，最终取得提高全体学生全面素质的实效。只有这样，才可能将工具价值转换为我们所追求的目标价值。

陶西平呼吁应当深化对课程改革的目标、对象和途径的研究。对目标的研究，着重探讨如何处理好启迪智慧与培养道德的关系；对对象的研究，着重探讨如何从以学生的整体为主体转向以学生的个别为主体；对途径的研究，着重探讨如何在把握所有学科共通的理念和方法的基础上，把握学科教学的特殊规律，探索各个学科所特有的方法与途径。

2. 在多元文化背景下，坚持主流价值观的导向

陶西平强调，社会价值观的多元化对教育产生着深刻的影响，在教

育活动中要旗帜鲜明地坚持主流价值观的导向，并将这种导向贯穿于全部的教育教学活动中。主流价值观是中华民族优秀传统价值观与现代进步价值观的融合。学生的价值观在一定程度上体现出学校教育的效能。有必要由学生价值观的现状反思教育目标的达成度。

在课堂教学中重视了启迪智慧和启发式教学，并不意味着培养人的目标都能实现。要深化课程改革、增强实效性，必须关注启发学生独立思考与引导学生明辨是非两者结合的问题。陶西平认为以社会主义核心价值体系引领文化建设，在多元中立主导，在多样中谋共识，是思考如何实现启迪智慧与弘扬道德的统一等问题时应该关注的一个思路。正确处理智慧与道德的关系，在多元文化背景下，坚持主流价值观的导向，是增强教育效能的重要课题。

3. 在大班编制背景下，坚持个别化教学的探索

大班编制与个别化教学是一对矛盾，两者的统一是一个难题。各国政府在新世纪提出的口号，都将教育的关注点放在每一个孩子的发展上。陶西平始终在呼吁，教师要研究每个学生，课堂上关注不同学生的不同需求。

教学活动的基本原则是适应学生发展的不同需求因材施教。适合学生发展的，就是最好的。要努力实现共性教育与个性教育的结合，综合运用多种教学方法，以适应不同学生的发展需求。要推进大班化背景下的个性化教学的研究。特别是要用更多的精力研究学生——要研究学生的共性特点，特别是现代学生的新特点；要研究分层分类教学的问题，研究班级学生的主要层次、类型，制订有针对性的教学方案；要研究有代表性的个案，加强班主任对学生个案的研究以及跨学科团队对学生个案的研究。当然，更为理想的是进行全员性的个别教学，创造条件，实

现新形势下的复式教学。

有些教师做了一节非常精巧的课，获得了专家的好评，但实际上，教师与学生并没有更多的心灵上的交流。陶西平强调切不可满足于拿出一节唯美的课，而忽视了我们应该关注的对象。他介绍了自己在澳大利亚尼德兰小学所听的一节有关马可·波罗的语文课，教师特别关注不同学生的需要，班级 20 多个学生，共发了 6 种自学提纲。他认为如果教师也能将关注点转向研究不同学生的不同需求，课堂教学的效能就会大大提高。

我国大班额现象还十分突出，在短时期内使班额大幅度减少是难以实现的，况且，仅仅减小班额是远远不够的。陶西平引用 2008 年 4 月 2 日英国《泰晤士报》刊发的《教育方法比"小班化"更重要》一文中的观点："班额小并非意味着教学方法好，只有小班额，而不调整教学方法是不行的。使用正确的教学方法，性价比是减少班额的 20 倍。"我国目前的正常班额已是国外的大班额，甚至是超大班额，因此，在严格执行有关限定班额的各项规定的同时，增强个性化教学的意识，加强对学生情况的了解和研究，改进与创新教学方法，是大班额背景下提高教育质量的重要课题。

4. 在普及课改通识理念的过程中，坚持加强学科建设

学科教学研究是当前提高教育质量的重要环节，学科教学能力是教师专业发展的重点。陶西平认为，课改前一时期着重于普及关于课改的通识理念是必要的，但客观上也造成一些同志忽视学科特点，用一般性原则对待所有学科的教学。

在深化课堂教学改革的过程中，应该努力处理好上好一节课与把握整个学科的关系。要在把握学科教学的特殊规律的基础上，上好每一节

课。陶西平认为只有把握了整个学科，才可能上好每一节课。所以，要把教学研究引上实际、实用、实效的轨道，狠下功夫，下实功夫，下细功夫，下新功夫，防止以概念化研究取代实效性研究的新偏向。

课程改革要防止工具理性膨胀而价值理性缺失，提高课堂教学质量需要努力实现工具理性与价值理性的统一。

教育质量公平是教育目标的重要主题，课程与教师是这一议题下的两个关键因素。课程问题是学校建设的根本问题，也是提高教育质量所要明确和解决的关键问题。①

(二)全面提高基础教育质量

陶西平认为围绕这一主题，需要抓住四个关键点：

1. 强化学校对教学工作的领导

陶西平深知当下学校，特别是一些优质学校承担的会议、行政事务、课堂以外的改革等任务十分繁重。要全面提高教育质量，必须切实加强对教学工作的领导，把加强思想政治工作与促进业务水平提高有机结合起来，避免出现"两张皮"现象。启动全员的问题意识，加强对教学问题的研究，并有针对性地进行改革，是加强教学工作领导的重要任务。

2. 深化课堂文化建设

基础教育的课堂文化建设不能偏离基础教育的本位价值和基础性，而习惯是基础素质的重要体现。课堂文化建设往简单说，就是创造培养好习惯的环境。陶西平始终强调好习惯的三个方面。一是反映道德水准

---

① 参见陶西平. 工具理性与价值理性的统——关于深化课程改革、提高课堂教学质量的思考[J]. 中小学管理，2008(09)：4—8.

的反应倾向，二是反映智力水准的思维习惯，特别是思维能力、实践能力、交往能力和创造能力，三是反映行为水准的行为习惯。高尚的道德、科学的思维、良好的行为，最终要归结为养成一种习惯。因此，从某种角度看，好习惯的养成就是基础教育最重要的质量标准。知识和技能的掌握看中的是结果，而习惯的养成则在过程中，课堂文化建设是习惯养成的关键。

3. 活化教师的专业发展

陶西平始终强调教师是提升教育质量的关键。要活化教师的专业发展，其一，全面加强师德师风建设是首要问题，必须融入教育教学实践里，体现在教书育人的过程中。其二，最大限度地激活学校和教师的创造激情，最大限度地赋予学校和教师自主的创造空间，才能使教育增强针对性、亲和力和实效性。管理者的首要任务是做好顶层设计，要让教师有足够的时间和精力研究教学、备课充电、提高素质、提高质量。要解决以上问题，一方面，需要政府和教育行政部门努力创造宽松的学校自主办学的环境，学校自身也要实行精益管理，减轻教师不必要的负担；另一方面，校长应当有定力，始终不忘全面提高教育质量特别是课堂教学质量的初心，不管外界环境如何，始终咬定青山不放松，把主要精力放在提高教学质量，特别是课堂教学水平上来。尊重教师，就应当鼓励教师成为教育改革的倡导者——他能回答自己倡导什么，并在实践中努力发现问题，探索解决问题的途径，积极进行微创新。

4. 加快技术与教育的有效整合

当前教育信息化的核心内容是教学过程的信息化。教学过程的信息化就是要在教学过程的关键环节中，较全面地运用现代信息技术，实现教学手段信息化和教学方式现代化。信息技术应用于教育教学已取得一些进展，如 MOOC 与翻转课堂，应用计算机、自带设备进行移动学习，将教育大数据应用于学习分析，量化自我与学习管理系统等。陶西平认为推动教育现代化当然需要不断增加新技术的投入和应用，但加快技术与教育有效整合的步伐，是当前全面提高教育质量的更重要的现实课题。[①]

三、"教有法，无定法"：课堂教学的探索

陶西平认为，尽管近年来一直强调启发式教学，但学生在教学过程中，表面的、局部的、浅层的思考多，而真正深入地分析和思考问题的机会少。多年来，我们善于帮助学生在掌握知识的过程中分散难点，从而将一个完整的问题化解为一个一个小的问题，这种小步子、阶梯式的教法，固然也是一种思维训练，但是由于其缺乏整体性，学生很少进行比较完整的独立思考，所以也就难以真正提高思维能力。

(一)把握以学生为主体与以教师为主导的教改平衡点

当前教学改革的难点在于把握以学生为主体与以教师为主导之间的平衡点。陶西平认为把握教学改革的这一平衡点确实触及当前教学改革的深层次问题。

课程是学校全部教育活动的载体和学校教育的基本途径。从以课程为中心向以学生为中心转变的变革背景下，出现了不少以学生为中心的有关教学模式的探索。比如，探索合作式学习、探究式学习、实践式学习，增加选修课程，实行分层走班、翻转课堂、导师制，甚至为每个学生单独设置课表，根据学生的需求开设课程，等等。陶西平认为这些实

---

① 陶西平. 让每个孩子享有公平而有质量的教育[J]. 中小学管理，2018(06)：19—21.

验体现了"人才论"与"人生论"的统一，即将基础教育为国家培养人才奠定基础，与为个体的幸福人生奠定基础结合起来。这样，教学过程即成为学生自我超越、树立自信、体验人生价值的过程，体现出科学精神和人文精神的紧密结合。

但是，每个学生的自主发展都与学校和教师的引导密不可分。特别是在基础教育阶段，不能简单地认为教学过程完全是不需要预设的生成过程。基础教育的基础性，体现在为每个学生的未来发展奠定坚实的基础，包括工具性基础、思维性基础和文化性基础。工具性基础主要是指知识和技能，要让学生掌握一定的文化科学知识，掌握必要的表达、计算、动手等"硬技能"，以及组织、策划、交往等"软技能"。这些是学生今后生活与工作的重要工具。思维性基础主要是指过程和方法，要让学生在学习过程中发展自己的思维能力，特别是思维的条理性、综合性和批判性等。这些是学生今后发展与创新的重要能力。文化性基础主要是指以价值观为核心的道德、人格、修养。这些是学生今后为人处世的基本准则。这些基础都不会完全自发地形成，所以，学校和教师的引导至关重要。

陶西平认为，找到以学生为主体与以教师为主导的平衡点和契合点就成为一个重要课题。在教学过程中，教师要创造适合不同学生发展的教育，而不是以单一的教育模式应对不同的学生；要既能循循善诱、因材施教，又能不愤不启、不悱不发；既把教学改革的重点放在高度重视学生的主体作用上，又充分发挥教师在教学过程中的主导作用。陶西平认为这才是基础教育的科学性与艺术性高度结合的真正体现。①

———————

① 参见陶西平. 把握教学改革的平衡点[J]. 中小学管理，2014(09)：58.

(二)面向"非理想"学生的可贵的有差别教学

教育学常常把学生看成是"理想的学生",探索出许许多多规律和模式。陶西平认为这些规律和模式当然都可以为我们提供指导和借鉴,但实践中往往并不能取得预期的教育效果,因为实际上并不存在"理想的学生"。教育学需要探讨模式,但决不能将这些模式神化,并且不加区别地推进,进而用其作为唯一标准来评价教育教学工作。教育面对的是不同时期不同的人,影响每个人内因发挥积极作用的外因也不尽相同。教育学发展的原动力实际上来自不同的非理想的人。只停留在一般规律,只以假设的学生来逃避现实与具体学生的挑战,并以固定模式为标准进行的教育教学工作的评价,难以真正引导学校和教师认真面对现实的个体差异,更难以发挥学校和教师的创造性。

1. 学与被教

陶西平认为我国基础教育重视学生对主要学科知识和技能的掌握,但忽视学习过程中学生的主体地位。改变学生从小形成的被动状态,不仅是教育改革和课程改革的关键,也是创新型人才培养的首要任务。教育必须有爱,但不同文化中,爱的方式有很大不同。我国家长把"再苦也不能苦孩子"当作至理名言,把无微不至的关怀当作神圣的职责,为孩子设计人生的道路,甚至代替孩子做一切本该由他自己做的事。我国教师则负责传道、授业、解惑,特别是在长期以应试为主要目的的教学中,考试的标准答案掌握在教师手中,能记住教师话的就是好学生。陶西平认为在这种框架下,好学生无疑是好的执行者,但很难成为有自主精神和创新能力的人才。要让孩子感到"自己是自己的主人",是具有高度责任感的体现,更是一种最深刻的爱。父母对子女不仅应当爱在眼前,更应当爱在未来。实现学生从"被教"到"自己学"的转变,要以教师实现从"教"到"为学生的学习和发展服务"的转变为前提。这需要社会和家长的认同，需要突破应试文化的重重包围，的确不是一件容易的事。但如果始终做一些表面文章而不触及这一根本问题，那么，不仅创新型人才的培养会受到影响，而且教育从扭曲回到原点也依然是一种梦想。

2. 研究学生

研究学生可以说是一个与教育相伴而生的古老问题，陶西平呼吁研究学生时要有"磨"的精神，要研究得更深入、更精细。一是对学生的群体进行研究，把握当代学生的脉搏。尤其是现时代学生的整体特点，包括他们的价值观、思想意识、道德观念，对世界、国家、社会、个人的看法等。在对学生群体现状基本把握的基础上，研究这些特点产生的原因，特别是要重视教育自身的负效应问题。二是对不同类别的学生进行研究，要对不同类型学生的特点有所把握，并注意选择不同类型中的个案进行分析，不仅要关注弱势群体，也要关注优势群体。三是对学生的个体进行研究。大班和超大班很不利于对学生个体的研究，教师的个案研究意识不强也是导致对学生个体研究不够的一个重要因素。班主任和任课教师习惯于把一个"班"作为思考单元，而忽视对一个个学生的了解和把握。所以，只有"有教无类"是不够的，还必须"因材施教"，陶西平反复强调要做到这一点，前提就是要研究学生。

3. 关注学生的心理感受

所有涉及教育的活动都应当首先关注学生的心理感受。从教育研究者的角度看，对不同背景的学生的特性进行专门的研究，从而寻找更适合于他们的教育途径，无疑是必要的。有些学生由于其生理或某些方面存在特殊性，需要接受特殊的教育。比如，智残、肢残儿童，智力超常的儿童等，即使是对这些学生，也倡导实行随班就读等主流化的教育方式，以帮助他们融入主流人群，避免产生心理障碍。现在的问题是，常常把那些与其他学生并没有太大的生理和心理差异的学生加以特殊化对待。但保证他们的受教育机会与将他们看成特殊的教育群体并不是一回事，与给他们中的每一个个体都贴上特殊的标签更不是一回事。社会对他们的特殊关怀，应当在不给他们带来心理伤害的前提下进行。不是每个孩子都愿意让人把自己看成是弱势群体中的一员，他们需要关怀，但他们更需要的是人格上的平等。教育研究对具有共性特征，特别是具有不良共性特征的群体划分，需要更多的实证支撑。比如，独生子女的研究、单亲家庭子女的研究等。这种研究不应当停留在一般性的演绎推理上，而需要做全面、深入的调查。在教育活动中，特别要避免随意给孩子贴上这样或那样的标签，使他们在心理上疏离于主流群体。孩子需要更多的关爱，但绝不能人为地将孩子切割成不同的群体，来体现这种关爱的特殊性。要时时想到学生的心理感受，把关爱蕴含于正常的教育活动之中。不要认为只要动机是善良的效果就一定好。其实，教育本身就是一个过程，学生接受教育就是在体验过程。如果不重视对过程的研究，或者将某种具有宣传意义的过程等同于教育过程，那就会违背学生身心发展的规律，造成对学生的心理伤害，甚至产生适得其反的效果。现在出现了一种偏好特殊群体划分的动向。在这种情况下，采取任何教育举措时，都要考虑一下学生的心理感受，以使每个学生都能享受一个愉快的、接受关爱的教育过程。①

4. 可贵的有差别教学

在推进义务教育均衡发展进程中，不少地区提出进行"无差别教

---

① 参见陶西平. 关注学生的心理感受[J]. 中小学管理，2007(09)：50.

育"，以体现教育公平。陶西平始终认为"无差别教育"的特定含义是指政府应当缩小公共教育资源配置上的差距，实现地区与地区、学校与学校之间资源配置上的公平。但真正的教育公平应该体现在以尊重学生个体差异为前提，使学生充分享受与个体能力相适应的教育机会上。

有差别教学是实现孩子个性化发展的重要途径。陶西平在四川成都调研时肯定了青羊区金沙小学提出的有差别教学的探索。金沙小学从学生的个别差异出发，有的放矢地进行因材施教，通过有差别的教学，使学生能扬长补短，获得最佳发展。他认为金沙小学的可贵之处在于他们已将大班化背景下的个性化教学付诸实践，进行了许多有益的探索。他认为这种探索对于基础教育内涵发展及教育公平具有积极的意义。①

（三）没有问题是最大的问题

课堂上经常出现这样的情况，老师讲完后问学生："你们还有什么问题吗？"学生们齐声回答："没有了。"于是老师很满意，认为这堂课很成功。陶西平认为学生没有问题恰恰是教学中最大的问题。

素质教育和"应试教育"的一个重要区别就在于，"应试教育"是要让学生掌握标准答案，所以教师教到学生没有问题就是成功；而素质教育更为重视对学生独立思考能力和创新精神的培养，所以成功的教学应当是学生能提出更多新的问题，进行新的思考，并提出新的见解。人的一切发明创造都源于好奇心。好奇心主要表现为好提问、好琢磨、好动手。好奇心不仅可以成为学生学习的内在动力，而且还会成为具有重大意义的发明或发现的催化剂。培养和保护学生的好奇心，陶西平建议：

---

① 参见陶西平. 可贵的有差别教学[J]. 中小学管理，2012(06)：57.

教师要把激发孩子的好奇心作为教育的追求，只有有意识地让学生自己提出问题、亲自参与新知识的发现并独立解决问题，才能让学生真正锻炼思维、开发智力、发展能力，享受学习的乐趣。要使学生把主动提出问题当成自身的需要，变"要我问"为"我要问""我爱问"。

教师应尽可能为学生营造一种安全、民主的氛围，给他们充分的自由，允许他们大胆地想、大胆地问。尊重他们的天性、兴趣和发现。还应当创设一种使学生产生疑问并渴望得到答案的学习情境，使学生不能简单地利用已有的知识和习惯去解决问题。比如，增加教学内容的"意外性"，适当超出学生现有的生活经验。出乎学生意料的教学内容极易引发他们的好奇心。

为了使学生的好奇心、求知欲保持觉醒的状态，教师应时时关注引起他们兴趣、令他们吃惊的事物，关注他们的新想法和新发现。只有这样，才会更好地唤起他们的有意注意，提高他们学习的自觉性和创造性。

要鼓励质疑。问题与疑问是探究的起点，也是探究教学的一个基本特征。教师一方面要善于设问质疑，引发学生从不同角度、不同方向进行深度思考；另一方面要鼓励和引导学生积极主动地质疑，要让学生想问、敢问、善问。教师要通过评价，保护学生质疑的积极性，使学生获得愉快的情感体验，看到自己的智慧和力量。

教师要努力优化课堂结构，留给学生充足的时空，放手让他们尝试。教师要善于倾听和积极引导，通过设计富有挑战性的实践活动，鼓励学生大胆猜测，亲身体验，进而验证或修正自己的想法，使学生在自我学习中发展自我。

陶西平认为当在课堂上能够听到学生不断发问的声音时，就可以说，课程改革又前进了一大步。①

(四)课堂教学的流畅性与学生问题的解决

流畅性是评价一堂好课的重要标准，但人们对流畅性的理解往往存在很大差别。一些观摩课，教学过程环环相扣，教师语言似行云流水，师生的呼应如珠联璧合，没有一分钟的浪费，也没有意想不到的波折，一节课就如一个精雕细刻的艺术品。陶西平认为当课堂教学停留在"教师讲，学生听"的传统模式时，这应当说算得上是一堂流畅的好课。

但是，当把课堂教学看作是师生共同活动的过程时，就会感到必须赋予流畅性新的理解。陶西平通过回忆一节给他留下深刻印象的职业学校烹饪课，讨论了课堂教学的流畅性首先就表现在顺利地达成教学目标的实际效果。②

课堂教学的流畅性不在于重复学生已知已会的内容，而应更多地关注怎样引导学生解决未知未会的问题。教师可能因事先没有思想准备，怕打乱原来的教学设计，而忽略或不回应学生临时提出的意见和有意思的见解。但陶西平强调，课堂教学的流畅性不仅在于原有教学设计的顺利实施，更在于对学生提出的见解的尊重和讨论，从而引导学生对新的知识的构建。

另外，信息技术和课程整合的过程中，一种很容易出现的情况就是，由于媒体软件的准备，而不得不将整个教学过程较为严格地程序化，这就造成出现教师的主导作用和学生的主体作用常常被限制在已经设计好的程序之内的情况。课堂教学的流畅性如果变成对教学设计的机

① 参见陶西平. 没有问题是最大的问题[J]. 中小学管理，2012(12)：56.
② 参见陶西平. 也谈课堂教学的流畅性[J]. 北京教育(普教版)，2005(Z1)：23.

械维护，以致削弱了学生提出问题、指出错误的热情，那将是一种盲目追求"流畅性"的悲哀。

所以，教学的流畅性取决于教师的学科素养，好的教学不怕有坎坷，善导则流，善疏则畅。只有善于将课前的教学设计和临场的应变能力紧密地结合起来，将预定的教学目标和学生问题的解决以及创新精神的培养紧密结合起来，从而取得提高学生素质的实效，才是应该追求的流利与通畅。①

(五)在借鉴中实现理念转变与实践改进的统一

1. 向传统教学借鉴

陶西平回忆二十世纪五十年代自己上中学时的"五段教学法"，以凯洛夫的《教育学》为理论基础，将一节课的教学过程分为组织教学、复习提问、讲授新课、巩固提高、布置作业，五段教学连成一体，五个环节一气呵成。五段教学法将课堂教学模式固化，现在看来，局限性显而易见，它强调教师在课堂教学中的主导作用，忽视学生的主体作用，教学法过于重视知识传授，忽略了通过多种实践活动培养学生的能力。但陶西平介绍，他当时就读的北京四中，最早进行改革实验，许多教师在实行五段教学法时，都结合中国传统教学模式的优势和学生的实际，进行了创造性的变通尝试，取得了很好的效果。比如，著名的化学教师刘景昆先生就常常在巩固提高环节，鼓励学生提出自己的见解和问题；而且，每隔一段时间，他就会对敢于提出自己的见解甚至提出古怪问题的学生进行表彰。再比如，著名的地理教师周额青先生每节课都会延长复习提问环节的时间，鼓励学生将过去所学的知识融会贯通，思考并回答

---

① 参见陶西平. 也谈课堂教学的流畅性[J]. 北京教育(普教版)，2005(Z1)：23.

他提出的问题。这样做，不仅能帮助学生更加灵活地掌握新知，而且能使学生通过反复的复习和练习，更好地掌握以往所学的知识。他所教的学生到期末时，从来不需要再做总复习，还都能取得很好的考试成绩。

陶西平认为这种教学法虽然是以让学生学习知识为重点，但也没有完全忽视学生技能的掌握和能力的培养，它能提供的借鉴是：(1)重视课堂教学的组织，强调要精心安排课堂教学，避免教学的无序和低效；(2)尊重学生的认知规律和课堂学习的心理变化过程；(3)有了课堂教学的基本模式，年轻教师和新进入教育岗位的人就能够比较快地掌握课堂教学过程。①

2. 在国际比较中找到自己的定位

东西方的教学改革正在相互借鉴与融合。陶西平始终强调所有的教学改革都是从问题出发的，借鉴任何国家的经验都要认真研究该国的教育背景，否则极容易陷入误区。

美国基础教育注重学生的智力发展与能力培养，但基础知识和基本技能的教学相对薄弱，教学改革自然会偏向对知识与技能的传授。而中国长期以加强"双基"为目标，教学改革正朝着培养能力与开发智力的方向发展。汲取西方发达国家基础教育优良传统的同时，西方国家也在研究中国的教育。中国出国留学学生的低龄化，以及他们基础知识和基本技能的水平，特别是上海学生参加 PISA 测试的表现，引起不少国家的兴趣，出现了各以对方的教育优势为改革方向的趋势。

陶西平强调教学改革必须在正视积弊的同时，珍视自身的优良传统。在国际比较中找准我国教育的定位。要特别防止教育改革决策的简

---

① 参见陶西平. 五段教学法和五计分制[J]. 中小学管理，2017(04)：60.

单化和盲目性。既要有"世界水平",又要有"中国特色"。这应该成为我国教育改革的方向和全体教育工作者奋斗的目标。①

陶西平还借哈佛大学"为理解而教"的教师研修课程,谈到了对教学改革的启示。一是学习观的改变——从学习为了解答问题,到学习为了解决问题;二是教学观的改变——从教学是知识的授受,到教学是生命价值和意义的体现;三是教学模式的改变——从学生的"被教",到学生的自主学习。这种教学模式的特点在于:充分体现学生是学习的主体;强化问题意识;鼓励多角度思维;注重在实践中理解;注重合作学习、团队研修;及时的信息反馈。②

3. 在学科的教改实验中创新

陶西平一直呼吁教育创新,教育创新是推动教育改革的动力,教育需要理论创新、制度创新,但更需要教育工作者在教学实践中的创新。一个学段的学科教学创新看来仿佛无关大局,但它所证明的道理往往会影响全局。特别是这种创新所体现的精神往往会鼓舞更多的人投身于创新实践中去。

尽管我们一直强调学科教学的三维目标,但实践中常把知识和技能的学习放在第一位,而忽视其他维度的要求。每门学科都有其学科本质、学科精神和学科个性要求,但是学科教学还有教育的共性要求,而这个共性要求正应该被放在学科教学任务的首位,并且融于学科教学的全过程。

陶西平特别介绍了全国第一届基础教育国家级教学成果奖中,获得

---

① 参见陶西平. 由两节课引发的思考[J]. 中小学管理,2013(11):58.
② 参见陶西平. 为理解而教[J]. 中小学管理,2012(09):60.

唯一个人特等奖的李吉林老师的"情境教育实践探索与理论研究"。情境教学正是在体现学科特点的同时，张扬了学科教学的共性，从而体现了培养健全人格的教育宗旨。这对深化教育改革有着重要的启示和引领作用。更重要的是，情境教学最初只是一个小学学科的教改实验，但它体现的教育理念、教育哲学、教育方式已经推动了教育的理念、哲学和方式的更新，产生了广泛的影响，而且使更多学科，甚至整个学校教育获得了宝贵经验，情境教学已经突破语文学科教学的界限，具有情境教育的普遍意义。[①]

4. 推动多门类的科研成果应用于教育学

陶西平非常赞同将各项基础研究的成果转化为推动教育事业发展与提高教育质量的力量，最终使学生受益。他认为现在教育研究面临"一少一多"两个迫切需要解决的问题。"一少"，即脑科学、基因科学、心理学、信息科学等最新的科研成果并没有被充分运用到教育学的研究，特别是教育实践的应用中来，这使教育的科学化问题始终没有得到有效的解决；"一多"，即教育科研课题中的理念、观点大量产出，自诩以最新的科学成果为依据的各种教育的"有效实践"大量产出，但缺少科学的评估，其信度和效度难以确认。一种是以概念化的研究取代实效性的研究，对普遍存在的事倍功半甚至劳而无功的教学效益低下问题，并不想深究，更没有引起足够的重视。另一种是以粗放式的研究取代精细式的研究，满足于一般化的教学原则的应用，缺少对教学环节的精细研究，

[①]　参见陶西平. 情境教育对中国传统教育弊端的挑战[J]. 人民教育，2013(Z3)：10—12.

陶西平. 新时代教育改革的壮丽画卷——从情境教学到情境教育[J]. 中国教育学刊，2016(10)：3.

更缺少对一般化原则自身的质疑。仅仅停留在解释某种现象,而非实实在在地解决问题,提高教育教学的实际水平。

神经系统科学的突飞猛进,正在帮助我们缓慢地揭示认知机理。脑神经与人的学习、记忆、推理能力和创造性的关系,大脑在应对外部信息刺激时如何改变其结构和功能等研究发现,推动多门类的科研成果应用于教育的理论和实践,将其转化为教育教学行为,是切实推进教育科学发展的重要因素和迫切需要。①

(六)推动信息技术与学科教学的整合

现代化教育以培养适应现代社会需要的创造型人才为目标,提倡实现书本与直接经验、课堂教学与社会实践、教师主导与学生主体的有机结合,信息技术提供了实现这种结合的重要工具。

陶西平认为,首先,要为教育信息化合理定位,教育信息化不是为教育贴上信息化的标签,而是实现教育现代化的组成部分和技术手段,需要的是切实为培养现代化人才服务的教育信息化。

其次,教育信息化的关键是教育者能否熟练掌握信息技术和自如运用信息技术进行教学活动,强调提高教师的信息素养。教师的信息素养是互联网和信息技术在教育领域应用的关键。教师的信息素养包括其对信息的认识、对信息教育的认识、信息技术应用能力以及信息道德等。如果教师的这些信息素养得不到提升的话,学校配备再多的硬件也只能是一种摆设。

再次,引导信息技术与学科教学整合,强调技术和教育的内容与教

---

① 参见陶西平. 关注新的教研症状[J]. 中小学管理,2008(04):56.
陶西平. 我们需要"转化教育学"[J]. 中小学管理,2011(03):58.

学方式之间的关系。信息技术的使用加快了课程改革的步伐,使教学理念、教学方式发生了深刻变化。但信息手段多数需要服从于课前的教学设计,生成性的问题往往难以受到重视。应用先进技术并不等于有了先进的教育内容和先进的教学方式。先进的技术只有与先进的教育内容和教学方式结合起来,才能够真正产生作用。互联网和教育的结合不是物理变化,而应该是化学变化,是产生了新技术、新内容和新方法的结合。

最后,要关注网络环境下的教育行为。既要引导教师和学生的正确行为,又要防止教师和学生的不良倾向。[①]

四、课程改革与减负提质

(一)减负提质

小学教育承载的压力过大、小学生的课业负担过重,已成为部分地区的顽症,甚至有愈演愈烈之势。陶西平认为当务之急是要解放小学教育,解放小学生。应该下决心抓好以下三个关键环节:

第一,学校引领,形成合力。"减负"需要政府统筹,综合治理,但学校必须发挥引领作用,才可能形成合力。有些人认为,家长和社会的教育观念存在片面性,即使学校将负担减下来,家长还是会把负担加上去;也有人认为,只有彻底解决课外辅导机构加给学生的负担,才能真正解放学生。陶西平认为这些看法不无道理,但由此得出学校无能为力,难有作为的结论,则是问题长期难以解决的症结所在。因为如果学校没有传递给家长和社会正确的观念和信息,那么是很难改变家长和社

---

① 参见陶西平. 迈开教育信息化的坚实步伐[J]. 基础教育参考,2006(09):1. 陶西平. 坚定信心 深入思考 推动高中教育改革与发展[J]. 创新人才教育,2016(01):6—8.

会的认识的。"减负提质"是一项系统工程，是一个漫长的过程，但要从学校开始，要由学校引领。学校内部"减负"确有成效，是转变家长和社会认识的开端，是形成合力的基础。

第二，突出主题，标本兼治。"减负"本身就是提高教育质量的重要措施，应当成为现阶段小学教育改革的主题。减轻了过重的课业负担，也就给学生创造了健康发展的条件。而真正有效的"减负"，必须从提高课堂教学质量入手。要把教师的积极性引导到课堂教学改革上来，并以"让学生在课堂上学会、学好"作为课堂教学改革的重要尺度，把不留和少留课外作业作为评价教师业绩的重要标准。现在，教学改革中，"加法思维"已成为一种思维定式，教学改革就是看又增加了什么内容、什么方法、什么活动，很少考虑"做加法"后可能付出的代价，更很少考虑应当减少什么。教学研究应当树立"减法思维"的理念，减去所有不必要的教学内容和环节，真正提高课堂教学效率。过去，许多优秀教师教学法的精髓之一就是在课堂上解决问题，不留或少留作业。我们不能丢掉这些宝贵的传统。

第三，淡化竞争，立足长远。小学阶段是奠定人生基础的阶段，不应过早强化竞争；要引导学校淡出功利，立足长远。各级政府和教育行政部门应减少并统一规范各部门对小学的检查评比，保证小学集中精力办学；同时，了解学科教学情况的测试应主要由任课教师进行，应取消小学阶段一切整班建制参加的统一考试，更不能以此作为考核学校和教师的依据。要进行科学的、以调整教学策略为目的的质量监测；推进以"提高课堂教学质量，减轻课外作业负担"为主题的教育科研、教学研究和教师继续教育，总结、表彰、宣传"减负提质"的典型，推广先进学校的成功经验。①

_____

① 参见陶西平. 幸福从哪里开始？[J]. 中小学管理，2011(12)：57.

（二）充分发挥校长教师的能动作用

学生课业负担过重固然有体制外的原因，但教学自身的原因也绝不可忽视，学生有那么多的东西需要记和背，然后才能去应考，负担怎能减轻呢？深化教育教学改革、提高课堂教学质量才是减轻学生过重课业负担的根本途径。当真正以培养学生学思结合、知行统一为目的进行教学和考核的时候，教育教学质量才能真正提高，学生的那些不必要的负担也才可能从根本上减下来。

素质教育是高素质教师进行的教育，必须把减负的着力点放在动员广大教师推进教学改革，特别是课堂教学改革上来，没有教师自觉、积极的参与，只靠强制性措施，任何教育目标最终都会落空。不少地区限定各年级课外作业的时间，不得课外补课，不得增加教学难度，等等，并且处理了一些违反规定的校长和教师。这些限制性措施作为一种制度建设，应当说有积极意义。但必须标本兼治，切不可急功近利、舍本逐末，更不能因此挫伤广大校长和教师的积极性和主动性。如果校长和教师长期处于被动的、受制约的地位，那么他们投身教育改革、提高教育质量的积极性和主动性是会受到影响的。各级领导既要有"只争朝夕"的精神，又要有"急事慢做"的策略，要以高度负责的态度，将加强教师队伍建设、引导和推动教育教学改革、提高课堂教学质量作为主要方向，通过长期不懈的努力，最终实现学生课业负担真正、有效的减轻。①

（三）研究"有效作业"

陶西平曾问过一位校长：你了解过老师都留了什么作业，这些作业

---

① 参见陶西平. 实现课业负担的有效减轻[J]. 中小学管理，2010(03)：57. 陶西平. 小学教育要淡化竞争减负提质[J]. 成才之路，2011(29)：11.

是不是都有必要，多数学生要用多长时间完成，作业的效果怎样？校长尴尬地说：我还真没有调查研究过。

当前学生课外作业负担过重，与缺乏对作业的研究有关。陶西平认为，教师留作业存在的主要问题，一是繁杂，各科都布置许多作业，每科教师都觉得自己留得不多，但集中到学生身上，分量很重，有的学校还让学生买很多练习册，其中的很多题都作为课外作业留给学生；二是盲目，留给学生的每一种练习的目的究竟是什么不明确，所留的作业学生究竟要用多少时间完成不清楚，不同的学生需要什么样的有针对性的练习不知道；三是重复，许多练习常常要求学生重复多遍，不少学生做作业就是多次炒冷饭，一遍遍地做无用功；四是死板，许多作业就是背诵、抄写、默写，枯燥无味，学生既不动脑，又不动手，做作业的过程没有增值。

2011 年 10 月初，陶西平去青海参加"两基"国检，西宁市行知小学校长带领全体教师进行的"有效作业"研究使他很振奋，他们拒绝使用社会上编写的各种练习册，各教研组以有效性为原则，反复研讨，精编练习，认真地研究作业问题。北京奥美学校提倡"精讲多练"，将教学要求分解到课堂教学的全过程，讲练结合，从而改变"课上讲、课下练"的传统方式，"不在于作业做了什么，最重要的是教师怎么对待学生做完的作业。"①

(四)关注课程设置、课程标准与教材

长期以来，大家比较关注的影响学生课业负担过重的关键因素有两个，一个是学校和教师的教育思想和水平，一个是选拔和考试制度。所

---

① 陶西平. 呼唤"有效作业"[J]. 中小学管理，2012(01)：58.

以，产生了两种说法，一种是减负的瓶颈在教师，一种是减负的瓶颈在高考。前者是教师在教育过程中由于理念片面和教不得法加重了学生课业负担，后者是因评价与选拔制度相连而促使学生负担加重。

陶西平表示，过去提"过重"的课业负担是指在正常的负担之外，由学校、教师或者其他途径，外加上去的种种违反教育规律的做法，这种外加的负担当然应当减轻。但是现在已经形成规范的中小学课业负担本身是否需要减轻？这也就给提出了一个新的减负关注点，即课业负担的源头——课程设置、课程标准和教材是否需要首先放在"减轻"之列？

课程改革是解放思想的产物，减负是课改的目标，并以此为目标对教学内容进行了调整。时至今日，应当再次认真审视现行的课程设置、课程标准和教材。北京一位知名小学的校长认为，现行教学内容偏多、偏难，教与学都很吃力，教材的跳跃性产生的空白，使得无论是由教师教，还是由学生学来填补，负担都很重。北京市教委的负责同志则告诉陶西平，高中一年级新课改全年使用的教材有 62 本之多。"减负"是一个多口瓶，制约它通畅的瓶颈不止一个。当在关注"教师""高考"瓶颈的时候，相关部门也应当带头关注一下课程设置、课程标准与教材这一更为重要的瓶颈。[①]

（五）直面"影子教育系统"

推进"减负"以后，课外辅导机构的发展越来越引起各界的关注。其实，对课外辅导在整个教育体系中的作用，以及对课外辅导机构的看法，国内外一直都存在不同的见解，有的肯定，有的质疑。但评价的对照物都是学校教育。所以，许多专家都把课外辅导业看成是"影子教育

---

① 参见陶西平. 对"减负"瓶颈的再思考[J]. 中国教育学刊，2008(03)：3.

系统"。

陶西平认为,在审视课外辅导时首先要想到,它是学校这一主流教育的"影子"。主流教育存在,课外辅导就会存在;主流教育的价值取向决定课外辅导的价值取向;主流教育追求的目标决定课外辅导追求的目标。因此,应当把课外辅导看成教育体系的一个补充部分,它会随主流教育的改变而改变;如果主流教育不改,单纯要求课外辅导具有理念的超前性,会有一定的难度。

我国的课外补充性辅导的现象不仅是存在的,而且影响重大,关注它的发展已刻不容缓。应当鼓励课外辅导教育健康发展,使之成为社会主义教育体系的有机补充部分。应当引导课外辅导教育的发展方向,使之顺应"减负"要求,为服务对象制订合理的时间安排和辅导方案,并通过改进教育方法,提高效益效能。应当倡导课外辅导业建设良好的文化环境,激发学生学习的积极性和主动性,形成快乐活泼轻松的学习氛围;要线上线下相结合,提高个性化服务水平。应当要求课外辅导业依法办学,遵守教育行政部门的相关规定,包括公办学校如何介入课外辅导教育的规定。公平竞争,以质量求生存,以创新求发展,积极参与公益活动,提高本行业的社会声誉。课外辅导如影随形,我们的态度不应是千方百计去掉"影子",而应是着力推进主流教育改革,从而影响与规范课外辅导业的发展,开发其巨大潜力,使之与主流教育相辅相成。

五、高中课改的理念、目标、策略与评价

高中课程改革的启动,是一场新的变革的开始,是高中教育活动的一次重大的创新。课程改革不是一般性的局部调整,而是深刻的系统变革。高中课程改革更是这一系列变革中最为关键,最为艰巨的部分。

（一）高中课改的理念

陶西平认为，高中课程改革的理念体现了普通高中性质的变化。在普及九年义务教育以后，普通高中已经开始了转变，不再主要是为应试服务的升学预备教育，而是为学生成为社会人并在进入社会后得以持续发展提供比较充分准备的较高层次的基础教育。课程改革正是以此为改革的基点。

高中课程改革体现了普通高中教育目标的变化：从更多关注学生升学的眼前功利，变为更多关注学生的终身发展；不仅关注学生的知识和能力，而且更加关注学生学习的过程和方法，情感、态度和价值观，更加关注学生创新能力和实践能力的培养；从更多重视对学生的共性要求，变为在重视共性要求的同时，更加尊重学生人格与个性差异的教育。

高中课程改革体现了普通高中教育方式的变化。从相对封闭的教育变为更加开放的教育，使学校教育与社会生活密切联系，使教学内容与科技发展密切联系，使课堂学习与实践体验密切联系。在课堂教学中，以应答式为主的教学方式将向重视探究式的学习方式转变。[①]

（二）教学目标

实现教学活动目标的调整是课改的重点，也是实施的难点。由教学活动实际贯穿的一元目标向课改后有机融合的三维目标转变的过程，既是在课程中实施素质教育的过程，也是教师专业发展的推进过程。教学就是知识、过程、思维方法和文化的和谐统一。知识是前人通过过程发

①　参见陶西平. 激情与理性——高中课改漫笔之一[J]. 北京教育（普教版），2007（04）：9.
陶西平. 有识与有为——高中课改漫笔之三[J]. 北京教育（普教版），2007(06)：8.

现和积累的成果，过程是为取得成果进行的智力劳动与实践的经历，思维方法是过程中应用的智慧，文化是在过程中形成并影响过程的情感态度和价值观。只有这样协调发展的教学才有可能为培养现代人的全面素质奠定基础。因此，实现三维教学目标应当成为当代教学的基本要求。

其实，将原有的教学目标说成是一元的，只以传授知识和技能为目的，并不公平。一批优秀的教师始终立足于全面提高学生的素质，至今仍然是我们的典范。但是就教育的全局来看，教学目标的片面性，却不容否认是教育的痼疾。究其原因，是制约于评价制度和教师素质。

在陶西平看来，评价制度的改革是一个"殊途同归"的过程，教师水平的提高是一个"融会贯通"的过程。当前，要求考试和选拔制度一步到位，做到能够考察学生的全面素质是有难度的，但是应当努力向着既保障科学性又保障公平性的方向前进，考试和选拔制度的改革势在必行。而对学校和教师的督导和考核评价，应当以落实素质教育宗旨和三维教学目标作为重点不断完善评价体系。评价制度会形成促进教学活动中三维目标实现的导向、动力和压力，但关键还在于教师对三维目标的认同、认识以及自身素质的提高。改革试验地区的经验表明，教师自身的专业知识、专业能力和专业情意难以支撑起实现三维目标的教学要求。加快教师专业发展的步伐，既是当务之急，又是百年大计。通过通识和学科培训以提高教师的理性认识，通过示范课、研究课使教师获得感性认识，都是必要和紧迫的。但这些并不能一劳永逸。教师对学科以及相关知识和技能的把握，教师自身的研究过程和思维方法，特别是教师自身的情感态度和价值观，三者之间的融会贯通是实现三维目标的根本。教师不仅由此获得自身专业发展的机遇，也应当由此明确自身专业发展的方向。教师要用对学生的期望来教育自己是教学活动实现三维目标的真谛。[①]

（三）实施策略

我国的课程改革实际上是由两个主要部分构成：一方面是课程理念的设计，课程标准的制定，教材的编写与审定以及评价制度的建立，另一方面是课程改革的具体实施，包括落实与课改相适应的文化观念、办学条件、师资水平，直至教学面貌的实际转变。

陶西平表示，我国课程改革的总体方案，体现了实施素质教育的宗旨。但现实与理想的差距更多地存在于地区和学校，其中文化观念的陈旧，办学条件的不足，师资水平的不适应以及评价体制的不协调是最突出的矛盾。

多年来，社会观念相当程度地停留在认同以应试为唯一目标的教育模式之中。而现实的劳动人事制度和人才选拔制度，并没有成为推动这种观念转变的积极力量。因此，党委和政府的政绩观、学校的业绩观、教师的教学观都难以真正突破应试文化的桎梏。

课程的实施需要必要的办学条件保证。但实现这种办学条件的转变是一项十分艰巨的任务，比如开设选修课程需要场地、设备和能够胜任的教师，参加社会实践是课程改革，需要社会力量的支持以及安全的保障等。

课程改革第一线的实施者是教师。教师教育观念的转变当然是实施课改的关键，但即使观念有了变化，由于教师的知识储备和能力积累不适应新课程教学内容与方法的要求，再加上高中课程的设计是建立在小

---

① 参见陶西平. 一元与三维——高中课改漫笔之四[J]. 北京教育（普教版），2007(Z1)：11.

学和初中课程改革基础上的，而相当多的学生并没有在小学和初中阶段完成应有的知识和能力储备，这就使得新课程的进行遇到很大困难，不仅课程改革的意图难以实现，学生的负担不一定得到减轻，也会给教师带来巨大的压力。

当然，对高中课程改革影响最大的还是高考制度的相应变革，而高考制度的变革可能在相当长的时间内滞后于高中课程改革的目标与要求。于是，高中课改后的高考方案仍然可能成为高中教学的实际的指挥棒。①

(四)课改的效果

在课程改革的进程中，只有变化才能进步。传统的教学模式，从理念、内容到方法，确实在许多方面不适应时代发展和人的需求，为社会、家长和学生带来许多困惑和苦恼，因此，变革是必然的，也是必需的。

变化是为了进步。变化不是目的，进步才是目的。要以民族传统和时代精神的结合引导学生树立正确的价值观；要引导学生增强独立思考能力、创新能力和实践能力；要使学生的身体和心理更加健康；要使学生的学习与生活更加丰富，更加快乐……这些都是课程改革的目的。

关注变化，更要关注进步。课改需要教育理念、内容、方式的一系列的变革，最终甚至产生教师和学生生活方式的改变。所有改革的效果都需要经过一段时间才能显现，旧的教育理念、体制、方法的变革，不可能一蹴而就。要坚定不移地为了进步去革新，去变化。始终要争取用

---

① 参见陶西平. 理想与现实——高中课改漫笔之二[J]. 北京教育(普教版)，2007 (05)：8.

较小的代价，取得较大的实实在在的进步。①

（五）课改中的评价

高中课改的实施，面临三个关键问题：一是如何以好的课程标准和教材为基础，二是如何以好的教师和教学活动为保障，三是如何以好的教育评价制度为导向。其中评价制度是指挥棒，它在相当程度上决定着课改的实际方向。

首先是全面性与综合性的关系。课改倡导对学生进行综合评价，不仅关注学业成绩，而且关注发挥和发展学生多方面的潜能。问题是一些综合评价并没有真正体现全面性，当用设计的指标体系对学生进行综合评价，将全面发展分解为若干个指标，再为每项指标确定易于检测的要素，实际上如果用这些要素还原，并不一定真正体现甚至有可能曲解全面发展。合理判断全面发展的边界，科学判定全面发展的内涵，以求多项指标的综合判断减少还原时的差距，是保证正确导向的前提。

其次是过程性与终结性的关系。课改建立发展性评价制度，实行学生学业成绩与成长记录相结合的综合评价方式，"成长记录袋评价"是有益的探索。实践中的问题是常将发展性评价与一贯性表现混同。注重过程是帮助学生认识自我，建立自信，促进学生在原有水平上的发展，而不是为了将动态的记录变成静态的考核依据，不是增加考核次数，并以一贯成绩好作为学生表现的最佳状态，结果过程评价也变成了终结评价的组成部分。过程评价必须立足于鼓励发展和进步，以科学的发展性评价的理念指导过程性评价与终结性评价的统一。

---

① 参见陶西平. 变化与进步——高中课程改革漫笔之五[J]. 北京教育(普教版)，2007(09)：9.

最后最大的难点还是评价方式与选拔方式的关系。高中课改关注学生发展，发展性评价是评价的指导思想与核心理念。评价目标上，促进学生在"三维目标"上的和谐发展，评价方式上，关注评价对象发展的动态变化和其呈现成果的过程，同时，关注学生的差异，注重对学生的多元评价。这种评价本应转化为选拔的依据。但高一级学校的选拔要求更高的信度、效度和区分度，而平时以学校、教师和自我为主的评价主体，以成长记录袋为主要形式的发展记录，目前都难以适应选拔的要求，于是，客观上必然又出现两根指挥棒，严重干扰课改目标的实现。积极探索评价制度与选拔制度的统一也是摆在高中课改面前不容回避的课题。

第五节　完善教育评价体系：发挥引领导向作用

教育评价从二十世纪初开始作为一个独立的研究领域出现，八十年代以后引起我国教育界的广泛关注，教育评价研究与时俱进。在理论研究方面，已经从最初探讨学生对知识和技能掌握情况的量化测验，进展到测查现实与确定目标的到达度，再到强调对过程的评价以提供未来改进的信息，直到现在把教育评价作为多元主体的多维价值判断过程，一个具有中国特色的教育评价理论框架正在形成。在实践方面，教育评价的范围已扩展到教育的各个领域，涉及的评价对象，已经从最初的学生学习评价发展到学生素质的全面评价，进而拓展到教师评价、学校评价、地区教育评价。

一、评价的目的与功能

在评价的功能问题，实质也是评价模式问题上，存在着不同的意见。一种意见认为，评价的主要功能在于通过诊断，促使改进。应当强调形成性评价，重视过程评价，重视自我评价。在推进教育评价工作的过程中，必须认真贯彻现代教育评价观念，使教育评价成为每所学校、每个学生全面了解自己，并自觉地改进和完善自己，努力去争取达到规定目标的武器。使被评价的学校和学生，同时成为评价的主体，而不是消极、被动地单纯作为评价对象存在。使评价不仅是目标，也是不断前进的动力，促使学校和学生形成自我发展的机制。

另一种意见认为，评定和选拔是推进工作、激励上进的重要手段，现实工作中需要在一定阶段对学校工作好坏进行评定，特别是在教育行政部门转变职能过程中，督导、评估是宏观管理的重要方式。对学生也需要在每个学期，每个学年，每个学段进行鉴定，三好学生要进行评选，学生在升学过程中也要接受选拔。因此，必须发挥教育评价的判断作用，仍然要重视终结性评价，重视对工作结果的评价，重视他人评价，包括行政部门、督导部门对学校的评价和学校教师对学生的评价。如果忽视这种评价，而评定和选拔工作仍然要照常进行，那么就必然要另立评定和选拔标准，这样一来，教育评价的权威性就会大大降低，应有的"指挥棒"作用就难以发挥，而学校和学生也会因名目繁多而无所适从。

这两种意见反映了评价观的差异和实际工作中遇到的问题。陶西平认为评价工作要健康地、有效地推进，应当坚持把现代评价理论和教育工作的实际有机地结合起来，在发挥评价的改进教育功能的同时，也为评定、选拔提供服务。在以形成性评价为中心的同时，也重视终结性评价；在突出过程评价的同时，也重视结果评价；在强调自我评价的同时，也搞好他人评价。以此来设计评价标准、评价过程和评价方法，形成我们的评价模式。①

二、评价的方式与科学性

教育评价是根据一定的教育价值观或教育目标，运用可行的科学手段，通过系统地收集、分析、整理信息资料，对教育活动、教育过程和教育结果进行价值判断，为提高教育质量和教育决策提供依据的过程。指标体系的完整性会直接影响对评价对象的全面认识，评价方式的科学性会直接影响评价结果的真实性。对评价体系和评价方式的研究，成为教育科研部门的重要任务。

(一)评价指标与方法

评价的科学性直接关系到评价目的的实现和评价功能的发挥，是评价工作生命力的源泉。特别是在发挥评价的评定和选拔功能时，由于直接关系到学校或学生的利害，就更受到广泛的关注。因此，必须切实保证评价工作的科学性。

科学的评价应当符合法律，符合规律，符合实际。人们最为关注的是评价指标体系的科学性和评价方法的科学性。陶西平在二十世纪九十年代初就关注到了评价的科学性问题。

陶西平认为，现在没有，将来也不可能完成对学校教育这一系统工程的绝对完备的认识。同时，教育评价本身就是一个应用性课题，它必将作为知识形态生产力的科学，转化为现实的生产力。因此，作为科研使用的指标体系必须适当简化以后，才有可能广泛应用。而在

---

① 参见陶西平. 当前教育评价工作中的几个问题[J]. 中小学管理，1994(03)：8—10.

简化的过程中，就必然要舍末逐本，删繁就简，只要突出了要点，涵盖不全，在所难免。当然，由于指标体系反映了我们对教育方针和培养目标的全面理解，肯定不同于原来比较单一的衡量标准，更不同于只有考试成绩的唯一标准。因此，评价目标相对系统化，是教育思想转变的体现，是培养全面发展的人的必需。从实际需要出发简化指标体系是必要的，但只能简化到保证科学性的最低程度。单纯追求简化，而失去了科学性，不仅失去了评价的指导意义，而且可能产生错误导向。因此，建立科学性和可行性相结合的评价指标体系，是搞好评价工作的重要环节。

人们关注的另外一个问题，是评价方法的科学性问题。人们比较信任直接测量的结果，如考试分数。但是指标体系中的有些指标，往往又难以直接测量，比如学生质量评价中关于态度、能力、习惯等指标，学校教育质量评价中关于办学方向等指标。因此，测评方法就必须多样化，这是当前评价研究中的重点课题。在保证科学性的前提下，使指标体系简化，使评价方法简便，是评价科学转化为现实生产力的关键。[①]

(二)关于评价的针对性问题

陶西平一直强调评价工作的针对性，在实施评价时，要从地区和学校实际出发，不同时期可以结合行政需要解决和推动的重点问题及重点工作，在全面评价的基础上有所侧重。这样，评价对现实工作也可以起到推动作用。许多地区结合实际制定了自己的指标体系，对不同水平和存在不同问题的学校，在实施评价时已有不同的重点，他认为这些都是

①②　参见陶西平. 当前教育评价工作中的几个问题[J]. 中小学管理，1994(03)：8—10.

很好的做法,还应该通过实践创造一些在综合评价过程中推动重点工作的新鲜经验。比如,将重点、热点问题作为一二级指标中某个要素的重点,进行综合评价。

他表示,评价主体的多元化是评价主体的重大变革,要由一家说了算向多元的评价主体转变。通过外界评价、自我评价等全方位的评价保证评价的客观性。评价内容的多维度则要求通过评价标准由单一因素向多重因素转变,以利于更全面地把握事物的本质特征。但实际上,评价工作只能在有限的时间和空间内完成,因此评价方式和技术能否简约就成为教育评价经常化的关键。

追求客观化、量化曾经是教育评价的趋势,但是,实际上单纯以量化的方式描述、评定发展状况,则难以表现现实的丰富、生动与不同个性。甚至于只评价了易于量化的简单现象,而丢失了教育中最有意义、最根本的内容。质性评价的方法可以更全面、深入、真实地再现评价对象的特点和发展趋势,因此,它是正在倡导的评价方法。特别是当更加关注被评价者对评价的心理感受的时候,模糊评价往往取得了更好的效果。因此,如何对评价方式进行统整就成为当前教育评价工作的又一重要课题。

陶西平一直倡导适应教育改革与发展的需要,对不同层次、不同类型的教育评价进行研究和试验,探索科学而又实用的评价方法;倡导进一步学习和借鉴国外的评价理论和评价方式,以坚持教育评价研究的与时俱进。[①]

———————————

① 参见陶西平. 当前教育评价工作中的几个问题[J]. 中小学管理,1994(03):8—10.

三、学生、教师、学校评价

(一)学生评价

"应试教育"对教育价值的终极判断标准是学生的考试成绩,把学生的考试成绩绝对化为评价学生、教师和学校教育的唯一标准。[1] 由于用来要求学生和评价学生的唯一尺度是分数,用来要求和评价学校教师的唯一尺度也是分数,这就造成:教育难以形成帮助每个学生在他的起点上前进,在他的优势上发展的机制,难以使每位学生都能抬起头来走自己的人生道路。[2]

我国基础教育的特点,是把知识的获取作为学习的主要任务,并将获取知识的水平作为评价学生的重要标准。正是因为这种取向,所以,学生在应对各种认知性考试时显示出明显的优势。而西方教育更看重对运用所学知识解决问题能力的培养,并且将创造性作为评价学生的重要尺度。获取知识和运用知识都是重要的,相互学习、相互借鉴会有助于各自教育改革的深化。[3]

陶西平不断呼吁每位学生都有自身的优势智能,"教师应当从促进学生发展的最终目的出发,从不同的视角、不同的层面去看待每一个学生,而且应当促进其优势智能向其他智能领域迁移。教师评价学生不应以传统的文化课学习成绩与能力作为唯一的标准与尺度。"[4]"要重视评价体系和评价方式的改革,使教育评价既有助于学生全面素质的提高,

---

① 参见陶西平. 学习邓小平教育思想 加快基础教育改革[J]. 中小学管理,1995(06):6—10.

② 参见陶西平. 由"应试教育"向全面素质教育转变[J]. 人民教育,1996(10):6—9.

③ 参见陶西平. 从一次世界性比赛想到的[J]. 中小学管理,2014(06):55.

④ 陶西平. 多元智能与课程改革[J]. 人民教育,2003(17):12—14.

又使学生的个性特长得到发展。并应通过评价，使学生始终保持良好的心态，进取的精神，最大限度地预防和减少学生的心理障碍和心理疾患。"①

陶西平认为，在建立促进学生全面发展的评价体系，倡导对学生进行综合评价时，实践中的问题是综合评价并没有真正体现全面性，因为将整体进行分解，拆成一个一个部分进行分析，以求对整体认识得更深刻，但再还原的时候，有时如同将一面镜子打碎，很难真实恢复甚至有可能歪曲原貌。用设计的指标体系对学生进行综合评价，但由于是将全面发展分解为若干个指标，再为每项指标确定易于检测的要素，实际上如果用这些要素还原，并不一定真正体现甚至有可能曲解全面发展。因此，合理判断全面发展的边界，科学判定全面发展的内涵，以求多项指标的综合判断减少还原时的差距，是保证正确导向的前提。

陶西平非常强调评价的激励功能，让学生充分认识自己的智能优势并充分地展示和发挥这种优势，从而永远充满自信。自信对于学生，特别是平时我们认为后进的学生，是最为宝贵的东西，这将成为他自我发展的强劲动力。在实践过程中创造出来的"学生档案夹"的形式，让学生经常把自己各方面取得的成果以不同的表现形式放入自己的档案夹中，进行自我评价，取得了很好的效果。②

过程性评价能够帮助学生认识自我，建立自信，发挥评价的教育功能，促进学生在原有水平上的发展。很多地区普遍推行"成长记录袋评价"，是对发展性的过程评价的有益探索。实践中的问题是将发展性评

---

① 陶西平. 脑科学与教育[J]. 基础教育参考，2006(12)：1.
② 参见陶西平. 重视开发学生的多元潜能[J]. 北京教育(普教版)，2002(11)：10—11.

价与一贯性表现混同，不少地区为了不以"一考定终身"，而增加了考核和考试的次数，并且以一贯成绩好作为学生表现的最佳状态，这样一来，过程评价也变成了终结评价的组成部分，学生进步的幅度和进步的结果退居次要地位，而促进学生发展的作用也就相应地被淡化。因此，过程评价必须立足于鼓励发展，着眼于鼓励进步，要以科学的发展性评价的理念指导过程性评价与终结性评价的统一。

说到学生评价，陶西平还回忆起二十世纪五十年代自己上中学时的"五计分制"，学生回答课堂提问以及考试成绩不以百分制，而是以五个等级的形式来表示，通过等级划分的方法使学生有更清晰的评价感受，鼓励学生不满足于书本的知识和现成的答案，通过更好的表现，取得更优异的成绩，更具有特色的是它没有平均分，奖励进步。[①]

(二)教师评价

对于教师评价，绩效工资是将教师的工作绩效与工资挂钩的分配方式，有助于调动广大教师的积极性，但教师的绩效如何评价却是一个难题。于是，相当一部分地区，制定了教师的评价体系，列出了具体的评价指标，建立了考核记录。因此，教师从一踏进学校大门起，就要以评价指标的要求作为自己行动的准则，而且要以完美地达到要求作为自己的追求。这种导引看似无可非议，但却值得推敲。当过教师的人都明白，一个教师是要在多年与学生一起摸爬滚打的经历中学会做教师的，其中有挫折、有教训，甚至有痛苦、有泪水。但当这些都被以一种功利的指标来衡量的时候，每一个失误都会成为不良的记录，都会影响绩效。于是，这种评价的工具性就掩盖了评价的价值追求，使教师要么谨

---

① 参见陶西平.五段教学法和五计分制[J].中小学管理，2017(04)：60.

小慎微，要么弄虚作假。在绩效工资实施后，部分地区将监测考试后的排名结果与学校和校长的绩效工资挂钩，在校内则与班主任和任课教师的绩效工资挂钩。将质量监测变成绩效考核，这样一来必然引导教师将考试成绩作为评价学生的唯一标准。①

　　陶西平表示，评价实际是如何科学地看待人的发展的问题。当真正尊重人，而不只是把人当成驯服工具时，就会把人的发展放在最重要的位置，就会真正尊重人的发展规律，而不仅仅满足于采用便捷的、看似公平而实际未必有利于人成长的管理方式。评价者的理念常常源于对评价者评价的理念，不许失误，实际只是上级理念的一种传导。办让人民满意的教育，能够做到每件事都正确当然好，但这不符合实际，也未给人们留有为成长付出代价的空间，最终人民大概也很难满意。②

　　教学研究人员经常通过对教师的教学活动进行评议，组织研究课和随机听课，通过课堂表现来评价教师的教学工作，就成为领导教学的主要环节。有些老师认为，当前评价教师课堂教学比较关注多种教学方法的运用，评价一堂好课要看教学形式是否多样化，有时容易导致教师忽视内容而盲目追求形式。有些老师认为，课堂教学的活跃程度与流畅性是评价好课的重要尺度，但有时有些教师采取非正当方式来表现，也在评价时获得了认同。还有些老师认为，有些教研工作者评课时，十分欣赏"看点"，使得有些教师精心设计"看点"，来迎合评价者的心理，以求获得好评。这些看法提醒我们，在加强教育评价工作的同时，还必须不

---

　　①　参见陶西平. 异化的质量监测损害教育[J]. 基础教育论坛，2012(20)：20.
　　②　参见陶西平."庆祝失败"[J]. 中小学管理，2010(09)：56.

断改进和完善评价工作。①

陶西平认为应当采取更加务实的态度认识和评价教师专业发展的效果问题。②"许多学校建立了合理的教师评价制度，调动了教师的积极性，加快了教师专业化的步伐，促进了教师专业水平的提高。"③陶西平主张对教师的评价要体现过程与效果统一的价值观，特别要强调局部价值与整体价值统一的价值观、瞬间价值与终极价值统一的价值观。在评价中，要看教师在多大程度上促进了学生发展的增值，引导教师以使学生获得生命价值的增值为根本目标，而不单纯追求一节课的璀璨。④ 对学生，要实现热爱尊重与严格要求的协调。把每个孩子的进步作为评价教师的首要目标。⑤

(三)学校评价

社会各界对学校的效能问题关注的热点在于：一是学校教育究竟对人的发展发挥了怎样的作用，二是如何评价一所学校对学生发展所作的贡献。

就一所学校而言，长期以来对教育效能的评价，始终引导着学校发展的方向。其中在教育的目标上，分歧主要在于以学业成绩为基准，还是以全面素质为基准；在教育效果上，分歧主要在于是重视终结性的水平，还是重视发展性的水平。

陶西平认为在全面推进素质教育的进程中，建立对学校素质教育的

---

① 参见陶西平. 对评价进行再评价[J]. 北京教育(普教版)，2005(06)：17.

② 参见陶西平. 创造良好的教师专业发展文化[J]. 北京教育学院学报，2007(03)：1—2.

③ 参见陶西平. 一个充满活力的研究领域[J]. 基础教育参考，2006(02)：1.

④ 参见陶西平. 要研磨学生[J]. 中小学管理，2008(05)：4—5.

⑤ 参见陶西平. 促进学生个性全面和谐地发展——纪念苏霍姆林斯基诞辰100周年[J]. 中小学管理，2018(12)：56.

评价体系，是至关重要的问题。以量化和描述相结合的方式衡量学校提高学生全面素质能力的研究正在进行中。当然，用考试的方式检验学生的学业成绩，仍然是一种必要的手段。所以，恰当定位考试成绩在素质教育评价体系中的地位，是一个需要妥善解决的问题。将考试评价与素质评价对立起来，会产生教育改革推进过程中的严重困惑。

学校教育的效能最重要的是体现在学校的教育能力上，也就是体现在促进学生在原来基础上的发展幅度。只以学生接受学校教育的终结水平评价学校的教育效能，并不能充分体现学校的教育能力。现在，许多国家在探索将由学生基础决定的预期成绩与学生取得的实际成绩进行比较，以此来评价学校的教育效能。我国也有不少地区在进行诸多层次的发展性评价试验。这些都有助于使对学校效能的评价科学化。[①]

陶西平引用一位校长曾经对他的提问，假如只给你半小时参观一所学校，你又想对这所学校的情况有一个基本的了解，你该用这半小时做些什么？他总结了四件事：第一，检查一下这所学校的窗玻璃；第二，看一下学生的厕所；第三，去看学生做课间操；第四，听全校学生合唱一首歌。他认为，只要学校不是事先进行准备的话，做了这四件事以后，大概可以对这所学校的办学水平有一个初步但不失为准确的判断。

一所学校教室的窗玻璃是不是经常保持洁净，是一件小事，但却可以充分反映这所学校的管理水平。一是有没有健全的管理制度；二是执行制度是不是坚决；三是如果有制度但始终得不到落实，就一定是缺乏必要的检查和监督；四是如果保洁主要靠突击，就说明学校各项制度的执行没有做到持之以恒。

----

① 参见陶西平. 学校的效能[J]. 基础教育参考，2007(06)：1.

当然，陶西平也强调，在半个小时里，能对一所学校的管理水平、文明程度、精神面貌和团队活力有一个初步的感受。但了解一所学校绝不是这样简单的事，他也并不主张只采用这种办法来评估学校。但是，一所学校的办学水平，一个班的管理水平是看得见、摸得着的，素质教育是实实在在的事。①

四、我国教育评价面临的问题与挑战

教育评价正在成为实现教育目标、深化教育改革、增强教育竞争能力的手段和杠杆。但现实的教育评价活动中遇到的许多问题，比如，将教育评价的基本理念贯穿于不同功能类型的教育评价活动之中的问题。教育评价越来越关注发展性评价的研究，使评价更多地重视已经取得的进展。评价应当不仅关注没完成什么，更关注出色地完成了什么。平庸的面面俱到并不一定优于某一方面的特别突出。这些理念怎样才能融合于现实存在的选拔、甄别、评优等有实际影响的评价活动之中是关系教育评价实用性的重要课题。

（一）用于研究和用于指导实践的评价体系是有区别的

陶西平一直关注和从事教育评价的研究。他认为教育评价是对教育活动现实的或潜在的价值作出判断，以期达到教育价值增值的目的。但由于在实践过程中评价功能的扭曲，这种功能已经逐渐被评比功能所取代，评比成为管理者刺激学校各项工作，刺激教师教学与学生学习的尚方宝剑。于是，评价类别越来越多，指标体系越来越繁杂，评价部门越来越多，评价次数越来越频繁。不少地区已经听"评"色变，把这种难以

---

① 参见陶西平. 假如只给你半小时……[J]. 北京教育（普教版），2006(03)：13.

说明问题、解决问题的评价看成是一种负担。

他列举了现实中非常具体的问题。例如，一所农村初中的学生宿舍，4 张上下铺的双人床，住 16 个学生，两个人挤在一个床铺上，这在不少地区是普遍现象。无论如何，都应当尽快使每个寄宿的孩子都有一张床。在一所城市小学正在上课的教室，一个班整整坐了 80 多位学生。不少地区大谈提高教育质量，大谈个性化教学的同时，对解决这种影响教育质量、难以推动个性化教学的大班额问题，却没有提出时间表来。在一座南方城市的一个郊区乡镇，虽然义务教育阶段已经免除了学生的各种费用，但初中的辍学率还保持在两位数。"能上学"的问题解决了，但"都上学"的问题并未解决。

许多专家研究均衡发展、教育质量、素质教育的评价指标体系，能见到的指标体系草案都很庞大。不同部门已经依照这种指标体系开展了多种形式的督导和测评实验。但对这样的体系，许多地区、学校和部门的同志，实际上记不住，也说不清，更抓不住重点，不知应当如何努力。陶西平认为，用于研究和用于指导实践的评价体系是有区别的，为此他举了两个例子，一是国际学生评估项目 PISA，PISA 每 3 年一次，用数学、科学和阅读能力三项指标，对 15 岁的学生按照一定规则进行抽样测试，以此评估该国学生的学习能力，为各国审视教育政策提供参考。PISA 目标十分明确，时间间隔合理，评估体系明了，测试方式简单，因而取得了比较好的评估实效，得到许多国家教育工作者的认同。二是当年在普及义务教育之初，提出的"一无两有"的目标——"校校无危房，班班有教室，人人有课桌椅"。非常简单、朴素，是非常具体、切中要害的目标。尽管是一种最原始、最初级的评估指标，没有复杂的指标体系，没有烦琐的评估方式，但看得见、摸得着，正是针对当时最需要解决而又可以解决的问题提出的，目标的实现立即改变了教育的面貌。陶西平认为应当借鉴 PISA 和"一无两有"的思路，在完善教育评价体系的同时，继续提出一些针对实际存在的问题、能够取得实效的目标和评价方式，让大家明明白白、清清爽爽、扎扎实实地为教育办一点实事，这大概才能算得上让人民真正满意。①

（二）异化的质量监测损害教育

建立科学的质量监测体系是掌握区域内教育质量动态发展水平的重要途径，但是陶西平认为当前在建立健全质量监测体系的实践中有几种倾向值得关注：

一是将质量监测变成学科考试。某些地区将部分学科的考试成绩作为衡量教育质量的唯一依据，片面质量观已成为质量监测的实际指导思想，没有全面的质量监测指标体系，或者虽然形式上也有一套看似全面的体系，但形同虚设。

二是将质量监测变成分数排队。部分地区行政管理和教学研究人员将质量监测为名的统考结果进行分数排队，区域内对学校排队，学校又对班级和教师排队，有的甚至逐题排队。在这种情况下，不少学校，包括一部分本来教育改革走在前列、办学特色初步形成的学校，在排队的压力下，不得不重新回到应试教育的轨道。

三是将质量监测变成绩效考核。部分地区将监测考试后的分数排队变成对学校教育工作考核的重要甚至唯一依据，在绩效工资实施后，将排名结果与学校和校长的绩效工资挂钩，在校内则与班主任和任课教师的绩效工资挂钩，引导教师将考试成绩作为评价学生的唯一标准。

---

① 参见陶西平. PISA 和"一无两有"[J]. 中小学管理，2011(02)：59.

质量监测的科学性与有效性是密切相关的，上述的种种现象实际造成质量监测的功能异化。在学校内部，相当程度上是一种压力传导。在进行质量监测的名义下，区域向学校施压，学校向教师施压，教师必然也会将压力传给学生。这是至今包括小学在内课业压力仍然难以减轻的重要原因之一。

陶西平认为，制定普通教育的质量监测与评价的体系，质量观是首要的问题，避免使质量监测成为应试教育的新载体，更不能使质量监测成为基础教育特别是在小学全面推进素质教育的制度性障碍。[①]

(三)聚焦高考

高考的主体功能在于选拔适于进一步接受高等教育的学生，但由于它是在学生接受基础教育结束后进行的，所以自然派生出监测基础教育教学质量和引导基础教育改革方向的功能，从而造成高考功能的多元化。这种功能的多元化，极大地增加了高考改革的复杂性和难度。陶西平一直关注高考的相关问题，他认为：

高考的选拔功能重在公平。在重视各学科考核要求的前提下，对高考命题的信度、效度和区分度要有准确把握，高考的评卷要尽可能减少随意性，以高考分数为主要依据的高校招生录取工作，要不受其他因素的干扰。

高考的监测与导向功能则重在全面。高考能否全面评价学生的素质基础，能否全面考核学生的能力，高校录取能否综合评价学生的全面素质，这些是影响基础教育发展的重要因素。常说高考是指挥棒，是因为人们往往会单纯用高考成绩评价基础教育水平，会单纯用高考内容与方

---

① 参见陶西平. 异化的质量监测损害教育[J]. 基础教育论坛，2012(20)：20.

式引导基础教育的教学方向。

针对两种对高考的强烈呼唤：一种是对公平的呼唤。有的同志呼唤实现在考分面前人人平等，不应有地区差别，不应有政策倾斜，一切以考试分数作为衡量学生水平的唯一标准。有的同志呼唤从现实出发求公平，不能忽视地区经济发展不均衡带来的教育发展不平衡的现状，不能忽视对社会弱势群体的关注。另一种则是对导向的呼唤。呼唤不应以高考成绩作为评价学生的唯一标准，以促进基础教育改变目前相当普遍存在的二元体系现象，即一方面以改革的面貌推进素质教育，另一方面却又以违背教育规律的做法应对考试。

陶西平认为，实现以选拔为主，选拔、监测与导向功能的统一，是高考改革的基本方向，而实现这种统一无疑是一项系统工程。它需要在人事、劳动和教育部门之间协调人才观和人才标准，需要在基础教育、高等教育之间协调评价观和评价手段，需要在领导干部和社会媒体当中协调政绩观和对教育的导向，还要善于借鉴国外的先进经验和面对传统文化观念的挑战。[①]

(四)对评价进行再评价

当教育评价成为推动教育事业发展特别是深化课程改革的重要手段的时候，评价的引领作用已逐渐凸显出来，而此时评价的导向性成为正确发挥评价作用的关键。

近几年来，课堂教学面貌发生了很大变化，特别是在培养学生创新精神和提高学生实践能力方面进行了许多探索，陶西平认为教研活动的

---

① 参见陶西平. 聚焦高考[J]. 基础教育参考，2005(06)：1.
陶西平. 又逢"金榜"题名时[J]. 北京教育(普教版)，2004(06)：10.

指导与评估功不可没。组织研究课和随机听课，通过课堂表现来评价教师的教学工作，成为领导教学的主要环节。教学研究人员经常通过对教师的教学活动进行评议，来把握课程改革的方向，促进教师教学观念的转变和教学水平的提高。但是，当前教师的做课也出现一些值得关注的现象。

一种是程式化，把十八般武艺都要展示一遍，有些安排明显缺乏与教学内容和教学目的的必然联系。另一种是作秀式，把课改倡导的一些观念和方式，设计成有意安排的"看点"，甚至反复演练，课堂看似流畅，但学生只不过是教学过程中的一件道具。还有一种是"尖子"展示，活跃的课堂只是少数尖子学生在活动，多数学生只不过是做个陪衬，用少数学生取代了所有学生。凡此种种，由于并不"少见"，因此往往也不"多怪"。

陶西平认为，出现这种现象的原因固然很多，但评价的导向作用发挥得不够则不能忽视。有些老师认为，当前课堂教学评价标准固然强化了课堂教学改革的重点，但也应重视全面教学任务的完成，否则评价容易产生片面性。当前评价教师课堂教学比较关注多种教学方法的运用，评价一堂好课要看教学形式是否多样化，有时容易导致教师忽视内容而盲目追求形式。课堂教学的活跃程度与流畅性是评价好课的重要尺度，但有时有些教师采取非正当方式来表现，也在评价时获得了认同。有些教研工作者评课时，十分欣赏"看点"，使得有些教师精心设计"看点"，来迎合评价者的心理，以求获得好评。这些看法提醒我们，在加强教育评价工作的同时，还必须不断改进和完善评价工作。

改进和完善评价工作的重要方式就是对评价进行再评价，看一看评价标准是否科学，对评价标准的理解是否正确，评价是否把握了教育改革的方向，是否激发了教师的创新精神，是否陷入了某种程式化或形式主义，更要看一看评价是否有助于提高教师的学科素养。评价从来就有双重性，好的评价促使教学工作变得更好，不好的评价可能使教学工作的方向更偏。开展对评价的再评价，应该也是深化课程改革的一项不容忽视的工作。[①]

（五）期待着新的攀升

二十世纪八十年代中期，伴随着教育事业的发展，伴随着改革开放以后国外教育理论与实践经验的传播，教育评价逐渐通过高等学校与科研部门的推介在我国部分中小学兴起，并逐步被教育行政部门倡导和应用。

1986 年，陶西平初任北京市教育局局长的时候，经北京教科所梅克同志讲解教育评价问题之后，意识到这是一件大事，之后，他开始持续关注这一议题。现在，无论是教育发达的城市地区的学校，还是偏远的乡村学校都在搞评价；评价不仅被应用于教育教学领域，而且也被应用于一般的行政事务管理，甚至工会活动。教育评价已经和教育理论、教育实践一道，成为教育事业发展的重要支柱。

20 多年来，我国的教育评价工作取得了巨大的成绩，陶西平认为当前的重要课题是进一步构建具有中国特色的教育评价体系和制度。

从理论上看，现代意义的教育评价理论开始是由国外导入的。由于国外教育评价理论具有多元性，所以我国对教育评价概念的界定、功能的理解、指标体系的确定、方式方法的应用，都出自不同的理论源头。这样，既有有利于通过百家争鸣促进发展的一面，又有在实践中难以相对统一的一面，使用者可以凭自己的理解各取所需，往往造成论争性多于认同性。

---

① 参见陶西平. 对评价进行再评价[J]. 北京教育（普教版），2005（06）：17.

从实践上看，由于国外教育评价中较为复杂的教育测量多被用于科学研究和决策参考，在教育管理和教学实践中的应用大多并不复杂，但我国在引入的过程中，常常将复杂的评价指标体系直接用于管理和教学，力求将理性认识全面体现于指标体系中，所以在实践中应用难度大、可操作性差，往往造成概念性多于实用性。

从目的上看，由于国外教育评价的理论与实践并不主要服务于评比和奖惩活动，但却可以拿来作为评比和奖惩的工具，因此，我国近年来从政府部门到社会团体，从学校管理到班级管理，从教师评级到年终评奖都以评价作为工具。一时间，学校里充斥着上级制订或者自己设计的各种评价方案，日程里排满各种检查评比的项目，以致在有的地区，教育评价不仅没有成为推进教育改革与发展的动力，反而成为校长与教师的沉重负担，往往造成功利性多于合理性。

我国的基础教育正处于转型期，这一时期的任务是实现以规模发展为主向以内涵发展为主的转变，以重点发展为主向以均衡发展为主的转变。在国家、地区、学校等不同层面，在各级各类教育的不同领域，在行政管理、质量监测、学生评价等不同方面，都迫切需要符合我国国情的教育评价科学来引领和支撑。陶西平认为，我国的教育评价研究也要相应地实现由以借鉴国外为主，向以立足国内为主的转变。通过对我国教育评价工作历程的回顾与反思，创建适应我国教育事业现代化需求的具有中国特色的有用有效的教育评价科学，这一责任历史地摆在了基础教育评价工作者的面前。这是严峻的挑战，也是难得的机遇。①

---

① 参见陶西平. 我国教育评价面临的问题与任务[J]. 教育科学研究，2008(Z1)：1.
陶西平. 期待着新的攀升[J]. 中小学管理，2008(07)：58.

第六节　加强教师队伍建设：将教师集体建设成为学习型组织

陶西平将教师问题视为除课程以外推进教育改革、提高教育质量的另一核心问题。教师的专业发展与自觉是实现优质教育的关键点。

教师站在教育改革的前线，连接着政策与学生，其自身核心素养的提高，尤其是正确的教师观及价值观的形成与塑造，对教育教学改革、课程改革与实施的成败有着举足轻重的影响。尤其是只有教师的全人格提高了，培养学生的全人格素养才有可能。

一、改善教师发展的生态环境

陶西平认为要使广大教师"静下心来教书，潜下心来育人"，既需要从个体内部加强教师的自我修养，又需要从个体的外部改善教师的生态环境。比如，改善教师待遇，加大教师专业发展规划与投入，创造良好的教师发展的文化条件，使教师专业发展有保障；形成一个良好的科学化、人性化的教师管理办法；搞好校园文化建设，给教师创造一个良好的生态环境；帮助教师形成正确的情感、态度、价值观；等等。应该大力倡导服务文化、情感文化、效能文化、节奏文化、团队文化建设，良好的校园文化氛围会促成教师良好的教育情感的发育。[①]

(一)教师队伍发展新动向

陶西平一直关注教师队伍发展的新动向。2010 年 10 月 5 日联合国

---

① 参见陶西平. 静下心来教书 潜下心来育人[J]. 江西教育，2007(24)：1.

国际教师节主题是："复兴始于教师"。陶西平及时对各国加强教师队伍建设新的动向做了介绍，主要表现在：

第一，拓宽教师来源。将教师素质与师资培养视为未来革新的重点；拓宽师资培养的多元入学管道，招募具有优秀的学业成绩及良好的人际关系的人转行进入教育界，提高师资培养候选人的标准。第二，改革培养方式。一些国家强调把教育实习作为教师教育的核心环节，教师教育机构应为师范生提供充分的教育实习机会，高等教育机构与中小学应分担师资培养责任。中小学应更好地协助高等教育机构设计教师教育课程，安排师范生实习并对其表现给予客观评价；建立相应的培训和奖励机制，支持和奖励在职教师向实习师范生提供有效的教学指导等。第三，重视专业发展。为教师和校长设计职业发展轨道，增加教师培训时间等。第四，提高教师地位。许多国家借鉴"双因素激励理论"，形成教师内在的满足感和外部刺激因素的完美结合。大幅度提高教育工作者的素质和社会地位，并将为此出资和创造条件，为更多的人提供进修机会。第五，调整师生比例。各国公立小学和公立中学的师生比呈下降趋势。①

2012年10月，陶西平介绍了联合国教科文组织的《2012—2015年教师战略》，他表示，二十一世纪的教师必须成为高水平的知识工作者，不断提高自身的专业水平，实现专业化发展。为了吸引这些知识工作者，需要转变领导方式和学校工作方式，提高教师的社会地位、工资水平，给予其更大的专业自主权，为他们提供更多的发展机会，同时开发有效的教师评估系统，为教师提供不同的职业发展路径，使教师职业生

---

① 参见陶西平."复兴始于教师"[J].中小学管理，2011(08)：59.

涯多样化。[①]

(二)创造良好的教师专业发展文化

中国正在加快教师专业化的步伐。国家规定了教师的学历标准，有对教师的职业道德要求，制定了较为严格的教师资格制度和教师继续教育制度等。陶西平认为在加强对教师专业发展的规划、增加对教师专业发展的投入的同时，努力创建一种良好的教师专业发展的文化，解决好价值认同的问题，是使教师专业发展工作健康运行的重要保障。他强调从五个方面创造良好的教师专业发展文化。

1. 目的文化建设

主要涉及教师专业发展的服务性。对于教师专业发展的目的性，陶西平认为应该有一个价值认同，即在职教师的专业发展是在为全体学生的全面发展服务的过程中实现的。防止将学习经历等同于教师的专业发展水平和在教师专业发展过程中缺乏对学生研究的两种错误倾向。建设教师专业发展的目的文化，就是要突出强调研究学生、为学生发展服务的问题。不能只强调了解学生的共性而忽视学生个性的研究，更不能将为学生发展服务的目标倒置，把学生作为自己成名的工具。

2. 动力文化建设

主要涉及教师专业发展的人文性。陶西平认为教师是在专业发展的过程中体验自身的价值和成功的快乐的。消除教师的职业倦怠，需要使教师感到对自己的工作和自身的专业发展充满兴趣。明确教师的有限责任，减少一切不必要的工作环节，以使教师轻装前进。要引导正确的社

---

① 参见陶西平，沙培宁. 21世纪的校长和教师与过去有何不同？[J]. 中小学管理，2013(06)：49.

会和媒体的舆论进一步倡导尊师重教，并合理规范教师管理，使教师将工作中心转向本职。

3. 途径文化建设

主要涉及教师专业发展的主体性。陶西平认为，教师是自身专业发展的主体，教师的学习理念要与要求学生应该有的学习理念保持一致。现在的教师培训应该"从学校来，而又为了学校；从教师来，而又为了教师"。要重新倡导教育的改革"一切经过实验"的良好传统，制定科学的教师专业发展规划，防止简单地以数量要求冲淡质量意识，防止将培养名师、推出教育家变成造星运动。

4. 组织文化建设

主要涉及教师专业发展的团队性。陶西平强调教师应该是在学习型组织中成长，学习型组织所产生的凝聚力能使教育的总体效益大于教师个体效益的总和。我们在实践中常常鼓励教师之间的竞争，这会给整个学校的发展带来活力。但如果这种竞争是一种排他的而非相互借鉴对方经验的竞争，那么，教师队伍专业发展的整体速度就会放慢。因此，应当大力倡导教师之间的交流合作与知识共享，注意发挥每个教师的优势与特长。

5. 效果文化建设

主要涉及如何认识和评价教师专业发展的效果问题。陶西平表示，推进教师专业发展的最终目的是提高教育质量、解决教育面临的问题。如果问题没有得到解决，教育质量没有提高，即使做了许许多多关于促进教师专业发展的工作，也还是没有达到应有的目的。要努力警惕形式主义思潮对教育的影响，加强对教育目标的把握，防止在教师专业发展过程中工具理性的膨胀和价值理性的缺失。[①]

(三)把教师集体建设成为和谐的学习型组织

陶西平认为，学校加强教师队伍建设的根本途径是将教师集体建设成为学习型组织，使教师集体成为教学、学习与科研紧密结合的组织，在创造与积累教育改革经验的过程中实现观念的转变、知识的拓展、能力的提高与道德修养的加强。

1. 教师应在学习型组织中成长

教师需要在一个良好的学习型组织中成长，学习型组织的研究与建设，并不是在探讨一种固定的组织形式，而是在探讨用什么样的理念来建设学校。

学校在创建学习型组织的过程中应该做的主要工作：

一是树立学校教育发展的共同愿景。愿景是高于现实的、具体的、明确的发展目标。形成共同愿景就会发挥引领作用、激励作用、超越作用和凝聚作用，从而保证学校的可持续发展。

二是激发学校高度的创新热情。教育创新就是教育的自我超越，让今天比昨天好，明天比今天好，使学校始终处于持续发展中。学校要积极鼓励每一位教职工的"微创新"。

三是提升教育的智慧，改善思维模式。过去，教师带着知识走向学生就可以了，现在不只是让学生掌握知识，还要促进学生情感、态度、价值观的发展，提高学生的能力，这就要求教师要带着智慧走向学生。

四是树立团队意识和提高团队的水平。学习型组织所产生的凝聚力

① 参见陶西平. 创造良好的教师专业发展文化[J]. 北京教育学院学报，2007(03)：1—2.

应当使教育总体效益大于教师个体效益的总和。

以校为本的学习制度,包括校本管理、校本教研、校本培训等是教师专业发展的重要方式,它涉及教师教学方式、工作方式、研究方式甚至生活方式的变革。网络环境下的校本学习,更为推动学校学习型组织的建设提供了新的技术支撑。而区域性学习型组织的建设不仅是对传统管理形式的挑战,更是对传统管理观念的挑战。将区域内的各学校的教师变成一个学习、研究、实践、反思的共同体,使学习成果在区域内共享,从而达到整体水平的不断提高,这就为区域内的教师专业发展提供了更为广阔的平台。①

2. 营造和谐的团队氛围

在二十世纪八十年代末,针对当时教师队伍存在着的干与不干一个样,干多干少一个样的状况,推进了学校内部管理体制改革,引入了竞争机制,这对激发教师队伍的活力发挥了重要作用。但也存在一种现象,就是在有些学校里,竞争变成了教师个人之间的较量,缺少了一种团队精神。教育改革是一项复杂的系统工程,不是靠哪一个人能够单独完成的,应当在教师队伍建设中倡导团队精神,营造和谐的合作氛围,树立正确的竞争观。陶西平认为应当提倡四种精神:

一是"双赢共好"的愿望。应当倡导通过竞争激发活力,最后达到共同进步,从而使学校既充满生机,又能将每个人的追求融入到集体的成功之中。

二是"相互借助"的思维。每个教师都在进行教育创新的探索,都

---

① 参见陶西平. 树立科学的教师专业发展观[J]. 基础教育参考,2006(08):1.
陶西平. 教师应以学习求发展[J]. 江西教育,2007(06):1.

积累了不少经验和教训,但是常常忽视相互的学习与借鉴,以致造成有些学校和教师经常进行重复研究,有些成果和心得甚至相互保密,有的教育资源不愿共享,这实际上迟滞了改革的脚步,延缓了发展的进程。

三是"自觉协调"的习惯。教育的改革与发展需要教师与学生、教师与家长、教师与社区之间的协调,更需要教师之间的相互协调。这种协调应当成为教师的本能,使合作成为生存的主动需求,使和谐成为发展的自觉需要。

四是"交替引领"的能力。学科带头人担负着很重要的责任,但如果一个学校的教育教学工作,只由一部分教师长期引领,其他教师就会习惯于跟随,就难以有更新的突破。教师往往各有所长,在不同时期、不同方面重视发挥不同教师的引领作用,才有可能保持学校持续发展的不竭动力。[①]

3. 教师的幸福感

陶西平认为深化学校教育的管理体制改革以激发竞争的活力固然重要,而使广大教师将教育事业的发展与自身幸福的追求统一起来,才能成为更加自觉的持续发展的力量。教师的幸福感是教师对教育生涯满意度的主观感受,既来自对现实生活,更来自对未来的期待。

教师的幸福感很重要,一方面要依法保障教师权益,并努力改善教师的生活待遇、物质基础。另一方面,应高度重视职业倦怠和职业困惑,这直接影响着教师实现职业理想的心理动因。

---

① 参见陶西平.把教师集体建设成为和谐的团队[J].北京教育(普教版),2005(04):16.

教育改革在推进过程中必然会遇到种种困难和阻力，陈旧烦琐的管理方式也一时难以改变，社会对学校教育本身存在的问题不断提出质疑，对教师应当履行义务和承担责任的要求也越来越高。这一切使部分教师感到负担越来越沉重，心理压力越来越大，从而产生职业倦怠。实施素质教育与推进课程改革是对传统教育理念、教育内容和方式的深刻变革，在这一过程中，会不断出现新的矛盾，一时难以厘清，分寸一时也难以准确把握。例如，继承优良教学传统与大胆进行教育创新的关系问题，保持良好教育秩序与大胆进行教育试验的关系问题，全面提高学生素质与保持良好的应试成绩的关系问题，开展正常的教育活动与确保学生安全的关系问题等。在诸多矛盾面前，部分教师也容易产生职业困惑。

幸福感来自现实与期待的比较，因此，调整教师自身的主观期待，使之更加理性固然十分重要，而为增强教师的幸福感创设更好的外部条件，也十分重要。陶西平认为要为教师的发展创造更为和谐的氛围和更为宽松的环境，例如，努力改进教育行政部门和学校的管理方式以减轻教师不必要的工作负担，推动学校学习型组织的建设为教师的提高与创新提供更为广阔的空间，建设校园的情趣文化以最大限度减轻教师的心理压力，改善社会舆论环境以真正形成尊师重教的良好风气等。总之，需要给予教师更多的理解和关怀。同时，要进一步厘清教育改革与发展的思路，明确教育事业前进的方向及实施步骤，明确教育工作统一的评价体系，明确对教师工作的真实要求。排除片面政绩观对教育目标的干扰，排除两根指挥棒造成的无所适从，把政府的希望、学校的要求与教师的追求统一起来，使教师解除困惑，明明白白地做事。只有这样才能使广大教师具有更加深广的教育情怀、更加明晰的工作目标，从而通过自觉地推动事业的发展实现个人的价值，获得成功的幸福与快乐。

没有快乐的教师就难有快乐的学生。学校有责任为教师的幸福与快乐创设条件，而教师也应当在为学生创造幸福与快乐的过程中，加深自身的幸福体验。①

4. 反对形式主义

教师要实现教学、学习与科研的结合需要时间。陶西平以写教案、继续教育、学习及工作报告中的不良现象，批评了形式主义导致的教师经常要忙于许多本不必要占用那么多时间的事情。他认为，教师的课时量不算高而负担却很重的重要原因是形式主义的要求太多了，相当多可以简化或者取消的程序要求，被不少学校仍当作管理法宝而因循甚至强化。要真正将教师集体建设成为学习型组织，各级教育行政部门和学校应该下决心把这些形式主义的东西清理一下，以求真务实的态度在教师队伍建设上下一番真功夫。②

要使广大教师"静下心来教书，潜下心来育人"，既要重视对教师职业发展中的知识拓展，能力培养，更要重视教师职业情感的培养，尤其要充分关注教师的职业倦怠。什么是静下心来？就是使内心平静；什么是潜下心来？就是用心钻研。要使教师们的心情平和而不动荡，宁静而不浮躁。要使教师们潜下心来，专注而不繁杂，深入而不肤浅。要创造条件解决教师职业倦怠的心态问题。教师产生职业倦怠心态无非是内部原因和外部原因。概括起来就是教师的工资待遇低，家庭生活和社会交往压力大，工作压力大，安全责任压力大（无限责任压力大），烦琐管理

---

① 参见陶西平. 教师的幸福感[J]. 基础教育参考，2007(08)：1.
② 参见陶西平. 教师队伍建设要下真功夫[J]. 北京教育(普教版)，2004(04)：12.

压力大，扭曲的舆论监督造成的社会负面影响压力大，这是困扰教师的六大实际问题，如果不从根本上加以解决，就很难把"静下心来教书，潜下心来育人"变成现实，也不可能真正提高教育质量。①

(四)教师专业发展的新路径

1. 增强法治观念，坚持依法治教

增强干部和教师的法治观念，是教师专业发展的首要内容和重要方向。教师要知法懂法，增强依法治教的意识，提高依法办事的能力，积累通过法律手段解决纠纷的经验。一方面，教师应从实际出发，结合青少年的特点，采取活泼有效的形式，开展法治教育，提高法治知识课程和法治教育活动的教学质量。另一方面，学校可通过民主程序，制定合理可行的校规、校纪，规范校园行为，增强师生的规则意识，形成学校的法治文化。

2. 加强道德修养，发挥教师队伍的价值主导作用

一是有清醒的认识，明确中华优秀传统文化的战略地位。把爱国主义作为主旋律，引导教师加深对民族优秀传统文化的了解，树立和坚持正确的历史观、民族观、国家观、文化观，增强做中国人的骨气和底气。提高教师的道德素养，落实教育立德树人的根本任务，是教师队伍发挥主导作用的价值体现。

二是有坚守信念的定力，教师应当"在多元中立主导"。面对复杂多元的国内外形势，干部和教师要有和中国梦紧密联系的信仰、理想、道路、方向，把坚定的信念作为一种价值尺度、一种奋斗境界，不能有丝毫的怀疑、迷茫、动摇，不能有丝毫的懈怠、反复、折腾。社会上越是

---

① 参见陶西平. 静下心来教书 潜下心来育人[J]. 江西教育，2007(24)：1.

思想活跃、庞杂，就越要有定力。

三是有正确的方法，以青少年喜爱的形式进行传播。学校应当成为思想文化的高地，教师要切实将崇高信仰和坚定信念贯穿于自身的言行之中，以青少年喜爱的形式进行传播和示范；同时，认真汲取社会正能量，关注社会负面现象的影响，提高价值观教育的质量和水平。

3. 提升综合能力，推动学生综合素质的全面提高

时代发展对学生综合素质的要求越来越高，陶西平始终强调教师的综合能力对学生综合素质提高起着重要的推动、引导和示范作用。必须将综合能力的提升作为教师专业发展的重要目标和内容。互联网时代的复合型人才不仅具有硬技能，还具有很多软技能，包括勇于创新的精神、批判性思维能力、独立自主精神、跨界复合能力、学习适应能力、交往合作能力等。各个国家都面临着对于人才素质和能力的重新界定，这必将引发教育的变革，也对教师的专业发展提出新的挑战。

4. 提高信息素养，应对教育信息化的挑战

一方面，教育信息化手段有助于自主学习、教育拓展、有效指导、创新思维、资源共享，由此推进学生的社会化进程；另一方面，教育信息化手段也受到不少质疑，如影响学生视力发育、影响人际交流、影响社会实践、影响心理素质等。陶西平认为，教师的信息素养在推动教育信息化这项历史性变革的过程中，起着决定性的作用。提高教师的信息素养，应从信息意识、信息能力、信息教育理念以及信息道德四个维度入手。

5. 拓宽国际视野，提高教育国际化水平

中国与世界各国的交流取得了前所未有的进展，急需培养素质良好的各类专业化、国际化人才。陶西平认为基础教育应当重视拓展学生的

国际视野，必须拓宽干部教师的国际视野，认真学习借鉴世界各国教育改革的理念和实践、经验和教训，同时，坚持洋为中用、开拓创新，做到中西合璧、融会贯通，促进我国教育真正实现现代化。[①]

二、什么样的老师才是一个好老师

陶西平认为一个教师的好应该表现在教师的追求(为每一个学生的发展服务)、教师的学习(树立终身学习的理念)、教师的修养(学术的修养和道德的修养)、教师的创新(既有对过去优秀传统的记忆，又有对于未来教育的求索)以及教师的自律五个方面，再加上教师的心理健康。教师是素质教育的直接实施者。教师的教育思想、自身素质、教育科学和教育艺术的水平，就对素质教育的实施起决定作用。陶西平认为，当前提高教师自身素质的着力点，应当放在转变教育观念，增强创新意识，提高思想道德修养和掌握现代化教学手段上。

(一)转变教育观念：研究学生，寓爱于尊重之中

陶西平认为转变陈旧的教育观念是提高教师队伍素质的重要任务。

1. 研究学生

研究学生对于教师队伍建设、教师个人专业发展、达成教育目标有本源性意义。教师的伟大，归根结底是使学生成长起来了。教师培训的根本任务就在于提升教师为全体学生服务的情感、智慧和能力，而不是脱离学生去谈教师业务水平的提高。

教研工作的着力点也应该放在怎样去了解学生、怎样针对学生的不同情况促进学生的全面发展等方面。陶西平特别提到，花许多精力研究

---

① 参见陶西平. 新常态·新挑战：探索教师专业发展的新路径[J]. 中小学管理, 2015(08)：17—19.

一节课怎么上好很有必要，值得注意的是，在不少研磨活动中，"这节课怎么上好"变成了一种与学生无关的事，即教师面对谁都如此这般讲授。陶西平强调教育学是人学，是研究人的学科，学生的情况是教师教学的依据，学生的成长是教师取得成就的重要标志。研磨学生是研磨课的前提。最好的课不仅仅是符合一切教学原则的课、专家认同的课，更应当是适应不同学生需要的课。教师在备课时要首先备学生的情况，研究他们的特点，然后再考虑如何针对这些特点上好课。对于一位教师来讲，如果他根本不了解学生，甚至连学生的名字都叫不出来就去给他们上课，那么他可能上了一堂很漂亮的课，符合一切一般性的原则，但就是不符合一条——教育就是要使具体的人发生变化。所以，在教学研究中，不仅要彰显教师教学的科学性，以使其符合普遍规律，更应该彰显教师教学的艺术性，以使其适应学生的个体需要。这样的课才是为学生服务的，才是教育。要把研磨学生摆在比研磨课更重要的位置，在研磨课之前先研磨学生，研究在一个学段内促进不同学生发展的经验。教研工作应当由华丽变为朴素，由单纯地适应某些专家的眼光变为适应不同学生的需要，由一节课的辉煌变为使不同学生终身受益的辉煌。这应当成为教师职业理想的出发点。在评价中，要看教师在多大程度上促进了学生发展的增值，引导教师以使学生获得生命价值的增值为根本目标，而不单纯追求一节课的璀璨。在促进教师对学生的研究方面，学校领导要起引导作用，包括方向的引导、方法的引导、制度的引导、评价的引导以及示范的引导。教育是一种促进每一个个体发展的活动。①

---

① 参见陶西平. 要研磨学生[J]. 中小学管理，2008(05)：4—5.

2. 让孩子有尊严

有关教师专业发展的要素，除了"研究学生"，陶西平认为还应当有"尊重学生"四个大字。只有在尊重学生、为学生主动发展服务的过程中，教师才可能实现自身的专业成长。

要使学生有尊严，关键在于必须尊重学生，使学生生成"尊严感"。尊重学生的前提是平等地看待学生，公平地对待学生。陶西平提到两种现象，一种现象是长期以来所倡导的师道尊严，常常是以践踏学生的权利为代价的，学生在教师面前也就失去了尊严。轻则学生不能质疑教师的言行，不能对教师的不公正行为表示不满；重则教师对学生使用侮辱性的语言，甚至对学生实施体罚和变相体罚。这种不平等的师生关系，常常使学生失去尊严感，久而久之，他们也就丧失了自尊。另一种现象是教师对一部分学生很尊重，甚至很娇宠，但对另一部分学生则冷眼相看。有些教师，对那些学习好、表现好或者会讨好老师的学生十分偏爱，而对那些学习有困难的学生或缺乏礼貌的学生则轻视、蔑视。教师因对学生主观评价的高低而分出"大尊重""小尊重"和"不尊重"，也同样会极大地伤害部分学生的尊严感。

陶西平认为，公平对待所有的学生，要树立"每个孩子都很重要"的理念，使每个孩子都能在教师关爱的目光里，体会到自身的价值，体验到自身的尊严。教师的道德倾向和行为习惯常常是学生价值取向的标准，教师的自尊，教师的为人师表，教师在教学过程中的平等与公正，是培养学生自尊、维护学生尊严的最重要的途径。①

3. 将大爱寓于尊重之中

陶西平在霍懋征教育思想研究会成立之时，撰写了一篇纪念文章，

---

① 参见陶西平. 让孩子有尊严[J]. 中小学管理，2010(10)：57.

通过回忆霍老师从教一生许多备受感动和启迪的故事，描述了她的教育思想，并阐述了能够指引着一代又一代教育工作者前行的大爱教育。

爱与尊重是教育的核心，将大爱寓于尊重之中是霍老师教育思想根本的价值取向，教师对学生的爱是勇于和善于承担起教育责任的基础，没有爱就没有教育，但并非所有的爱都等于教育。

爱学生重在了解。对孩子成长的规律，对孩子每种能力发展的敏感期，她都悉心把握。霍老师告诉我们，要多观察、研究孩子，要知道他们在想什么、生活是否快乐、需要何种呵护、渴望哪些帮助。多了解孩子，是实实在在爱孩子的前提。

爱学生重在交流。师生之间的那种交谈、嬉戏，甚至一个微笑、一个眼神，都滋润着孩子丰满的人性。霍老师将深藏于内心的爱，转化为师生之间的深厚情感。

爱学生重在引导。教师对孩子的放纵或者掉以轻心，都会造成孩子是非的模糊，道德的缺失，甚至行为的失范。所以，霍老师从不忽视对学生的引领，她认为，教育孩子的首要任务是让他们学会做人，这需要教师的不断引导。

爱学生重在尊重。孩子的人格是一个以生命开始为起点的成长过程，孩子的主动发展源于自信，健康成长源于自强。而对孩子人格的尊重，是培养孩子自信、自强的动力。因此，孩子的任何错误和缺点的出现，都是成长道路上留下的足迹。霍老师从不意气用事，伤害孩子的心灵；从不用"动机是好的"作为原谅自己教育失误的借口。

爱学生重在示范。学生是教师行为、情感、意志、性格、为人的翻版。小学时代是一个人的最佳模仿期，教师希望孩子成为什么样的人，自己就要首先去做那样的人。霍老师正是将追求完美的自我作为教育孩子的最好途径。

良好的职业心态是教师专业发展的基础，也是其应有的内涵和重要目标。霍老师不仅重视专业知识的拓展、专业能力的提高，而且始终保持着良好的职业心态。这种积极的心态促使霍老师潜心研究教育教学规律，进行孜孜不倦的探索，不断有所发现、有所创新。陶西平通过纪念霍老师，表达了霍老师的伟大在于她不仅爱孩子，而且会爱孩子，会科学地爱孩子，她使爱真正成为发挥教育功能的爱，使爱内化为学生成长的方向和力量。[①]

(二)内强素质 外塑形象

1. 提高思想道德修养

教师自身的思想道德修养和心理素质是提高德育和心理健康教育实效的重要条件。学生正是通过教师的言谈、举止、心态，在耳濡目染中被潜移默化。

教师应当树立什么样的形象，这是全社会十分关注的问题。陶西平认为，应当提倡教师是每位学生的最可信赖的朋友。在市场经济的大潮下，教师应当以其公正、清廉和对学生的热爱，取得学生的信赖。这种信赖，不是屈从于师道的尊严，而是发自内心的敬佩。学生的信赖应当是教师的追求。教师又应当是每个学生的朋友，不要只是让学生抬头仰望教师而肃然起敬，更应当让学生感到可以平等地看待教师而推心置腹。教师应当是每个学生的朋友，而不是一部分学生的朋友。教师正是要以这种形象来增强学生的民主意识，培养学生的自立精神。内强素质，外塑形象。这是教育事业发展的要求，是社会各界的期望，也是广

---

① 参见陶西平. 霍懋征的大爱教育[J]. 中小学管理，2011(11)：59.

大教师的心声。①

2. 有情有意地工作、有滋有味地生活

陶西平认为，教师有情有意地工作、有滋有味地生活，才是教师专业发展应当追求的境界。他认为"专业情意"与"专业态度"的概念相近，但比"专业态度"更有内蕴，更深刻，是教师对教育事业的情感态度与价值观的融合，是教师职业道德的集中体现，也是教师专业持续发展的根本动力。教师专业情意的内涵究竟应当怎样表述？在南京夫子庙小学百年校庆的操场上，孔夫子的"学而不厌，诲人不倦"让他豁然开朗，认为这正是对教师专业情意的最好描述。

"学而不厌"就是教师要努力学习而且永不满足。应当引导教师从想学到好学再到乐学。无论是组织教师培训还是校本教研，都不要把"学而不厌"只当成勉励学员好好学习的压力，还应当将其变为使教师专业发展充满情趣的动力。

"诲人不倦"就是教师要忠诚于教育事业，不知疲倦。这是对教师崇高奉献精神的生动写照。一方面，教师应当专注于自己所从事的教育事业，不动摇自己的专业信念；另一方面，教师应当永远兢兢业业，追求最好的教育效果。但是，社会也应当为学校教育的发展创造更为宽松的环境，减少不应归罪于教师的舆论压力，从而减少教师可能产生的职业倦怠的外在因素，为教师聪明才智的发挥提供更为广阔的空间。②

(三)敬畏并坚持不懈地探索教育规律

教育改革必须从我国的实际出发，与我国的教育实践紧密结合。

---

① 参见陶西平. 内强素质 外塑形象——教师节寄语[J]. 北京教育，1999(09)：4—5.

② 参见陶西平. 教师的专业情意[J]. 中小学管理，2007(07)：54.

"一切经过实验"，教育成果的检验，不仅需要时日，而且需要求实，教育的效果无法立竿见影，难以日新月异，教育是一个潜移默化的过程。

陶西平以温寒江老师和他的团队 20 年来坚持"学习与思维"关系的研究为例，阐述了对尊重和敬畏教育规律、坚持不懈探索教育规律的教育家的推崇。

首先，要尊重和敬畏教育规律。素质教育就是高素质老师进行的教育。尊重和敬畏教育规律是高素质老师的最重要的条件。其次，要坚持不懈地探索教育规律。人们对规律的认识总是一个不断完善、不断深化的过程。前人积累了丰厚的精神财富，但是时代的变迁、社会的进步使教育事业面对许多新的不适应，产生许多新的困惑，而新的科学研究成果的不断涌现又引起人们对原有规律的思考，于是对规律把握的进程也就伴随着对规律不断探索的过程。最后，要有坚持不懈探索教育规律的教育家，教育家是在理论与实践相结合、历史与现实相结合的过程中进行教育创新的人。

这些教师以一种极端负责的态度，慎重地确定实验步骤，审慎地评价实验成果，绝不稍有进展就将效果无限放大，不负责任地加以推广。陶西平呼吁深化教育改革过程中，需要学习老一辈教育工作者求真务实的科学态度，为教育事业的稳步发展，为社会的和谐稳定，担负起应尽的责任。①

(四)展现教育的艺术

1. 教师的智慧

教育是科学，也是艺术，更是一种修炼。陶西平认为学生是教师

---

① 参见陶西平. 一切经过实验[J]. 北京教育(普教版)，2007(03)：7.
陶西平. 敬畏教育规律 坚持不懈地探索教育规律[J]. 北京教育学院学报，2011，25(01)：26—27.

智慧生长的基础，教师在促进学生发展的过程中，使自身的智慧得到展现和提升，从而实现自我价值。教师的智慧首先在于他的道德认识、道德情感和道德行为所蕴含的正确的价值取向。教育智慧的水平是教师专业素养的试金石。教育的功能在于通过为人的发展服务来为社会的发展服务，好的教育必然是因时而异、因地而异、因人而异的教育。这就要求教师具有对教育活动生成和变化过程中出现的新的动态的敏锐感受和迅速判别的能力，具有适时把握教育时机选取适当方式应对教育过程中出现的矛盾与冲突的能力，具有从学生个体差异出发创造适合所有学生发展的教育的能力，具有驾驭教育过程中相互依存而又相互制约的诸多元素实现整体优化的能力。这些能力需要知识，但只有知识是不够的，还必须依靠教师在不断的学习、思考与实践中积累的智慧。①

2. 正确的激励

正确的激励，既可以使学生从教师的赞许中增强信心，又可以从教师的肯定中明辨方向，同时有助于在一种和谐的氛围中，促进学生身心的健康发展。教师绝不要吝啬有效的表扬。有效的表扬必然是坚持原则的表扬。陶西平认为至少有四条原则是十分重要的：

一贯性原则。这是基于对学生的热爱、理解和信心产生的一种始终如一的态度，即总是以欣赏的眼光看待学生的优点。这是一种心态，而不是一种故意作出来的姿态，也不会因为有人听课或者参观而有所差异。一贯性原则是检验教师的情感真实性的重要尺度。

普遍性原则。这是基于为所有学生的持续发展服务的教育观所产生

---

① 参见陶西平. 教师的智慧[J]. 基础教育参考，2005(08)：1.

的责任意识。在微观领域里，教育的公平就体现在学生在教学活动过程中的参与机会和展示机会的普遍性。受到鼓励和表扬，不应当只是一部分学生的权利，也不应当因教师对学生的喜恶有所差异。普遍性原则是检验教师教育责任感的重要尺度。

归因性原则。这是教师基于对学生的了解和对教育规律的认识所体现的教育能力，也就是平时常说的表扬要表扬的是地方。说清受到表扬的真正原因，让受表扬者知道自己好在哪里，其他人知道应当向这位同学学习什么。归因性原则是检验教师教育能力的重要尺度。

适时性原则。这是教师基于实践的积累形成的对表扬的有效时机的把握，也就是平时说的要表扬的是时候。表扬有时需要及时，有时需要延时。及时可以通过表扬的层次性，使学生的积极性不断得到提升，但有时延时反倒可以取得更好的激励效果。适时性原则是检验教师教育素养的重要尺度。但是，批评和处分也应贯彻激励原则。陶西平借用澳大利亚悉尼麦考尔大学校长向他讲的一个故事，说明人总会跌倒，但必须做一个爬起来最快的人。陶西平认为，这深化了激励的深刻内涵，更生动地体现了激励的人文意义。[①] 坚持以激励为动力，并不排除对学生进行批评，以及按照规定对个别学生进行必要的处分。

3. 教师的"批评权"

关于教师的"批评权"，陶西平认为：首先，对教师教育工作的现状要做更加全面的分析。一方面，对学生存在的缺点和错误置若罔闻、放弃管教责任的现象确实存在；另一方面，不考虑方式方法、不尊重学生人格、变相体罚甚至体罚的现象也屡见不鲜。这两种倾向都需要防止。

---

① 参见陶西平. 要做爬起来最快的人[J]. 北京教育（普教版），2005(09)：19.

倡导以人为本、尊重学生在发展中的主体作用，这种观念变革，不是一朝一夕就能完成的。

其次，对教育过程中"批评"的作用要有更为准确的把握。"批评"和"表扬"一样，都是为取得良好的教育效果而采取的必要方式。绝不能只把"批评"当成教师的一种"权利"来行使，陶西平认为更应该关注的是教师是否采取了"适当的方式"，而采取"适当的方式"的先决条件是了解教育对象的特点。

再次，要把"批评"和"表扬"当作一门艺术。"批评"的内容、方式、语态、时机不仅体现教师的责任感，也体现教师的水平，更检验教师的人格魅力。如何使用"批评"的手段关键在于是否真正尊重学生、理解学生。教师应当站在学生的角度分析问题，在一种和谐的师生关系的氛围中，以一种尊重学生的态度行使"批评权"，这样才能使学生乐于接受"批评"，取得预期的效果。

最后，应当更加关注学生的"批评权"。学校教育的民主性，正在于师生的平等地位，在于各种不同见解的充分交流，这是现代教育教学活动的重要原则。培养创新型人才，重要的是要发展学生的批判性思维。批判性思维并不等同于"批评"，但是允许并鼓励学生勇于并善于提出不同的意见，包括对教师的不同意见，无疑是教育改革的重要任务，在当前可能更为迫切，更有挑战性。①

(五)增强创新意识

培养具有创新精神的人才需要教育的创新，而教育的创新需要具有创新精神的教师。传统教育理念支撑的教育习惯十分顽固，陶西平认

---

① 参见陶西平. 也谈教师的"批评权"[J]. 中小学管理，2009(11)：58.

为，对传统教育习惯的反思是极具现实意义的创新。教师通过审视自己的教育习惯，寻找改革的切入点，又通过对自己教育习惯的理性思考，促进自身教育观念的转变，再在这一基础上建立新的习惯，实现教育的创新。① 他认为创新教育要通过实践来实现。要找到别人都没听说过的做法很不容易，但可以学会创造，特别是要找到解决现实问题的办法。②

创新应当是推动教育事业发展的不竭动力。创新的过程实际是一种结构性冲突的解决过程。当受到外力的作用产生创新的冲动时，会形成一种创造拉力，但同时也会形成一种情绪张力，对旧东西进行"习惯性保护"。只有创造拉力战胜情绪张力，创新才能够实现。陶西平从对抗情绪张力形成的"习惯性保护"谈了教师创新意识。

"习惯性保护"之一——否定个人的观点就等于否定个人。在教育创新过程中，必须将"对人"与"对事"区分开来，才可能做到知无不言，言无不尽。

"习惯性保护"之二——"是谁"大于"是什么"。真理是客观的，并非天然站在领导者一边。在教育创新过程中，常常由领导和专家下结论。在很多情况下，教师并不一定同意。陶西平多次主张对专家的评价进行再评价，要请教师对专家的评价发表意见，这样才不至于以权势掩盖真理。

"习惯性保护"之三——推理重于实证。陶西平认为这是一种"短平快"的研究风气。在进行教育创新时，常常有用推理取代实际验证的现象。有些人只凭一些逻辑演绎、主观臆测就下结论。甚至对一些重要的

---

① 参见陶西平. 在反思中创新[J]. 北京教育(普教版)，2004(01)：7.
② 参见陶西平. 有一种精神叫教育家精神[J]. 课程教材教学研究(中教研究)，2015(Z5)：5.

教育观点、教育现象或者教学活动，不经实践检验就轻易地作出肯定或者否定的判断。再加上一种"跟风"的毛病，很可能就形成一种浪潮。这是一种极不严肃的学术风气，严重阻碍了教育创新的健康发展。

"习惯性保护"之四——"看见了"就等于"看清了"。有些人常常对创新的实践吹毛求疵，看到一点点问题就全盘否定，以偏概全，因为许多人总是不肯用更多时间进行深入的调研、全面的分析，这使得一些富有价值的创新被轻易地扼杀在摇篮中。

民主与平等的氛围、实事求是的学风，是基于创新的学习与研究的基本要求。观念的碰撞、理念的融合、方法的比较和鉴别，必须大力倡导民主、平等、求实的学习文化。只有这样，才可能真正推动教育的创新，推动教育的改革与发展。①

(六)提高信息素养，掌握现代化教学手段

陶西平一直关注 OECD 关于信息技术在教育中应用的报告，他反复提到要正确理解技术和教育的内容与教学方式之间的关系。应用先进技术不等于有先进的教育内容和教学方式，两者结合起来，才能够真正产生作用。互联网与教育的结合应该是化学变化，是产生了一个新技术、新内容、新方法的结合。

提高教师的信息素养，是互联网和信息技术与教育相结合时必须解决的一个关键问题。教师的信息素养，包括良好的信息意识、信息能力、信息教育理念和高尚的信息道德。

信息意识的核心是对信息本质的认识和对信息作用的把握；信息能

---

① 参见陶西平. 有一种精神叫教育家精神[J]. 课程教材教学研究(中教研究)，2015(Z5)：5.

力不是单纯的信息技术，关键是获取信息、分析信息、利用信息和发展信息的能力；信息教育理念应该是面向全体学生，提高学生的全面素质，培养学生的创新精神和实践能力应是信息教育的重点；信息道德集中体现在维护信息资源的真实性与信息处理的社会责任感，彰显着科学精神与人文精神的结合。教师的信息道德水平展现着教师的人格水平，信息教育的过程也是提高学生思想道德情操、塑造学生人格的过程。教师自觉地提高自身的信息素养是教育事业发展与改革的必要条件，学校加强信息文化建设是教育事业发展与改革的必要环境。陶西平也强调，这一切只凭坐而论道是无法办到的，必须通过不断的实践才可能实现。①

三、现代化进程中校长的使命

中小学校长是我国基础教育的顶梁柱，他们引领着一所所学校发展的方向，推动着一所所学校不断奋进。② 基于提高基础教育现代化水平面临的三个重要转变：由重点发展为主向均衡发展转变，由规模发展为主向规模与内涵协调发展转变，由规范发展为主向规范与特色协调发展转变，陶西平认为当代校长的重要使命就是在国家教育方针指引下，以不拘一格的方式办好不拘一格的学校，为培养不拘一格的人才打好基础。

(一)创造适合每个学生的教育，形成办学特色

1. 切实推进教育公平：创造适合每个学生的教育

教育公平应当包括教育机会、教育过程和教育结果三个层面的公

---

① 参见陶西平. 提高信息素养 迎接新的挑战[J]. 中小学信息技术教育，2003 (09)：1.

② 参见陶西平. 知心与知音[J]. 中小学管理，2007(10)：1.

平。陶西平从学校层面进行了阐述：教育机会的公平即"有教无类"，不分背景，所有学生都能有接受相同教育的机会。教育过程的公平，即"因材施教"，使具有不同潜能的学生都能接受适合于自身发展的教育。实现保证质量的教育公平有两层含义，一是公共财政提供的教育资源的公平配置——使所有学生接受同样的教育；二是进行差异化、个性化教学——使不同学生接受适合于他们的不同的教育。教育是面向具体学生的活动。教育有规律可循，但更要区别不同学生的不同情况来确定教育的方法。适合学生发展的教育，就是最好的教育。好的教育是在了解学生、研究学生基础上进行的教育。而了解学生、研究学生恰恰是现在教育现实中的薄弱环节。

教育结果的公平，就是"人尽其才"，是使所有学生的潜能都能得到最大限度的开发。要重视不同学生智能结构类型的差别，通过创造适合不同类型学生的教育，帮助学习潜力大的学生潜能的开发，帮助学习困难学生水平的提高，帮助学生兴趣、爱好和优势潜能的发展。

陶西平强调，推进教育公平，应该是有教无类的机会公平、因材施教的过程公平和人尽其才的结果公平统一。要通过创造适合每个学生的教育，实现真正的教育公平。

2. 着力提高教育质量：为了进步而推进教育创新

要提高教育质量就必须进行教育的创新，就必须有变化。素质教育和课程改革，带来学校教育的巨大变化，但变化并不一定意味着进步。校长在推进教育改革的过程中，要针对原有教育存在的问题，真正为了解决问题而变化，通过变化取得进步。要防止在教育创新过程中的工具理性膨胀，而价值理性缺失。教育创新应当坚持"一切通过实验"，只有通过实验取得的成果才可能减少在广泛推进的教育实践中产生的问题。

3. 激发教育活力：形成学校办学特色

陶西平一直强调，千人一面、千校一面的无差别教育无法培养创新型人才，也无法办出高水平的学校。学校之间有特色差别，教育才有活力。特色实际上是学校价值取向、生态环境、教育创新、教育传统的集中体现。

鲜明的特色集中体现学校的价值认同，对学校发展发挥有力的导向与凝聚作用。特色不只是一个点，而是学校的价值观体系，它体现于学校的办学理念、生活方式、教学方式以及其他行为方式之中，从而成为学校师生成长的生态环境特征。对普遍存在的固有教育理念和教育模式进行改革的创新点是形成学校办学特色的基础。学校特色形成的关键环节在于进行合理的差异性策划，统筹学校的有限教育资源，拓展校外的无限教育资源，形成学校特色的情趣氛围以及不断深化学校特色的理论与实践研究。

学校的特色发展也是教育家成长的有效途径。教育家不只是说出来的，首先是突破常规局限做出来的，这种在办学过程中对常规突破的理论与实践就是学校的特色。所以，从某种角度来说，教育家是产生于具有办学特色的学校之中。

陶西平也一直呼吁，最大限度地合理扩大办学自主权，给校长更多的空间和时间，减少校长繁杂的事务，改善对学校一刀切的评价体系，正确对待校长在学校管理和教育教学工作中的特色的形成，是教育家必要的成长环境。教育改革为所有学校的发展提供了机遇，形成特色应该是学校和校长脱颖而出的重要条件。①

---

① 参见陶西平. 现代化进程中中学校长的使命——第二届中国中学校长大会主题报告[J]. 中国教育学刊，2007(12)：6—9＋44.

（二）管理现在，发现问题，开创未来

陶西平借鉴《哈佛商业评论》中《CEO 必须做的三件事》一文的观点：管理现在、有选择地忘记过去、开创未来，使自己的维持力、颠覆力和创造力保持恰当的平衡，认为成功的校长也必须把做好这三件事作为自己的首要任务：

一要管理现在，就是要有维持力，要维持现有模式的日常执行。维持性工作做得出色，运行起来流畅高效。有些校长目标意识很强，而落实意识相对淡漠。他们热衷于制定宏伟的目标，却不认真或者不善于将实现这些目标转化为有效的组织行为，甚至朝令夕改。有些校长自己虽有工作热情，却没有调动起全校师生的积极性，没有通过协调，使各职能部门形成合力，结果不是事倍功半，就是矛盾重重。还有些校长上任之初对学校现状还没深入了解，就急于提出一套改革主张，不仅改革难以推进，而且现行秩序也被打乱。维持不是保守，而是努力把握现在，以创造最好的绩效。

二要发现问题，就是要有颠覆力。许多校长往往只注重做好当前的工作，而不正视学校存在的潜在风险，不关注影响学校未来发展的问题。他们忙于应对众多的短期压力、处理眼前繁杂的事务，学校管理只依靠多年积累形成的一些固有的观念和经验。这些固有的观念和经验往往会变成一种非常强大的"组织记忆"，从而形成学校的单一文化。有时，这种"组织记忆"对于维持传统和现状也许会有帮助，但却难以使学校应对各种非线性变化，以致在问题严重、矛盾激化时不知所措，更谈不上开创新的局面。校长必须善于记忆，但同时也必须善于有选择地忘却；要善于发现学校必须抛弃的东西，包括善于否定自己曾经倡导过的东西。

三要开创未来，就是要有创造力。开创未来就是要通过改革实践，清除发展的障碍，设计并实现新的发展目标。校长要有远大的抱负、革新的勇气、求实的态度和坚韧不拔的毅力。通过改革创新，使学校的教育思想、管理体制、教育内容、教育方式方法，不断达到新的高度。

陶西平认为校长要做的这三件事，并不分先后。为了学校眼下的工作和未来的发展，校长必须同时关注这三件事。发现问题和开创未来，并不是以后才要做的事，而是从一开始就要做好准备，做到三者的协调一致。①

(三)好校长的共性与个性

从来没有理想的学校，但许多校长都在追求创造一所理想的学校；从来没有至善的教育，但许多校长都在追求进行一种至善的教育；从来没有完美的学生，但许多校长都在追求培养一批完美的学生。陶西平认为这就是校长，一种进行着无尽追求的人。校长虽然常常是这种理想主义者，但他们每天又不得不面对现实中的种种烦扰、件件琐事。许多校长既要奋力拼搏于现实，又要执着求索于理想，因此，其伟大也就尽显于其平凡之中。

1. 好的校长都有他们的共性

陶西平认为评价一位校长要看他的实力、能力、活力、潜力和魅力这五项指标。实力，是指由学习经历、工作经历和生活经历的积淀形成的整体素质；能力，是指表现出来的胜任职务和解决问题的水平，能力的最好体现是实绩；活力，是指蓬勃的朝气和与时俱进的创新精神；潜力，是指尚未表现出来的，经过学习或者实践可以发展起来的能力；魅

---

① 参见陶西平. 校长要做三件事——读《哈佛商业评论》一篇文章有感[J]. 中小学管理，2011(05)：58.

力，则是指由自身的才智、风度和人际交往过程中的态度等因素形成的吸引力、亲和力和感召力。有的同志提出还应该加上一个条件，就是定力，陶西平也很赞成。校长要有定力，首先是在这纷繁复杂的社会现象面前能够始终保持清醒的头脑，保持教育工作者的社会声誉。还应当防止浮躁，保持冷静。现在的某些体制和机制容易使校长急于求成，从而有意或无意地违背教育的客观规律。

一位好的校长需要具备许多好的素质，但他个人的品德与才华只有转化为全体教师和学生的真实体验，才能成为学校整体发展的动力。许多校长的成功并不完全在于他个人的聪明才智，更重要的是，他的心里装着每一位教师，并且引导教师在心里装着每一位学生。教师不同于机器，必要的规范固然重要，但每位教师个性的充分发挥，才是教学活动创造力的源泉。好的校长总是把着眼点放在关注每位教师在学校里的感受上，为每位教师的发展搭建广阔的平台。教师的教学活动亦如此。学生其实是不同的，他们的心理和生理状况、学习和生活经历的不同，决定他们有着不同的学习特点。因此，好的校长总是引导教师重视每一位学生在学习过程中的体验，而不是简单地以粗放的“面向全体”取代精细地面向每一个个人。

一位校长个人的智慧、一所学校积累的经验，难以完全应对所有纷繁复杂的难题。条件再好的学校，也不可能具备足以适应教育全部需要的资源。所以，借鉴校外、地区外、国外的所有教育经验以及其他行业的经验，充分利用校内外一切可以利用的物质的、人力的资源，是一位优秀校长成功的重要途径。勤奋地学习、开放的胸襟、广阔的视野，是校长持续发展的不竭的动力源泉。

2. 优秀校长的共性往往蕴藏于他们各自鲜明的个性之中

陶西平认为，学习是校长发展力量的源泉，创建学习型组织是现代学校管理改革的方向。在学习型组织中，校长的角色既是学校的领导者，又是学校的管理者，是学习的组织者，同时也是学校这个学习共同体中的一位学员。作为领导者，校长要依照法律和国家的教育方针，通过战略策划对学校的资源要素进行整合，明确学校发展的基本理念，树立学校的发展理想与愿景，设计学校的结构和发展策略。作为管理者，校长要有强烈的使命感，能够自觉地协调与各有关方面的关系，调动校内外的一切积极因素，推进学校的整体改革，为实现学校的理想与愿景、形成学校的办学特色而努力。作为学习的组织者，校长要通过搭建学习平台，使教职员工在不断的学习、研究、实践和反思中，树立共同愿景，转变思维方式，启迪教育智慧，推动教育创新，在促进学校持续发展的过程中使自身得到发展。作为一个学员，校长又要坚持以学习求发展，通过先于和融于全校教职员工的刻苦学习，激发创造热情，增长创造能力，增强领导才干。[1]

扎扎实实的积累和蓬蓬勃勃的创新的有机融合，是教育事业发展的保证，也是校长健康成长的保证。学校的创新要求校长拿起放大镜，看到一个一个具体的教师和学生，关注每个个体的体验，搭建适合每位教师和学生发展的平台。也要求校长拿起望远镜，看到整个世界的变化，调动一切可以调动的资源，无限扩大促进学校发展的实力。[2]

(四)提升校长价值领导力

校长是学校的领导者，应该为团队确定新的方向或目标；他们从其

---

① 参见陶西平. 无尽的追求[J]. 基础教育参考，2005(11)：1.

② 参见陶西平. 普拉哈拉德公式[J]. 中小学管理，2009(07)：59.

需要的人那里获得支持、合作及承诺，以便向新的方向迈进；他们有能力激励人们去克服在到达目标途中遇到的障碍。陶西平借鉴企业人力资源开发的理论，认为校长的领导力应体现在以下四个方面：第一，校长应该有明确的目标，为实现这个目标奋不顾身，不达目的决不罢休。第二，校长要善于向别人展示自己提出的理念与理想之美。第三，校长应该有亲和力，大家都愿意接近它、喜欢它。第四，校长应该能观察到细微的动向、善于把握细节。

一个领导者必须有明确的目标和明确的价值取向。提升校长的价值领导力最主要的有四个环节：第一个环节，校长自身具有明确的价值观。校长要用价值观影响学校成员，首先自己要有明确的、正确的，而且有较强驱动能力、可以得到大家认同的价值观。这是最重要、最基础的一个环节。第二个环节，校长的价值观体现到自身的行为和人际互动中，并贯彻到学校中。价值观不是一种"说法"，而是真正地植入行动的一种内心的驱动力。如果这种价值观没有真正内化为校长自身的价值取向、反映在日常的管理行为中，那么学校就可能出现一种二元体系。第三个环节，校长把价值观外化到学校组织层面。学校的核心价值观是对学校领导者价值观的"组织化改写"，就是校长把自己对理念的文本表述转化为学校的管理实践和管理经验。通过"组织化改写"，校长可以使学校的发展目标以至于学校的全部活动都体现出自己的价值取向。第四个环节，校长把价值观注入学校的基因，影响学校内外部人员的认识和行为。这是校长实现价值领导力的最高境界，即让学校所承载的优质的价值观能够独立于领导者而存在，并影响到更多的校内外人士。

价值领导最终是不需要领导。当校长把自己的价值观注入每一个教职工的心中后，他们就会自觉地围绕这个价值观去工作、去创造。从这个角度说，提升校长的价值领导力是学校发展所必需的，是学校真正成为一个优秀的团队所必需的。①

四、教育家与教育家精神

(一)什么是教育家和教育家精神

倡导教育家办学，对于推进中国教育现代化，提高中国总体教育水平具有重要的战略性意义。倡导教育家办学需要探讨两个问题，什么是教育家，教育家的成长之路。教育家都是时代的产物。在适应社会发展的过程中，教育会面临许多困惑与问题，需要有人从理论和实践结合的角度来寻找答案。陶西平认为，在社会的转型期，能够从理论和实践结合的角度，回答和解决教育面临的一个或者几个问题的人就是教育家。

每位教育家都有一个自身成长的过程，没有任何人可以去培养另一个人成为教育家。历史上的教育家们都很难有人为他们创造一个良好的生态环境，然后，他们可以"好风凭借力，送我上青云"，沐浴春风而自在成长。教育家都是在发现问题、研究问题、解决问题的过程中，克服重重困难和阻力，经受次次失败与挫折，最终寻找到解决一个或者多个问题的途径，从而引导教育的改革与发展的。

什么是教育家精神？有定力、有创造、肯担当，陶西平认为这就是教育家精神。

有定力，教育家要信念坚定。有对事业的热爱，对祖国的忠诚，有自己的教育见解和追求，在探索的道路上奋勇前行，永不懈怠。有创造，教育家要勇于创新。要迎接挑战就必须自觉把握和探索教育规律，

---

① 参见陶西平. 提升校长价值领导力的几个重要环节[J]. 中小学管理，2011(01)：4.

教育不应被动地走向未来，而应当主动地创造未来。当前，诸多教育难题需要破解，教育家应当成为教育规律的探索者，教育改革的实践者，教育创新的试水人。肯担当，教育家要敢于担当。担当就是高度的责任感，认真负责，对国家负责，对社会负责，对历史负责。面对困难敢于迎难而上，面对失误敢于承担责任。教育事业不会一帆风顺，有了担当，就不会因挫折而动摇，不会因嘈杂声音而迷茫。[①]

(二)教育家办学

1. 返璞归真

北京育民小学校长翟京华是北京市著名的语文特级教师，陶西平在评价其办学经验和办学思想时谈到，他心目中的教育家有三条重要标志，一是有执着的教育追求，二是有成熟的教育理念，三是有成功的教育实践。

首先是有执着的教育追求。优秀校长的重要特质就是无论在怎样的环境下，都能承载压力，担当责任，毕其精力，使教育梦想变为现实。

其次是有成熟的教育理念，教育理念或者更高层次的教育思想是教育家的灵魂。教育理念要有先进性，教育理念要有稳定性，使学校形成传统和风格。

最后是有成功的教育实践。就是教育效能"现在看得见，将来用得着"。在推进素质教育的过程中有两种现象值得关注，一是只听得见校长汇报，看不出学生的改变，素质教育仿佛空中楼阁；二是只看得见课外的生动活泼，看不见课堂教学面貌的实际改变，素质教育成为教育主渠道之外的点缀。陶西平认为，教育改革最终要发生在课堂上，教育效

---

① 参见陶西平. 有一种精神叫教育家精神[J]. 课程教材教学研究（中教研究），2015(Z5)：5.

陶西平. 教育家与教育家精神[J]. 北京教育（普教版），2015(01)：1.

果最终要体现在学生的变化上，这是成功教育实践的基本要求。

2. 传承以守正，变革以出新

"守正出新"——这是北京一零一中学郭涵校长在北京海淀区为其主办的办学思想与实践研讨会上的报告主题。陶西平敬佩她难得守正，因守正而清醒；也敬佩她难得出新，因出新而提升。认为现在需要的就是这样一批既能在传承中守正，又能在变革中出新的教育家。

郭涵校长所要守的"正"，就是教育的传统和规律。她对一零一中学这个"红色世家"的遗产进行了认真的梳理，通过了解学校开拓者的特征，找到了一零一中学的校长应当是什么角色、应当如何做的答案。她坚守规律，直逼教育的本真。陶西平借用一位教育界老领导谈到的教育规律就是 16 个字："有教无类"——这是教育本职；"德才兼备"——这是教育目标；"因材施教"——这是教育方式；"教学相长"——这是教育结果。他认为校长要既懂规律，又按规律办学。郭涵校长管理一零一中学 17 年，坚持在传承中守正，在守正的同时，坚持在变革中出新——以愿景激励创新，以变革实践创新，以理念引领创新。

陶西平表示，创新其实就是成长、改变和突破的过程。郭涵校长以愿景激励创新，强调愿景来自理想，又不同于理想，它是对可实现目标的预期，从而激励创新要做三件事：一是没做过的事，二是不愿做的事，三是不敢做的事。

实际上，郭涵校长也通过对学校课程、教学、文化、管理进行了一系列富有成效的改革，实现了她确立的目标。陶西平分析道，郭涵校长所确定的自我教育的目标，一是追求个体的自我实现；二是超越"小我"，实现"大我"，在强调个体自主性的同时，追求作为"大自我"的"集体自我"的实现。教育不仅关系到学习技能，还涉及尊重生命和人格尊严的价值观，而这是在多样化世界中实现社会和谐的必要条件。一零一中学自我教育的理念正是人文主义教育观的生动体现。他们对个性化学习的理解超出了自我发展的层面，对这一概念作出了更为全面的解读，站在了时代的前沿。他们的实践证明，只有在先进理念指导下的教育创新，才具有真正的生命力。

第四章　教育发展："公平·优质·活力"

　　"对整个发展问题的看法同时就是理解现实和时代的钥匙。"①改革与发展是教育永恒的主题。作为当代教育家，陶西平经历了我国基础教育从以规模发展为主向以提高质量为主、从重点发展为主向均衡发展为主、从以硬件建设为主向在重视硬件建设的同时重视软件建设、从标准化建设为主向在重视标准化建设的同时重视特色发展转变的历史时期。他亲历、见证了新中国教育改革与发展的几乎所有的重大历史时刻。他对教育改革与发展的思考和论述伴随了其整个教育人生。

　　本章主要阐述陶西平关于教育发展的思想，分为五节：教育发展观，教育整体改革设计，如何实现教

---

　　① 佩鲁. 张宁译. 新发展观[M]. 北京：华夏出版社，1982.

育均衡发展,基础教育均衡与优质的统一,教育改革的动向与趋势。

陶西平认为教育的发展战略一定要从基本国情出发,有着眼于未来的战略眼光和着手于今日的战略行动。教育是面向未来的事业。观念的转变是教育事业发展的前提,体制的转变是教育事业发展的保障,队伍的建设是教育事业发展的关键,教育改革是教育事业发展的动力。

他始终把教育事业看作一项系统工程,认为教育改革应当基于时代、目标、问题三者驱动而展开,改革的实现在于整体改革。他把教育整体改革的内容分为三个方面:一是管理体制改革,二是调整教育横向纵向两个结构,三是改革教育思想、教育内容、教育方法。整体改革的目的是提高各级各类教育质量。深化基础教育改革、立足于培养模式和教学模式的整体优化,是回答"钱学森之问"、培养创新型人才的根本途径。

关于基础教育发展的思路,陶西平认为应该兼顾"公平、优质、活力",他还特别提到了"选择",所要强调的是丰富、多样、差异化的公平。政府增加教育投入是根本保证;合理调整学校布局是重要方式;因材施教才是真正公平的教育;形成以政府办学为主体的多元化办学格局是改革思路。公办基础教育的均衡发展,要分区规划、分类指导,突出农村教育、流动儿童、民族地区的教育问题。

均衡发展的实质是全面提高教育质量,陶西平强调要十分珍惜优质教育资源,充分发挥优质教育资源的辐射作用,无论学区制还是集团化,关键是"办好每一所学校"。多元化办学格局应当成为我国优质教育发展的战略选择。

在思考未来教育的问题上,陶西平认为,面对一个多元、多样、多

变的教育环境时，必须牢牢把握世界教育发展态势，在交流与借鉴中创
新。时代变化决定未来教育，教育的发展具有鲜明的时代性；文化传统
制约未来教育，长期形成的文化传统是每个国家和民族教育的底色；技
术发展改变未来教育，教育技术的发展和应用可能深刻影响教育内容、
教育方式、学校和教师功能、教育评价，也可能影响学生的健康发展。
他认为中国不再遥远的目标应当把重点放在未来教育能够保证每个孩子
接受公平而有质量的教育上。

第一节　教育要有着眼于未来的战略眼光和着手于今日的战略行动

一、立足教育的战略地位和作用

(一)教育的发展战略一定要从基本国情出发

从二十世纪八十年代开始，陶西平始终立足于国家社会经济发展讨
论教育发展问题。1987 年，党的十三大报告提出"百年大计，教育为
本"，把教育放在我国经济发展战略的首要地位。我国教育的根本方针
是为社会主义现代化建设服务，而人才培养的周期是长的，提高国民素
质更需要若干代人的努力。陶西平认为，把教育放在"本"的地位，就是
要有着眼于未来的战略眼光和着手于今日的战略行动。

1988 年，陶西平撰文《百年大计　教育为本》，强调教育要在人才结
构与数量需求预测的基础上，制定事业发展规划；在人才的素质与规格
需求预测的基础上，制定培养目标和培养途径；同时优先增加投入，以
创造完成发展规划和实现培养目标的必要条件。这是检验是否把教育放

在首要的战略地位的根本标志。①

　　教育的发展战略一定要从基本国情出发。陶西平从四个矛盾阐述了当时八十年代我国的基本国情以及社会主义初级阶段普通教育发展的战略：

　　首先，教育的战略作用和落后的教育现状形成了尖锐的矛盾。党的十一届三中全会之后，教育事业飞速发展。但由于基础很差，耽误时间又太多，基础教育校舍、设备简陋，教育经费严重不足，教师队伍来源、提高和稳定都缺乏必要的物质保证，师资水平很低。其次，教育事业发展的需要与国家财力提供的可能之间存在着很大的差距。再次，各地区对教育事业的发展都提出了迫切的要求，但由于历史条件和各地经济发展水平不同，造成不同省市，同一省市的不同地区实际的教育发展水平差距很大。最后，现代生产的发展依靠培养合格的专门人才和提高劳动者的素质，但是基础教育的学制、课程设置、教学内容、教学方法、考核办法、选拔制度等基本上是为适应高一级学校选拔新生的需要的，存在明显的脱离实际和片面追求升学率的倾向。

　　基于四个方面的国情现实，陶西平认为，合理控制发展规模，鼓励社会集资办学，实现基础教育地方化，建立全面提高学生素质与培养合格专门人才相结合的新教育体制，成为我国社会主义初级阶段教育发展战略的重要研究课题。② 一方面要努力把教育的战略地位转化为各级政府的实际决策，同时对确保教育的战略地位实行法律监督；另一方面要合理地控制教育事业的发展速度和规模，脱离当前经济发展水平，必然

---

① 参见陶西平. 百年大计 教育为本[J]. 学习与研究，1988(03)：3—5.

② 参见陶西平. 对社会主义初级阶段普通教育发展战略的几点想法[J]. 人民教育，1988(02)：5—6.

在实际上降低办学条件标准和师资水平，也就降低了教学质量，还会加剧教育内部的各种矛盾和社会各界对教育现状的不满。集资办学不仅仅是教育经费不足情况下的权宜之计，也是我国重要的办学原则，要制定政策和制度，鼓励多种办学形式，调动学校发展勤工俭学事业的积极性和各界扶植校办企业的积极性。要承认客观差别，各地区只能在原有的基础上，制定本地区发展教育的规划，经济发展状况不同，教育如何为当地的社会主义经济建设服务也就不同。教育要面向全体学生并为全面提高学生素质服务，要靠有正确教育思想指导下建立的教育体制来保证，寻求在学校中全面提高学生素质的合理结构，实现整体优化。

(二)树立顺应时代潮流的新的教育观念

在推进教育改革的实践中，陶西平感受到与时代发展相适应的教育观念的重要性。

八十年代，学校教育是为高一级学校培养新生，把基础教育的任务理解为给宝塔的尖顶构筑塔基。学校教育的过程，就是选拔过程。1986年，陶西平撰文《破除陈旧观念 推进教育改革》，呼吁全面推进教育改革的当务之急是必须大力破除陈旧、过时的观念，树立顺应时代潮流的新的教育观念。他认为四化建设对于人才的数量和质量提出了新的要求，基础教育的任务就是要为大规模地准备新的各级各类合格人才打基础，立足于提高民族素质，多出人才，出好人才。首先，必须转变办学指导思想，变单纯的选拔教育为开发教育，学校教育的内容、方法要适应每一个学生发展的需要，为每个学生通过不同渠道成才打好基础，为每个学生的终生教育打好基础。其次，以办学的多样化和人才的个性化，来取代单一化和模式化的倾向，因地因时制宜，提倡多种办学途径，各种办学类型，支持、鼓励学校努力形成自己的办学特色。再次，破除学校教育的封闭型，以开放的思想办教育，要树立大教育观念，实现学校教育，社会教育和家庭教育的横向联系，学校教育和终生教育的纵向结合，引导学生适当地走出课堂，走向社会。最后，提高教育质量的关键在于教师，必须依靠学校内部管理的科学化，有效地组织教师集体实现统一的教育目标。①

进入二十一世纪之后，他依然强调确立新的教育观念、增强创新意识的重要性，教育体制是教育观念的具体化，要突破长期形成的各种体制性障碍，需要教育观念的变革。② 把为人的发展服务与为社会的经济和文化发展服务统一起来，将人的发展推向了教育的中心位置。③

(三)构建更高水平的教育体系

"要改进教育就必须回到教育本身，形成好的教育观念，重视课程质量、建立公平的评价体系、引进培养和留住好教师、形成一个学校与社会的关联系统。"陶西平认为，教育没有捷径可走，只有用扎实的知识和正确的价值观来培养学生的思想和心灵，才是教育的本质。④

他从四个方面论述了如何构建更高水平的教育体系。首先，立德树人是教育的根本任务。教育工作必须在坚定学生的理想信念、厚植爱国主义情怀、加强品德修养、增长知识见识、培养奋斗精神、增强综合素质等方面下功夫。

其次，突出教育目标的系统性、针对性、时效性。一是将全面发展

---

① 参见陶西平. 破除陈旧观念 推进教育改革[J]. 学习与研究，1986(10)：34—36.

② 参见陶西平. 大力推进教育创新——学习江泽民同志在北师大百年校庆大会上的讲话[J]. 北京教育(普教版)，2002(10)：5.

③ 参见陶西平. 教育科研的创新使命[J]. 教育科学研究，2003(05)：5—6.

④ 参见陶西平. 在交流与借鉴中创新——《每一个学生成功法》与《反思教育》[J]. 未来教育家，2016(08)：8—13.

的教育目标贯穿小学、中学、大学，职业教育，整体构建横向贯通、纵向衔接、分层递进、螺旋上升的新时代具有中国特色的学校教育体系。二是将教育目标贯穿于各级各类教育的过程中，要考虑不同学段学生的特点，党和国家的要求与青少年成长需要的统一。三是各学段目标实事求是、切合实际、情意兼顾、知行统一，以体现目标确定的现实性和可能性，增强学校教育的实效。

再次，整个学科体系、教学体系、教材体系和管理体系都要以教育目标作为核心，它是所有教育工作的整体目标。要把遵循教育方针作为教师的基本素养。教师自身的全面素养决定了是否能坚持围绕教育目标来教好、引导学生学好。

最后，教育行政管理部门、学校内部管理部门都有明确的工作分工，要遵循教育方针、围绕教育目标来推动各项工作的协调运行。否则就会造成各自为政、各行其是的状况，使学校和教师陷于忙乱或无所适从的境地。[①]

(四)大力推进教育创新

进入二十一世纪之后，变革不相适应的教育，创造适应社会主义现代化建设需要的教育，实现教育的创新，成为摆在全党、全国人民面前的重大课题。

陶西平对教育创新的论述有学校和教师层面的"微创新"，也有宏观教育体系的创新。他认为教育创新的根本任务在于建立有中国特色社会主义的教育体系，这种创新具有整体性和全方位性。应当在坚持党的教育方针的同时，探索新的规律，确立新的教育观念，使教育的创新成为

---

① 参见陶西平. 融入·贯穿·围绕[J]. 中小学管理，2018(10)：59.

有指导、有预期、有内在品质的教育活动。通过创新,要使新的体制真正成为推动教育活动的秩序框架,成为实现教育预期目的的有力保证。

教育创新必须把握正确的方法论。要始终树立与时俱进的思想。既要坚持原则,又要积极探索;既要善于继承,又要勇于借鉴;既要深入研究我国的国情,又要关注世界教育发展的大趋势。重视对新情况、新问题的调查和研究,因为新的情况和新的问题反映了现实状况与预期目标之间的差距,提示了教育创新的针对性,对教育创新有着极强的导向作用。还要进一步加大教育开放的力度,注意吸取世界各国教育发展的经验教训,以拓宽我们的视野和思路,提高我国教育的竞争力。

教师是教育活动的实施者,是教育创新的主要力量。必须高度重视培养一支富有创新精神的教师队伍。教师的创新精神,既影响着培养创新人才的教育,又影响着教育体系的创新。要鼓励一线的广大教育工作者针对遇到的教育教学实际问题进行积极探索的"微创新"。只有全体教育工作者都充满创新的激情,我国走向现代化,走向世界,走向未来的步伐才能真正加快。必须努力倡导良好的学术风气,鼓励广大教师坚持求真务实,勇于创新,严谨自律。同时,要创造教师终身学习的条件,使教师把教学、学习、科研三者紧密地结合起来,帮助教师首先进入学习化社会。①

作为全国的文化中心,北京的教育事业应当以其宏大的教育规模、合理的教育结构、先进的教育理念、最高的教育质量、最广的开放程度和最强的辐射力和影响力,走在全国的前列。为了实现这一目标,必须

---

① 参见陶西平. 大力推进教育创新——学习江泽民同志在北师大百年校庆大会上的讲话[J]. 北京教育(普教版),2002(10):5.

坚持教育创新。①

教育创新,无论是观念层面、制度层面,还是方法层面,归根结底是要实实在在地使教育事业的发展得到实惠。一方面要创造更加宽松的创新环境,为教育创新提供更加广阔的天地,另一方面又要防止创新活动的形式主义,避免搞了很多花样但无实际效果,工具理性很强但价值理性缺失。②

(五)让教育更加和谐

和谐的教育应当体现在为人人各尽所能、各得其所,创造良好的条件,提供公平的机会;体现在为不同社会阶层和利益群体之间的流动拓宽渠道;体现在以人为本、建立和谐社会的理念作为指导思想,使学校教育在和谐中求得发展,在发展中创造和谐。

基础教育的均衡发展是向公民提供均等发展机会的重要条件,以政府办学为主体的多元化格局的形成,是满足不同类型人群需要的必要举措。推进基础教育,特别是西部、农村、边远和少数民族地区公共教育事业的发展,特别关注贫困家庭、流动人口子女的入学问题,是促进教育和谐的重要任务。而大力支持民办教育的发展,鼓励民办教育形成适应多种需求的办学特色,则是完善办学体制格局的不可或缺的组成部分。公平的发展机会是社会活力与和谐、稳定的源泉。

不同社会阶层和利益群体之间的和谐相处,需要利益的合理协调,需要通过沟通增强理解,最重要的流动通道之一就是教育,特别是终身

---

① 参见陶西平. 教育科研的创新使命[J]. 教育科学研究,2003(05):5—6.

② 参见陶西平. 从"教育券"想到的[J]. 北京教育(普教版),2003(06):10. 陶西平. 在"三个面向"指引下前进——纪念邓小平"三个面向"题词30周年[J]. 中国教育学刊,2013(11):3.

教育体系的建立，对社会的和谐有着极为重要的催化和转化功能。每个人都有继续学习的机会，每个人就都有通过继续学习获得新的发展的机会。

全面、协调、可持续是教育改革与发展的重要指导思想。和谐的学校教育应当是重视全体学生全面素质提高的教育，不应当只重视一部分而忽视另一部分学生的发展，不应当只重视学生考试成绩而忽视素质水平，不应当只重视学生共性的教育而忽视个性教育。和谐的学校教育应当公平、民主，通过树立以人为本的理念，营造干群、教师、师生以及学生之间的和谐，形成学校公平、民主、团结合作的文化氛围。和谐的学校教育应当是开放的、社会广泛参与的，使学校教育把为社会的发展服务与为人的发展服务紧密地结合起来，并在取得家长、社区、社会理解的同时，自觉地置身于其监督之下。[①]

二、教育改革是教育事业发展的动力

(一)30 年教育事业发展的经验

2008 年，陶西平回顾改革开放 30 年走过的道路，总结了中国教育事业取得令世人瞩目伟大成就的四个方面的经验：

第一，观念的转变是教育事业发展的前提。对"两个基本估计"的否定，推动了教育思想的解放。"三个面向"的提出，明确了教育改革的方向。"百年大计，教育为本""科教兴国""人才强国"共识的形成，确立了教育事业的战略地位。"创新型国家""和谐社会"的建设目标，推动了教

---

① 参见陶西平. 让教育更加和谐[J]. 北京教育(普教版)，2005(02)：10.
陶西平. 促进学生个性全面和谐地发展——纪念苏霍姆林斯基诞辰 100 周年[J]. 中小学管理，2018(12)：56.

育观念的更新。"以人为本"的科学发展观对教育改革与发展的指导，对教育功能有了新的认识，也使教育事业逐步回归到它的本原。

第二，体制的转变是教育事业发展的保障。体制转变的基础是法治的完善。我国已经基本建立了涵盖各级各类教育的法治体系，步入了依法治教的轨道。办学体制从单一的国家办学到公办学校与民办学校共同发展、国际交流与合作办学广泛展开，义务教育从艰难起步到建立并逐步完善管理体制和投入保障机制，教育体系从以普通教育为主到职业技术教育、成人教育的发展再到网络远程教育以及终身教育的提出，办学体制和管理体制无不展现出多元化的活力。

第三，队伍的建设是教育事业发展的关键。我国教师队伍和教育管理队伍的建设，从满足数量的要求到建立并不断提高职业资格标准，从以学历教育为主的补课到全面推进干部和教师的专业发展，从队伍的老化、人才的断档到基本形成以中青年教师为主的师资结构并涌现出新一代的名师，一支忠诚于教育事业的干部、教师队伍承担起发展教育事业的历史责任。

第四，教育的改革是教育事业发展的动力。社会主义现代化建设带来的社会变迁，以及对外开放后对国外教育的了解与借鉴，大大加快了我国教育改革的步伐。从最早的"加强双基、培养能力"的教学改革口号的提出到推进素质教育这一全面贯彻教育方针的目标的确立，从课堂教学方法的转变到课程改革这一从教学理念到课程、教材、教法以及评估方式的系统改革，从以课堂教学为主的教学研究到建立学校、家庭、社会三位一体的教育体系的尝试，都为我国新时期的教育发展带来了勃勃生机。①

---

① 参见陶西平. 在探索中前进[J]. 中小学管理，2008(11)：1.

(二)教育改革是基于时代、目标、问题三者驱动而展开的

1. 基础教育内涵发展的四个重要转变

进入二十一世纪之后，我国基础教育事业的发展体现出以内涵发展为主的重要特征，这是实现教育现代化进程的必然要求。陶西平认为基础教育的内涵发展需要实现四个重要的转变：

从以规模发展为主向以提高质量为主转变。我国已经形成世界上最大规模的基础教育。但教育质量的提高并不一定和规模的扩大同步，有时甚至可能是以牺牲质量为代价的。需要及时将发展的重点转移到提高教育质量上来，特别是转移到以素质教育为主题的教育教学改革上来。

从以重点发展为主向均衡发展为主转变。新中国成立以来，依据当时的需要，重点建设了一批优质学校，这些学校是我们的宝贵财富。但以公共教育经费举办的义务教育学校需要及时调整到均衡发展的轨道上来，以真正体现教育公平。均衡发展也就成为教育内涵发展的重要原则。为此，需要适时地将公共教育资源进行合理配置，使财政投入的结构，办学条件的改善，师资的配备与流动等，有利于均衡发展。并充分发挥优质教育资源在均衡发展过程中的示范作用和辐射作用。

从以硬件建设为主向在重视硬件建设的同时重视软件建设转变。我国在推进义务教育的过程中，首先应当保证必需的安全的硬件设施，以提供进行教育活动的必要条件。在今后相当长的时间内，硬件建设仍是我国基础教育发展的重要任务。但是，在已经具备基本办学条件的地区和学校，教育投入的重点应当转移到软件建设上来。其中教师队伍和干部队伍的建设，要放到更加突出的位置。

从以标准化建设为主向在重视标准化建设的同时重视特色发展转变。制定并使学校达到规定的标准在推进义务教育事业的过程中发挥了重要作用，是政府实现教育公平和保证教育规范的常规途径。但单纯依靠标准化是难以具有生机活力和培养创新型人才的。"为了避免在推进均衡发展过程中学校教育的同质化倾向，应当倡导学校发展自己的特色和风格，从而形成一种新的竞争机制。学校要高度重视文化建设，将地域文化特点和学校历史积淀与学校现实条件相结合，形成各具特色的学校风格，呈现百花竞放生动活泼的局面。"①

2. 深化教育改革是时代变革和民族复兴的需要

陶西平认为之所以要加快和深化教育改革，一是时代驱动，教育的发展从来都是服务于社会的发展，教育需要顺应社会形势进行改革。二是目标驱动，两个一百年的目标需要教育也加快改革步伐。三是问题驱动，教育无论是在公平还是在质量方面，都存在一些迫切需要解决的问题，需要进行教育改革。教育改革要抓好三个关键：有规矩、有技术、有人。

第一，有规矩，严格落实依法治教。依法治教是依法治国的重要组成部分，它包含几方面内容：依法治教、依法行政、依法办学、依法督导、依法维权。

第二，有技术，充分应用科学技术。科学技术的应用对教育发展的影响非常之大，信息技术是其中一个重要方面。由于互联网和人工智能的快速发展，未来人类要想在这个世界上生活和工作，教育必须发生改变。

① 陶西平. 书写更加光辉的篇章[J]. 基础教育参考，2006(10)：1.

第三，有人，全面提升教师素质。教育的深刻变革关键在于教师，提升教师的专业素养现在已成为迫切的任务，教师培训在内容、方式方面都要发生相应改变。①

3. 基础教育改革的动向和趋势

教育改革是基于时代、目标、问题三者驱动而展开的，从而形成教育改革的动向和趋势。2017年，八十岁高龄的陶西平总结了基础教育改革的八大走向：

一是促进公平提高质量。教育公平的主要问题存在于地区、城乡、学校之间。要下大力气加大教育投入，要向老少边穷岛等地区倾斜，要发挥优质教育资源的辐射作用，尽快帮助薄弱学校改变状况。需要注意均衡与优质的辩证关系，最后实现更优质的均衡发展。

二是明确目标。教育要以发展学生核心素养为目标，教育要"立德树人"，关键要养成好的品德。所有学生应该获得一些最关键、最必要的共同素养；应具备能够适应终身发展与社会需要的基础品格和能力；以及最为必要的关键性品格和能力；核心素养有助于生发其他优良的品格与能力。

三是跨界综合。包括学科跨界，从过去单学科到综合性学科的跨界；教学环境的跨界，如学校、社会和家庭的跨界；教育目标和任务的跨界，要让所有的学科承担起核心素养培养的任务。随着社会发展，面对要解决的问题时，单科思维方式已经解决不了，必须要有综合性、系统性思维办法。既要有单科课程作为基础，同时也要加强课程的综合

① 参见陶西平. 期盼更好的教育：当前教育改革的趋势与动向[J]. 中小学管理，2017(06)：29—31.

陶西平. 面向未来 基础教育改革的目标和途径[J]. 中小学管理，2016(08)：61.

性，从而更好地提升系统思维和辩证思维能力。

四是自主学习。许多好的尝试强调了个性化发展，但学生也要适应学校的共性教育，如道德和法治、社会的共同价值观、社会的共同责任和国家法律规定的必须承担的责任等。需要在学生个性发展基础上设置一些他们必须达到的共性、底线要求，否则，可能会培养出"精致的利己主义者"。

五是合作探究。这是学习过程中的新特点，今后不仅要以"双基"为基础，而且要具备合作探究的能力，增强孩子发现、研究的能力，在合作中进一步学习。要处理好发现与发明的关系，应该把孩子提出问题、善于解决问题的能力置于重要地位。

六是利用信息技术。包括利用教育管理信息以及实现教学过程的信息化，这些既为基础教育改革带来了新的发展契机，也意味着我国基础教育将从"互联网＋"转变为"人工智能＋"的新阶段。当教育技术发展到一定程度时，要处理好技术与教育的内涵关系。

七是教育评价中要处理好"考改"与"教改"的关系。国外试图用标准化考试影响教育教学，但现在效果不容乐观。我国也在实践中进行积极尝试和检验，包括如何通过中高考改革，基础教育日常评价体系改革，来导向教育教学改革。

八是提升教师修养。我国教师队伍建设整体水平不断提高，教师修养提到了非常重要的地位。如果想要成为高效的教育者，就必须同时成为一个永不停息的学习者。在教师修养中，要摆正教师教学与助学的关系，要将传统教育的优势融入到助学中，帮助学生主动成长。

陶西平认为面对新时代新要求，需要加大教育改革力度，同时又必须坚持正确的方向和策略，拥有整体思维、渐进式思维与辩证思维。[①]

4. 改革的难点在于协调好诸多矛盾

教育改革创新的目的是促进发展，难点在于协调好诸多相互促进而又相互制约的矛盾。陶西平分析了五组改革中的矛盾：

第一，公平与效率的协调，这体现改革的原则。公平与效率的协调关键在于处理好规模发展与内涵发展之间的关系。

第二，普及与提高的协调，这体现教育的功能。普及与提高的协调关键在于处理好提高国民素质与培养优秀人才之间的关系。既有整体教育的质量，也有拔尖创新人才培养的迫切需求。

第三，个性与共性的协调，这体现教育的培养目标。个性与共性的协调关键在于处理好个性发展与正确价值观形成之间的关系。健全人格形成的过程是个性与共性协调发展的过程。学校和教师要切实以正确信仰和坚定信念贯穿于自身的言行之中，并以青少年喜爱的形式进行传播和示范，提高价值观教育的质量和水平。

第四，评价与目标的协调，这体现教育的效能。评价与目标的协调关键在于处理好评价和选拔制度与发展和改革目标之间的关系。把促进学生健康成长成才作为改革的出发点和落脚点，扭转片面应试教育倾向，坚持正确育人导向，践行社会主义核心价值观，深入推进素质教育，培养德智体美全面发展的社会主义建设者和接班人。

第五，规范与自主的协调，这体现管理的改革。规范与自主协调关键在于处理好简政和放权的关系。"简政的关键在于依法行政，防止错

---

① 参见陶西平. 期盼更好的教育：当前教育改革的趋势与动向[J]. 中小学管理，2017(06)：29-31.

陶西平. 基础教育改革的八大走向[J]. 教育，2018(19)：9.

位、越位、缺位，以提高工作效率。放权就是让基层拥有自主办学权力，让基层拥有集中办学精力，让基层拥有热情办学活力。"①

(三)告别排浪式的教育改革

陶西平倡导教育改革，但他反对脱离实际、排浪式推进的改革，因为这样会违背初衷，造成不良后果，从而使这一改革不得不成为下一次改革的目标。

1. 避免"一刀切"

陶西平认为排浪式的改革，有许多是因为"一刀切"的决策惯性。法律法规是规范一切社会活动的准绳，必须严格遵守。除此之外的其他决策均应因地制宜、因时制宜，不能简单地采取"一人有病，大家吃药"的办法。曾经通过行政手段推进农村学校布局调整，撤点并校一时成为风潮，结果造成部分地区学生上学困难；又使用行政手段，不管条件是否许可，都恢复教学点，再形成一股新风潮。曾经在推进示范性高中建设时，推动初高中剥离，掀起一股初中国有民办的改制风潮；后来有些部门认为，这会造成国有资产流失，所以，不管实验成功与否，都用行政命令一概收回，又掀起一股收归公办的风潮。

有些是对教育规律缺乏尊重。比如，不顾实际情况，将探究式教学作为最好的教学模式纷纷效仿，后又因我们个别地区 PISA 成绩不错，某些国家对我国传统教学方式有所肯定，而故步自封。在推进课改过程中，加强教学研究十分必要，但在某种功利的驱动下，掀起一股"赛课热"，使得很多人对赛课的兴趣远远高于对常态课的重视。陶西平认为

---

① 陶西平. 适应新常态 迎接新挑战——加强教育督导工作的科学研究[J]. 北京教育(普教版)，2015(08)：22—24.

这些都值得我们警惕。

还有些来自教育消费的从众心理。最为典型的当属"奥数"。它本是一种适合某些学生的很好的思维训练方式，但变成学校选拔学生的重要依据后，便变了味。在家长的助推下，"奥数热"持续升温，但最终又形成一股批判"奥数"的热潮。① 陶西平认为规范化是教育事业健康发展的重要条件，但把规范化变成"一刀切"，的确是一些领导同志的可怕观念。他们没有管理多元发展的理念，更没有管理多元发展的能力，就采用最简单的管理办法，发个通知——一刀切下去。陶西平呼吁在不违反法律、法规的前提下，管理部门应当学会服务于多元发展。中国的教育事业需要更多的创新，需要更多具有个性的创造激情，要使教育家们不被那些无视教育规律、容不得半点不同的"一刀切"式的管理捆住手脚，才是中国教育家，更是中国教育事业之大幸。②

2. 避免"以快为好"

教育需要跨越式发展，但必须明确方向、符合规律。陶西平认为某些地区将"以快为好"作为唯一价值取向的"快文化"值得警惕：

一是决策者不认真调查研究。决策要当机立断，但关键的是要对机遇有准确的把握。新的情况和问题不断出现，决策者单凭过去积累的经验很难作出正确的判断，因此，认真调查就成为至关重要的环节。

二是决策者缺乏系统的思考。教育是一项系统工程，一个因素的调整往往会引起另一个因素的反应，从而造成整个系统的波动。对教育的改革与发展，必须做系统的思考，要充分考虑各相关因素对整体的影

---

① 参见陶西平. 告别排浪式的教育改革[J]. 中小学管理，2015(02)：58.

② 参见陶西平. 给"多元"留下更大的空间[J]. 中小学管理，2009(08)：59.

响，从整体的改革思路出发，提出解决具体问题的方案。急于应对某些具体问题，匆忙决策的结果就是，一个方案出台不久即引发许多新的问题，不得不再匆忙提出新的应对方案，朝令夕改。

三是决策者缺乏科学、民主决策的意识。只重视执行的责任，而忽视决策的责任，这就会助长决策者的主观臆断。决策责任制是实现决策科学化和民主化的前提。

四是决策者不认真进行试验。教育的问题，从来都是理论和实践紧密联系的问题。实行或者推广未经实践检验的政策与方法，往往会产生不良的后果。同样的政策或方法，在不同地区实行后常常会产生不同的效果。因此，需要认真进行试验。

认真调查研究，系统进行思考，科学民主决策，一切通过试验，都需要时间。但是陶西平认为，"慢"，是为了使改革与发展的方向更明确，更符合教育规律，从而减少反复，加快健康发展的步伐。因此，这种"慢"，反倒能产生"快"的效果。

第二节　教育整体改革：体制、结构、方式的统一

教育事业是一项系统工程，是由相互关联而又相互制约的诸多因素构成的体系。应当加强对各个相关领域、各项相关工作之间内在联系的研究，制定相互配套、相互促进的制度和政策，处理好各相关单位和部门之间的协调与合作。

陶西平表示，基础教育改革需要整体考虑是为了减少这次教育改革内容成为下一次改革目标的反复性与盲目性。教育改革的本质必须以观

念变革为前提，同时坚持遵循教育规律。①

一、教育改革的整体设想

教育的任务是要提高全民族的素质，是要多出人才，出好人才。"多"是数量、结构和层次的要求，"好"是质量的要求。陶西平担任北京市教育局局长之时，全市深化教育改革的一个中心课题是，教育如何适应社会主义现代化建设的发展。

从结构上看，当时的教育很难适应经济建设发展的需要。城市中等职业教育基本解决了所需初、中级专业技术人员的需要。但农村绝大多数初中后或没升大学的高中毕业生没有职业训练体制的保证，出现整个结构上的不适应。从质量上看，各行各业都深感从业人员素质较低，不仅是文化上，也表现在思想道德、体质上，培养的人才质量也不适应社会主义现代化建设的需要。

要解决好适应问题，一方面进一步改革教育结构，使之能适应社会主义现代化建设的需要。另一方面是改革教育思想、教育内容、教育方法，以解决当前的人才规格问题。这方面社会各界反应强烈，教育内部也深感问题严重，这涉及一系列问题的改革，包括课程设置、教育思想、教育内容、教育方法、招生制度等。制约这两项改革的是管理体制的落后，所以这两项改革又要建立在管理体制改革的基础之上。②

①　参见陶西平. 在"三个面向"指引下前进——纪念邓小平"三个面向"题词30周年[J]. 中国教育学刊，2013(11)：3.

②　参见陶西平. 深化教育改革 提高教学质量[J]. 中小学管理，1988(05)：2—7.

(一)管理体制改革的两个重点

陶西平担任北京市教育局局长期间，全市教育管理体制改革的重点有两个：

一是实行市、区(县)、乡的分级管理体制。在城市地区实行两级管理，在农村地区实行三级管理。这一改革发生了很大变化，由过去教育系统单一的条条管理改成条块结合的管理，每一级政府部门都对教育承担责任。实行以来，大幅度增加了教育投资，促进了教育事业的发展，也增强了各级领导的责任感。今后需进一步强化和健全地方分级管理体制，核心是解决乡管校的问题。

二是解决教育内部的机制问题。教育内部缺乏活力，要想调动教职工的积极性需要解决行业差距问题。党和政府在提高教师待遇上做了不少工作，但内部的活力却难以启动。要解决机制问题，就要在全市逐步推行以校长负责制为中心的，再加上实行学校工资总额包干和发展校办企业相结合的配套的体制改革。归根结底是要使学校成为一个办学的实体。实行工资总额包干，就把学校的人事安排权给了校长，把在一定范围内的分配权给了校长，但只靠国家拨经费来解决内部机制，又有一定的限度。因为要搞出多劳多得的制度，就要以一定的财力做基础，否则没有周转的余地，因此要同时多渠道、多形式地大力发展校办企业。这个艰苦的过程，最终要使学校成为一个办学的实体，使结构改革，教育教学改革能在较通畅的运行机制中实现，否则干好与否都没有压力。最终形成的机制，是要使干得好的人、多干的人在待遇和报酬上有充分的体现，使得不好好干的人、干不好的人或不适合做教师的人能够离开教育岗位。

这就是改革的大体轮廓。当时推行的校长负责制，校长要承担的最终责任是什么？还是要提高教育质量。校长负责制后，抓好教学改革是关键。学校工作综合评价的方案、北京市加强与改进中小学学科教学的意见、职务的考核、职评经常化等配套的文件相继出台，都是为了引导提高教育质量的教学改革。[①]

(二)调整教育的两个结构

陶西平认为，教育为社会主义建设服务是一个系统工程，合理的教育结构是这一系统工程的外在体现。改革教育结构使之适应社会主义现代化建设需要，主要有两个方面：

为了提高专门人才和广大劳动者的素质，需要建立合理的纵向教育结构。贯穿这一结构的主线是全面提高人的素质，这是一个密不可分的终身教育的过程。因而，从学前教育到学校教育，直到成人教育，必须形成完整的教育系列，每个学段的任务，学段之间的衔接，都是重要的研究课题。这种纵向结构的形成，不仅为个体素质的后天培养建立循序渐进的流程，而且将为整个国民素质的提高建立完整的体系。

同时，还必须从经济建设的需要出发，调整教育的横向结构。我国九年制义务教育以普通教育为主体，但高中阶段就开始分流，普通高中与中等职业教育要有合理结构，中等职业教育各专业之间要结构合理。高等教育更需随经济建设的发展调整那些不合理的专业结构。要确定各专业之间的合理比例，还应探讨调整专业结构的良好机制。[②]

(三)改革教育思想、教育内容、教育方法

转变教育思想，明确培养目标，决定教育内容和方法，这样教育才

---

① 参见陶西平. 深化教育改革 提高教学质量[J]. 中小学管理，1988(05)：2—7.
② 参见陶西平. 百年大计 教育为本[J]. 学习与研究，1988(03)：3—5.

能最终完成促进科技进步，提高劳动者素质，进而推动经济发展的任务。陶西平对此也有深入阐述。

1. 转变教育思想

教育要再上一个新台阶，归根结底是要加快适应社会主义建设需要的速度。既要加快教育发展的速度，又要加快教育提高的速度。改革就是要在加快这两个速度上下功夫。而在实现这种转变的过程中，必然会有许多旧的观念束缚着我们的手脚。陶西平认为至少有这样一些问题需要考虑：

从宏观的层面：第一，要从教育自成一个封闭体系的思想中解放出来，树立主动适应经济建设需要的开放观念。第二，要把各类教育从各自为政的状态中解放出来，树立提高教育整体效能的观念。第三，要从单纯升学教育中解放出来，树立提高劳动者整体素质的观念。第四，要从教育事业的发展单纯依靠国家投入的思想中解放出来，树立不断增强自我发展能力的观念。第五，要从学校内部管理体制改革已经差不多了的思想中解放出来，树立不断深化改革、完善运行机制的观念。

从课程与教学改革的层面，必须更新教育观念，从学科来看，主要有三点：第一是学生观的转变，这是最基本的转变。要反复宣传学生是学习的主体，学生爱学、学会、会学是教学中的关键问题。教师的主导作用在于使学生充分发挥了主体作用。第二是质量观的转变问题。如果不认识全面提高学生素质是教育的基本任务，而只认为任务就是讲知识，是不行的，质量是全面的。第三是在加强改进常规教学的同时，增强改革意识。

解放思想是加快改革开放步伐的关键。但是，教育的周期长，又有自身的规律，因此，改革必须积极，也必须稳妥。我们的方针是：一切改革都要经过试点，试点的胆子要大，步子要大，经过试点证明是有效的就积极推广。①

2. 深化学科教学改革

深化教学改革应针对当前学科教学工作存在的最主要的问题，有的放矢。针对当前学科教学存在的三个主要问题：学生的学习积极性不高、不能全面完成教学任务、教学效益低，学科教学改革应该：

第一，充分调动学生学习积极性。目前相当多的学生，学习是被动的，从教育内部看，由于升学的压力和本身教材较艰深，再加上教师的教学水平又较低，有的还讲不明白，造成学生学不会，不会学。作业负担在相当范围学校内是过重的。教学内容繁琐、贫乏，教学方法单一，甚至于不尊重学生，挫伤他们学习的积极性，这都造成学生不爱学。在宏观上进行改革的同时，要把教学改革深入到调动学生学习积极性的领域里去。使学生爱学是教师的责任，也是学生学好的关键。

第二，重点放在全面地完成教学任务上。从目前情况看教师还是较重视知识的传授和技能的训练，死记硬背及多练，还是完成教学任务的基本方法。忽视全面提高学生的素质，一个反映在忽视教学的教育性，忽视通过教学活动来完成培养学生的良好品德及形成世界观上；再一个就是身教言教，给学生良好影响的问题，教师的道德行为、道德评价问题。目前学校教育中最薄弱的，一个是情感教育，一个是养成教育。我们的学生一个是经受挫折的能力差，一个是应变能力差，因为整个学习都是按照一个标准答案答的。要重视以思维能力为核心的能力的培养，

---

① 参见陶西平. 打好质量纵深战 办好教育为人民[J]. 人民教育，1993(01)：13—14.

重视表达能力和动手能力的培养，归根结底要重视学生分析问题和解决问题能力的培养。当然全面完成教改任务还要包括体质的增强和减轻课业负担问题。

第三，提高教学效益。一是应注意教学工作的实效，教学研究中有一些形式主义，搞纯粹的表演课，没实效。提高教学效果，注重教学的实效就要重视因材施教的研究。目前的一刀切也妨碍了教学工作的实效。优生优不上去，差生提不上来，普通生也难以提高。二是要提高课堂教学效率，还要提"向 40 分钟、45 分钟要质量"的口号，不能增加课外过重的作业负担。总之不仅要重质量的提高，还要重效益的提高。

3. 加强教研引导

要健全教研体制。做好三个引导：引导到教学工作的研究上来；引导到课堂教学工作上来，德、智、体、美全面发展的质量，首先还要从课堂上要；引导到课堂教学改革上来。

要抓各级重点教改经验的推广。各级应确定一批属于本级的重点教改经验。北京做得不好，一个叫"自生自灭"；再一个叫"墙里开花墙外香"，北京的教改经验在全国到处推广，但北京市教育行政部门不表态。当然也不能随便表态。有一些实验可以推广应该加以推广，而这种推广都不是强制进行的，是市里认定后介绍的。但要由教研部门提出。将来希望拉出一个目录来，市一级决定推广的教学经验有多少，区一级推广的有多少，学校一级推广的有多少，这样才对得起北京的教师。人家辛辛苦苦搞出来的经验，就需要教育行政部门的承认。①

(四)提高各级各类教育质量

教育的核心问题是质量。围绕质量这个核心，有许多外围的问题，

① 参见陶西平. 深化教育改革 提高教学质量[J]. 中小学管理，1988(05)：2—7.

如提高质量所需要的物质条件和保证提高质量所做的工作，都是必要的，近几年来也做了不少努力，但是对抓质量若即若离。必须将主要精力对准核心即质量本身的问题，打一场纵深战。

在加快改革开放的今天，德育的首要地位不能变。德育决不能削弱，否则，就会犯历史性的错误。但德育工作要改进，要更符合各阶段学生年龄特点，摆脱形式主义的东西，更具有实效性。要坚持不懈地进行爱国主义、集体主义、社会主义和"两史一情"的教育；要坚持学生参加社会实践和生产劳动的制度；要大力加强学生行为规范的养成教育。

大力提高九年制义务教育质量，这是提高整个教育质量的基础。以改进升学办法为契机，全面提高小学教育质量。进一步推广"快乐教育"和学生素质评价的经验，要做到"一减轻三加强"：减轻过重的课业负担，加强品德教育、能力培养和体育锻炼。以加强基础薄弱初中为重点，提高初中教育的整体水平。

提高高中阶段的教育质量。普通高中教学改革的重点还是放在全面落实过渡性教学计划、改进会考制度和改革高考科目设置上。

职教必须摆脱普教的办学模式，在全面提高素质的基础上，突出专业技能的培养。办学必须和企业结合，使学生在学习过程中就参加生产实践，在创造价值过程中，提高技能水平。

提高幼儿园教育质量。认真贯彻幼教法规，使所有幼教干部和教师学法、知法、执法。要促进教育观念的转变，进而促进实践的转变，加快加大幼教改革的步伐。

坚持"全面育人，办有特色"的办学方针。学校"办有特色"是校长办学应有的重要指导思想。贯彻全面发展的方针必须重视办学特色的形成。市、区重点中学必须有自己的特色，通过特色起示范作用，其他各类学校也只有通过发展特色，才能更好地推动整体面貌的改变。特色可以从多方面形成：学科特色、艺术教育特色、体育特色、教育思想特色、校风特色……特色是全面育人的突破口，一旦形成就要保护它、发展它，使之成为学校的宝贵财富和光荣传统，从而推动全面育人的落实。

加强教师队伍建设。促进教育思想的转变，促进良好职业道德的形成，促进教育改革的发展，促进教育质量的提高。

各校要在办学条件标准化、学校管理规范化的基础上，把着眼点放到提高学生素质和专业技能上来。①

二、基础教育改革与创新人才培养：培养模式和教学模式的整体优化

"为什么现在我们的学校总是培养不出杰出人才?"陶西平在思考令人振聋发聩的"钱学森之问"时，认为这对推进基础教育改革，特别是思考拔尖创新人才培养问题极具启发价值。

(一)从"钱学森之问"反观中国教育

坚持走中国特色的自主创新之路，建设创新型国家，这是我国社会主义现代化建设的一个重要目标。虽然我国科技创新不断取得新的成就，但在培养能够影响世界科技发展的顶尖人才方面却不尽如人意。"钱学森之问"并不是出于对全部教育目标能否实现之忧虑而提出的，而是着重从拔尖创新人才的培养问题切入的；不是对中国教育的全盘否定，而是要引发我们对中国教育的深刻反思；不是单纯地提出问题，而

---

① 参见陶西平. 打好质量纵深战 办好教育为人民[J]. 人民教育，1993(01)：13—14.

是试图探究解决问题的方向。陶西平认为这是在理解"钱学森之问"时需要注意的问题。

（二）创新型人才的教育内涵："集大成得智慧"

钱学森说："必集大成，才能得智慧"，陶西平认为这是钱学森本人对"大师之问"给出的"大师之答"。从思维结构的角度看，"集大成，得智慧"分为三层。

一是知识层：由各种科学技术知识、信息、经验、感受等要素构成，是思维结构中最重要、最基础的层次。二是情感层：由人们的价值观念、需要、意识、精神、品德、意志、意向、情趣等要素构成，是思维结构中不可或缺的动力与调控层次。三是智慧层：以知识层和情感层的整体融合为基础，由科学的世界观、人生观、方法论、思维方式，以及现代科学技术体系观、人机结合的学习方法和工作方法等基本要素，相互促进、相互交融，有机地建构在一起，是思维结构中最深刻、最复杂、最富于哲理的层次。

创新型人才必是集大成而得智慧者。陶西平认为其教育内涵主要包括以下几点：

一是打通学科界限，重视通才培养。钱老提出，不仅要理工科结合，而且要理工文结合、科学与艺术结合。他专门强调，科学培养的是逻辑思维，艺术培养的是形象思维，学生的逻辑思维与形象思维都要得到培养和提高。

二是掌握人类知识体系。钱学森从系统科学的角度揭示了现代科学技术发展的整体状况，建立起一个开放、复杂的人类知识体系。这一体系从纵向上分为三层：最上层是马克思主义哲学；最下层是现代科学技术的 11 大部类，即自然科学、社会科学、数学科学、系统科学、思维科学、行为科学、人体科学、军事科学、地理科学、建筑科学、文艺理论(每个部类又包含基础科学、技术科学和工程技术三个层次);马克思主义哲学与现代科学技术通过 11 座"桥梁"(自然辩证法、唯物史观、数学哲学、系统论、认识论、人天观、地理哲学、军事哲学、社会论、建筑哲学、美学)联系在一起。这是一个活的、不断发展变化的体系。因此,教育理念、教学内容以及教学方法,也需要不断充实、不断更新、与时俱进。

陶西平还提到,特别值得关注的是,钱学森十分重视"前科学知识库"中蕴藏的精神财富的价值。他认为,在现代科学技术体系的外围,有大量一时还难以纳入体系中的,古往今来人们在探索中形成的初步的哲学思考以及点滴的实践经验,不成文的实际感受,直觉、顿悟、灵感、潜意识,能工巧匠的手艺,"只可意会,不可言传"的东西,甚至梦境,等等。这些都是"前科学知识库"里的瑰宝。

三是实现人机结合,优势互补。充分利用计算机和信息网络,发挥人机优势互补的长处,使人能够及时获得和集成广泛而新鲜的信息、知识与智慧,迅速提高人的智能,培养创新能力。

四是培养高尚的道德情操。钱学森倡导采用多种教育方式,培养青年人具有大智、大德的品质。他认为,应该为青年人思想的驰骋提供广阔的天地。有高尚的道德情操与坚实的文化基础的学生,适应能力强,可以乘风破浪。他们既是全才,又是专家,是"全"与"专"辩证统一的人才,也将是新世纪的主人。

(三)"大师之愿"的实现:培养模式和教学模式的整体优化

"集大成 得智慧"对基础教育改革具有深刻的指导意义。陶西平认为它给我们最重要的启示是:"集",即整体优化。深化基础教育改革、立足于培养模式和教学模式的整体优化，是实现"大师之愿"、培养创新型人才的根本途径。

1. 更新人才培养观念

"集大成"，就是集对历史、现实和未来的思考，集对人才成长和个人体验的思考，集对东西方教育的比较之大成而得出的规律性认识，是教育思想的创新。要更新人才培养观念，就是要充分理解集大成才能得智慧。

第一，全面而不片面。要通过教育过程的整体优化，促进学生素质的全面发展。学生要有广博的知识、高尚的品德、充沛的激情、科学的思维、审美的能力、创新的冲动。

第二，融合而不分割。要使学科知识相互融通的教育目标贯穿于全部教学活动之中，贯穿于师生之间的良性互动、教育评价的综合性与发展性之中。

2. 创新人才培养模式

"得智慧"，创新型人才是长期积累而生成的，教育的任务是为其积累创造生成的条件。必须创新人才培养模式——注重学思结合；注重知行统一；注重因材施教。

第一，要注重学思结合，没有问题是最大的问题。人的一切发明创造都来自好奇心，它不仅会成为学生学习的内在动力，而且会成为具有重大意义的发明或发现的"催化剂"。要改变教师享有话语霸权，而学生失语的现象，倡导启发式、探究式、讨论式、参与式教学，帮助学生学会学习。教师要善于挖掘对话中的新意，创造生成性的教学；应当创设一种使学生产生疑问，并渴望得到答案的学习情境；要增强教学的意外感，使学生不能简单地利用已有的知识和习惯的路径解决问题，这种出乎学生意料的教学极易引发他们的好奇心。

应试教育追求的是学生掌握标准答案，是教到学生没有问题；素质教育追求的是学生提出新的见解和问题，是教导学生能够提出许多新的问题，并进行新的思考。要给学生一个完整思考的机会，是思考而不是简单重复结论，是完整的思考而不是支离破碎，是完整的有创见的思考而不是顺应教师的教学设计。有的学校提出课堂要有三声：掌声、笑声、辩论声，这很有道理。掌声，说明深刻与精辟——有感悟；笑声，说明生动且精彩——有兴趣；辩论声，说明启发与探究——有参与。

总之，教师要鼓励学生大胆质疑，主动发现问题、分析问题、解决问题，保护学生的好奇心，培养学生的兴趣爱好，营造独立思考、自由探索的良好环境。要努力从"接受型教学"向"质疑型教学"转变，构建课堂的"思辨文化"；以问题为纽带，发展学生的发散性思维和批判性思维。

第二，要注重知行统一，解决问题是真正的理解。在人类的全部知识中，显性知识只占极少一部分，绝大部分是隐性知识。隐性知识常常是生成新知识的"催化剂"和"助产士"，是创新过程的重要投入。而这种知识往往只能通过"做中学"才能获得。哈佛大学"为理解而教"的课程，启示我们必须实现学习观的转变：从学习为了"解答问题"到学习为了"解决问题"；从教学是知识的授受，到教学是生命价值和意义的体现。同时必须实现教学模式的改变：从学生的"被教"，到学生的自主学习。要通过设计富有挑战性的实践活动，鼓励学生大胆猜测，在亲身实践和体验中证明或修改自己的想法；增加学生对学习的亲切感，使他们在自主学习中发展自己、提升自我。

坚持教育教学与生产劳动、社会实践相结合。学校要开发实践课程和活动课程，增强学生科学实验、生产实习和技能实训的成效，充分利用社会教育资源，开展各种课外及校外活动。

第三，要注重因材施教，个性化反馈是有效的评价。在推进课改的过程中，比较多地重视课堂教学呈现方式的转变和通用原则的运用，而忽视针对不同学生的情况研究教学。这种方向性引导的偏差使得教师越来越漠视对教育对象差异性的分析。在此背景下，研究学生也就有了特殊的现实意义。关注学生的不同特点和个性差异，发展每一个学生的优势潜能，改进优异学生的培养方式就尤为重要。

教育价值是基于每一位学生独特、个性化的学习体验的。因为教师即使面对许多个学生，也必须学会关注某一个具体的学生的体验。面向全体学生，面向每一个学生。只有当教师能够对所教的学生进行个性化反馈的时候，学生的自主学习才能成为现实，因材施教才能取得实质性进展。

3. 改革人才评价制度

在评价制度改革方面，应加大实验与探索的力度。教育综合改革的一个关键问题是改革评价制度，各级教育机构要根据培养目标和人才理念，建立科学、多样的评价标准，完善多种形式的评价方式，激励每一个学生乐观向上、自主自立、努力成才。

以教育的创新，培养学生的创新精神和创新能力；以打破常规的实验，培养具有打破常规精神的人才；以整体优化的思想指导改革实践，防止在克服旧的片面性的同时产生新的片面性；特别要引导教师深入领会钱学森教育思想，激发改革精神，提升整体素质，这是一切之关键。①

---

① 参见陶西平. "大师之问"与"大师之答"——钱学森"大成智慧学"与基础教育改革[J]. 中小学管理，2013（04）：15—17.
陶西平. 钱学森之问与基础教育改革[J]. 创新人才教育，2014（01）：6—8＋40.

第三节 均衡发展：实现教育的公正与公平

一、义务教育均衡发展的基础与挑战

义务教育是中国的百年梦想。从 1986 年《中华人民共和国义务教育法》颁布实施，到 2000 年初步实现"两基"战略目标，再到 2011 年全面完成"两基"攻坚任务，经过 25 年艰苦卓绝的不懈努力，全面普及了城乡免费义务教育、解决了"有学上"问题的中国，实现了从一个文盲大国、人口大国向教育大国、人力资源大国的历史性跨越。

2005 年，教育部印发《关于进一步推进义务教育均衡发展的若干意见》，第一次将"均衡"作为义务教育发展的指导思想和发展方向。2006 年，新修订的义务教育法提出，"国务院和县级以上地方人民政府应当合理配置教育资源，促进义务教育均衡发展"，第一次把促进义务教育均衡发展上升为各级政府的法定义务。2010 年出台的教育规划纲要更是把推动义务教育均衡发展列为重要内容，明确提出到 2020 年基本实现区域内义务教育均衡发展的目标。国家确立了义务教育均衡发展"总体规划，统筹城乡，因地制宜，分类指导，分步实施"的指导思想。等到 2012 年国务院《关于深入推进义务教育均衡发展的意见》印发，更是为义务教育实现更高水平、更高质量的均衡注入了强大动力。①

————————

① 参见教育部. 义务教育均衡发展的历史新征程——从基本均衡到优质均衡的推进之路[EB/OL]. [2019-12-18]. http://www.moe.gov.cn/jyb_xwfb/s5147/201912/t20191218_412501.html

（一）全面实现九年制免费义务教育

2006 年 9 月起，新修订的义务教育法开始施行。修订后的义务教育法所确定的目标有三个亮点：免缴学费杂费；促进均衡发展；提高教育质量。

义务教育法也明确规定了新阶段义务教育的保障措施：要通过各级政府分担，财政全面保障，以实行免费教育；要强调省级统筹，合理配置教育资源，以促进均衡发展；要加强教师队伍建设，促进教师发展，以提高教育质量。

陶西平认为，落实实施义务教育的保障措施，至少要解决好四个关键问题。一是教育经费分担体制的明确，将分担体制的原则具体化和程序化。二是教育管理体制的落实。特别是省级统筹的责任、规划、方式都有待于解决。三是合理办学体制格局的形成。义务教育阶段的公平，是可选择的公平，应当促进民办教育提供多样化和特色化选择，形成合理的办学格局。四是素质教育体系的建构。实施素质教育是一项系统工程，需要教育者自身转变教育观念，进行教育改革，社会家庭统一认识，创造良好的环境与氛围。[①] 2008 年实现了全国范围内的九年免费义务教育，先农村后城市，惠及 1.6 亿多名适龄儿童。

（二）教育发展差距较大

陶西平梳理了我国义务教育发展不均衡的几种表现[②]：

一是城乡教育质量差距较大。在以地方政府投入为主的教育经费体制下，城乡生均教育经费、生均预算内教育经费、生均预算内公用经费

---

① 参见陶西平. 向着新的更高目标前进[J]. 北京教育（普教版），2006(10)：8.
② 参见第七战略专题调研组，陶西平，袁振国. 加强统筹协调 促进教育公平[J]. 教育研究，2010，31(07)：39－44.

存在明显的差距，教师水平差距更为突出。学校危房主要存在于农村，辍学主要发生在农村，代课教师主要在农村，城乡教育差距成为影响面最大的教育公平问题。

二是东中西部教育发展差距较大。区域教育发展差距突出地表现在教育投入差距明显。2008 年底，在全国尚未实现"两基"的 27 个县当中，有 24 个在民族地区。已实现"两基"的地区基础仍然薄弱。中西部是义务教育阶段代课教师的主要集中地，大班额现象突出，高学历教师比例低于全国平均水平，信息化程度与东部地区相比差距较大，优质高等教育资源偏少，部属高校布局不尽合理，重点高校录取比例偏低。民族地区教育相对落后。

三是义务教育择校问题突出。区域内教育差距最直接、最基本的表现形式是学校间的差距，表现在经费投入、办学设施、师资水平、生源质量等方面。重点学校的生均经费比普通学校高 15％～20％，教职员工工资占经常性经费比重比普通学校低 20％左右。校际差距是人们感受最直接、反应最强烈的差距，特别是部分薄弱学校的存在，成为促进义务教育均衡发展的主要障碍，是城市义务教育阶段择校现象的主要原因。

四是弱势群体公平受教育机会没有得到充分保障。全国适龄流动儿童中仍然有 7％左右的孩子没有受到义务教育，处于无学上的状况。教育质量得不到保障，一部分流动儿童还在办学条件不达标的打工子弟学校就学。由于体制性障碍，在流入地不能接受义务教育后的继续教育。目前贫困生资助体系尚没有覆盖普通高中教育，没有做到"应助尽助"。普通本科院校和高等职业院校资助还需要继续完善资助体系，加大资助力度。残疾儿童教育水平仍落后于普通儿童教育水平。

（三）大班额现象严重

大班额是我国普及义务教育过程中出现的地区性突出矛盾。一些地区的农村由于教育资源总体不足，形成大班额现象，有些发达地区由于优质教育资源不足，大班额现象也十分严重。

陶西平非常关注大班额的问题。出现大班额现象并不只是因为学生的入学高峰，还有其他多方面的压力。经费，尤其公用经费不足，使学校不得不通过扩大班额来节约开支；有编制的压力，现行学校编制是以师生比定编，而不是以班师比定编；有择校的压力，部分办学水平较高的学校，难于抗拒来自各方面的压力，常常要连续不断地接受新生入学，造成超员再超员。

班额和质量之间有着密切的关系，合理的班额是办学条件标准的必要构成因素，保证必要的办学条件是法律规定的政府责任。陶西平认为增加必要的投入，采取多种措施保证实现规定班额，是有办法的，待到学生入学高峰期过去，再对多余资源进行调整、重组，也是有办法的。只不过，这样做，困难一些，费事一些，实际工作中，常常不把人的需要放在第一位，而总是以怎样少给管理者带来麻烦为出发点。于是，在从长远布局着想的堂皇的理由下，学生学习的必要条件被忽视了，被搁置了，被损害了。

陶西平认为，站在新的历史起点上，我国教育改革和发展应当朝着"办好每一所学校，教好每一个孩子"的方向努力。班额问题不解决，教好每一个孩子是很难实现的。

教育部曾多次宣布，到 2018 年，我国中小学将基本消除 66 人以上的超大班额；到 2020 年，基本消除 56 人以上的大班额，大班额问题会基本得到解决。消除大班额，一是统筹城乡义务教育一体化，把"城市挤"和"农村弱"统筹起来考虑，解决"城市挤"问题的核心是增加学位，解决"农村弱"问题的关键是办好教学点、寄宿制学校，提高教学质量，稳定部分生源。此外，还要按照各省市县政府设定的消除大班额的规划，建立工作台账，督促落实各项政策措施，确保目标如期实现。

陶西平强调，即使实现了消除大班额和超大班额的目标，我们离国家发布的办学条件标准规定的班额也还有很大差距；即使达到办学条件标准规定的班额，我们离发达国家的班额标准也还有很大差距。但只要近期的目标能落实，就前进了一大步。①

(四)正确认识义务教育均衡

陶西平认为"均衡"和"发展"是有区别但又不可分割的两个维度。均衡是相对的，发展是硬道理。均衡发展既是义务教育发展的原则，又是当前义务教育发展的目标。实现教育公平首先必须立足于教育发展，是在发展过程中逐步实现基本教育公共服务均等化。既要防止盲目追求忽视公平的发展，也要防止盲目追求失去发展的公平。

推动义务教育均衡发展必须坚持从各地区实际出发，全面、协调、可持续发展的原则，处理好几种关系：

第一，均衡与目标的关系。中国是一个大国，地区经济社会发展的不平衡性，历史形成的教育发展基础的差距，决定了不可能在短时期内消除全国范围内的教育水平差距，在区域内实现基本均衡应当是未来十年可行的目标。

第二，均衡与投入的关系。加大投入是实现均衡发展的资金保障，

---

① 参见陶西平. 有学上、上好学与都上学[J]. 中国教育学刊，2009(01)：3.
陶西平. 紧抓落实 刻不容缓[J]. 中小学管理，2018(07)：60.
陶西平. 正视"大班化"走向[J]. 北京教育(普教版)，2004(05)：12.

各级政府应当有明确的促进均衡发展的预算，并切实落实政策倾斜。各地区特别是不发达地区，区域内筹集义务教育均衡发展的资金有难度，应当通过上级的专项资金和转移支付予以支持，同时也应当拓宽社会资金和发达地区支持的通道。

第三，均衡与标准的关系。缩小地区内学校之间水平的差距是群众最为关注的问题，难以在未来十年使所有学校都达到现在高质量学校的水平。但是，应当根据国家的规定制定符合地区实际的办学条件标准，使所有学生都能进入符合办学条件标准的学校就读，从而实现分阶段推进教育公平。

第四，均衡与差异的关系。均衡不是没有差异，缩小差距不是消灭差异。相反，差异是实现均衡的重要途径。除了对困难地区和人群实行倾斜政策的差异外，不少国家通过推动薄弱学校的特色发展，使薄弱学校形成某一领域的相对优势，从而真正提高社会声誉，实现跨越式发展，并保持了学校之间竞争的活力。这种经验有助于转变均衡就是无差别的陈旧观念。

第五，均衡与选择的关系。均衡不是否定选择，可选择是公平的重要内涵。当前，在我国推进义务教育均衡发展的过程中，由公共财政举办的公办学校，坚持基本教育公共服务均等化无疑是必要的。因此，在支持公办学校办出不同特色的同时，应当鼓励和扶持少数民办学校办出水平，办出特色，从而满足家长和学生更多的自主选择的需求。[①]

二、义务教育均衡发展：公平、优质、选择、活力

在通过基础教育的均衡发展实现社会公平的过程中，必须处理好公

[①]　参见陶西平. 树立科学的均衡发展观[J]. 中国教育学刊，2010(07)：3.

平与优质、公平与选择、公平与活力的关系。摆在我们面前的任务是要寻找兼顾公平、优质、选择与活力的教育优质均衡发展的思路。

公平与优质的关系。既不能单纯追求不公平的优质，也不能追求低水平的公平。优质与公平的结合应当统一在达到办学要素的要求，即达到阶段性的办学条件标准和师资配备标准的要求之中。在优质发展过程中求公平，在公平发展过程中求优质。

公平与选择的关系。公平是人的基本权利，选择也是人的基本权利。应当创造可选择的公平，而不是剥夺选择的公平。向公民提供公平的受教育机会是政府的义务，但不意味着公民必须而且只能接受政府提供的这种机会，有条件的公民也应当有选择其他受教育途径的自由。

公平与活力的关系。教育的公平不是教育的"大锅饭"，不是"千校一面"。学校之间通过竞争，相互吸收，相互借鉴，共同发展，才能不断提高教育水平，才能使教育事业充满生机与活力，才能主动适应中国特色社会主义事业发展的要求。

(一)政府增加教育投入是推动教育均衡发展的根本保证

政府增加教育投入是推动教育优质均衡发展的根本保证，公共教育资源应该向困难地区和困难人群倾斜。

1. 优先增加教育的投入

教育发展规划的实施，教育培养目标的实现，都需要必要的条件。诸多条件中最重要的是校舍、设备和师资，必须优先扩大教育的投入。陶西平任北京市教育局局长期间正值北京市义务教育"两基"验收，北京市发展教育，保证资金投入，以政府拨款为主渠道，并在政策上、体制上予以保证。在教育投入不断增加的同时，重视提高投入效益问题。① 在他担任国家教育督学，对全国其他省份尤其西部地区的义务教育实施情况的督导检查中，也始终关注教育经费"三个增长"以及农村教育经费落实情况。

2. 先制定办学条件标准，再狠抓落实达标

办学条件的差距是学校发展非均衡状态的重要标志之一。因此，制定一部好的办学条件标准，作为各级政府推进教育均衡化的依据，以使各类学校都达到办学条件标准的要求，是将均衡化的理想化为现实的重要途径。陶西平任北京市教育局局长期间，北京市确定增加教学设备的原则是："按需配备，分类达标"，即根据教学需要配备，分类分层次逐步达到标准。以实现办学条件达标为动力，促使北京市于 1993 年在全国率先实施了九年义务教育。2000 年之后北京市根据现代教育的理念对学校办学条件的新要求，又制定了新的办学条件标准。

陶西平认为办学条件标准只是对举办新学校或改善原有学校的办学条件提出的一种要求，关键在于执行。一是刚性和柔性的结合，规定达标期限，制定达标措施，明确达标责任，分类指导、分阶段实施。二是共性与个性的结合，办学条件标准是对学校校舍与设施的共性要求，不是对学校校舍与设施的布局设计，在重视共性要求的同时，特别要强调与学校文化建设相一致的个性，把落实办学条件标准的过程，始终看成是形成百花齐放的学校格局、推陈出新的发展态势的过程。②

3. 先抓住重点、难点，再带动全面改善

抓住重点，即抓住提高教育质量迫切需要的重点设备，先做到雪中

---

① 参见陶西平. 增加教育投入 重在提高效益[J]. 中小学管理，1993(01)：4—9.
② 参见陶西平. 教育优质均衡发展的重要保证[J]. 教育科学研究，2004(02)：5—6.

送炭。这些重点设备，一方面是教学需要的常规设备，另一方面是提高教育教学质量非有不可而学校又一时难以解决的先进设备，都必须优先安排。雪中送炭还必须突出难点，抓住普及义务教育的难点地区——山区。陶西平任北京市教育局局长期间，对难点地区做了一系列的努力。比如，集中力量解决发展山区寄宿制小学问题，减少乃至消灭单人岗位，以适度的规模保证教育质量的提高。针对山区办学条件差，教师面临工作、进修、生活等诸方面的困难，采取一系列措施，促进山区教师队伍的稳定。再比如，为边远山区小学更新课桌椅，配备适于山区教学的教具柜和电教箱。这些措施对提高山区教育质量起了重要的促进作用。① 这些也成为了他在全国义务教育督导调研中重点关注和呼吁解决的问题。

(二)合理调整学校布局是促进基础教育均衡发展的重要方式

合理调整学校布局是促进基础教育均衡发展的重要方式。陶西平强调这种调整应当避免只重形式而忽视实效的盲目性。

一方面，先制定调整布局规划，再投资兴建校舍。教育基本建设是一项大的基础工程，需要很大的投入。兴建校舍是百年大计。首先应该考虑的是布局合理，规模适度。这样，才能使有限的投入更充分地发挥办学效益。北京市在组织修建校舍的工作中坚持"合理布点，适度规模"的原则先调整布局，然后再对修建校舍进行投入。在城近郊区中小学调整布局、改扩建校舍的同时，远郊区县、近郊区的农村地区也开始对中小学进行学校布局调整、适度规模办学和兴建校舍的工作。

另一方面，合理调整学校布局意味着根据城镇化建设规划、学龄人口变化趋势、教育资源布局及交通、环境、地形地貌等实际情况，制定

① 参见陶西平. 增加教育投入 重在提高效益[J]. 中小学管理，1993(01)：4-9.

学区建设规划，做到学区内学校布局合理、规模适度，所有适龄儿童都有明确的学区。①

（三）县域义务教育均衡：筹一笔钱，办三件事

义务教育均衡发展既是“两基”的后续工程，又是新的历史阶段提高义务教育总体水平的更高要求。县域内推进义务教育均衡发展正在按照教育发展水平与教育均衡水平并重，入学机会公平与办学条件保障并重，总体目标相同与承认区域差异并重，量化评估标准与质性评估标准并重，指标体系评估与群众实际感受并重的同样原则稳步进行。

2000 年之后，陶西平参与了推进国家义务教育均衡发展的相关工作。通过全国范围内的督导调研，他认为推进县域内义务教育均衡发展的基本思路是：一方面对教育资源存量进行整合与再分配，另一方面对教育资源增量通过政策倾斜合理配置。陶西平认为县级政府推进义务教育均衡发展，最主要的是：筹一笔钱，办三件事。

筹一笔钱。义务教育均衡发展最关键的一项是财政保障，如果没有这笔钱就只能解决存量的再分配，而存量的再分配是很难真正推进义务教育均衡发展的。

办三件事。第一件事，要推进义务学校的标准化建设。第二件事，通过政策倾斜均衡配置教师、设备、图书、校舍等资源。第三件事，着力解决一系列热点问题，如择校。②

县域义务教育均衡发展要防止走过场，陶西平走访了十几个省，发现主要体现出以下四个问题：拉平意识高于问题意识——只重均衡不重发

---

① 参见陶西平. 增加教育投入 重在提高效益[J]. 中小学管理，1993(01)：4—9.
② 参见陶西平. 推进义务教育均衡发展求实效[J]. 教书育人，2012(32)：1.

展；目标意识高于资源意识——只重目标不重保障；量化评估高于质性评估——只重算账不重提高；工具理性高于价值理性——只重检查不重实效。

陶西平认为县域义务教育均衡发展督导评估主要是坚持三个功能——引导、促进、反馈。一是引导县级政府认真分析县情与明确主要任务。简而言之，就是筹一笔钱办三件事。二是促进。促进县级政府认真研究解决县域内均衡发展存在的问题；促进县级政府推动义务均衡发展的保障措施切实到位；促进县级政府创新推动义务教育均衡发展的体制与机制；促进县域内教育面貌切实得到改观。三是反馈。反馈进展情况；反馈典型经验；反馈存在问题；反馈政策建议。

县城义务教育均衡发展要坚持实事求是。陶西平认为一是至虚归于至实，均衡本身是一个虚化的概念，但是最后一定要做实，就是一定要解决实际问题，如果一个地区推进义务教育均衡发展的过程中，最终没有解决当地实际存在的一个或者几个问题的话，那就是虚的。二是至繁归于至简，目前只是评估指标计算这一项就很繁琐，作为义务教育均衡发展的督导，应该在至繁当中最终落到至简，务求取得实效。①

(四)因材施教才是真正的教育公平

教育公平是国家的基本教育政策。陶西平反复提到教育公平应当是

———————
① 参见陶西平. 推进义务教育均衡发展务求实效[J]. 教书育人，2012(32)：1.
陶西平. 扎实推进义务教育均衡发展[J]. 北京教育(普教)，2012(07)：16.
陶西平. 以多元化推进基础教育的均衡发展[C]//. 小康社会：创新与发展——2002·学术前沿论坛文集. 2002：239—243.
陶西平. 以科学的发展观推进教育公平[J]. 基础教育参考，2005(03)：1.
陶西平. 要更加注重教育公平[J]. 基础教育参考，2005(12)：1.
陶西平. 树立科学的均衡发展观[J]. 中国教育学刊，2010(07)：3.
陶西平. 推进义务教育均衡发展务求实效[J]. 教书育人，2012(32)：1.
陶西平. 跨上义务教育均衡发展的新高度[J]. 辽宁教育，2016(04)：22—23.

教育机会的公平、教育过程的公平和教育结果的公平三者的统一。只有面向每个学生、为每个学生发展服务的教育才是真正公平的教育。

机会的公平就是"有教无类"，就是政府通过实现基本公共服务的均等化，以使不同背景的适龄儿童和少年都能有接受相同教育的机会。过程的公平就是"因材施教"，就是要针对不同学生的不同需求和不同特点，进行个性化和差异性的教育。结果的公平就是"人尽其才"，教育者的责任就是使每个学生都能在原有的基础上变得更好，都能达到他能够达到的水平，发挥他能够具有的才能。

办好每所学校、教好每一个学生是巩固提高九年制义务教育水平的追求。陶西平认为简单地提在推进义务教育过程中进行无差别教育，实际上是没有真正领会教育的实质。均衡中的无差别，只能是指办学条件上的差别，而不能指教育过程的差别。学校内部的教育公平要求教师树立"每个学生都重要"的理念。入学机会的公平是最重要的但也是最初步的，学生即使在同一学校里甚至同一班级里学习，也不一定受到公平的对待。那是因为不少学校和教师偏爱一部分学习成绩好，或者其他方面表现好的学生，而使另一部分学生在整个教学过程中被边缘化，很少受到学校和教师的关注与爱心覆盖。因材施教才是真正的公平，既包括基础差的学生，也包括优秀的学生，应该都在他们的基础上创造适合于他们发展的教育，来提高义务教育的整体质量。[1]

(五)多元化办学格局是推进基础教育均衡发展的改革思路

陶西平认为形成以政府办学为主体的多元化办学格局是促进教育优

① 参见陶西平. 陶西平：因材施教才是真正的公平[J]. 成才之路，2009(03)：90.
陶西平. 机会公平之后[J]. 中小学管理，2010(07)：52.
陶西平. 到达最边缘[J]. 教育导刊，2011(01)：1.
陶西平. 为了真正的教育公平[J]. 中小学管理，2008(02)：56.

质均衡发展的改革思路。有助于形成各类学校之间的竞争机制，是兼顾优质、公平、选择和活力的积极尝试。这个思路的要点是：最大限度地扩大教育资源，最大限度地增加公共教育经费，最大限度地节约公共教育开支和合理有效地使用公共教育经费。

首先，要完善促进民办教育健康发展的政策，大幅度增加民办教育在整个教育事业中的比重。其次，要发展混合型的办学形式。公办学校和民办学校之间，可以通过以公带民，以民带公，组成教育集团等形式进行合作。还可以探讨以公办或者民办教育管理公司的形式对公办或者民办学校进行委托管理。同时，要大力发展外向型的教育产业，用于发展中国教育。

公办基础教育的均衡发展策略也是至关重要的。总结历年来的经验教训，陶西平认为大城市的基础教育均衡发展有三条策略应当给予高度重视：

一是分区规划，分类指导的策略。依据地区和学校的实际情况，制定长远的布局调整规划和明确的阶段性目标与实施方案，以各类学校均分期分批达到办学条件标准和师资配备标准为重点，把均衡发展的美好理想化为阶段性的具体任务。二是抓两头带中间的策略。既注重加强基础薄弱学校建设又注重发挥优质学校优势，促进中间学校发展的策略。以逐步扩大优质教育资源规模为基础，通过布局调整，带动公办学校整体水平的提高。对近期无法调整的基础薄弱学校，特别是办学条件很差，甚至尚有危房存在的学校，也必须优先解决存在的问题。三是突出主要矛盾的策略。大城市教育非均衡发展的突出矛盾是贫困人口、流动人口以及其他弱势人群子女入学的问题。应当重点搞好扶危济困，以保证他们的学习机会。

这种兼顾公平、优质、选择与活力的发展思路，当然是一种愿望。为了推动多元化格局的形成，必须从以下方面着手。

首先，要强化基础教育均衡发展的意识。其次，要进一步解放思想，树立只求所用，不求所有的观念。应当把发展作为第一要务，从总体上是否对发展有利来权衡利弊得失，一切有利于发展的，就应当予以支持。同时，也应当破除"非公即私，非私即公"的观念，实践证明混合型、合作型的教育，同样可以具有很强的生命力。最后，要切实转变政府的职能。政府以及教育行政部门，要由办学校，转向管学校，进而转向服务于学校。不分亲疏、平等地为各种类型的学校服务。创造一个各类学校相互竞争，共同发展的平台。

经过努力，可以期望：学前教育形成以民办教育为主体的多元化格局；义务教育形成以公办教育为主体的多元化格局；职业教育形成以民办教育和混合型教育为主体的多元化格局；普通高中教育和普通高等教育形成多种办学形式并存的多元化格局。如果办学体制多元化的格局形成了，一有利于实现公办教育的公平发展；二有利于提高公共教育经费的使用效益，扩大优质教育资源；三有利于向公民提供多种选择的机会；四有利于形成竞争机制，激发学校的活力。

三、农村教育问题：城乡教育一体化

全面建设小康的重点在农村，难点也在农村，而关键在于提高农民的素质。农村地区的教育，特别是基础教育至关重要。我国城乡教育差距的突出矛盾是农村教育发展的相对滞后，尤其是中西部农村教育与城市教育差距较大。缩小城乡教育差距需要从城乡一体化的战略要求出发，统筹城乡教育发展，要在政策和制度设计上向农村倾斜，在公共教

育资源配置上优先保证农村教育发展的需要，逐步提高农村教育水平。建立城乡教育一体化的体制机制，逐步统一城乡生均教育经费标准、教师编制标准和办学条件标准，采取妥善措施全面解决农村代课教师问题。全面提高农村教师工资和福利待遇，以增强农村教师职业的吸引力。

(一)全面推进农村教育综合改革

陶西平担任北京市教育局局长期间，主抓农村教育问题的思路是"农村教育综合改革"，一手抓发展，一手抓改革。一是突出教育目标为社会主义经济建设的服务性；二是突出政府部门的统筹性；三是突出抓各类教育的渗透性，打破部门所有；四是突出改革措施的配套性。

农村教育综合改革，关键在"综合"上下功夫，在提高效益上下功夫。第一，根据经济发展的需要，明确教育总体目标，确定教育的具体目标，其中包括各类教育的发展目标和发展水平。第二，制订全面调整学校布局的计划。否则的话，盲目投入、重复投资，效益很差。第三，厘清各项改革的思路。第四，政府各部门制定配套政策。这个需要政府统筹，教育部门做不到。第五，建立考核与评估制度。

推进农村教育综合改革的关键有四点：第一，解放思想。政府部门首先带头解放思想，树立大教育观念。使各个部门都共同来关心、考虑教育的发展，教育本身又能够为整个的经济发展服务。第二，加强领导。农村教育综合改革关键在政府，只有政府部门牵头才可能实现统一的规划、布局、制定配套政策、厘清改革思路。第三，继续增加教育投入。第四，重视教科研工作。把研究跟指挥结合在一起。①

---

① 参见陶西平. 全面推进农村教育综合改革[J]. 中小学管理，1993(03)：11—13.

(二)为农村教育的发展提供体制保障

陶西平在全国各地参与义务教育"两基"验收和均衡发展状况调研的过程中,始终关注农村尤其是西部和偏远农村地区的教育问题,强调要进一步加强对农村教育体制的研究,其中最为重要的是农村教育的投入体制和管理体制。发展农村教育的瓶颈在于经费,要巩固和完善以县级政府管理为主的农村义务教育管理体制,完善农村教育经费的投入体制,为农村教育的发展提供切实的保障。一方面,从体制上明确各级政府的职责以及应当承担的法律责任。另一方面,进一步规范转移支付,做到经费拨付到位。

我国实施九年义务教育取得了举世瞩目的成绩,但陶西平在调研中发现,西部某些地区"普九"任务依然十分艰巨。由于学校办学条件较差,教师队伍不稳定,公用经费不足,再加上教学内容不完全适合农村地区发展的需要,教学质量也难以保证。部分农村初中辍学率居高不下。农村富余劳动力在城乡之间双向流动就业,是增加农民收入和推进城镇化建设的重要途径,而农村教育无论是在提高基础素质还是培养专业技能上,都存在很大差距。加快农村教育事业的发展与改革,已成为十分紧迫的任务。随着社会主义市场经济体制的完善和城乡一体化步伐的加快,要大力推进农村学校的教育教学改革、办学体制改革、中小学人事制度改革、"农科教结合"和"三教统筹"的综合改革,还要统筹城市优质教育资源支援农村,促进城乡协调均衡发展。①

(三)城乡教育一体化

1. 城乡教育一体化发展是城乡发展一体化的重要内涵

党的十八届三中全会提出要健全城乡发展一体化体制机制。教育基

① 参见陶西平. 为农村教育的发展提供体制保障[J]. 基础教育参考,2005(01):1.

本公共服务均等化是实现城镇基本公共服务常住人口全覆盖，教育是推动城乡发展一体化的重要支点。

城乡发展一体化的教育综合改革是推进以人为核心的城镇化的基本途径，应该包括三个方面：其一是城乡教育均衡发展，解决发展均衡的问题；其二是农业转移人口市民化，解决公共权利均等的问题；其三是城镇化与新农村建设协调推进，实现协调。在这里义务教育的均衡发展是一个关键问题。

2. 促进城乡教育均衡发展

首先，明确实现区域均衡发展的阶段性目标。陶西平认为"均衡"和"发展"是有区别又不可分割的两个维度。往往公平高的地区不是发展水平高的地区，而是发展水平低的地区；教育非常发达的地区，它的公平性不高。而教育发达地区的话语权多，所以教育发达地区的公平性问题容易形成热点、容易引起关注。而实际教育公平的最大难点地区，往往没有什么话语权，不会成为热点。这就是我国教育热点和教育重点的矛盾。既要关注热点，但更根本的还是重点问题的解决。

其次，"建立健全义务教育均衡发展保障机制"。促进均衡发展要有对教育资源存量的整合，但更重要的是对教育资源增量的合理配置。只解决存量之间的协调，而不把重点放到增量的政策倾斜上，那么教育的均衡问题还是很难解决。陶西平认为建立保障机制的关键应做到：第一，统一基本标准。办学条件标准、生均经费标准、师资配备标准，标准的统一是城乡一体化的一个依据。第二，政策倾斜。向农村地区、贫困地区的倾斜。财政公平并非是完全公平，如果国家按照统一的标准分配是不行的。因为历史原因形成的差距太大，所以需要加大政策倾斜力度，事实上国家现在也是这样做的。第三，创新协作模式。城市地区优质学校对农村地区基础薄弱学校的支持。各地在实践中创新了多种协作模式,如利用信息技术发展开放教育平台、学区化管理、干部教师流动、捆绑式发展、集团制模式、委托管理等,但应注意的是虽然协作模式很重要,但不是解决问题的根本办法。

最后,抓住一个关键。就是使区域内所有学校达到办学条件基本标准。陶西平认为关键问题不在指标而是必须真正达到基本的办学条件。

陶西平还特别强调,热点应该关注,比如发达地区的择校问题,但重点问题是"短板",贫困地区学校是我国教育事业发展的"短板"。治贫先重教,发展教育是减贫脱贫的根本之举。改善贫困地区义务教育薄弱学校基本办学条件,不让贫困家庭的孩子输在成长"起点",既是守住"保基本"民生底线、推进教育公平和社会公正的有力措施,也是增强贫困地区发展后劲、缩小城乡和区域差距的有效途径,关乎国家长远发展。[①]

3. 城乡教育一体化发展的区域经验

陶西平基于成都城乡教育一体化发展取得的经验与规划,认为推进城乡教育一体化发展的关键,一是公平和发展的关系,怎么样处理好公平和发展的关系;二是目标和制度的关系,现在目标都说得很明确,但制度的建设并不一定和目标相统一,很多制度自身都可能变成实现目标的障碍;三是规划与投入的关系,规划都很清晰,但很多情形是,不管最后是否完成,只要规划了,都算是完成了的。

推进城乡教育一体化发展,首先,要加强顶层设计,统筹规划,合

---

① 参见陶西平. 对城乡教育一体化与城乡发展一体化的思考[J]. 教育与教学研究,2014,28(04):2—6.

理布局。根据城乡一体化发展的需要，统筹发展目标、发展规划、发展资源，统筹实施步骤。将解决入学机会和提高教育质量统一起来，"机会和质量同等重要"，不是入学就好，最终目标是要实现均衡水平与发展水平的统一。

其次，充分估计可能遇到的问题与挑战。例如，部分地区小学入学高峰到来时的学校容量，学校不够的问题该怎么解决。再如，大班额和超大班额的持续存在和扩大趋势的问题解决不了，连基本的教育质量都很难保证，更不用说个性化教育了。再一个问题是城市免试就近入学与随迁子女入学办法的制度碰撞。要充分估计到这些问题，才能想办法来应对。

再次，科学评估区域教育均衡发展水平。一是在重视教育存量整合的同时，将着力点放在引导教育增量的政策倾斜上。协作模式的创新非常重要，但一讲均衡发展就是协作模式，没有增量的话，解决不了均衡发展的根本问题。二是地区与学校之间的实际差距是动态过程，是由不均衡到均衡的反复过程。应该防止以追求缩小差距而影响积极、健康发展的情况发生，这是发展和公平协调的问题，发展还是硬道理。三是均衡水平的测定应以评估体系和基础数据为依据，基础数据的真实性问题需要注意。

最后，大胆创新教育体制。大胆创新，进行体制探索，从地区实际出发，推进教育存量的资源共享和相互促进的多种模式。

陶西平认为："城乡教育一体化发展是城乡发展一体化的重要部分，是实现社会公平的基础，要注重改革的系统性、整体性、协同性，促进城乡教育的一体化发展不断取得新进展。"①

---

① 陶西平. 对城乡教育一体化与城乡发展一体化的思考[J]. 教育与教学研究，2014，28(04)：2—6.

四、流动儿童教育问题:教育行政决策的困境

流动人口子女的教育问题是当前推进均衡发展遇到的最大难题之一。"流动人口给农村教育带来的问题是,学校布局调整后,办学条件大大改善,但由于有些农村变成了"空壳村",学校就变成了"空壳校"。而城市地区目前财政预算中的教育拨款基本上是按照户籍学生数计算生均教育事业费和生均公用经费,学校办学条件和师资配备也是按照户籍人口数进行规划的,流动人口子女入学问题缺乏明确的经费保障,突破了原有规划,产生教育资源的供求矛盾。"①陶西平系统阐述了我国流动儿童问题的独特性、政策困境,以及可以选择的出路,呼吁给弱势地位的孩子更多一些偏爱。

(一)当前我国流动儿童教育政策的公正性和实效性问题

1. 户籍制度及区域经济社会发展对流动儿童教育的影响

户籍制度在相当程度上制约着流动儿童教育政策的制定。近年来,由于流动儿童数量的不断增加和公众对户籍制度改革进程的关注,人们对流动儿童教育区别对待的公正性的质疑也在增加。流动儿童教育政策的公正性实际上是以户籍制度的公正性为基础的。

2. 大城市、特大城市流动儿童教育问题的特殊性

由于各地流动儿童教育政策不完全一致,所以教育公正效果也是有差别的。

只要共同居住在一个城市里就应该享受同城待遇。这种待遇在部分中小城市现在已经可以实现。但大城市和特大城市同城待遇的实现还需

① 陶西平. 树立科学的教育公平观——学习胡锦涛总书记在全国优秀教师代表座谈会上的讲话[J]. 中国教育学刊,2007(10):1—4.

要一个过程，流动儿童入学还存在困难。第一步要解决义务教育阶段的同城待遇问题。国家目前采取的"两为主"政策，以流入地政府管理为主，以公办学校接收为主，就是试图缓解同城待遇方面的矛盾。第二步要解决义务教育完成之后继续享受同城待遇的问题。也就是，高中阶段教育一直到高等教育，都应该以流入地为主来解决，以最终实现更加完全的公平公正。这种公平公正，就是指对所有人，都要保证他们平等地接受教育的权利。

3. 我国城乡发展存在差异的教育后果

流动儿童产生的原因比较复杂。一种是父母进城务工以后子女随迁；另一种是为了让子女接受更好的教育，举家迁居进城。归根结底是由于城市地区的教育水平比农村地区的教育水平高。这是造成流动儿童教育问题的根本原因。要用缩小城乡教育的差距、加强留守儿童关爱体系的建设、推动教育的均衡发展来缓解这种矛盾。

4. 城市地区流浪儿童的教育问题

在一段时期，流动儿童里还有一个特殊群体，就是流浪儿童。这部分儿童生活没有保障，基本上靠乞讨、偷窃或其他办法来生活，居无定所。对他们来说，上学问题仍没解决。在一般人口统计中，经常统计不到流浪儿童，这也是需要解决的社会问题。

(二)流动儿童教育问题的教育行政决策困境

我国基于流动儿童教育问题的教育行政决策，面临几个制约因素：

1. 传统观念的制约

传统户籍观念形成了一种地域自我保护主义，认为当地的公共财政支出是有限的，主要应该为当地人的生产与生活服务，流动人口应该由户籍所在地财政来保障，包括基本教育公共服务。这种观念忽视了另外一点，就是当地的公共财政实际上包括流动人口在该地区参与劳动而创造的财富，他们享受同城待遇是合理的。这种观念涉及公平、伦理和人权问题，强调的只是以户籍人口为本，而不是真正的以人为本。

2. 社会能力的制约

当流动人口享受同城待遇的时候，城市的负担确实会增加。如北京市有的区，户籍人口和外来人口各占一半，而且需要接受教育的流入孩子的数量还有增加的趋势。也有一些北京以外的地区，专门有中介机构把儿童送到北京来读书，将其称为当地发展的动力，甚至变成了企业运作。所以，不能说人口流动都是合理的。一部分大城市和特大城市确实有一个接纳能力的问题。这种能力固然有财政因素，也有校舍、设施和教师队伍的因素。

3. 政策冲突的制约

政策冲突，指的是国家制定的区域发展规划及相关政策设计，因实际人口数量增加而带来的冲突。例如，中央给北京市规定了规划人口数量，人口规划的制约性与流动人口数量增加难以控制之间，会发生冲突。如果一些教育水平较高的大城市完全放开流动人口子女入学，可能会与控制大城市人口数量的政策发生冲突。这两个政策之间怎样找好结合点，是决策难度较大的问题。所以，要制定阶段性目标，使热点问题得到缓解，同时，随着城市发展的进程使政策逐步趋于协调。

4. 区域教育发展水平的差异导致教育行政决策面临道德困境

有专家认为，人口向大城市聚集的重要动因之一是区域教育发展水平不均衡。教育政策越开放，这种聚集的速度就越快。只要城市化步伐加快，新农村建设就会遇到新的难题。县城地区将高中、初中都建在县城，这样就在驱动人口向县城集中。当农村地区没有较高水平的教育中心的时候，社会主义新农村的建设也是有难度的。这也造成决策上的难度。所以，不能简单以公平作为唯一尺度来解决问题。我们是在历史已经形成不公平的现状之下来推进公平的，不能用简单的办法来解决如此复杂的问题。

(三)决策突破伦理困境的出路选择

1. 道德与利益的关系不是简单的非此即彼的冲突关系

决策冲突永远是管理者必须要面对的问题，管理者要有充分的认识及一定的道德观念和道德准则，在发展过程中协调各种关系，最重要的是协调不同利益群体之间的关系。当教育成为社会问题时，教育部门自身不可能解决全部相关问题，这就需要由政府来协调。这是对管理者的水平的严峻考验。

当然，现在很难说流动儿童教育问题就是管理者面临的局部利益和全局利益的冲突问题；也不能简单地将管理者的决策所面临的问题说成是局部利益与公平正义的冲突。更重要的是如何协调好两者的关系，因为将利益与道德完全隔开很难。更大的难题是既不能简单地考虑局部利益而牺牲全局利益，也不能简单地考虑全局利益而牺牲局部利益，关键是怎么权衡好这些关系。这确实要靠认识水平，也要靠管理能力，管理的复杂性就体现在这里。

2. 明确我国教育行政决策伦理的核心价值

明确教育的核心价值是当前教育行政决策面临的最大的问题。我国教育的核心价值，应该是公平、质量和活力。就是说，教育公平是国家的基本教育政策，提高教育质量是教育工作的核心，建立一个具有活力的教育体制是重要的保障。

3. 流动儿童教育问题的政策出路

教育行政决策的伦理困境永远都会有，只不过表现形式不同而已。教育决策要走出伦理困境，需要划分各级政府的责任，进行分层决策，开展政策实验，理顺中央与地方教育决策的关系。流动人口在子女教育同城化待遇问题上，受到户籍制度、传统观念、城市承载能力的制约。这三个制约都不能不考虑。

第一个方面，加快户籍制度改革，是身份保障；包括全面放开建制镇和小城市落户限制、有序放开中等城市落户限制、合理确定大城市落户条件，但是严格控制特大城市人口规模与社会呼吁特大城市也应该放开又不太一致。所以"公平和发展"在今后相当长的一段时间内还是难题。

第二个方面，推进城镇基本公共服务常住人口全覆盖，是权益保障；虽然现在已在推进，但是对于常住人口入学的限制问题仍然是个大问题。如果门槛特别严的话，这个制度也是很难落到实处的。

第三个方面，增强城市的综合承载能力，是物质保障；现在城市病也到了非解决不可的时候，这其中最重要的是"事权和支出责任相适应"，特别是"建立财政转移支付同农业转移人口市民化挂钩机制"，如果能从体制上突破的话，可能会解决得好。因为有的地区外来人口入学已经占到了这个地区一半以上，甚至达到 60％。而财政体制没有跟上，如果这两者能挂钩，可能相对会好一点。

(四)给弱势地位的孩子多一点偏爱

陶西平通过介绍安徽合肥包河区在推进教育均衡发展中针对流动人口子女教育建设示范学校的宝贵经验，传递了自己的理念：在推进教育均衡发展的过程中，把重点放在扶植薄弱学校和弱势群体上。没有对薄弱学校的倾斜，就不可能改变长期以来形成的教育的非均衡状态；只有对薄弱的地方多倾斜一点，对处于弱势地位的孩子多偏爱一点，才可能真正推动教育的均衡发展。

当各地对流动人口子女的教育问题一般都还停留在为这些学生提供一个就读的机会上时，合肥包河区把流动人口子女定点就读的学校作为高水平、高质量的学校来建设。这所学校有比较好的办学条件和比较优秀的师资队伍，有很浓郁的人文氛围，有针对流动人口子女的教育科研课题。学校通过努力，实现了大幅度的教育增值。

由于学生构成具有特殊性，所以教师的关注点很自然地转到研究学生上来。学校全部的教学活动都有着极强的针对性，学校不是一般性地研究课堂教学，而是具体研究课堂教学怎样适应这类学生的需要，学校领导干部通过联系这些学生，研究他们的特点，帮助他们改进和提高。学校还针对一些学生有许多不良习惯的问题，对学生进行有针对性的养成教育。在这里看到了教育的真正意义，就是始终面对学生，帮助学生成长。在这一过程中，教师的教育教学水平也得到了真正的提高。

不少学校把流动人口子女看成是负担，但合肥二十九中把流动人口子女看作形成学校品牌的最好的资源，通过探索流动人口子女教育规律、研究流动人口子女教育特点而形成本校的办学特色。学校也正是通过这项研究取得的成绩而成为全国的名校。这是非常宝贵、值得借鉴的经验。①

---

① 参见陶西平. 我国流动儿童教育问题的制约因素和政策出路[J]. 教育科学研究，2012(05)：5—9.
陶西平. 给他们多一点偏爱[J]. 中小学管理，2009(02)：59.

五、民族地区：政策倾斜的同时应当加强统筹

民族地区教育也有一定的特殊性，陶西平认为从总体上看，教育事业改革和发展的共性已经远远大于特殊性。民族地区教育的改革发展和全国其他地区的教育一样，统筹是前提，条件是基础，教师是关键，投入是保障。

不同民族地区之间的教育发展水平存在差距。推进民族地区教育发展，应当抓住区域和城乡之间教育发展水平差距大这一带有共性的主要矛盾，采取有针对性的举措加以解决，防止民族地区教育发展不均衡问题加剧。

社会主义核心价值观必须成为民族地区学校教育的主流价值取向，学习和掌握国家通用语言文字是每个公民的义务，也是自身发展应当具备的基本条件。民族地区学校教育首先应当体现国民教育的共性，同时继承和弘扬少数民族优秀传统文化，并将其融入学校教育之中，从而保持民族地区的特色，丰富中华文化的宝库，增进各族人民的福祉。

对民族地区教育的发展，在政策倾斜的同时应当加强统筹。一方面国家应当加大对民族地区教育事业的扶持力度，另一方面应当将扶持的重点切实转向连片特困地区、边远牧区和山区，同时还要充分考虑教育布局如何适应城镇化发展的步伐。

要进一步巩固普及九年义务教育的成果，就必须首先使所有义务教育阶段学校达到办学的基本条件。当务之急是通过达到办学基本标准，至少是达到教育部规定的办学条件的底线要求，来促进义务教育的基本均衡发展。

仅有入学机会而没有质量保证的教育不仅难以改变人的命运，也使

教育难以持续发展。因此，应当坚持加强民族地区的师范教育和教师职后培训，改善教师的待遇和生活条件，促进优秀教师向民族地区流动，并且进一步加强发达地区和民族地区之间的教育交流，力求取得提高教学水平的实效。①

第四节　基础教育均衡与优质的统一

一、均衡发展的实质是全面提高教育质量

（一）办学条件是推进教育优质发展的保证

我国教育规模空前扩大，但教育总体供给能力仍然不足，突出表现是优质教育资源严重匮乏。人们对教育的需求已经由能不能接受教育转为能不能接受良好的、优质的教育。

优质教育就是高质量的教育，良好的办学条件是提高教育质量的重要保证，改善办学条件和加强师资队伍建设一样，都是发展优质教育的基础性工作。

陶西平认为，办学条件达到一定标准是教育优质均衡发展的重要保证。制订一部好的办学条件标准，作为各级政府推进教育均衡化的依据，以使各类学校都达到办学条件标准的要求，是将均衡的理想化为现实的重要途径。当然，办学条件标准只是对举办新学校或改善原有学校的办学条件提出的一种要求，关键在于执行。而在执行过程中，陶西平认为应当重视两个问题。

---

① 参见陶西平. 共同放飞中国梦[J]. 中国民族教育，2015(01)：16.

一是刚性和柔性的结合。首先是规定达标期限，其次是制定达标措施，最后是明确市、区县和乡镇政府的达标责任。但是要求所有学校同步达标也是不现实的，应当有分类指导、分阶段实施的柔性与灵活性，以免由于操之过急而欲速则不达。

二是共性与个性的结合。办学条件标准是对学校校舍与设施的共性要求，不是布局设计；是现阶段对现代化学校办学条件所做的必要与可能相结合的阐释，不是现代化学校的最高境界。在重视共性要求的同时，特别要强调与学校文化建设相一致的个性，把落实办学条件标准的过程，始终看成是形成百花齐放的学校格局、推陈出新的发展态势的过程。[①]

(二)只有质量提高才能推动均衡发展

陶西平非常重视提高教育质量，并认为只有质量提高才能均衡发展。他强调，随着义务教育均衡发展取得进展，教育公平已经从入学机会的公平转化为接受保证质量教育的机会的公平，提高教育质量成为义务教育的主题。均衡发展的实质就是全面提高教育质量。

只有提高质量才能适应社会需求。国家对于创新人才和国民素质的高要求必然把提高教育质量放在制定一切教育政策的首要地位。义务教育是基础教育，是终身教育最为重要的时段，必须将提高教育质量作为普及后的最重要的教育目标。

只有提高质量才能巩固普及成果。而且全面普及义务教育成果来之不易，如果不努力提高质量，就难以真正巩固。

---

① 参见陶西平. 教育优质均衡发展的重要保证[J]. 教育科学研究，2004(02)：5—6.

只有提高质量才能推动均衡发展。义务教育的均衡发展，归根结底是质量的相对均衡。而学校的差距主要是教育质量的差距，如果不全面提高所有学校的教育质量，在同一学区内、同一集团内的学校，仍然会存在较大差距。均衡发展不是降低水平以求均衡，更不是稀释原有优质教育资源，其根本途径在于切实提高所有学校的教育质量。

只有提高质量才能实现精准扶贫。少数贫困地区的教育薄弱就在于教育质量低，所有改善贫困地区教育的努力，都应当坚定地立足于教育质量的提高，否则扶贫投入和慈善捐助都难以取得实效，精准的教育扶贫就难以真正实现。

提高教育质量，在教育理念上，要落实立德树人根本任务，把增强学生社会责任感、创新精神、实践能力作为重点任务贯彻到深化教育改革的全过程。必须加强各级领导观念的转变，使他们坚定不移地与中央的教育方针和培养目标保持高度一致，从而保持本地区教育理念的时代性、科学性与先进性，使教育质量的提高有着正确的方向。

在课程建设上，应当明确体现教育目标，兼顾社会与个人学习发展的需求，通过课程改革推进学习变革的进程。改变单纯知识传授的传统方式，使培养能力成为课程改革的主题，教和学齐头并进，将学习者置于中心地位。进一步调整课程框架，逐步走向整体设计，防止各学段之间存在主题、方式、学习环境和课程设置上的分裂，而破坏教育体系的完整性。

在队伍建设上，要加大师资来源、师资水平、师资结构、教师待遇的改革。优秀的教师队伍是提高质量的根本保证。一方面吸引优秀学生进入师范院校学习，加强向薄弱地区定向招生的倾斜，另一方面加强理论与实践的结合，特别是要培养愿意从事教育，愿意到边远地区从事教育工作的人。要形成与基础教育课程改革相适应的教师职前职后相衔接的培养体系，不断提高教师队伍的专业发展水平。进一步提高教师的社会地位和待遇，使教师编制与结构合理，待遇与生活改善，特别是边远地区小规模学校和教学点的教师队伍能够得到保证。

教育评价上，要借鉴发达国家政府通过制定标准、实施绩效问责制、运用评估手段来促进教育质量全面提高的经验，加强对教育质量监测与评估的研究与实践。教育质量标准是教育质量监测框架构建的前提和尺度。实现国家教育质量标准的主途径在学校，要重视对学校教育工作的评价，并使之成为学校自主提高教育质量的听诊器。[1]

(三)县域义务教育的优质均衡发展

县域内义务教育均衡发展不断取得新进展，不少地区已具备向更高水平迈进的条件，优质均衡发展成为工作新重点。

陶西平认为，"乡村弱，城镇挤"是当前县域内义务教育突出的矛盾。历史形成的城乡学校布局和质量差距，已成为县域内进一步提高义务教育均衡发展水平的关键。随着多项义务教育工程的开展，农村地区学校面貌已有很大改观。但与城镇学校相比仍然存在一定差距，个别地区差距比较大，"城镇挤"的矛盾也就相应突出。

他强调，推动县域义务教育优质均衡发展必须增强针对性：

适龄儿童少年完成义务教育是优质均衡发展的根本。要认真对待部分农村地区"读书无用论"思想抬头的动向，一方面农村义务教育应根据地区特点增加实用性内容，不能单纯以应对中考为教学目的；另一方面

---

① 参见陶西平. 均衡发展的实质是全面提高教育质量[J]. 云南教育(视界时政版)，2017(01)：1.

陶西平. 提高质量是义务教育均衡发展的主题[J]. 辽宁教育，2016(10)：8—10.

在城镇化进程中，一些地区应强化地区政府、学校和家长的责任，并加强相应的督导工作。

教育资源均衡配置是优质均衡发展的保证。县域内义务教育优质均衡发展的首要目标，是公共财政举办的学校都应该达到规定的办学条件标准，而目前达到办学条件标准中最重要的是校舍设施、法定班额和乡村教师配备。经过"两基"达标验收和正在进行的义务教育均衡发展的达标验收，这三方面问题的解决都取得了很大进展。但实际上依然存在用"百分比"和"大多数"的达标掩盖长期得不到关注的部分地区和学校的现象。办学条件标准要进一步明确，国颁标准、部颁标准、省颁标准应成完整体系。不同规模学校应有相应标准，尤其是小规模学校和教学点。有些重要条件需要有法定的刚性标准，如班额，目前我国中部地区部分城镇和部分优质学校班额过大已成突出问题。加强乡村教师队伍建设是缩小县域内教育质量差距的关键环节，乡村教师队伍建设已经上升为国家战略。教育部围绕乡村教师"下得去""留得住""教得好"，出台了一系列政策和措施，加强乡村教师队伍建设已成为督导工作的重要任务。

县域内均衡发展的质量目标是办好每一所学校，提高办学水平应以切实加强基础相对薄弱学校的自身建设为重点。质量均衡是动态的，即使在办学条件相同的情况下，学校之间也有质量水平的差距。但需要相互促进、共同提高，进而在缩小差距进程中提高整体教育水平。优质教育资源的形成有文化的积淀，改革推动、经验积累、模式成型等诸多因素，不是简单的物理变化。在进一步发挥优质教育资源辐射作用的同时，必须着力于每所学校的自身建设。[①]

———————————

① 参见陶西平. 义务教育向更高水平迈进[N]. 中国教师报，2017-06-07(10).

二、充分发挥优质教育资源的辐射作用

(一)优质学校的特点

陶西平专门讨论过优质中学建设的相关问题。优质中等教育既指中等教育总体的高水平，又指标志性中等学校的高水平；既指学校校舍、教育设施的高水平，又指教育思想、课程教材、教师队伍、教育管理的高水平，归根结底是培养出来的学生的高水平。优质中学的建设是发展优质中等教育的关键问题。我国有着世界上规模最大的中等教育。但优质中等教育资源的不足，仍然是当前整个教育事业发展的瓶颈之一。我国现有的一批优质中学，是国家宝贵的财富，他们行进在世界优质中等教育队伍的行列之中，毫不逊色。

多数优质学校的共同点是：有良好的校风传统，有较好的校舍设施，有较强的师资队伍，有良好的社会声誉，由此也带来经过选择的较好的生源。由于优质学校大多以先进的教育理念进行着教育的创新，在教育改革中取得了显著成绩，提高了教育的质量和效益，满足了学生发展和社会的需求，因此，成为其他学校学习的榜样，也成为其他学校追赶的目标，带动了整个教育事业向着优质化的方向前进。

优质学校的形成，一般得到政府直接的或政策的扶持，加上历史的积淀和教育的创新，以高的教育质量赢得了良好的社会声誉，形成了知名品牌。优质学校既来自政府的评估，更来自社会的认同。因此，"优质学校"不是永恒的，不能与时俱进的学校，必然会成为优质学校行列的落伍者，而一批本来基础不好的学校或者新建的学校却可以经过努力跨入优质学校的行列。

实践经验证明，以已有的优质学校为基础，逐步地发挥其在理念、

管理、师资以及品牌等方面的辐射作用,稳步地扩大优质教育资源的规模,是实现优质教育均衡化的有效途径。但是,也要认识到优质教育的发展是一个长期的渐进式的过程,不可能一蹴而就。

优质中学应当以先进的教育理念,引领教育改革与发展的潮流。教育理念是学校的灵魂,是一切教育活动的思想核心、理论基点。教育理念具有导向功能、提升功能、凝聚功能、激励功能和稳定功能,优质中学拥有的先进教育理念,一旦成为教育活动的准则、教职员工奋斗的目标,就会产生无穷的力量。先进的教育理念应当站在时代的前沿,既融汇国际先进教育思想,又符合中国的实际,具有中国特色,对于一所学校来说,还应当体现自身的特点。

联合国教科文组织曾提出,中学教育应当承担为高一级学校输送新生、为学生的工作和生活服务、培养负责任的公民、为学生终身学习奠定基础这四项任务。优质中学应当是全面完成中学教育任务的典范,中学教育学习的榜样。创造一流的优质教育面对承担的历史使命,面对现实存在的诸多矛盾,优质中学的校长应当带领自己的队伍为创造更高水平的优质教育而努力。①

(二)要十分珍惜"优质教育资源"

1. 优质教育资源的形成既是历史积淀的成果,又是政策引导的产物

2007年,陶西平撰文《树立科学的教育公平观——学习胡锦涛主席在全国优秀教师代表座谈会上的讲话》,阐述了珍惜"优质教育资源",发挥其促进教育均衡发展的示范作用和辐射作用的观点。他表示,"优

---

① 参见陶西平. 引领教育发展与改革的潮流——关于优质中学建设的几个问题 [J]. 北京教育(普教版),2005(03):4-9.

质教育资源"多指一些名校，这些学校有着良好的校园环境、先进的教学设施、优秀的师资队伍、科学的管理水平，并且通过多年的办学实践，形成了优良的办学传统和良好的校风，从而赢得了社会美誉。当然，由此也使得这些名校有着比其他学校更好的生源。这些名校的存在，对推进教育事业的改革与发展发挥了重要的作用。它们是示范的窗口，实验的基地，培养优秀管理人员和教师的摇篮；它们引领着教育的潮流，激发了竞争的活力，在一定程度上标志着一个地区教育的最高水平。我国的优质教育资源来之不易，这批优质教育资源的形成既是历史积淀的成果，又是多年来政策引导的产物。这种政策符合当时国家的需要。这批学校是先进教育思想的代表，教育改革的典范，培养优秀人才的摇篮，现在，也成为教育均衡发展的辐射源。因此，应当珍惜这批宝贵的财富。

现在，推进均衡发展是教育进入更高层次的发展阶段，但不应当忽视已有的基础，更不应当全面否定原来历史阶段做过的应当做的事情，有些同志把当年重点中小学的建设说成是教育不公平的根源，陶西平认为这是缺乏历史观点的。他强调，如果想要实现保证教育质量的教育公平，就应当充分发挥这批资源的示范作用和辐射作用。政府在推动教育均衡发展过程中，公共教育经费投入的增加是促进教育公平的前提。加大投入以扩大教育资源总量，调整教育投入结构才有实际意义。有些地方政府，只求通过现有资源的再分配，以"削峰填谷"的办法推进低水平的均衡，是不可取的。①

---

① 参见陶西平. 树立科学的教育公平观——学习胡锦涛总书记在全国优秀教师代表座谈会上的讲话[J]. 中国教育学刊，2007(10)：1—4.
陶西平. 用制度保障促教育公平[J]. 辽宁教育，2014(10)：1.

2. 规模与效益的统一：防止优质教育资源"浓茶变淡"

不少地区为了提高优质教育资源的效益，使更多的学生能够在具有优质教育资源的学校里就读，通过名校扩大招生规模、与基础薄弱学校合并、举办不同形式的分校等多种形式，使得名校规模不断得到扩大，产生了很好的社会效果。但陶西平也提醒，应特别注重规模与效益的统一，防止优质资源"浓茶变淡"。他分析认为，通过适度扩大名校规模，来提高教育的效益、满足社会的需求、促进教育的均衡发展，是一个明智之举。

名校之所以有"名"的一个重要原因，是有着与其规模相适应的办学条件。有一位校长幽默地说，名校好像一杯喷香的浓茶，水加多了就变成了淡茶。如果无限制地加下去，就会变成白开水。

陶西平说，教育的均衡发展是要使基础薄弱的学校提高水平，并不是让名校降低水平。我们追求的是积极的"均衡"，绝不是消极的"均衡"。有些地区由于在名校扩招的工作中存在一定的盲目性，某些名校已经开始出现"浓茶变淡"的趋势。名校扩招过程中，还有两点：一是班额过大，无法正常进行教学，更难以因材施教；二是再次选拔，设立重点班，或以实验班名义出现的重点班，使得部分学生又陷入"应试"怪圈。

名校扩大规模应当是一个发展的过程，最重要的是要做好三件事。第一是保证必需的投入，使生均校舍面积、生均教学设施不至于减少，生均公用经费不至于下降；第二是加强管理人员的配备和培养，使学校的管理水平能够适应扩大规模后的需要；第三也是最重要的一点，要大力加强师资队伍的建设，使教师的教育教学水平不断得到提高。名校归根结底还是"有名师之谓也"。陶西平认为这些都是保持"浓茶"香气必须要加的"茶叶"。没有规模谈不上效益，没有效益也谈不上规模，在教育事业的发展过程中，始终要紧紧地把握住规模与效益的统一，始终要十分珍惜"优质教育资源"。①

(三)学区制与集团化办学

1. 对试行学区制的几点思考

为了促进教育公平，各地试行了多种形式的学区化管理模式。这是一种充分发挥优质教育资源的辐射作用、缓解因择校而产生的诸多矛盾的有益探索。陶西平对此也有自己的思考。

他认为，学区其实质是一种校际联盟。现在重提学区化，主要是为了逐步实现小升初规范化，以缓解由择校产生的诸多矛盾；同时，通过学区内的校际合作与教师交流，促进均衡发展。一般的做法是：首先在划分学区时充分考虑各学区之间教育资源的均衡，特别是优质中小学的分布要相对合理；然后，将学区服务的地域范围固化；学区内小学划片就近入学，小升初时，或者小学与初中直接对口招生，或者在学区内实行电脑派位；与此同时，学区内可实行资源统筹使用，教师分批流动，进而形成学区制度与文化的相对统一。

从目前各地制订的方案看，学区化管理有三个难点：

一是学区划分难以均衡。由于历史形成的优质教育资源并不是按地域均衡分布的，因此，学区划分难以与地域划分保持完全均衡。这样就难以满足某些群众对不在其所属学区的优质名校的教育需求。在划分学区时，对相对薄弱的学区，应当给予适度的政策倾斜，以加大投入力

---

① 参见陶西平. 要十分珍惜"优质教育资源"[J]. 北京教育(普教版)，2003 (05)：10.

度，勾画发展远景，平衡公众心理。

二是学区职能难以界定。如果学区只是作为就近入学的范围界定，那么，只要它长期保持稳定，就会有助于学区内中小学的优质均衡发展。但如果赋予学区更多的职能，甚至使其成为一个新的管理层级，则需要防止走机构重叠的老路。一方面，学区没有、也不应该再增加相应的编制；另一方面，要避免学区与地区教委行政管理科室功能重叠、与挂牌督导职责交叉。

三是学区管理难以开放。如果学区化管理只在教育系统内部运行，那么恐怕仍难以让人民满意。建立学校、社区、家长共同参加的学区管委会或者联席会议，听取学区发展汇报，讨论学区工作规划，组织社区群众和家长支持学校发展、担任学校的辅导员和志愿者等，使学区与社区、家长融为一体，应当成为学区化体制建设的新亮点。①

2. 关于集团化办学的思考

集团化办学是在新形势下促进我国基础教育健康发展的有益探索。改革开放以来，我国基础教育领域的集团化办学首先出现的是职业教育集团，而后民办教育集团开始出现，再后来一些地区为了推进义务教育均衡发展，开始进行公办学校集团化办学的探索。现在，集团化办学又进入了一个新阶段，不少地区开始将其作为促进基础教育优质均衡发展、缓解择校热的一种办学体制改革。

陶西平认为，集团化办学与试行学区制总体目标是一致的，但两种模式又有区别。学区制是地区内教育行政治理结构改革的一种探索，而集团化办学则是地区内或跨地区的学校之间的一种合作形式。

①　参见陶西平. 对试行学区制的几点思考[J]. 中小学管理，2014(03)：58.

　　基础教育集团化办学，有同一地区内学校间的校际联合，也有跨地区的学校间联合。联合大多是各校保持独立法人地位，也有几所学校共有一个法人代表。

　　集团化的特点是：优质教育资源的辐射作用得以固化，有利于基础薄弱学校教育水平的提升；集团内的招生范围相对稳定，在就近入学的前提下，学生可以在集团内适度流动，有利于缓解择校矛盾；拓宽学校的教育视野，促进学校的优势互补，校际沟通使信息交流渠道更加畅通，相互促进。

　　集团化办学的目标在于促进学校教育的优质均衡发展。全面提高教育质量是集团化办学的首要目标。集团化不是将集团内的优质教育资源稀释，而是通过多种形式的合作，使集团内的优质学校在充分发挥辐射作用的同时，能够向新的高度攀升，并使集团的整体教育水平都能达到甚至超过原有优质学校的水平，进而实现不低于或高于其他集团和其他地区办学水平的目标，做到内外两个优质均衡发展。集团化办学是一个着眼于均衡发展而立足于提升质量的教育模式，高质量是集团化办学的生命。

　　集团化办学重在校际的联合，但这种联合绝不是将集团内的所有学校都冠以优质学校的名称或者都戴上优质学校的光环，造成所有成员校都已优质的假象，成为给群众的一种精神安慰。优质学校是集团化校际联合的核心，需要承担更多的组织协调的责任。因此，形成相对稳定的合作领域和工作程序，以使集团活动制度化，进而取得整体优化的实效，是集团化办学既不流于形式，又不影响正常的教育教学秩序的制度保证。一方面，集团不是一所大学校，不能事无巨细，都由集团统管。如果名校校长变成了一位大校校长，那么，既不利于发挥其他成员校的积极性，也不利于其自身领导水平的提升。另一方面，集团的合作领域应当突出重点，应把促进各校教师专业发展、教育资源共享和开展教学研究作为主要任务，紧抓不放，不能有丝毫懈怠。

集团化办学需要优质教育资源的引领，这种引领首先体现在教育理念上。要把贯彻国家的教育方针、落实培养目标、服务于集团覆盖地区的群众，作为指导思想，务必取得共识；同时，又不能让集团内的所有学校都完全按照优质学校的模式去办，要尊重各校的发展历史、周边环境和已形成的办学特色，从而使集团内的所有学校都实现共性与个性的有机结合，最终达到"大家不同，大家都好"的目标。帮助基础薄弱学校形成办学特色是使其实现跨越式发展的重要途径。因此，应当形成一种集团文化，其核心是尊重——尊重每一所学校，尊重每一位校长，尊重每一位师生，尊重每一种教育创新，使集团成为和谐共生的大家庭。[①]

3. 办好每一所学校

群众对教育的实际获得感是来自其所接触到的每一所学校的办学水平是否得到提升。北京市通过试行学区制和集团化办学，"办好每一所学校"确已取得重大进展。

学区制与集团化办学总体目标是一致的，都是使优质教育资源的辐射作用得以强化，拓宽学校的教育视野，促进学校间的资源共享、优势互补，提升各类学校特别是基础薄弱学校的教育水平。除了明确划定教育服务的责任区外，最重要的是一批基础薄弱学校改变了面貌，提高了社会声誉。同时，涌现出一批新优质学校，这些学校已经达到或者接近，甚至超过了原有优质学校的办学水平，大幅度地扩大了优质教育资

---

① 参见陶西平. 关于集团化办学的思考[J]. 中小学管理，2014(05)：59.

源。这就在相当程度上缓解了"择校热"。

推行学区制、集团化，最终是为了办好每一所学校。因为教育的终端是学校、教师，而非学区、集团。学区或集团的领导并不是教育教学要求的实际落实者。办好每一所学校，是提高教育质量的根本保证。因此，在学区制和集团化的推进中一定要不忘初心，那就是为了让每一所学校都办得更好。

要让优质学校寻求改革理念和实践的新突破，涌现出更多新的优质学校；要使更多学校提升办学水平，彻底改变基础薄弱学校的面貌。也只有办好每一所学校，才是教育优质均衡发展和最终缓解择校矛盾的关键。深化学区制和集团化改革，必须充分发挥学区和集团的既有优势，抓住为办好每一所学校服务这一主题，把主要精力、财力、物力放在办好每一所学校上，防止学区和集团功能异化。因此，首先要"精准扶弱"，有计划、有步骤地加强基础薄弱学校建设，并防止新的薄弱学校出现。

教育行政部门应当对辖区内的教情做深入分析：究竟还有多少所基础相对薄弱的学校？这些学校主要存在的问题是什么？是办学条件、学校管理、教师队伍，还是学校文化？然后，制定一个改变基础薄弱学校落后面貌的阶段性目标，每年重点扶持几所，争取数年后全面改观。学区或集团要制定规划，发挥体制和机制的优势，以实现这一阶段性目标为工作重点，做出新成绩，推出新典型，创造新经验。关注学区和集团自身的建设当然是必要的，但归根结底，检验学区或集团办学成败的标准，应当是它是否将其所辖的每一所学校办得更好。学区和集团的建设必须服务于这一目标。①

---

① 参见陶西平. 办好每一所学校[J]. 中小学管理，2018(02)：60.

(四)示范性高中示范什么

1. 追求人品与学识同步卓越

高中的教育质量既关系国民素质的提高，又关系创新人才的培养，对我国创新型国家的建设至关重要。陶西平认为提高普通高中的教育质量首先遇到的是质量观的问题。人们习惯于用高等学校入学考试的成绩来判定学校和学生的水平，但同时也认识到只凭一纸考试有片面性，而高等学校招生方式的变革又只能是一个渐进的过程。因此，在相当长的时间里，将实施素质教育和应对高校招生考试对立起来的观念，给教育工作者带来极大的困惑。经过近年来的实践，人们逐渐认识到，单纯追求升学率会影响人的全面发展，但也不应忽视以科学的方法努力提高教学水平和学习质量。于是，一批学校提出了追求人品与学识同步卓越的口号，作为普通高中深化教育改革、全面推进素质教育的方向。他们在正确的理念指导下，努力探索提高学生学业成绩和全面提高学生素质相结合的途径，取得了真实和可喜的成效，把这个本来不应对立而又长期处于对立状态的问题在教育实践中统一起来。体现了一种新的思考，一种新的突破。[①]

2. 探究自身特色发展道路

二十世纪九十年代后期国家教育行政部门提出建设一定数量的示范性高中，并制定出示范性高中标准，推动了地区高中建设并进行高中阶段教育的规划和布局调整，建设一批具有一定规模办学条件的较好高中学校，促进部分初中与高中的剥离，从而加快了独立的义务教育体系的

---

① 参见陶西平. 人品与学识同步卓越——高中教育的理性追求[J]. 基础教育参考，2006(01)：1.

形成。

2000 年之后重提这一话题，原因可能在于：一是义务教育在全国范围普及以后，自然会延伸到对高中教育的关注；二是集中相当一部分财力，建设个别示范高中学校，特别是"豪华"学校的做法，引起各界对保证教育公平的忧虑；三是一些被命名为示范高中的学校单纯以提高升学率为目标采取了片面的违背教育规律的做法，造成社会强烈的不满。重提这一话题，反映出普通高中教育在功能定位、办学类型和发展方式上面临的共同困惑。

陶西平认为，当前需要调整好三方面的基本关系：一是在教育功能上，基础性与选向性的关系。高中教育仍然是基础教育，但不同于义务教育，不是专业教育，但是专业选择的准备阶段，因此是教育的基础性和选向性紧密的结合。二是在办学类型上，一般性与特殊性的关系。普通高中应当有共性目标，但学生在不同方面才华的差异、学习能力和水平的差距已经显现，适应这种差异和差距，普通高中不宜只办成一种类型。三是在发展方式上，规范性与自主性的关系。国家应当对普通高中提出规范化的要求。但这种要求应当是使高中学校达到规定的办学条件，形成良好的教育秩序，保证高中教育的健康发展，绝不应当是建立一种统一的办学模式。学校必须形成自己的特点，才能具有办学活力，才能创造学校的品牌。特别是高中这一特殊学段的教育，赋予学校更多的办学自主权，发挥学校探究自身发展道路的主动性尤为重要。

基于上述认识，示范性高中示范什么？陶西平认为，首先应当进行基础性与选向性相结合的教育功能示范，而非片面的"双高"层面，即办学条件的高标准和升学率的高指标。其次，应当进行一般性和特殊性相结合的办学类型示范，不应将示范性高中固化为一种模式，要为不同类型、不同水平学生的发展搭建平台，形成多种类型学校共同发展的格局。同时，应当进行规范性与自主性相结合的发展方式示范，不应当使示范性高中成为一种统一标准、统一评估、统一命名的标准化模式，而应当加强现代学校制度建设，充分发挥学校自主办学的能动性，使高中学校在达到相应标准的同时，形成自身的特色，从而自下而上不断涌现可以发挥示范作用的学校。

示范高中是一笔宝贵的财富，为拓展优质教育资源、促进均衡发展奠定了基础。现在有必要也有条件将建设示范学校和全面提高地区各级各类学校的教育质量统一起来。示范高中应当打破自成一统的封闭状态，通过充分发挥理念、教师和设施的辐射作用，实现地区内的优质资源共享，带动并促进地区整体教育质量的提高。①

3. 深化高中教育改革的四个关键点

高中教育改革是对现实高中教育理念、内容、方式、评价的变革，陶西平认为，高中教育改革有四个方面的关键点必须引起高度重视：

重视高投入，更要重视高效益。教育投入是教育事业发展的基本保证，投入增加，但不一定提供了安全的学习环境、不一定创造了具有特色的教学设施、不一定取得了提高教育水平的实际效果，要关注教育投入与产出的关系。国家应该将工具理性和价值理性统一起来，将均衡水平和质量水平统一起来，将社会本位的教育公平和个体本位的教育公平统一起来。也就是说，要将财政性教育经费拨付均等化以促进均衡与创造适应不同学生个性发展和潜能开发的环境统一起来。教育改革不在于做了多少事，而在于做的事是否取得了预期的效果，也就是增强投入效益的真实感。

---

① 参见陶西平. 示范性高中示范什么？[J]. 中国教育学刊，2008(04)：3.

重视高成绩，更要重视高素养。学业成绩是重要的，但成绩并不等同于素质。教育目标应当更加明确，要培养适应并且参与时代发展和变革的人。他们应当有更明确的价值观和社会责任感，有更强的能力、更健康的身体和良好的心态、更好的艺术修养和审美观念。教和育应当紧密结合起来，教育的结果不应当是学业成绩和核心素养的脱节。

重视高科技，更要重视高创意。教育信息化是实现教育现代化的基础与条件。基础教育信息化发展的主要方向：一是提高学生的信息素养，包括信息认识、信息能力和信息道德；二是通过信息化提高学生学业水平；三是创造体验和创新的环境。信息技术应用于教育绝不是简单地将现有的教学内容和教学方式放到互联网上，这个过程不是物理变化，而应当是化学变化。再伟大的技术也不能代替平庸的教学，信息技术与教育的结合更需要新的创意，以切实改变学校形态和提高教育水平。

重视高标准，更要重视高境界。面对新的时代要求，高中教育需要加大改革的力度，同时又必须坚持正确的方向和策略。针对高中教育面临的培养创新精神的挑战，陶西平认为应该关注以下几方面：一是应当将其贯穿于学校教育的全过程，贯穿于各学段教育、各学科教育乃至学校的全部教育活动之中；二是高中教育的课程结构应当坚持共性和个性相结合、坚持基础性和选择性相结合；三是学校应当形成创新文化，形成良好的环境和氛围；四是应当坚持开放性，为学生搭建广泛的创新发展的平台，为他们提供更多的有利于自主发展的资源；五是要重视教育的创新，促进教师专业发展，使其转变教学观念和教学方式；六是加强教育管理制度的改革，改变传统的教育评价标准和评价模式，为学校自主发展提供宽松的体制保障。

管理者应当保持高的境界，首先，要具有时代观念，防止片面的应试教育，强化评价的引导和激励作用，促进时代教育的改革与发展。其次，树立人本观念，尊重学校从实际出发的首创精神，使学校真正成为自主办学的主体，形成自身的特色；尊重和信任教师，使教师充分展示自己的聪明才智，成为教学过程最活跃的力量，使教育生涯成为教师的人生追求与享受；尊重学生，使学生真正成为学校的中心，相信学校生活只是学生人生的一个阶段，在这里奠定的基础会支撑不同的人创造不同的未来人生。以更多的投入吸引优秀人才进入教师队伍，在通过各种形式发挥优质教育资源辐射作用的同时，必须不断更新和创造新的优质资源。最后，树立开放观念。其一，学校形态要更加开放。一是空间更加开放，通过信息技术的应用，教育资源共享将逐步实现，学生学习的场所更加多元；二是时间更加开放，学生可以有更多的自主学习时间；三是学习者更加开放，学校朝着为终身学习服务的方向迈进，学校之间学籍、年龄、学习年限限制将更为宽松。其二，学习方式应当更加多元。要实现核心课程、选修课程和综合课程的协调，特别应当重视学科跨界的综合课程的学习；要体现时代精神和民族文化传统的价值观，实现传统科学和新的科学研究成果的协调；要实现教与育的协调；要实现国家课程和国际课程的协调。学生要根据自身实际选择更多的学习方式，使自主学习与共同学习结合、线上学习与线下学习结合、理论学习与实践学习结合、学习过程与创造过程结合。最终，教师、学生和社会结成学习的共同体。①

---

① 参见陶西平. 深化高中教育改革的四个关键点[J]. 创新人才教育，2017(01)：11—13.

陶西平. 坚定信心 深入思考 推动高中教育改革与发展[J]. 创新人才教育，2016(01)：6—8.

(五)创造更高水平的优质教育

陶西平呼吁优质学校的校长带领自己的队伍为创造更高水平的优质教育而努力，他认为必须坚持四个统一：

1. 坚持理念与实践的统一

优质教育的优质资源不仅是物质的，更主要的是精神的，是先进的教育理念。

当前，中学教育面对的最大困扰是评价的二元化。素质教育引导着教育改革的方向，而高校招生制度，对我国中等教育的办学思想，无疑产生着巨大的影响。学校教育必须为学生未来的发展服务，但也必须考虑学生的现实需求，优质中学在明确优质教育的主流理念的同时，兼顾其他合理的现实的教育需求，是完全必要的。理念必须与实践相一致，要防止说的和做的不一样，表面上做的和实际上做的不一样，一部分人做的和另一部分人做的不一样。优质学校要切实走出这种二元体对立，使自身的教育理念与教育实践统一起来，在全面推进素质教育的过程中，在全面完成中学教育任务的过程中，向高等学校输送优秀的新生，真正为中等教育做出榜样。

2. 坚持质量与效益的统一

优质教育当然是能够培养优秀学生的教育，但学校是否真正是优质学校，主要应当看学生进入学校以后变好、变活的程度。优质的学校必须具有高水平的培养能力。学校在进行自我评价的时候，不应当单纯地把学生进入高一级学校的结果，作为衡量工作成绩的依据，更应当重视学生在本校就读期间取得的进步大小。

由于生源状况对应试结果起着巨大的作用，目前还有不少学校不得不花费很大精力去争夺生源，他们不是以优质学校来造就优质的学生，而是想用引进优质的学生来造就或保持优质学校的荣誉，这不仅败坏了学风，也败坏了社会风气。另一方面，采取违背教育规律的教育方法，拼时间，拼体力，以过重的课业负担，来博得好的高考成绩，使得人们疑惑：这些学校究竟要示范什么？

在教育改革的大潮中，涌现出一批这样的学校，他们豪迈地向有些优质学校，或者示范学校提出了挑战，发出了"没有教不好的学生"的誓言，他们以对教育事业的忠诚，以对学生的满腔热忱，立足于创造学生发展的良好的教育氛围，立足于提高培养能力和教育水平，在生源水平很低的情况下，表现出极强的加工能力，实现了质量与效益的统一，取得了令人叹服的教育奇迹。虽然他们可能还未被正式授予什么光荣称号，但却已经成为人们心目中真正的优质学校。

3. 坚持共性与个性的统一

我国在二十世纪八十年代后期开始进行的以实行校长负责制为重点的学校内部管理体制改革，是对扩大学校办学自主权的有益探索，许多学校提出了自己的教育主张，开展了自己的教育实验，全国涌现出一批著名的校长，他们各显神通，各具特色，形成了教育界百花竞放的生动活泼的局面。近年来，随着学校的社会责任逐步增加，随着各部门对学校的要求逐步增多，学校的自主活动空间有所减少，学校的创新意识有所削弱，学校不求有功、但求无过的思想有所滋长，这加大了学校同质化的趋势，弱化了学校特色的形成，影响了一批具有鲜明个性的校长和教师的成长。所以，在推进现代学校制度的建设过程中，需要再一次倡导在新的层面上的扩大学校办学自主权，各级政府和行政部门简政放权，仍是优质学校的迫切需求。

学校教育必须有共性要求，中国特色社会主义教育的方针是共同的，培养目标是共同的。不同的学校会有自身教育理念和教育实践的个性，每个学校教育理念和教育实践应当是共性与个性的统一，规范与特色的统一。

4. 坚持继承与创新的统一

正在进行的教育改革是一场深刻的变革，但不是一切从零开始，必须认真继承和汲取所积累的所有的教育财富，特别是高度重视人文精神和人格塑造的优秀传统，以体现中国的教育特色，以弘扬民族精神。

多年来，中学教育重视文化知识传授，但过分强化应试；强调共性培养，但忽视发展个性；强调勤奋学习，但指令性负担过重；强调尊敬师长，但缺乏教学民主等，造成学生素质培养的片面性，特别是创新精神和实践能力的培养明显不足。教育创新是以新的观念、体制和方法推动教育事业进行变革，从而使教育事业取得新的进展的创造性活动，高举教育创新的旗帜是优质学校的重要特征，培养具有创新精神和创新能力的人才是优质学校的重要标志，为此，大力推进教育创新的责任，就历史性地落在优质学校的肩头。[①]

三、多元化应当成为发展优质教育的战略选择

(一)形成多元化办学格局

优质教育就是高质量的教育。公众对优质教育的迫切需求，一方面反映了学校教育还不能充分提供保证质量的教育，另一方面也使我们感受到了时代对优质教育的强烈呼唤。教育的优质发展和均衡发展都是我国教育发展方式的重要原则。陶西平提出多元化应当成为我国发展优质

① 参见陶西平. 引领教育发展与改革的潮流——关于优质中学建设的几个问题[J]. 北京教育(普教版)，2005(03)：4—9.

教育的战略选择。

教育的发展既要体现优质，又要体现均衡，这就必然要把扩大教育规模与提高教育水平统一起来，必然要最大限度地扩大优质教育资源。这就需要最大限度地增加教育投入，而投入问题已成为中国教育优质均衡发展的瓶颈。

政府增加教育投入，毫无疑问是推动教育优质均衡发展的根本保证。但社会资金的巨大潜力，采取多种形式，推进教育经费的合理分担，是增加教育投入的重要渠道。由于人的发展对教育的强烈需求，由于富裕的社会阶层具有的支付能力，再加上投资举办教育的法律和政策的引导，已使形成教育经费合理分担的多元化格局成为可能。

我国非公办教育的比例依然很低，多元化办学格局尚未形成。人们对形成多元化格局的顾虑：一是怕冲击公办学校的发展，二是怕以营利为目的。教育的发展，特别是教育水平的提高，从来就是一个通过竞争相互吸收借鉴的过程。民办教育在崛起过程中，为教育改革注入了活力。提供选择而又允许选择，就激活了学校间的竞争，为各类学校的优质化发展提供了动力。

多元化办学格局的形成将大大减少使用公共教育经费接受教育的人数，也就相对增加了公办教育的生均经费。有利于整个教育事业，包括公办教育的优质化发展。树立只求所用、不求所有的观念，一切有利于发展的，应当坚决予以支持。

政府以及教育行政部门应当由以办学校为主转向主要是管理学校，平等地为各种类型的学校服务。创造一个各类学校相互竞争、共同发展的平台。

必须有办学形式的多元。努力实现国家投入与民间资金、公办教育与民办教育的多种形式的合作，以及中外合作办学，特别是外向型的教育产业的发展。

法治保障需要进一步落实。民办教育的发展基本上有国家法律可依，但行政法规和地方性法规却有待制定和完善。办学体制多元化的法治环境还需要大大改善。

多元化办学格局的形成有利于增加教育投入，扩大优质教育资源；有利于向公民提供多种选择的机会；有利于形成竞争机制，激发学校的活力；也有利于教育的均衡发展。因此，多元化应当是我国优质教育发展的主要方式。[①]

（二）普通高中多样化发展

多样化是高中可持续发展的动力和方式，高中教育的多样化发展，是一种历史的需求——从规模发展到内涵发展；是一种目标的深化——从教育目标到培养目标；是一种观念的改变——从追求划一到追求多样；是一种能力的释放——从注重整体到注重个体。高中教育改革集中体现在办学体制和育人模式的多样化上。

1. 普通高中多样化发展的内涵

高中多样化发展是同一性和多样性的统一、共性和个性的统一、核心价值和附加价值的统一。多样化发展的同一性、共性、核心价值体现在所有学校都要遵守国家宪法、法律，贯彻国家教育方针，彰显

---

① 参见第七战略专题调研组，陶西平，袁振国. 加强统筹协调 促进教育公平[J]. 教育研究，2010，31(07)：39－44.
陶西平. 谈优质教育的发展方式[J]. 中国教师，2003(02)：4－5.
陶西平. 树立科学的教育公平观——学习胡锦涛总书记在全国优秀教师代表座谈会上的讲话[J]. 中国教育学刊，2007(10)：1－4..

社会主义核心价值取向。而多样性、个性、附加价值体现在教育改革切入点的差异、学校教育相对优势的差异、学校文化的差异以及适应不同群体教育需求的差异。这展示了我国高中多样化发展持久的生命活力。

2. 办学体制多样化

普通高中办学多样化改革的重点是促进办学体制多样化。当前普通高中办学体制多样化的走向主要有两类，一类是办学主体多样化，有公办高中、民办高中、中外合作高中，以及混合型高中；另一类是办学形式多样化，有多部式、分校式、集团式等。

3. 培养模式多样化

普通高中培养模式多样化的走向大致有四类：

第一是借鉴高等教育。普通高中采用了高等教育的三大基本教育模式：走班制、学分制和导师制。走班制有必修与选修并存的方式，必修课程按行政班上课，选修课程实行"走班"，也有学校开发了教学班级管理系统，实行全面的"走班制"。学分制让学校如同一个教育超市，学生可以根据自己的兴趣爱好、学习潜质自主安排学习。实行导师制的学校，导师不仅要指导学生的学习，还要指导他们的思想、生活，因材施教，以更好地贯彻全员育人、全过程育人、全方位育人的现代教育理念，这是高中教育模式的新探索。

第二是融合职业教育。主要是在普通高中引入职业教育课程和举办综合高中。综合高中是高中阶段普职融通的一种教育模式，培养具有普通高中文化基础和中等职业教育专业知识与专业技能、具有继续学习能力和一定就业能力的毕业生，通过合理设置普通高中文化课程和专业技术课程，使两者一体化，这是高中多元功能的新探索。

第三是引入国际教育。主要是引入国际课程体系或课程，或者引入国外评价认证项目。国际课程多是为准备出国留学的中国学生服务，目前有三类：一是国际组织开发的课程，如 IB、PGA 课程等；二是国际性的考试课程，如 A－LEVEL、ACT 课程等；三是国别课程，如美国的 AP 课程、SAT 考试等。一些地区和学校也尝试引进与借鉴国外与境外中小学教育评价项目与学校认证项目，如 ISO9000 和 CITA 等。这是满足社会多种需求的新探索。

第四是服务个人发展。主要是分层教学、个别教学以及举办特色学校和特色班级。分层教学有班内分层和分层走班，分层走班模式将部分学科分成几个层次，组成新的教学集体。个别教学是在课堂教学的基础上，对绩优学生的个别提高和对学习困难学生的个别辅导。特色学校和特色班是学校以建设优势学科或服务不同对象为重点，在教学设施、师资配备、课程设置等方面为学校或班级形成优势或特色创造条件，为高中生提供多样化的选择。这是尊重学生个性发展的新探索。

普通高中教育多样化发展需要管理理念的变革。依法保障学校充分行使在办学模式、育人方式、资源配置、人事管理、合作办学、服务社区等方面的自主权。要有尊重多样化的意识、包容多样化的胸怀和调适多样化的能力。[①]

---

① 参见陶西平. 高中教育改革：探索进行时[N]. 人民政协报，2011-07-27(C01).
陶西平. 万类霜天竞自由——普通高中多样化发展的走向[J]. 中小学管理，2011(09)：59.
陶西平. 万类霜天竞自由——谈普通高中多样化发展[J]. 北京教育（普教），2012(01)：16—17.
陶西平. 推动普通高中多样化发展[J]. 中国教育学刊，2011(11)：3.

第五节　未来教育：教育改革动向与趋势

一、面对挑战的世界教育

当前，世界教育面对着许多挑战，这些挑战包括：教育的目的是什么？教育重点要解决什么问题？解决这些问题的关键在哪里？当然还有教育形态，特别是学校教育形态变化的问题，陶西平十分关注这些前沿讨论，认为这些问题给我们带来困惑，当然也对教育带来了挑战，为此他也系统梳理了其中值得关注的几个方面。

(一)教育目的——培养什么样的人

教育应该培养什么样的人？应该追逐人力资源目标，还是个人发展目标？在一个变化的世界里，依然是一个值得追问的问题。作为人力资源目标的实现强调教育规划，而作为个人发展目标的实现又要求教育多样化以适应不同个体的需要，这两者之间需要协调。

教育应该适应个体？还是个体应该适应社会？陶西平认为，教育应该创造适合不同人的教育，但社会不会去适应每个人，因此个人必须能适应社会，所以教育既要适应个人发展的需要，又要让他将来能够适应社会，前者强调个性化教育，后者强调人的社会化过程，这两者在教育过程中需要统一。

教育究竟是主要面向优秀人才培养还是面向全体国民素质的提高？强调教育公平的时候更多是要强调对所有人同等对待，而强调优秀人才的时候又强调培养精英，所以又需要处理好教育精英性与普惠性之间的关系。

面对现实就业，还是面对未来发展？当前各国几乎都存在学生接受教育之后就业难的问题，但教育又不能只面向学生的就业，还要为他一生发展奠定基础。面对现实就业就更强调教育的现效益，而面向未来的发展就更强调教育的长远性。两者需要协调。

(二)教育公平的困惑

当前，各国教育关注的重点，一是教育的公平，二是教育的质量。陶西平对公平和质量相关的多重关系也有深入的探讨。

公平与发展。公平强调的是机会均等，发展强调的是水平提升。均衡水平高的地区，发展水平不一定高，教育发达的地区，不一定均衡。不能只要水平的提升但不公平，也不能只要公平，但水平很低。两者如何统一也是一个问题。

公平与差异。不同国家在推动教育公平问题上所采取的政策并不尽相同，有的强调无差别化，有的提出建设特色学校，认为基础薄弱学校只有形成特色，才可能实现跨越式的发展。两种思路都值得借鉴。

公平与选择。公平是人权，选择也是人权。既要提供公平的教育，又要提供选择的机会，不是不可选择的公平，而是"可选择的公平"，这种有选择的公平如何实现，也是难题。

公平与选拔。高一级学校，特别是高等学校需要选拔，如何选拔才能体现公平？一种认为选拔只有用刚性指标才公平，也就是"分数"；另一种认为不能完全靠分数，因为人的素质是全面的，要通过多种方式考察，强调突出柔性。选拔过程中如何做到刚柔相济。

针对教育质量问题，陶西平也有自己的看法，他强调，不是上学就能改变命运，并就质量的相关问题作了进一步分析。

教育内容知识本位与能力导向与价值导向。从教育内容上看，学校教育原来比较注重知识的传授，现在更强调能力的培养，学校教育正从知识本位向能力导向转变。近年来，许多国家都发现价值观教育更为重要。

拓展与基础。一种主张是应该使学生在基础教育阶段有更为广博的知识，让更多的教学内容进入到教学领域中来；但另外一种认为基础教育是打基础的教育，所以要集中力量把基础打好。因此，就出现了广博宽厚和集中坚实的协调。

（三）教育方式

各国都对教育方式问题十分关注。

宽松教育与严格教育，二者如何选择？现在东西方教育改革走向有点相向而行，中国教育更多想学习西方的"宽松"，西方的教育更多想学中国的"严格"。宽松教育更有利于学生的个性发展，而严格教育更容易实现预期的教育目标，两者如何统一？

传统式教学与翻转式教学，该如何协调？传统式教育以教师讲授为主，而近几年开始兴起的翻转式教学就是反过来，学生在课下自学内容，课堂上进行研讨、探究。但有的翻转式教学实验造成课上、课下都没有时间，负担又重起来了。所以这种矛盾也需要协调。

终结性评价与发展性评价，也是值得讨论的问题。陶西平分析认为，终结性评价是强调结果，发展性评价强调过程。在这个问题上专家们的看法也不尽相同，是会教，还是能把学生教会？评价教师最终还是要看结果。

（四）教师队伍——互联网的挑战

今天，个体能够在互联网上获得知识，大量常规认知技能正被数字化或外包，面对这种新的发展形势，陶西平认为，教育系统必须更加强调让个体成为终身学习者，能够进行复杂的思维，并能够完成计算机不能简单代替的复杂工作。

新形势下，要求学生不仅能够不断应用知识，而且要不断学习、成长，找到他们在飞速变革的世界中的位置；过去，政策关注点是教育提供，而现在关注教育结果；过去，是传递现有的知识，现在面临的挑战是一线教师需要不断应对学生拥有的知识；过去，教师只需停留在课堂，他们非常明确要教什么，现在，最先进的教育体系为学生设定了宏伟的目标，需要培养教师并提供给他们工具以构建教学内容和教学方式；过去，不同学生用相同的方式教，而现在教师需要用差异化教学实践来包容学生的多样化；过去的目标是标准化和一致，现在则强调独创性和个性化教育体验；过去是课程中心，而现在是学习者中心。二十一世纪的教师必须成为高水平的知识工作者，不断提高他们自身的专业知识和专业发展。[①]

(五)学校形态——平板电脑的挑战

2012 年《新媒体联盟地平线报告》基础教育版预测六项技术将进入教育，其中涉及移动设备及其应用程序、平板电脑、基于游戏的学习、个人学习环境、增强现实、自然用户界面等。陶西平分析认为，里面有一个观点值得注意，我们现在害怕移动设备带进学校，害怕游戏影响学生学习，这是有道理的。但地平线报告促使我们从另一个角度思考，能不能把移动设备这种工具，以及学生喜欢的游戏变成引导学生学习的正能量。聚合科技的应用最终可能会使得学校形态改变，自组织自学习会成为教育

[①]　参见陶西平，沙培宁. 21 世纪的校长和教师与过去有何不同？[J]. 中小学管理，2013(06)：49.

的重要形式，最终像比尔·盖茨预言的那样，学校的形态会发生改变。

（六）如何应对挑战？

提高教育质量的潮流指向，包括：以学生为中心，以价值观为导向，培养创新精神，信息技术的应用，教育质量的评估。其中的关键在于教师队伍建设。教学内容、教学方式、教学过程最终都要体现在课程上，课程是学校教育目标落实的体现。在教学过程中起关键作用的是教师。

陶西平持续关注世界教育新动向，面对新的挑战，他给出的答案是，实现全民教育的目标需要教育创新，提高各级教育质量需要教育创新，建立全球共享的文化需要教育创新，应对深刻而快速的变革也需要教育创新。[①]

二、在交流与借鉴中创新

（一）教育创新要关注多元多样现状

陶西平十分关注教育创新，关注世界教育发展动态，并且留下了独到的观察和思考。他表示，世界各国的社会、文化背景不同，各个国家对教育创新的追求也就有所不同，再加上在教育创新过程中，创新与继承之间固有的张力关系，使我们不得不面对一个多元、多样、多变的教育环境，这就要求我们在教育改革创新过程中，必须牢牢把握世界教育发展态势。

在思考方法上，他强调，当在反思教育领域的某个问题时，应该有一个系统的思维，而不是孤立地针对一个问题解决一个问题。脚踏实地，就是要坚持实验，知快守慢。教育政策问题要坚持从实际出发，通过实验逐一突破。

---

① 参见陶西平. 涌动的潮流——关注当代世界教育教学改革新动向[J]. 人民教育，2014(07)：63—66.

当今世界，改革创新已成为教育事业的主题。必须就教育的目的、学习的内容、为什么学习以及如何学习开展批判的、持续的交流和对话。面对教育价值取向的多元、教育目标实施途径的多样以及教育政策的多变，要求我们在教育改革创新过程中，必须牢牢把握世界教育发展态势，避免在这个多元、多样、多变的教育环境中，出现工具理性和价值理性的背离。

首先是教育价值取向的多元。"核心价值观"与"多元价值观"的张力关系将会长期存在。在多元中立主导，在多样中谋共识，是教育创新的重要课题。

其次是教育目标实施途径的多样。世界范围内涌现出的教育改革浪潮，既有立足于不同价值追求的实现，也有立足于同一价值追求的不同实现途径的探索，展现出不同地域、不同社会发展水平和不同文化背景下的教育多样性，为各国教育改革提供了宝贵的借鉴。

最后是教育政策主张的多变。当代各国教育改革与发展的政策不断接受时代前进的挑战，经受客观实践的检验，同时要面对大量涌现的新的问题，从而，必然推动教育的反思，并由反思促进新的改变，呈现出多变的态势。教育政策的多变，是当前各国难以避免的现象。

面对世界教育发展的多元、多样、多变，要有包容多样化的胸怀，尊重多样化的意识，调适多样化的能力。同时，要重视系统思维，重视整体的关联性研究，使结论更能提供全面与真实的依据，使决策有利于实现整体优化。①

---

① 参见陶西平. 教育创新要关注多元多样现状[J]. 教书育人，2011(02)：60—61. 陶西平. 以开放促发展 提高教育国际化水平[J]. 世界教育信息，2011(04)：26—30.

(二)在交流与借鉴中创新

2015 年 12 月 10 日美国总统奥巴马签署了《每一个学生成功法》,取代了《不让一个孩子掉队法》,陶西平对此评论道,《每一个学生成功法》告诫我们:教育改革必须以观念变革为前提,同时坚持遵循教育的规律。新的法案尽管有重大的变动并被宣传将载入史册,但并非目标的改变而是策略的改变。目标都是解决美国中小学教育质量低下的问题。都以学业成绩作为质量检测的主要标准,以考试作为质量检测的主要方式,继续实行问责制。这几条并没有变,当然在内容上、方法上都有一些调整。所以说这是为了解决同一个难题的两种策略。

联合国教科文组织成立 70 年来,发表了多个关于教育的重要研究报告,其中有三个报告对全世界的教育都产生了很大的影响。陶西平结合报告内容谈了对教育创新的借鉴与启示。

第一个报告是 1972 年发布的《学会生存:教育世界的今天和明天》,在当时科学技术迅猛发展的背景下,这个报告充满了科学主义和经济主义的精神。该报告认为:教育要服务于科学发展、促进经济发展。报告特别强调"学习化社会"和"终身教育"两个概念。这两个观念影响了世界教育的发展。

第二个报告是 1996 年出版的《教育:财富蕴藏其中》,人们期望 21 世纪经济能够更好、社会矛盾能够有所缓解、环境得到有效的改善。所以充满了乐观主义和理想主义色彩。报告提出了教育的四大支柱:学会认知、学会做事、学会合作、学会生存。这"四个学会"对中国的教育改革也产生了很大影响。

第三个报告是新发布的《反思教育:向"全球共同利益"的理念转变?》。报告的主要内容是提出了人文主义价值观。它的主要内容包括:

我们处在"人与自然关系"和"人与人关系""两个失衡"的时代，经济全球化、政治多极化，以及互联网带来的地球扁平化世界格局变化。面对这样的世界，需要人文主义的教育观。

人文主义教育观一方面强调能力，一方面强调社会正义，强调全球的持续发展与和谐。要提出一个更加全面的评估框架，超越传统的学习领域，应该包括人的社交和情感学习、文化和艺术等各方面的全面提高。

对人与社会可持续发展的关切。经济、社会、资源和环境协调发展是一个密不可分的系统，应该增强个体对于社会甚至全球负责任的行为，就是社会责任感，与个性化同样重要。要求人们努力探索促进人类进步和保障人类福祉的各种途径，包括承认世界观和价值体系的多样性，以及需要支持多样化的世界观和知识体系。

教育不仅关系到学习技能，还涉及尊重生命和人格尊严的价值观。需要一种更加流畅的一体化学习方法，让学校教育和正规教育机构与其他非正规教育机构开展更加密切的互动，而这种互动要从幼儿阶段开始，并延续终生。教师现在应该成为学习的向导，引导学习者（从幼儿时期开始贯穿整个学习轨迹）通过不断扩大知识库来实现发展和进步。还应为教师提供更具吸引力、更加激发人的积极性以及更加稳定的生活条件和职业发展空间等。

教育决策需要应对目前的复杂问题。需要认识和应对正规教育与就业之间的差距；需要在跨越边界、职业和学习空间的流动性日益增强的世界里，承认和认证学习；需要在日益全球化的世界中反思公民素质教育；需要联系可能出现的全球治理形式，来认识国家教育决策的复杂性。

学校和教师不会消失。学校教育是制度化学习，是社会学习（学会做人和学会生存)的重要组成部分。学习不应只是个人的事情,作为一种社会经验,需要与他人共同学习,以及通过与同伴、老师进行讨论和辩论的方式进行学习;虽然传统模式面临"移动学习"和"慕课"(MOOC)等的挑战,但实体教育并不会消亡。所有国家必须仍将有效的教学职业视为本国教育政策的优先事项,教育信息化不可能取代实体教育。

通过这两个资料,陶西平看到的是:教育理念体现社会发展变化的需求,理念的变革是教育创新的基础,所以教育创新不是简单的传统教育方式上的改变,而是适应时代发展的教育理念指导下的教育创造。教育创新,既要勇于突破现状,又要善于借鉴国内国外的历史经验和教训,减少、避免失误与失败。要在反思中协调,在协调中前行。

他总结说,二十一世纪的教育需要重大创新;教育创新是全方位的创新;各国之间必须展开批判的、持续的交流和对话,这就是教育国际化的意义。所有国家的教育都应从全球多个国家甚至竞争者那里获取资源,以形成一个广泛的资源系统,这是因为没有一个国家的教育资源足以满足教育事业发展的所有需求。因此,形成多元、灵活的全方位教育资源意识与资源整合能力,是国家教育事业发展的必然要求,也是提高教育国际化水平的重要动因。[①]

三、未来科技与未来教育

(一)迎接信息化的挑战

陶西平表示,我们生活在一个科技快速发展的世界中,也要研究教育的未来变革问题。新的教育模式正在给传统的学校模式带来前所未有

---

① 参见陶西平. 在交流与借鉴中创新——《每一个学生成功法》与《反思教育》[J]. 未来教育家,2016(08):8—13.

的挑战。比如：当前还没有充分的技术与实践真正支持学生的个性化学习，也还没有找到应用数字化媒体开展形成性评价的有效方法，等等。基础教育必须面对日益增强的正式学习与非正式学习相融合的需要，抓住机遇，推动教育新的变革。①

教育信息化是教育现代化的重要标志之一，其核心是教学过程的信息化。教学过程的信息化就是要在教学过程的关键环节中，较全面地运用现代信息技术，实现教学手段信息化、教学方式现代化。

线上教育进入学校究竟可能"引发"教育的变革，还是已经"引领"了教育的变革？有人认为，信息化将"引领"教育改革；也有人认为，教育改革的关键不在于信息技术的应用，而在于教育观念的转变。

信息技术的应用将最终改变学校教育的模式直至形态，还是最终只能成为一种辅助工具？有人认为，信息技术的应用正在促使教育模式甚至教育形态的改变，如翻转课堂、"微课"、学习分析、"游戏化学习"、慕课等。但也有人认为，ICT(信息、通信和技术)与网络教育给教育带来了巨大的空间和机会，但它仍然属于CAI(计算机辅助教学)，并不能完全取代已有的教育教学模式和教学方法。

教育信息化究竟利大，还是弊大？有人强调它有助于自主学习、及时反馈、有效指导、交流互动、资源共享、培养创新性思维、加快学生社会化进程。但也有人指出，信息化会影响学生的视力健康、人际交流、社会实践、完整阅读，进而延缓学生的社会化进程。

(二)积极推动人工智能和教育深度融合

人工智能与教育融合将改变教育，对此陶西平深表认同，他认为有

① 参见陶西平，沙培宁．陶西平：未来科技与未来教育[J]．中小学管理，2013(11)：48．

四大变化。一是促进教育终身化，使学习资源灵活更新，可以无限复制与广泛通达。二是促进教育公平化，突破资源的空间局限性，使优质教育资源跨区域共享成为可能，促进地区公平、群体公平、配置公平的实现。三是促进教育个性化，能够提供自适应学习的条件，使按照每个学生的需求定制课程成为可能，使学生掌握自己的学习，获得及时的反馈，创造真正的个性化教育。四是促进教育开放化，突破传统教学方式和时空的束缚，改变学校的封闭结构，形成开放、弹性的教育结构，促进教学目标、内容、方法、条件的开放，搭建为全民服务的学习平台，使人人学习、时时学习、处处学习的理想变为现实。

他也谈到人工智能与教育融合要应对的三大挑战：一是应对社会公平的挑战，教育人工智能的开发和使用不应加深数字鸿沟，也不能对任何少数或弱势群体表现出偏见。二是应对伦理和法律的挑战，立德树人仍是教育的根本任务，制定全面的数据保护法规以及监管框架，保证对学习者的数据进行合乎伦理、非歧视、公平、透明和可审核的使用和重用十分重要。三是应对教育工作的挑战，教师无法被机器取代，应确保他们的权利和工作条件受到保护，确保教师和学生之间的互动和协作。

人工智能与教育融合要提高未来人的人工智能素养。人工智能素养的培养，首先在于培养孩子们对人工智能的感觉，把它当成乐趣，当成生活，才有可能引发对人工智能认知的渴求，也才可能引发探索和创造的激情。

四、未来不再遥远

(一)未来教育取决于三个重要因素

随着时代面临严峻挑战，随着新一轮科技革命和产业变革的兴起，人们对未来、对未来的教育充满着憧憬和期望，有着许多畅想。现在关于未来教育和未来学校有着许多不同见解，陶西平也做了梳理。

一种是理想主义。认为随着科技的进步和社会的发展，教育的内容、形式和技术都将发生巨大变化，互联网＋教育，人工智能＋教育，将使得教育包括优质教育的普及，以及学习包括终身学习的形式发生根本改变，学校将被更为广阔的平台取代，自主学习将成为主要途径。

一种是实用主义。认为未来随着教育技术对教育的改变，将对应各层级和各学科的考试提供强大的助力，充分发挥技术对提高学生学业水平的作用，将改变应试的格局。

一种是批判主义。认为过分强调现代教育技术的作用，将忽视人的情感态度价值观的发展，促使人际交流肤浅，甚至造成视力减退、网络成瘾、网络犯罪。也有专家认为，互联网的应用将培养出精致的个人主义者或者愚蠢的下一代。

陶西平认为，对未来教育从不同角度的种种推想，都有助于我们更全面地思考未来教育的发展。但未来教育与过去教育以及现代教育一样取决于三个重要因素。

一是时代变化决定未来教育。教育的发展具有鲜明的时代性，未来教育也不可能脱离时代的变化，必然会有浓重的时代色彩。二是文化传统制约未来教育。每个国家和民族都有自身的文化传统，长期形成的文化传统成为国家和民族教育的底色。国家之间、地区之间、学校之间难以有统一的标准格式，未来教育是多元化的，未来学校是多样化的，不可能形成世界统一的教育形态，多元化仍然会是未来教育的重要特点。三是技术发展改变未来教育。技术的飞速发展，特别是信息技术、人工智能的发展，对教育将产生巨大的影响。

(二)教育技术的发展和应用可能深刻影响教育

陶西平认为有五个方面值得关注。一是教育内容。从以知识、技能为主转向以必备品格和关键能力为主。二是教育方式。从死记硬背转向探究式学习,注重建构、项目学习、合作学习。三是学校和教师功能。学校的边界被消除,更多的教育渠道形成;教师功能被解构,教师可能成为学习的组织者和引导者。四是教育评价。由于以上变化,有可能建立起符合人的全面发展和个性发展要求的教育评价体系。五是教育困扰。信息技术和人工智能的使用,也可能影响学生的健康发展。

(三)对未来教育的研究应当坚持工具理性和价值理性的统一

对于研究未来教育的时间边界陶西平有自己的独到的看法,他认为中国的阶段性研究可以确定在到联合国可持续发展峰会的 2030 可持续发展目标和我国到 2035 年基本实现社会主义现代化目标的时间范围内。

同时,对于研究未来教育应当有的空间边界,他认为中国未来教育的研究应该强调自身的特性,要对两个一百年期间,特别是至 2035 年的中国教育开展研究。不忘本来、吸收外来、面向未来。未来教育是在现实教育基础上通过教育改革逐步形成的。

(四)中国不再遥远的目标应当把重点放在能够保证每个孩子接受公平而有质量的教育上

对此陶西平强调了五个方面的问题。一是实现普及与条件的协调。使基础教育在全国范围内的普及全部是在具备良好办学条件的前提下完成。有必要的设施,有开齐的课程,有合理的班额,有良好的师资,有安全的环境,让每个孩子都能在具有良好办学条件的学校里就读。不把普及与条件割裂。二是实现个性与共性的协调。不片面强调共性教育,而忽视不同学生的个性特征,也不片面强调个性化发展,忽视学生的社会化进程。有科学的合理的教育体系，能为每个人个性的全面和谐发展奠定基础。不把共性与个性割裂。三是实现公平与选择的协调。创造良好的环境，形成良好的机制，既为提高国民素质奠定基础，又为国家科技和人文领军人才脱颖而出奠定基础。不把公平与选择割裂。四是实现学校、家庭、社会的协调。学校、家庭、社会形成教育合力，为提高国民素质、形成良好社会风气奠定基础。不把学校与家庭、社会割裂。五是实现技术与实效的协调。要将先进技术融入教育的过程，实实在在地增强教育普及和提高的能力。

　　他强调，走向未来的教育改革是一项理论与实践相结合的艰苦的渐进的动态过程，充满着矛盾和困惑，充满着不同观点的争议，充满着传统观念和习惯势力的阻力，需要改革的担当和勇气，需要改革的决心和智慧。要以更加开放的胸怀和视野，开展多层次、宽领域的国际合作交流，以开放促进教育水平的提升，共同探索并走向理想的未来教育。①

---

　　①　参见陶西平. 未来不再遥远——浅谈未来学校的模式[J]. 未来教育家，2018 (Z1)：8—15.

第五章　陶西平教育思想的特征与启示

在前文梳理陶西平教育思想发展脉络，及体系化、结构化呈现其思想内容的基础上，本章主要探讨陶西平教育思想的特征与启示，分为三节：系统论视角下的陶西平教育思想，整体优化与陶西平教育思想，陶西平教育思想的特点与启示。

系统论是具有哲学方法论指导意义的理论。系统由若干"要素"组成，要素本身也可以是子系统，系统的存在和发展都是有结构的。各要素、各种结构间的相互作用会影响系统的功能。系统始终要与环境进行物质、能量和信息交换，并与环境相互联系和相互作用。陶西平对教育的相关论述恰恰包含了教育要素、教育结构、不同层次的教育系统，以及教育与经济、社会的协调发展。因此，系统论关于系统建设和优化的理论可以为研究陶西平教育思想提供一种视角和方向。

陶西平说他的教育追求是实现教育过程的整体优化。系统论中系统优化的核心就是实现整体的优化，即最优的组织结构和要素发挥最大的系统功能。陶西平整体优化思想最初是受苏联教学教育过程最优化理论的启发。他有关教育议题的论述始终在把握整体性的基础上，深入分析教育系统里的要素、结构以及所面临的环境。通过对教育要素的改进、教育结构的调整和教育环境的改善，最终实现教育过程的整体优化。

陶西平的教育思想凸显出以下几个特点：始终以教育方针作为教育发展的总目标和行动指南；坚持以人的全面发展为人才培养目标；系统性地观察、思考、研究教育问题；注重改革的整体性、协同性和前瞻性；以辩证统一的视角论述教育议题；从实践中来到实践中去的生命力和影响力。这些特点对于我们了解一位本土教育家的成长，对深化当代中国教育理论体系与实践体系研究具有重要的借鉴价值。

第一节　系统论视角下的陶西平教育思想

一、系统论概述

系统论作为当前一种具有哲学方法论指导意义的理论，其关于系统建设和优化的理论可以为其他社会学科的建设和发展提供一种视角和方向，促进其他学科的优化和改革。

奥地利生物学家贝塔朗菲(1901—1972)是一般系统论的创立者，他在 1937 年第一次提出一般系统论的思想，1968 年的专著《一般系统论——基础·发展·应用》一书中总结了一般系统论的概念、方法和应用。1972 年他发表了《一般系统论的历史和现状》对系统论进行了重新的定义，赋予了一般系统论更为广泛的内容，主要包括三方面的内容：一是关于系统的科学；二是系统技术；三是系统哲学，即研究一般系统论的科学方法论的性质，并把它上升到哲学方法论的地位。其思想虽然首先是从生物学角度出发的，但其后经过以他为代表的学者们的巨大努力，一般系统论延伸到包括社会科学在内的各个领域，并逐步上升为一般的哲学方法论来指导人们解决现实中的问题。二十世纪四五十年代系统理论取得了巨大的发展，控制论、信息论以及以后的耗散结构论、协同论、系统工程学等相关理论的快速发展极大地丰富和发展了系统科学的理论宝库。

二十世纪七十年代系统论在国外的研究活跃在国际各个学术论坛上，客观上也促进了我国学者对系统论的研究和兴趣。以钱学森为代表的中国学者提出了系统科学的体系结构设想，并由此带来了中国对系统论研究的高潮。系统论与辩证唯物主义相结合的研究，使系统论的思想在一般哲学的方法论意义上，开始具有普遍的指导实践的意义。

系统论的核心概念是"系统"。整体性是系统中最鲜明和最基本的特征之一，若干要素组合在一起，形成一个具有普遍联系的有机整体，把握好系统的整体性在于系统和要素、整体与部分的辩证统一的关系。一方面，若干要素组成系统，若干部分组成整体，要素一旦组合成系统，部分一旦组合成整体，所形成的系统和整体就具有了以往单个要素和部分所不具有的功能，就会反过来制约要素和部分。另一方面，系统与要素，整体与部分的区别又是有条件的、相对的。系统和要素有时候能够互相转化，在不同的参照系下，系统可能是作为要素存在的，而要素也可能是作为系统而存在的。在这里理解系统整体性就要重点关注一下系统要素的非线性作用，即"整体的相互作用不再等于部分相互作用的简单叠加，部分不可能在不对整体造成影响的情况下从整体之中分离出来，各个部分处于有机的复杂的联系之中，每一个部分都是相互影响，相互制约的"①。

"要素"是构成系统的部分，也可以是子系统。系统和要素不可分离，是辩证统一的关系。要素的性质或构成的顺序，直接影响着系统的整体性功能。首先，任何系统的建构都不是要素的机械式累加，而是有其内在的规律与特点的，要素构成的好与坏，直接影响到系统的功能大小与发挥。其次，要素之间既相互联系又相互区别，有些要素是起主导作用的，有些要素是起辅助功能的，两者不可分割。最后，要素具有特定的功能和特性，要素集合的系统也具有特定的目的和功能。只有将各个要素的功能充分发挥，系统本身才会实现功能的最大化。

系统作为一个有机整体，其存在和发展都是有结构的。所谓结构是指系统各要素的内在联系与组织方式，"结构指的是系统内各元素的相互作用中比较稳定的方式、顺序和强弱"②。系统要素的不同组织方式构成了不同功能的各种结构。结构存在着自身的特点。一是结构的稳定性。要素会随时间和空间的变化而变化，但只要保持结构不变，系统的功能和性质就不会变化。自然界、社会中大量的动态系统，虽然内部要素变化更新，但整个系统仍能保持平衡状态，就是靠要素之间形成的相互作用的关系维持的，即系统结构。二是结构具有开放性和动态性。任何系统都是不断变化和发展的，系统的存在总是和外部环境进行着物

---

① 魏宏森，曾国屏. 系统论—系统科学哲学[M]. 北京：清华大学出版社，1995：204.

② 霍绍周. 系统论[M]. 北京：科学技术文献出版社，1988：36.

质、能量和信息的交换。在与外界交流的同时，结构自身会向着一定的方向发展，以更好地组合各要素，实现系统的最优化。三是结构的相对性。"系统中的结构与要素是相对于系统的等级和层次而言"①，即由要素构成的系统，在另外一个大系统里面，其本身又是作为一个要素而存在的。

系统功能的发挥在于各要素、各种结构间的相互作用。一是要素不同，功能也不同。即系统最基本的功能状况是由要素所决定的，然后才受结构的影响。二是要素相同，但结构不同，其功能也不同。即系统相同的要素采取不同的组合方式，会影响系统功能，因此，不能仅停留在对其要素的优化上，还要优化和改进结构，才能使系统发挥最大功效。三是要素和结构都存在不同，也有可能获得相同的系统功能。四是同一种系统结构，不是只有一种系统功能。唯物辩证法认为事物是一分为二的。"任何一个系统，总离不开环境，而同一结构系统，由于在同一环境中对外界发生的作用不同，因而其功能的发挥也是多种多样的。"②

系统的存在与发展总是处于与环境的相互联系和相互作用之中，并且始终要与环境进行物质、能量和信息交换。环境分为外部环境和内部环境，内部环境即系统内部自身要素结构，层次的总体状况，外部环境影响系统的运作。系统与环境的相互作用表现为内因与外因的辩证统一关系。系统的存在和发展以及功能和性质的表现是由内部要素、结构和层次等自身要素所决定的，而外部环境与系统的交流与影响作用则是外因对于系统存在和发展的作用表现。唯物辩证法中内因是事物性质变化

① 霍绍周. 系统论[M]. 北京：科学技术文献出版社，1988：37.
② 高振荣，陈以新. 信息论、系统论、控制论120题[M]. 北京：解放军出版社，1987：91.

的根据，外因是变化的条件，外因通过内因起作用。要保持系统存在和发展以及优化，必须既注重系统自身的要素、结构和层次的优化，还要注重外部环境的交流与交换。现实系统都是开放系统，系统的开放并不仅仅是外部环境的开放，也有自身内部的开放，系统向内开放，使得系统内部自身要素结构层次等方面在差异之中发生协同作用，从而使系统内部形成更好的整体性功能。

二、陶西平所论述的"教育系统"

十五世纪以后，随着自然科学的发展，以分析为主的思维方式占主导地位。系统论出现之后，大家认识到要用以综合为主、以整体的思维方式看问题。①

系统论视域下对教育基本要素的研究和把握，多种观点并存：教育是由教育者、教育对象和教育环境三个要素构成；教育由主体、客体、内容和载体构成；教育的基本要素包括主体、客体、内容、方式、目标，五要素的相互关联形成了教育的基本结构体系；还有"八要素论"，即教育者、教育对象、教育信息、教育载体、教育噪声、教育情境、教育效果、教育反馈八个要素；从系统工程学的视角可以将教育系统分为十个子系统，分别为主体、客体、内容、方法、环境、思想、原则、信息、决策和评价系统，他们之间是相互联系和配合的，作为要素共同组成了教育系统。这些要素的分类方法不尽相同，都是从特定的视角来展开的，总体构成了教育系统要素研究的基本理论框架。②

---

① 参见陶西平. 素质教育与当前教育发展和改革[J]. 北京教育学院学报，1996(4).
② 参见朱海. 系统论视域下研究生思想政治理论课优化路径研究[D]. 广西大学，2013.

将系统论同教育相结合，一是从整体上对教育系统分析研究，主要是对教育基本要素及其相互关系的研究和把握，如教育目标、教育思想、教育内容、教育方法与路径等；二是从教育的某个具体的结构体系进行研究和把握，如学校管理、德育、课程教学、教育评价等。陶西平对教育问题的论述，可以分为宏观、学校、学生培养三个系统层次。

(一)教育宏观系统

1. 教育的整体目标

教育是社会巨系统的一部分，我国社会发展正处在深刻转型过程中，新问题、新挑战层出不穷，社会各界对教育发展提出了更高的期待。陶西平认为应该构建一个和谐的教育系统，这种和谐体现在为人人各尽所能、各得其所，创造良好的条件，提供公平的机会；体现在为不同社会阶层和利益群体之间的流动拓宽渠道；体现在将以人为本的科学发展观、建立和谐社会的理念作为指导思想，使学校教育在和谐中求得发展，在发展中创造和谐。从人民满意的角度，教育应该考虑三个方面：公平的教育机会，优良的教育品质，同时满足教育的选择需求。

宏观上，形成以政府办学为主体的多元化格局，鼓励民办教育形成适应多种需求的办学特色，满足不同类型人群需要。关注西部地区、农村地区、边远山区和少数民族地区公共教育事业的发展，特别关注贫困家庭、流动人口子女的入学问题。提供公平的就读机会就是提供公平的开发个人潜能的机会，也就是提供公平的发展机会。而公平的发展机会是社会活力与和谐、稳定的源泉。

学校教育应当重视全体学生全面素质提高的教育，不应当只重视一部分学生的发展而忽视另一部分学生的发展，不应当只重视学生考试成绩的提高而忽视学生素质水平的提高，也不应当只重视学生共性的教育而忽视学生个性的教育。和谐的学校教育应当是公平的、民主的教育。通过树立干部与教师的以人为本的服务意识，营造干群之间的和谐，教师之间的和谐，师生之间的和谐，以及学生之间的和谐，形成学校公平与民主的体制架构与团结合作的文化氛围。

尊重教育规律，回归本位。使不同的人通过不同的教育方式达到社会的共性要求，同时，使不同的人的优势和潜能都得到充分发挥，基础教育的本位功能就是使每个人都实现共性与个性的统一，形成人人不同但人人都好的局面。①

教育是一个复杂的系统工程，需要全社会的关心和建设，仅仅靠学校或家庭，无法实现立德树人、培育社会主义事业建设者和接班人的宏伟目标。陶西平主张和谐的学校教育应当是开放的、社会广泛参与的教育，必须有效整合全社会的资源和智慧，在全员育人、全过程育人、全方位育人方面寻求机制、政策和法律领域的创新。通过形成家长、社区和社会的广泛参与，使学校教育把为社会的发展服务与为人的发展服务紧密地结合起来，并在取得家长、社区和社会的理解的同时，自觉地置身于其监督之下。从而使教育成为和谐社会的有力支柱。②

2. 教育的系统结构

教育为社会主义建设服务是一个系统工程，合理的教育结构是这一系统工程的外在体现。

教育事业是一项系统工程，是由相互关联而又相互制约的诸多因素构成的体系。教育要适应社会发展和人的发展的需要，不断变革与完

---

① 参见陶西平. 难能可贵的"坚守童真"[J]. 中小学管理，2013(08)：58.

② 参见陶西平. 让教育更加和谐[J]. 北京教育(普教版)，2005(02)：10.

善。陶西平深受系统论的影响，这种思维方式使他综合地、整体地考虑教育现象，全面地认识教育方针所确定的教育任务、教育培养目标和培养途径。

陶西平对教育的论述涉及学前、义教、高中、职业教育、民办教育，涵盖教育发展目标、制度、管理、课程、教学、内容、教师、信息化、改革动向等各个方面，包括教育的普及化、信息化、国际化和终身化等，最终体现出明显的"系统性"以及"系统思维"，以系统观点辩证地论述相关教育问题的基本范畴。

纵向上看，陶西平主张全面发展的教育目标贯穿小学、中学、大学、职业教育，整体构建横向贯通、纵向衔接、分层递进、螺旋上升的学校教育体系，特别是德育体系。在将教育目标贯穿于各级各类教育的过程中，考虑不同学段学生的特点，以达到方向性与现实性的统一，党和国家的要求与青少年成长需要的统一。

横向上看，陶西平强调各级各类学校都要始终如一地坚持教育的总目标，使教育内容、教育途径、教育方法、教育管理、教育评价与教育目标始终保持一致性，来推动各项工作的协调运行。教育行政管理部门、学校内部管理部门都有明确的工作分工，防止彼此之间的割裂甚至对撞。

从宏观层面看，陶西平研究教育的体制、结构和教育思想、内容、方法对教育效能的影响，从而推进教育制度对社会发展和人的发展的效能水平的提高。北京的教育应当追求高质量，建设居于全国一流、世界前列的各级各类学校，同时又必须重视教育的公平、公正，使公民不仅享有平等的受教育权，而且尽可能多地得到受教育的公平机会。因此，需要走高质量均衡发展的道路。

从中观层面看，他研究学校管理、教师队伍建设、学校文化建设以及学校、社会、家庭教育的结合等对教育效能的影响，从而提高学校对学生发展的教育效能水平。[①]

从微观层面，他研究教师素质和专业能力，学生的基础素质和核心素养。

在陶西平的教育"系统"里，教育理念是教育构成要素的核心，课程是实施途径的核心，制度是实施保证的核心，人的全面发展是培养目标的核心。

在日常工作中，人们常常会将目标拆解为不同的教育工作，但陶西平强调所有工作应该"围绕"并最终指向教育的整体目标。教育的宏观发展方向、结构、条件和制度保障，中观的学校管理体系、课程体系、教学体系、评价体系，微观的校长及教师专业能力要求、学生的素质发展，在这个庞大的"系统"里，贯穿始终的是以教育目标为核心，为经济社会发展服务、为人的发展服务。

陶西平认为教育是由这些若干因素组成的比较紧密的体系，通过建立一个有中国特色的社会主义教育体系，为实现国家发展战略目标服务。教育发展的过程，就是系统中各要素相互作用相互制约的过程，每一个要素的变化都会受到其他要素的制约，同时，它也影响其他要素，要进行成功的教育改革，必须认清教育的体系特征。既坚持总体目标在各级各类教育体系中一以贯之，也坚持各学段目标的实事求是、切合实际、情意兼顾、知行统一，以增强学校教育的实效。避免造成各自为

[①]　参见陶西平. 学校的效能[J]. 基础教育参考，2007(06)：1.

政、各行其是的状况，使学校和教师陷于忙乱或无所适从的境地。[①]

3. 教育体系的基本论述

二十世纪九十年代，陶西平在推动教育整体改革的过程中，就形成了对整个教育体系的基本论述，包含了三个方面：一是办学和管理体制，二是教育结构，三是人才培养模式（教育思想、教育内容、教育方法等）。在教育思想、观念更新的前提下，通过教育体制、结构、内容、方法等系统的改变和完善，形成有利于人的全面发展的人才培养模式，为经济社会培养合格的劳动者。陶西平在这个大的教育体系内，将每个方面又作为子系统进行了论述：

管理体制。一方面是整个教育管理体制，地方负责分级管理的办法，另一方面是学校内部体制改革，主要是校长负责制、教职工聘任制、工资总额包干制、结构工资制等。还要高度重视教育体制的创新。教育体制是教育观念的具体化，宏观管理体制和学校内部管理体制是提高教育质量的基础，包括调整教育行政部门的职能以更适应宏观管理、调整机构以启动基层活力、调整政策以提高领导素质、调整安排以集中学校的精力四个方面，以使学校领导集中精力办出学校特色。

教育结构。合理的教育结构应该适应经济、政治、文化和社会发展的需要，适应广大人民群众接受各级各类教育的需要，适应人力资源市场对各种类型人才的需要，有利于提高教育的质量和效益，有利于受教育者的就业。因此，应当在尊重市场规律的同时，加强对举办各级各类学校的引导，加强对群众选择的引导，以减少盲目性。一方面是形成普通高中与职业高中、中专、中技等相互结合的复合结构，另一方面是公

---

① 参见陶西平. 融入·贯穿·围绕[J]. 中小学管理，2018(10)：59.

办教育与民办教育的协调发展。

人才培养。包含教育思想、内容和方法。教育思想里包含任务、培养目标、培养途径、办学方向；教育内容主要是解决课程设置问题；教育方法的最大问题在于如何调动广大师生的积极性，在全面完成教学任务的基础上提高教育效益。对人才培养本身来说，聚焦中小学教育的教育思想、教育内容、教育途径、教育方法以及教育管理、教育环境。以正确的教育质量观作为教育思想，建立各级政府和教育行政部门全面评估学校教育质量的体系和制度；安排适应真正为学生打好基础和发展特长需要的教学计划、课程和教材；加强以加强双基、培养能力、发展智力、发挥特长为重点的教学方法研究；取消小学、初中的选拔考试，解决九年连贯的问题，用毕业会考这样的水平考试，作为高中阶段的主要考试，改革高考制度；教育途径以课堂教学为中心，课堂教学与课外教育相结合，理论与实际相结合，教育与社会生产劳动、社会实践相结合；建立以学校为主渠道，学校、社会、家庭教育相结合的开放的教育体系；通过改善师范教育改善师资来源，通过改善培训制度，帮助在职教师更新知识、提高能力，同时解决关于教师教学水平的评估问题，重视对教学过程（隐藏着未来才能体现出来的教学质量）与教学效果的综合评估。

教育是一个系统工程，需要学校、家庭、社会共同来进行，只有学校、家庭、社会形成合力，建立学校、家庭、社会三位一体的教育体系，才能获得教育的最佳效果。

教育改革是教育事业发展的动力。教育改革的目的是全面提高教育质量，即培养人才的质量。社会主义现代化建设带来的社会变迁，以及对外开放后对国外教育的了解与借鉴，大大加快了我国教育改革的步伐。从二十世纪九十年代开始，之后的三十年，陶西平始终在这个系统框架内，围绕教育"为经济社会发展服务、为人的发展服务"目标和提高教育质量的核心任务，论述教育改革中各个要素的子系统，以及要素之间的辩证统一关系。

(二)学校系统

学校是办学实体，党和政府发展教育的方针、政策、措施最终要在学校贯彻落实。

1. 学校管理系统

现代学校教育是一个系统工程，它既包含学校与其外部的多种联系，又包含学校内部诸多因素间的相互联系。科学地引导和协调这些因素的矛盾运动，学校教育才能健康地发展。管理正是承担着保证学校通过有序运转完成提高教育质量的任务。提高教育管理水平是提高教育质量的保证。①

中小学学校内部的正常运转，在相当程度上要依靠教育外部条件的改善，教育投入的增加才能使办学条件的改善和教师队伍的建设得到物质的保证。学校内部自我发展和自我完善机制的建立，在相当程度上取决于学校内部的管理体制。校长和教师是学校教育活动的实际组织者，是教育改革从理念转化为实践的桥梁，他们的主动性和创造性是取得教育实效的关键。改革开放初期，原有管理体制在客观上抑制了这种积极性的发挥，陶西平从十二中开始试点，并在北京市推动中小学学校内部管理体制改革，搞活学校的内部机制，在加强思想政治工作的同时，改

---

① 参见陶西平. 推进学校管理的现代化——祝贺北京市外事服务职业高中通过 ISO9001 国际质量体系认证[J]. 中小学管理，2001(03)：2.

革学校内部的劳动、人事、分配制度。①

当我国的教育从扩大规模、提供更多教育机会为主，向提高质量为主转变；从单一模式为主，向多元模式发展转变；从以政府管制为主，向政府服务为主转变的过程中，陶西平认为需要建设现代学校制度，抓住"依法办学、民主监督、自主管理、社会参与"四个关键点。

陶西平认为首先从领导到所有教师，都有遵守法律和规则的意识。学校有自己的章程以及相应的规章制度，并真正落实在行动中，成为学校的传统。其次落实与扩大学校的办学自主权，完善校长负责制，完善科学民主的决策机制，并在学校内部建立一个良好的治理结构。陶西平认为，校长的专业发展是完善校长负责制的重要条件，建设学习型组织是校长履行职责的重要途径。除了教代会之外，学校平时要有一系列较为健全的机制，以保障民主管理、民主监督的渠道畅通。很多问题的出现都在于上下沟通不够、互不知情。此外，构建政府、学校、社会之间的新型关系。

2. 学校育人系统

学生是教育的终端，学校和教师是教育工作的终端。学校作为育人的主阵地，应当满足学生的教育需求。学校秉承教育方针，遵循教育规律，遵守教育规范，落实课程要求，都要针对不同地区和不同学生的特点。应当坚持"全面育人，办有特色"的办学方针。千人一面、千校一面的无差别教育无法培养创新型人才，也无法办出高水平的学校。陶西平主张学校要创造适合每个学生的教育，形成办学特色。学校之间有特色差别，教育才有活力，从而推动全面育人的落实。

———————————

① 参见陶西平. 关于学校管理体制改革的思考[J]. 中小学管理，1989(01)：6—7.

首先是做好学校发展的顶层设计。顶层设计是运用系统论的方法，从全局角度对办学的各方面、各要素统筹规划，流程重组，以集中有效资源高效地实现教育目标的过程，也是把实现办学愿景的规划具体化的过程。一是有前瞻的思考，把学校未来面临的外部环境和各种挑战想清楚，把学校特色发展的设想和发展趋势总结出来，并告诉每一位教职工，让大家明白学校面临怎样的机遇与挑战；二是找差距、定阶段性目标、选路径、根据目标配置资源；三是具体地分析、决策；四是把任务科学地分解变成"动作"，再用流程和制度变成"规定动作"。好的学校管理者要推进学校内部的和谐，以文化凝聚团队，充分尊重每一位教职工，帮助教职工设定自己的人生目标，找到在工作中实现个人专业发展目标的方法和路径。①

其次，贯彻落实素质教育的实施途径。陶西平始终坚持把素质教育作为全部教育活动真正的指导思想。将德育、智育、体育、美育作为教育目标，贯穿于学校的全部教育教学活动之中，成为全部教育教学活动的首要目标，成为全体教育工作者的责任。

再次，教师连接着政策与学生，其自身核心素养的提高，尤其是正确的教师观及价值观的形成与塑造，对教育教学、课程改革的成败有着举足轻重的影响。只有教师的全人格提高了，培养学生的全人格素养才有可能。加强教师队伍建设的关键是将教师集体建设成为学习型组织改善教师的生态环境，比如，改善教师待遇，加大教师专业发展规划与投入，创造良好的教师发展的文化条件，使教师专业发展有保障；形成一

---

① 参见陶西平. 多样化发展与规范化治理的统———基础教育良性发展的途径[J]. 中小学管理，2014(03)：13—16.
陶西平. 倡导教育的"微创新"[J]. 中小学管理，2013(03)：58.

个良好的科学化、人性化的教师管理办法；搞好校园文化建设，给教师创造一个良好的生态环境；帮助教师形成正确的情感、态度、价值观，等等。良好的校园文化氛围会促成教师良好的教育情感的发育。[①]

最后，做好学校文化建设。陶西平认为，优良的学校文化是一所学校良好的教育生态，是一所学校持续健康发展的动力和保证。学校文化包括表层的物质文化、浅层的行为文化、内层的制度文化，直到深层的精神文化。学校文化建设要先考虑稳定的教育理念，陶西平认为这是学校文化的核心，是学校的校魂，是学校文化各层次中最为稳定的部分。学校文化可以通过长期积累自然形成，但优秀有生命力的学校文化需要理念上的精心提炼和实践上的长期培育。[②]

陶西平对学校育人系统的论述，以学校的特色建设为主。例如，中关村一小的自主发展课程体系。在教育理念上，从"以人为本、育人为本"的原则出发，相信学生具有自主发展的潜能，尊重他们自主学习的需求，以学生的自主发展作为一切教学活动的出发点和归宿。在教育管理上，加强全校自主发展教育活动的顶层设计，改变碎片式的、零散的、无序的状态，建立系统的教育格局，从而使学生的自主发展具有制度保障。在课程设置上，以"会学习、懂生活、能负责、敢担当"为目标，进行内容统整和形式拓展，建立六大领域和两种课程方式，增加多元的、可选择的课程范围，为自主发展提供实现的路径。在教学过程上，强调趣味性和生活化，从而更加符合儿童和少年的年龄特点，随着学生年龄的增长，逐步培养他们的自我意识、独立性和批判性思维以及

---

① 参见陶西平. 静下心来教书 潜下心来育人[J]. 江西教育，2007(24)：1.
② 参见陶西平. 积累学校持续发展的动力[J]. 北京教育(普教版)，2004(10)：8. 陶西平. 学校持续健康发展的保证[J]. 基础教育参考，2007(12)：1.

探究能力。在教育评价上，重视学生自主发展课程的学习效果，注重过程性评价，突出六大领域和两种课程方式的教育价值，从而使自主发展成为有实效、可检测的教育活动，进而引导学生发展。①

再如，北京市朝阳区呼家楼中心小学以 PDC 为教育理念。PDC 是英文 Project(项目)、Drive(驱动)和 Create(生成)的缩写。其基本含义是：用项目驱动学生的欲望和兴趣、实践和体验、思维和意识；通过驱动，生成学生的经验与技能、素养与情感、态度与价值。其核心是让教育回归真实的生活，让教育走向完整真实的世界。PDC 理念下项目群实践育人系统，是根据孩子生命成长过程中所涉及的"发现自我、了解自然、探秘科学、解读人文、回归生活、体验社会"六大领域及不同年级学生的特点，以动手、体验、研究为基本方式，以不同主题的项目为载体，以提升学生的实践能力和创新精神为培养目标构建的一个相对完整的育人系统。②

3. 学校教育的开放化

学校教育是一项复杂的系统工程，条件再好的学校，也不可能具备足以适应教育全部需要的资源。所以，必须借鉴校外、地区外、国外的所有教育经验以及其他行业的经验，充分利用校内外一切可以利用的物质的、人力的资源。③

陶西平认为，建设现代学校，必须以拓展学校教育资源为重要条件，建设好家长委员会，作为群众性的自治组织，代表全体家长参与学校的民主管理，支持和监督学校做好教育工作。还必须充分利用社会资

---

① 参见陶西平. 可贵的探索[J]. 中国教师，2015(07)：5—6.
② 参见陶西平. 把火种点燃[J]. 中小学管理，2018(11)：60.
③ 参见陶西平. 普拉哈拉德公式[J]. 中小学管理，2009(07)：59.

源、国际资源，为学校发展服务，形成多元灵活的、全方位的教育资源意识和资源整合能力，这是实现学校特色发展的必然要求。学校必须放眼全球，建立一个广泛的教育资源系统，利用一切可以利用的资源，推动现代学校制度的建设。

陶西平主张以开放的思想来办教育，实行学校教育的开放化。通过树立大教育观念，实现学校教育，社会教育和家庭教育的横向联系，学校教育和终生教育的纵向结合。要打破教学过程的封闭式的循环系统，发挥学生在认识过程中的主体作用，通过加强课外教育，开辟社会信息和新知识信息输入学校的渠道，注重学生实事求是精神和创造精神的培养。同时，紧密结合社会现实，增强德育的实践性，引导学生适当地走出课堂，走向社会。通过实践，培养学生的商品经济观念、效益观念、竞争观念、信息观念、民主与法治观念等，使其成为在改革和开放的环境中做出贡献的优秀人才。①

另一方面，政府要做到推进依法行政、加快简政放权、坚持科学决策、强化监督问责、培育社会组织。着力从减轻学校过重的压力入手，改善学校自主管理的外部环境，创造学校自主管理的良好生态。

(三)学生培养系统

1. 培养目标

社会主义现代化建设的发展对现代劳动者的素质，其共性要求是不断拓宽和加深人的优良素质的广度和深度，包括知识、能力、智力、体力、品德、美感以及各种心理品质，其个性要求是不同职业的不同的素质结构和不同个体发展个性特长的不同可能。陶西平始终从这一要求出

---

① 参见陶西平. 破除陈旧观念 推进教育改革[J]. 学习与研究，1986(10)：34—36.

发，呼吁转变教育思想，明确培养目标，在此基础上确定教育内容和方法，不断推进制度、管理、课程、教学、评价等方面的改革。①

2. 实施途径

育人目标的落实需要从整体上推动各教育环节的变革，最终形成以学生发展为核心的完整育人体系。陶西平认为课程改革、教学实践、教师为人师表、教育评价是落实育人目标的四个主要层面。②

3. 关键环节

教学实践要靠教师，因此，陶西平认为，提高教育质量，实现育人目标，有三个环节是至关重要的。

一是课程体系的建立。课程体系是教育思想的集中体现，体现了国家经济和社会发展以及人的发展的价值取向，体现了国家的教育方针，体现了时代特征。一个国家的学校教育功能主要是通过课程来实现的。建立新的课程体系，就是实现教育思想、教育内容、教育方法、教育技术的系列的变革。

在基础教育领域，素质教育理念在相当程度上是通过课程来体现的，课程改革主要聚焦于课程的定位、价值取向、课程构建、课程目标、课程实施与课程评价六方面。课程改革是国家行为，是国家意志的体现。从某种意义上讲，一个国家的学校教育功能主要是通过课程来实现的。我国基础教育的课程改革是全面推进素质教育的核心工程，通过课程理念、体系、标准、教材以及课堂教学结构、模式和方法的变革，使学校教育体现我国的教育方针，是一项关系国民素质，国家前途和命

---

① 参见陶西平. 百年大计 教育为本[J]. 学习与研究，1988(03)：3—5.
② 参见陶西平. 学生发展核心素养与课程改革[J]. 创新人才教育，2016(04)：27—32.

运的巨大的系统工程。

二是教师队伍的建设。教师是教育活动的组织者和实施者，教师的教育理念以及由此决定的教育方法，教师把握教学内容和驾驭教育进程的能力，决定着改革的成败。必须高度重视建设一支富有创新精神的教师队伍。教师的创新精神，既影响着培养创新人才的教育，又影响着教育体系的创新。必须鼓励广大教师坚持求真务实、勇于创新。同时，要创造教师终身学习的条件，使教师把教学、学习、科研三者紧密结合起来，帮助教师首先进入学习化社会。①

三是评价体系的落实。实现教育目标和教育评价的统一，要防止国家规定的教育目标不能够成为学校全部教育活动的目标，而只是分解为不同部门的工作；也要防止教育评价脱离教育目标，产生片面的评价标准，甚至评价标准跟教育目标相背离，产生负面的导向作用。评价既是激励改革的动力，又是校正方向的准绳。在高一级学校的新生需要选拔的时候，它又是选拔的工具。教育改革的指挥棒掌握在教育评价手中。评价体系的激励、校正和选拔功能必须统一。绝不能评价改革时是一套标准、一套办法，进行选拔时又是另一套标准、另一套办法。

陶西平认为，课程改革、教师培训和招生考试是为了同一目标的三件大事，就像是一辆三驾马车，必须统筹协调。各级领导、各个学校都务须增强统筹意识，努力使各个环节形成合力。必须把功夫下在协调发展而不是各自为政上。三驾马车齐心协力，朝着同一方向奋进。②

---

① 参见陶西平. 教育科研的创新使命[J]. 教育科学研究，2003(05)：5—6.
② 参见陶西平. 走出"二元体系"的困惑[J]. 北京教育(普教版)，2003(04)：11—12.

第二节　整体优化与陶西平教育思想

一、系统论与整体优化

系统优化的核心是实现整体的优化，即系统得到最优的组织结构并且系统要素发挥最大的系统功能。实现系统整体的优化，要在把握系统整体性原理的基础上深入地分析系统的构成，即深入分析系统的要素、结构以及所面临的环境。对系统的优化需要通过对系统要素、结构以及环境的改进来实现。

在科学领域内对现象和过程进行系统研究的发展，大大促进了对最优化思想的研究。系统的优化演化规律是系统自身得以存在和发展的基本规律，也是系统科学研究的重要课题与实践目的。无论自然界各生物系统还是人类社会不同种类的系统都处在不断演化优化过程中。系统优化是人类实践的一般目的。在作出决定时，只有考虑了系统所处的环境、系统结构及各个要素之间的各种有规律的联系，才有可能期望选择到最优的方案。

对优化来说，辩证唯物主义关于真理的具体性原理，具有重要的方法论意义。必须考虑对象的实际可能性，选择出最合理的决策；不可能找到一切情况均可套用的方法；所以把一个经验推广到所有工作中去的时候，应该持谨慎的态度；那种不指明运用范围和条件的倡议，单一地研究一个要素，均不足取。一般管理理论的研究对最优化原则的发展有直接的影响，这种理论要求考虑管理的主体和客体的相互作用，统一研究活动的设计、组织、调节、反馈关系、校正以及分析效果。可以同时按照两个或更多的参数，找到最优方案。

对最优化来说，必须抓住主要环节，这一方法论至为重要。若不抓住本质的、主要的环节，就不可能找到最优方案。因为，往往需要从许多可能的特征中区分出主导特征，找出问题的主要原因，明确主要的、本质的东西，以便找到相对较优方案，没有这些，最优化便难以确立。

绝对真理和相对真理相互关系的方法论原理，也有许多启示。优化永远是相对的，因为它并不提供最理想的、绝对的决策。优化是寻求理想方案的一个步骤。理解最优化同认识相对性观点的深刻联系，就会使教育学上的结论和建议不是片面的和形而上学的，而是真正辩证的。①

二、教学过程最优化理论

陶西平称他的整体优化思想最初是受苏联教育家巴班斯基（1927－1987）教学教育过程最优化理论的启发。二十世纪六七十年代，苏联为提高教学教育质量，克服师生负担过重和教学评定工作中的形式主义，普遍要求学校"教学教育过程最优化"。② 在这一背景下，巴班斯基通过教育实验提出了一整套最优化的教学原理、措施和建议，从一般到特殊，从抽象到具体。

巴班斯基提出"以完整的活动的观点来看待教学过程，就有可能更全面地和按一定顺序地排列它的各种主要成分，更明确地确定教学的主体、客体和条件的位置，相互联系地引出，社会方面的成分（目的、内

---

① 参见［苏］尤·克·巴班斯基著，吴文侃译. 教学教育过程最优化［M］. 北京：教育科学出版社，2001：3－4

② 参见［苏］尤·克·巴班斯基著，张定璋等译. 教学教育过程最优化——一般教学论方面［M］. 北京：人民教育出版社，2007：2.

容),心理方面的成分(动机、意志、情绪、思维等)和控制方面的成分(计划、组织、调整、控制)。所有这些方面不应该只是简单地凑合在一起,而应该在对完整的教学过程进行教学论本身的论述时,把它们综合起来"。"教学过程的各种成分的存在和发展不是孤立的,而是互相渗透的"。"以完整的活动的观点来揭示教学进程,也具有巨大的实际意义。因为它能够保证对现实的过程作出真正的综合的分析,并研究出改善这种过程的完整的措施体系。"①

巴班斯基最初讨论的是课堂上教学教育过程最优化问题,之后还研究如何把最优化原则运用于包括课外教育在内的整个教育过程。按照教师开展教学工作的顺序,教学最优化的方法,一是综合规划和具体确定教学、教育和学生发展任务;二是使教学内容符合于教学任务,突出教学内容中主要的、本质的东西;三是选择最适当的课堂教学结构:即提问、学习新材料、联系、巩固、家庭作业、小结等的顺序;四是教师自觉地为完成一定教学教育任务选择最合适的教学方法和手段;五是对学生采取区别对待和个别对待的办法,把全班的、小组的和个别的教学形式最优地结合起来;六是为教学创造良好的教学物质条件、学校卫生条件、道德心理条件和美化条件;七是采取专门措施来节省教师和学生的时间,选择最优的教学速度、教学结构、教学内容、形式和方法,培养学生对学科的兴趣;八是按照最优化准则分析教学效果和师生的时间用量,即判明通过教学过程所获得的最终效果(教学水平、教育水平和发

---

① 参见[苏]尤·克·巴班斯基著,张定璋等译. 教学教育过程最优化——一般教学论方面[M]. 北京:人民教育出版社,2007:7—8.

展水平的提高)是否符合于学生的实际能力,以及师生的时间规定量。[①]

巴班斯基强调的是,必须要完整地掌握整个措施与方法体系,才能保证选出最优的教学方案。探索、比较各种方案的可能性,采取最好的教学决策,是教学最优化的根本所在。最优化思想的依据是关于科学在提高人类活动效果中的作用。有必要重新考虑教学论中有关教学过程的结构及其成分,它的内部和外部联系、规律性以及相应的原则、方法和形式等问题。

"最优的"意思是说"根据一定的标准衡量对当时条件来说是最佳的"。当谈论最优性时,是针对一所学校或一定班级现有的具体条件而说的,指的是学生和教师当时所具有的全部可能性。探求最优方案,应当同时努力改善教学教育过程得以发挥作用的条件,并把两者结合起来。教学教育过程的最优化并不是一种新的教学形式或教学方法,而是教师工作的一项特殊原则,是解决任何教学教育任务的一定的工作方法,它专门用于在规定时间内(尽可能在较少的时间内)以较少的精力达到当时条件下尽可能最大的效果。[②]

三、陶西平所追求的"实现教育过程的整体优化"

前面提过,整体优化的前提是要深入分析系统的要素、结构以及所面临的环境。通过对系统要素、结构以及环境的改进来实现对系统的优化。

---

① 参见[苏]尤·克·巴班斯基著,张定璋等译,教学教育过程最优化——一般教学论方面[M]. 北京:人民教育出版社,2007:25—35.

② 参见[苏]尤·克·巴班斯基著,张定璋等译. 教学教育过程最优化——一般教学论方面[M]. 北京:人民教育出版社,2007:3—6.

陶西平所追求的"教育过程的整体优化"正是在深入分析教育系统中的制度、条件、课程、教学、评价、教师、学生等各种要素，要素之间的相互关系，教育所处的经济社会发展环境等基础上，提出各种改进建议来实现的。

辩证的系统论是教育过程整体优化的方法论基础，用系统的观点和方法对要完成的任务和解决的问题作出可能的决策，用以确保在相应的条件下选择出最优方案。

陶西平始终立足于社会经济发展阶段的条件，对教育为经济社会发展服务和教育为人的全面发展服务所涉及的种种问题和观点进行探讨。实现教育目标，要求解释教育过程的各个成分和各个环节。为了揭示教育过程的本质和规律，还需要对发挥作用的最本质的结构联系进行分析。对教育过程中会遇到的典型困难，从社会学和教育学的角度作了广泛分析；探讨了在当前的社会经济发展背景下，应创设哪些条件才能保证教育过程的改进和教育目标的实现。

(一)教育要素的改进

陶西平对教育要素的论述包含了教育思想、培养目标、管理制度、教育条件、课程改革、教学实践、教育评价、教师队伍建设、学生素质发展等。这些要素的优化，体现在对相关要素领域现实问题和困难，以及主客观原因的分析。

教育的核心问题是质量。围绕质量这个核心，有许多外围的问题，如提高质量所需的物质条件和保证提高质量所做的工作，都是必要的。而质量本身的问题更是需要花主要精力解决。要在办学条件标准化、学校管理规范化的基础上，把着眼点放到提高教师专业技能和学生素质上来。

管理和制度优化的目的在于，增强各级领导的责任感，激发和调动校长与教职工的积极性和创造性，为提高教育质量提供制度保障。

教育发展规划的实施，教育培养目标的实现，都需要必要的条件。诸多条件中最重要的是校舍、设备和师资，这是教育之"本"。教育的战略地位要靠战略性投入来保证，因此必须优先扩大教育的投入。

课程改革主要聚焦于课程的定位、价值取向、构建、目标、实施与评价六方面。通过课程理念、体系、标准、教材以及课堂教学结构、模式和方法的变革，使学校教育能够体现国家的教育方针。

教学的优化要对教师施行有关解决教学任务的科学教学法的专门训练，改进研究学生的方法，经常、系统地研究学生，掌握他们实际的潜力，"研究学生"是改进教学最重要的前提。

评价往往作为实现目标的功能性杠杆。陶西平认为在国家、地区、学校等不同层面，在各级各类教育的不同领域，在行政管理、质量监测、学生评价等不同方面，都迫切需要符合我国国情的教育评价科学来引领和支撑。

教师的专业发展与自觉是实现优质教育的关键点。要使教师能够"静下心来教书，潜下心来育人"，从外部来讲，改善教师待遇，加大教师专业发展规划与投入；形成科学化、人性化的教师管理办法；搞好校园文化建设，给教师创造良好的生态环境等。从内部来讲，陶西平认为一个教师的好应该表现在教师的追求、教师的学习、教师的修养、教师的创新以及教师的心理健康，当前提高教师自身素质的着力点，应当放在转变教育观念，增强创新意识，提高思想道德修养和掌握现代化教学手段上。

学生素质发展：品德、智力、体质是基础教育应当为学生奠定的最重要的基础，核心是加强德育，培养学生服务国家人民的社会责任感，重点应该放在培养学生的创新精神和实践能力。

(二)教育结构的调整

合理的教育结构是教育为社会主义建设服务的外在体现。

结构的优化，一是建立合理的纵向教育结构，全面提高人的素质是一个密不可分的终身教育的过程，从学前教育到学校教育，直到成人教育，必须形成完整的教育系列，为个体素质的后天培养建立循序渐进的流程，为整个国民素质的提高建立完整的体系。

二是调整教育的横向结构，从经济建设的需要出发，普通高中与中等职业教育要有合理结构，中等职业教育各专业之间要结构合理，高等教育更需随经济建设的发展调整那些不合理的专业结构。

三是形成民办教育和公办教育共同发展的格局，民办教育和公办教育的根本属性都是育人为本，合理的教育结构应是在政府主导下公办教育以提供公平的公共服务为主，民办教育以提供选择性教育为主。

(三)教育环境的改善

教育的发展需要良好的生态环境，陶西平认为一是坚持依法治教，二是倡导尊师重教，三是保证必要投入，四是要有良好舆论氛围。

依法治教是教育事业有序发展的根本保证。尊师重教是教育事业蓬勃发展的应有的社会风气。教育投入是学校教育赖以生存和发展的条件。学校深化教育改革，也需要全社会创造良好的舆论环境。①

首先，管理者要具有时代观念，防止片面的应试教育，强化评价的引导和激励作用，促进时代教育的改革与发展。其次，树立人本观念，尊重学校办学自主权，使教师成为教学过程最活跃的力量，使学生真正

---

① 参见陶西平. 创造教育事业发展的良好生态[J]. 北京教育(普教版)，2006 (Z1)：15.

成为学校的中心。不断为教育更新和创造提供新的优质资源。

学校形态要更加开放。一是空间更加开放，通过信息技术的应用，教育资源共享将逐步实现，学生学习的场所更加多元；二是时间更加开放，学生可以有更多的自主学习时间；三是学习者更加开放，学校朝着为终身学习服务的方向迈进，学校之间学籍、年龄、学习年限限制将更为宽松。①

(四)实现教育过程的整体优化

陶西平认为通过转变教育思想，明确培养目标，决定教育内容和方法，教育才能最终完成促进科技进步，提高劳动者素质，进而推动经济发展的任务。所谓教育过程最优化，就是根据教育为经济社会发展服务和培养全面发展的人这一目标，考虑经济发展水平、学校、教师、学生的实际，遵循教育规律，制定改革任务和实施步骤，以期取得在当前具体条件下最大可能的最佳效果。这个结果最终一定是反映在学生身上，学校里人人都是可育之才，教育必须真正做到面向全体学生，努力发展每一个学生的优势智能，提升每一个学生的弱势智能，从而为每一个学生取得最终成功打好基础。

第三节　陶西平教育思想的特点与启示

陶西平对教育议题的广泛论述，实际上是紧紧围绕着教育方针中

---

① 参见陶西平. 深化高中教育改革的四个关键点[J]. 创新人才教育，2017(01)：11—13.
陶西平. 坚定信心 深入思考 推动高中教育改革与发展[J]. 创新人才教育，2016(01)：6—8.

"培养什么人、怎样培养人"的重大问题展开的。陶西平对教育的论述涵盖了近40年来当代中国教育改革与发展重大问题、解决路径及发展趋势，对深化当代中国教育理论体系与实践体系研究具有重要借鉴价值。他的教育思想凸显出以下几个特点：

一、始终以教育方针作为教育发展的总目标和行动指南

陶西平能够始终把握时代性，是因为他能把教育方针融入内心，而教育方针正是鲜明地反映了时代精神，体现了时代特征，与时俱进。

党的教育方针是党在一定历史阶段提出的有关教育事业的总方向和总指针，确定教育事业发展方向，是教育改革发展的指导思想、价值取向和根本要求，是教育基本政策的总概括，是指导整个教育事业发展的战略原则和行动纲领。党的教育方针适应时代要求，不断发展、调整和完善，体现了社会主义教育的性质、方向、目标，反映了不同历史时期我国经济社会发展对教育提出的基本要求。①

陶西平经历了从党的十一大到十九大教育方针的发展变化。

党的十一届三中全会后，我国教育事业也进入改革发展的新阶段。1981年《中国共产党中央委员会关于建国以来党的若干历史问题的决议》提出，"用马克思主义世界观和共产主义道德教育人民和青年，坚持德智体全面发展、又红又专、知识分子与工人农民相结合、脑力劳动与体力劳动相结合的教育方针"。1982年通过的《中华人民共和国宪法》规定："国家培养青年、少年、儿童在品德、智力、体质等方面全面发展。"这对教育界拨乱反正、正本清源，恢复和发展教育事业发挥了重要

---

① 参见翟博. 新时代党的教育方针理论创新与重要经验[J]. 人民教育，2022(11)：6—12.

导向作用。

1983 年邓小平提出："教育要面向现代化，面向世界，面向未来。""三个面向"成为改革开放新时期教育改革和发展的战略指导思想。1985年《中共中央关于教育体制改革的决定》中明确提出，"教育必须为社会主义建设服务，社会主义建设必须依靠教育"。在教育方针实践中加强了教育与社会的联系，促使教育主动适应现代化建设需求，按照现代化建设要求进行全方位改革。

1990 年"八五"计划提出，"继续贯彻教育必须为社会主义现代化服务，必须同生产劳动相结合，培养德、智、体全面发展的建设者和接班人的方针"。1993 年，中共中央、国务院颁布的《中国教育改革和发展纲要》重申了该方针。

1999 年，《中共中央 国务院关于深化教育改革全面推进素质教育的决定》中，教育方针表述为"教育必须为社会主义现代化建设服务，必须与生产劳动相结合，培养德、智、体、美等方面全面发展的社会主义事业建设者和接班人"。

2002 年党的十六大报告提出："全面贯彻党的教育方针，坚持教育为社会主义现代化建设服务，为人民服务，与生产劳动和社会实践相结合，培养德智体美全面发展的社会主义建设者和接班人。"

2007 年党的十七大报告提出："要全面贯彻党的教育方针，坚持育人为本、德育为先，实施素质教育，提高教育现代化水平，培养德智体美全面发展的社会主义建设者和接班人，办好人民满意的教育。"

2012 年党的十八大报告提出："全面贯彻党的教育方针，坚持教育为社会主义现代化建设服务、为人民服务，把立德树人作为教育的根本任务，培养德智体美全面发展的社会主义建设者和接班人。"提出了"把立德树人作为教育的根本任务"的要求。

2015年《中华人民共和国教育法》，将教育方针规定为："教育必须为社会主义现代化建设服务、为人民服务，必须与生产劳动和社会实践相结合，培养德、智、体、美等方面全面发展的社会主义建设者和接班人。"

2017年，习近平总书记在作党的十九大报告时庄严宣告："中国特色社会主义进入了新时代，这是我国发展新的历史方位。"习近平总书记在主持召开学校思想政治理论课教师座谈会上强调，新时代贯彻党的教育方针，要坚持马克思主义指导地位，贯彻习近平新时代中国特色社会主义思想，坚持社会主义办学方向，落实立德树人的根本任务，坚持教育为人民服务、为中国共产党治国理政服务、为巩固和发展中国特色社会主义制度服务、为改革开放和社会主义现代化建设服务，扎根中国大地办教育，同生产劳动和社会实践相结合，加快推进教育现代化、建设教育强国、办好人民满意的教育，努力培养担当民族复兴大任的时代新人，培养德智体美劳全面发展的社会主义建设者和接班人。

中国特色社会主义教育方针的新发展，核心是围绕"培养什么人、怎样培养人、为谁培养人"这一最具有战略决定性意义的根本问题，规定了教育的性质、目标、任务和实现路径。陶西平以"加快推进教育现代化、建设教育强国、办好人民满意的教育，努力培养担当民族复兴大任的时代新人，培养德智体美劳全面发展的社会主义建设者和接班人"这一教育的根本目标为指南，从社会发展和人的发展的现实需要出发，尊重教育规律，充分体现人的全面发展的思想，始终把全面推进素质教育作为全面贯彻教育方针的时代要求和具有宏观指导性质的教育思想，始终把教育的重点放在人本身，在教育过程中把人的全面发展放在中心地位，论述相关问题。并且不断呼吁各级领导干部、各级各类学校以及全体教育工作者把对教育方针的认识内化于心，不能停留在口头上、文件上，要把教育方针融入到包括思想道德教育、文化知识教育、社会实践教育等各个环节的"全部教育实践"之中。①

二、坚持以人的全面发展为人才培养目标

陶西平对教育功能的认识始终是：教育要为推进经济、文化和社会的发展服务和为人的发展服务。为人的发展服务是推进教育事业发展的根本任务和检验优质教育的根本尺度，也是教育改革的深刻内涵和基本动因。

基础教育在整个教育系统内部，具有它自己独立的、不依附于其他类型和层次教育的价值。基础教育的基本目标在于提高整个中华民族的素质，它的对象和着眼点是全体受教育者，强调的是基本素质的培养。

陶西平认同基础教育为高一级教育和学校提供、输送合格生源的任务，但他更强调基础教育最根本的价值是育人，而不是选拔。因此他对基础教育的教学内容、课程体系、教学观念、教学方法以及评估等问题的论述，也都是紧紧围绕这个独立的价值目标。随着科学技术日新月异，陶西平从为人才培养模式转变服务的角度出发，论述课程结构相应的调整和改变，但他也一直坚持基础教育改革，尤其是课程改革应当一如既往地重视基础知识的学习，基础知识在课程体系中应该具有相当重要的地位并保持相对稳定性。②

---

① 参见陶西平. 融入·贯穿·围绕[J]. 中小学管理，2018(10)：59.
② 参见陶西平. 基础教育的价值是育人不是选拔[J]. 基础教育论坛，2012(14)：16.

陶西平一以贯之地把学生放在教育系统的中心，始终关注学生的全面发展。对学生的培养目标，随着教育方针从"国家培养青年、少年、儿童在品德、智力、体质等方面全面发展"，"培养德、智、体全面发展的建设者和接班人"到"培养德、智、体、美等方面全面发展的社会主义事业建设者和接班人"，再到"努力培养担当民族复兴大任的时代新人，培养德智体美劳全面发展的社会主义建设者和接班人"的调整，既有一以贯之的坚持，也有与时俱进的表述。

不变的是，陶西平始终强调基础教育对于学生基础素质培养的独立价值，即良好的品德、良好的智力、身心健康，以及内化为素质后形成的良好的行为习惯。与时俱进的是，随着时代发展变化和对人的素质要求的不断提高，在受到多元文化和多元价值观冲击的环境中，陶西平倡导要培育学生正确的价值观念，坚持社会主义核心价值体系，并使之成为社会的主流价值体系。针对"着力提高学生服务国家人民的社会责任感"，陶西平强调学生服务国家人民的社会责任感，要具备规则意识、民族自信和担当精神。针对"着力提高学生勇于探索的创新精神和善于解决问题的实践能力"，陶西平特别强调了两点：一是重视对学生批判性思维的培养，二是重视对学生综合思维的培养。陶西平认为培养学生的创新精神和实践能力是当前教育改革的一个重点，改革实验的进展很大，但常态的教育教学变化很小，因此，需要学习借鉴教育科研成果和教育实践成果，总结反思学校教学改革的历程，探索建立新的教学常态；寻找"以学生为主体"和"以教师为主导"的契合点，拓展学生自主学习、自主发展的空间；积极探索信息技术与常规教学的整合，兴利除弊，促进新的教学模式的形成。①

---

① 参见陶西平. 教育现代化的核心是人的现代化[J]. 中小学管理，2015(01)：19—22.

为顺应时代和世界发展趋势，提升我国教育国际竞争力，2015年之后，陶西平借鉴各国教育改革的理念和实践，对学生的核心素养也进行了相关论述，核心素养主要是指学生的价值观、必备品格和关键能力，其中思维能力是关键能力的核心。核心素养是党的教育方针的具体体现，是衔接宏观教育理念、培养目标与具体教育教学实践的中介。党的教育方针可以通过核心素养转化为教育教学实践可用的、教育工作者易于理解的具体要求，从中观层面深入回答"立什么德、树什么人"的根本问题，用于指导人才培养具体实践。使新时期素质教育目标更加清晰、内涵更加丰富，也更加具有指导性和可操作性。[①]

三、系统性地观察、思考、研究教育问题

陶西平始终强调教育是由若干个相互联系而又相互制约的因素组成的系统工程，当反思教育领域的某个问题时，应该有系统的思维，而不是孤立地针对一个问题解决一个问题。

系统思维是陶西平论述教育问题的一个明显的特征，这种系统思维在于重视和把握要素之间的关联性。他认为在考虑教育问题时，不考虑问题关联性的结果就是，一方面，一个人对某个领域的问题研究得越来越深，但是对分支间的相互联系和其他外部问题研究得很少，常常用线性思维找到了解决某个问题的好办法，但推出后衍生出来的问题又往往是始料不及的。另一方面，为了使复杂性看起来更容易掌控，习惯将整体进行分解，拆成一个一个部分进行分析，以求对整体认识得更深刻。但将整体进行分解，如同将一面镜子打碎成了一小片一小片，

---

① 参见陶西平. 学生发展核心素养与课程改革[J]. 创新人才教育，2016(04)：27—32.

一个人拿一个碎片在那里研究，等把每一个碎片都研究完了，再把这些碎片拼到一起，但再还原的时候，已经不是原样的镜子，很难真实地恢复甚至有可能歪曲原貌。从而，陷于目标与后果的反差，工具与价值的背离。

教育的系统性在于，一个因素的调整往往会引起另一个因素的反应，从而造成整个系统的波动。当信息化将整个社会连在一起成为一个大系统的时候，它的某一环节很可能是脆弱的。"如果不能使复杂系统的每一个环节都强壮起来，则一个环节的失控，就可能造成整个系统的瘫痪。"①所以，决策者对教育的改革与发展，必须做系统的思考，要充分考虑各相关因素对整体的影响，从整体的改革思路出发，提出解决具体问题的方案。② 要重视关联性，使决策有利于实现整体优化。

陶西平对于教育问题的论述，会划定一个界，对在一定范围内确实密切相关的因素统筹考虑。例如，陶西平认为课程改革不是一般性的局部调整，而是深刻的系统变革，尤其是高中课改，体现了普通高中性质、价值取向、教育目标、教育方式的变化。③ 要以好的课程标准和教材为基础，以好的教师和教学活动为保障，以好的教育评价制度为导向，三者相互联系而又相互制约。他对课改议题下的价值取向、目标、方式、教师、评价等因素的论述，又与其教育体系中相关因素的论述是一致的。例如，评价制度是指挥棒，它在相当程度上决定着课改的实际

① 陶西平. 坚持弘扬和培育民族精神[J]. 北京教育(普教版)，2004(03)：9.
② 参见陶西平. 黛安·拉维奇的"逆转"[J]. 中小学管理，2010(05)：48.
陶西平. 教育创新要关注多元多样现状[J]. 教书育人，2011(02)：60—61.
③ 参见陶西平. 激情与理性——高中课改漫笔之一[J]. 北京教育(普教版)，2007(04)：9.

方向，首先要关注全面性与综合性的关系。课改倡导对学生进行综合评价，体现了学生评价的全面性。但由于实践中是将全面发展分解为若干个指标，再为每项指标确定易于检测的要素，如果用这些要素还原，并不一定真正体现甚至有可能曲解全面发展。因此，合理判断全面发展的边界，科学判定全面发展的内涵，以求多项指标的综合判断减少还原时的差距，是保证正确导向的前提。①

再如，减轻学生过重课业负担也是一项系统工程，不可能用简单的办法一次性解决。"教师""考试""课程设置""课程标准与教材"都是重要的因素。② 加强统筹，在改善社会教育生态的同时，实现教育的整体优化，端正教育思想，提高教师水平，推进课程改革、招生考试改革，都是解决减负问题的重要思路。陶西平在减负的议题下论述教师、课改、评价，与他在教育体系中对教师队伍建设、课程改革和评价制度建设的论述是一致的。

此外，还有教育均衡发展、学校特色建设等一系列问题的论述，都体现了他思考教育问题的系统性，这种系统性与他的"教育体系"是逻辑闭合的。

四、注重改革的整体性、协同性和前瞻性

陶西平认为教育改革是针对教育的偏颇，但最终不只是为了这种偏颇的消除，还要尽力防止新的偏颇的出现，因此要注重改革的整体性、协同性和前瞻性。

"整体性"一方面是相对于局部改革而言的，不是局部，而是"面

---

① 参见陶西平. 高中课改中的评价问题[J]. 基础教育参考，2007(10)：1.
② 参见陶西平. 对"减负"瓶颈的再思考[J]. 中国教育学刊，2008(03)：3.

面俱到",是在认清教育体系特征的基础上,考虑相互作用的各要素,确立各要素在教育过程中的地位,这种地位,在教育系统中有主次之分,改革也有从主到次的顺序,在实施上要有突破口。另一方面是相对于各项改革而言,解决面临的突出矛盾和问题仅靠单个领域、单个层次的改革是难以奏效的,但也不是把整体切割成各项改革进行"拼盘",而是在整体意识的指导下有顶层设计的各项改革的有机融合。

"协同性"一方面是各项改革的有机融合,这种协同是在整体设计和统筹下,增强各项改革之间的关联性,目标的设定与各要素的现状分析、具体的措施、分散的决策、评价体系之间有逻辑统一性。如果忽视了这些因素之间的相互联系,再加上政策往往由不同的部门制定,就容易使相关决策产生不协调,造成碰撞。"协同性"的另一方面是顶层设计与基层实践的紧密结合,政策设计应该尊重教育规律,运用系统论的方法,从全局的角度对办学的各方面、各要素统筹规划,流程重组,以集中有效资源高效地实现教育目标,把实现办学愿景的规划具体化。校长和教师是学校教育活动的实际组织者,是教育改革从政策、理念转化为实践的桥梁。要理顺政校关系,精简管理流程和方式,他们的主动性和创造性是取得教育实效的关键。

例如,陶西平在论述宏观教育体系的整体改革时,涵盖了三个方面:管理体制改革、教育结构改革和教育思想、教育内容、教育方法的改革。管理体制改革,一是整个教育管理体制,调动社会办学积极性;二是学校内部体制改革,调动学校内部积极性。教育结构改革主要是发展复合结构体制。教育思想、内容和方法上的改革,主要是解决培养人才的质量问题,包括任务、培养目标、培养途径、办学方向、课程设置、考试制度、教育方法、师资来源等。[①] 三个方面需要整体设计和统筹实施。

"前瞻性"是陶西平对教育改革的战略眼光和教育理想的"超前"研究。一方面教育是面向未来的事业。由于教育效益的滞后性，就决定了教育发展的超前性，要有着眼于未来的战略眼光和着手于今日的战略行动。[②] 陶西平说世界上没有理想的教育，但是每个国家在不同时期都会有自己的教育理想。理想都是对现实的超越。客观而冷静地分析现实与理想的差距，是制定策略的先决条件。教育理想的蓝图就是改革的目标，改革的进程是由教育现实朝着教育理想前进的轨迹，理想与现实之间存在差距是自然的，也是正常的，所有的改革都是在创造缩小现实与理想差距的条件，清醒地认识现实与理想的差距，是为了发挥主观能动性，为创设改革必需的条件而积极作为。而正确的实施策略是教育理想成功的保障。[③] "前瞻性"的另一方面在于教育是一个动态的、不断发展的历史过程，是对传统教育进行创造性转化的过程。在这一过程中，教育改革的许多举措都带有很强的时间变异性，因此要进行超前研究。[④]

[①] 参见陶西平. 中小学整体改革的若干问题[J]. 教育科学研究，1992(01)：3—4＋20.

陶西平. 推进中小学整体改革 全面提高教育质量[J]. 中小学管理，1990(04)：2—4.

陶西平. 建设良好教育生态 让基层充满活力[J]. 北京教育(普教版)，2014(09)：24—26.

[②] 参见陶西平. 百年大计 教育为本[J]. 学习与研究，1988(03)：3—5.

[③] 参见陶西平. 理想与现实——高中课改漫笔之二[J]. 北京教育(普教版)，2007(05)：8.

[④] 参见陶西平. 教育现代化的核心是人的现代化[J]. 中小学管理，2015(01)：19—22.

五、以辩证统一的视角论述教育议题

辩证思维是除了系统整体思维、渐进思维之外，陶西平论述教育议题的另一个突出特征。辩证思维是指用联系、发展、对立统一的观点看待问题，即世界是普遍联系的，联系具有客观性，事物间的联系是多种多样的。世界上任何事物都是变化发展的，发展的方向是前进、上升的，道路是曲折、迂回的，发展总是从量变开始，质变是量变的必然结果，量变只有达到一定程度才能引起质变。世界上一切事物都包含两个方面，这两个方面既相互对立又相互统一，矛盾双方相互依赖、相互贯通，在一定条件下可以相互转化。矛盾具有普遍性和特殊性，主要矛盾对事物发展起决定作用，主次矛盾相互依存、在一定条件下可以相互转化。

辩证统一，是唯物主义辩证法的基本观点，是既看到事物相互区别的一面，又看到相互联系的一面，以坚持全面发展为前提，把二者有机统一起来，以实现两者和谐发展的目的。

面对教育发展中的诸多问题，陶西平始终坚持辩证统一的观点。譬如，关于转变教育思想，他认为要实现培养优秀人才和提高劳动者素质的任务统一、群体培养目标和个体发展目标统一、重视教育结果和重视教育过程统一。关于教育公平，他认为包含有教无类的机会公平、因材施教的过程公平和人尽其才的结果公平，要实现三者的统一。教育优质均衡是扩大教育规模与提高教育水平的统一。学校办学思想应该坚持方向性和针对性的统一、贯彻方针的坚定性和改革的积极性的统一、继承和创新的统一。德育工作要做到知情意行的统一。评价体系具有激励功能、校正功能和选拔功能，应该保持三者的统一；绩效性评价与发展性评价相结合；过程性评价与终结性评价相结合；评价制度与选拔制度相统一等。① 高考以选拔为主，但应该是选拔、监测与导向功能的统一。中小学管理工作需要处理好办学理念和办学信念的统一、工具理性和价值理性的统一、顶层设计和终端激活的统一、发扬传统和互学互鉴的统一、教育目标和教育评价的统一、制度建设和作风建设的统一②。课程改革是从教育思想、教育内容、教育方法、教育技术到教育评价的一系列的变革，以及课程体系、教材、课堂教学结构、模式和方法的变革，应该实现基础性、多样性和选择性的统一，工具理性与价值理性的统一。教学就是知识、过程、思维方法和文化的和谐统一，手段与目的的统一，方法与精神的统一。民办教育的公益性与投资者可以取得合理回报的统一，实现教育的公益性质和产业的发展属性相统一。特色是学校共性与个性的统一，核心价值与附加价值的统一。人才是素质基础和个性特长的统一体。创新精神是科学精神和人文精神的高度统一。提高公民综合素质做到人口数量调节与人口质量提高的统一，促进经济发展与促进社会发展的统一，继承传统理念与发扬时代精神的统一，吸取国际经验和立足我国国情的统一。"均衡"和"发展"是有区别但又不可分割的两个维度，推进均衡发展就是将提高义务教育的均衡水平和发展水平有机地结合起来，均衡是相对的，发展是硬道理。均衡是义务教育系统中诸因素矛盾运动的阶段性状态，而发展是打破均衡再实现新的均衡的反复、动态的过程。③

六、从实践中来到实践中去的生命力和影响力

作为教育家的陶西平是教育理论家、改革实践家、社会活动家的完

---

① 参见陶西平. 高中课改中的评价问题[J]. 基础教育参考，2007(10)：1.
② 参见陶西平. 在管理中体现价值导向[J]. 中小学管理，2018(01)：5—7.
③ 参见陶西平. 扎实推进义务教育均衡发展[J]. 北京教育(普教)，2012(07)：16.

美结合。他是名教师，是一名讲政治、重研究、把全局的教师；他是个学者，是个懂实践、定政策、领导教育改革创新的学者；他是位官员，是位讲理论、有思想、理解基层心系基层的官员。

陶西平的教育思想反映了他从课堂到学校，从北京市到全国，再到世界舞台的丰富的教育实践。这种实践性体现在其丰富、广泛的议题都是源于教育发展的问题、需求和趋势，源于一线学校的校长、老师，以及老百姓关注的问题。他的观察和思考都是从实践中来，从问题出发，这些都是具体实在的问题。陶西平的思想影响和推动了教育改革发展。他从北京市十二中开始进行学校内部管理体制改革；担任北京市教育局局长期间，大力改善办学条件的同时，在全市中小学进行学校内部管理体制改革；之后，在完善学校内部管理体制改革的基础上，以提高教育质量为根本任务，对中小学教育的教育思想、教育内容、教育途径、教育方法以及教育管理、教育环境进行整体改革，解决培养人才的质量问题；在北京市人大任职期间，积极推动教育立法；之后作为国家教育咨询委员会委员，大力推动全国义务教育优质均衡发展；在担任联合国教科文等国际组织中方资深专家和项目顾问期间，对国内外教育热点问题脉络进行比较分析，在总结国内理论与实践探索的基础上，注意借鉴国外有益经验。陶西平重视教育政策出台前的基层调研，能够同党和国家的战略思路紧密结合，思路清晰、分析精准，并关注出台后的执行成效，特别是面临新的形势变化可能出现的新的问题，能够准确把握不同地区政策实施状况和需要重点改进之处，积极推动了我国教育的改革和发展。

陶西平尊重教育规律，了解教育政策，始终致力于推动素质教育由理念变成现实，影响了一大批教育工作者的教育实践。陶西平注重指导学习和解读国家重大政策文件精神，并能够深入浅出地论述，能够在深入浅出的论述中提出在实践中贯彻落实的实操思路；注重引导学习和参照国际国内最新教育研究结论和经验，通过逻辑严谨的认证和客观周全的评述，帮助教育实践者扩展认识视野和深化实践思考；注重在准确、全面了解学校和各类对话对象实际情况和需求的前提下，及时提出经过缜密思考而得出的具有主体创新性、指导性和实操性的工作建议；他时时处处保持诲人不倦、虚怀若谷、谦虚谨慎的工作作风和人格风范，影响了一大批教育决策者、校长、教师和教科研人员。

陶西平对教育的论述非常生动、具体。他始终保持实践中的改革精神，在对实践问题的批评中，阐述观点和立场。他什么时候都是能够理解和接受变化，引领变化，在坚守理想的同时，始终让论述和实践富有针对性。陶西平是真懂教育，他是教育的实践者，他熟悉教育的每一个环节，熟悉教师、学生、校长，他同时也是教育领导者、教育立法者、教育思考者，因此他非常善于把宏观的教育政策、教育思想落在每一个具体的教育情境中、每一个学生身上，因而其思想显得尤其生动。这也是陶西平无论在何时何地的讲话或者撰写文章，都能够打动人、启发人，引发一线教师的共鸣，也因此产生广泛的影响力，并且至今仍然有强大的生命力。

陶西平始终把"教好每一个学生"作为现实的目标，"世界上没有理想的教育，但是有教育的理想，教好每一个孩子就是我们的教育理想，教育工作者的任务就是要努力缩小现实和理想的差距。"

回顾一生，陶西平留下最后一句话，"我的教育追求就是实现教育过程的整体优化"。

附录一　陶西平教育年表

陶西平教育人生

陶西平先生从 1955 年开始从事教育工作，65 年对教育痴心不渝，直到 2020 年，在病床上还仍关注着教育的发展，写下了："我的教育追求就是实现教育过程的整体优化，我还是那颗心。"他的一生历经了我国教育发展波澜壮阔的历史进程，他的一生是追求教育进步、探索教育真谛的一生，是为人民教育事业努力实践、改革创新的一生。

本文中的资料主要来源于陶西平先生的 5 本专著、6 本编著、575 篇公开发表的文章和罗洁主编的《陶西平先生纪念文集》、北京教育志编撰委员会出版的《北京教育年鉴》，以及对丁大伟、李烈、李有毅、罗洁、史根东、时龙、王本中、杨银付、张力等同志的采访资料，在这一过程中贾伟、沙培宁同志提供了丰富的资料。

1937 年[①]

3 月 27 日，出生在北平，祖籍湖南益阳。[②]

1947 年

随全家从南京来到北京，进入志成中学(今北京 35 中)上学。

1948 年

就读于北京四中，担任过学生会主席。[③]

1949 年

8 月，加入中国新民主主义青年团。

1954 年

北京四中毕业，同年考入北京大学历史系。[④]

1955 年

因病中止大学学业。

1955 年

5 月，参加工作，任北京第九中学教员[⑤]，担任初二六班女生班班

----

①　陶西平先生的出生年份在档案材料中一直显示为 1935 年，去世后发现他实际出生于 1937 年，其墓碑上的出生年份订正为 1937 年，故本文将其出生年份修正为 1937 年。

②　其父陶元麟，国立北平师范大学毕业及国立清华研究院毕业，诗书传家。

③　就读于北京四中，担任过学生会主席，表现出优秀的组织和领导能力。

④　1954 年，以华北五省一市文科第一名的成绩被北京大学历史系录取。

⑤　1955 年 5 月，参加工作，任北京第九中学教员，这是他从事教育工作的起点。之所以称为教员，据陶西平秘书贾伟回忆，这是因为他此时还不是正式教师编制。

主任。

1957 年

被打为"右派"，发配农村务农。

1960 年

被摘掉"右派"帽子。

1961 年

5 月，任北京市丰台区岳各庄小学教员。

1966 年

"文化大革命"开始，被送去劳动改造。

1969 年

9 月，任北京市丰台区小屯中学校长。因为学校缺老师，先后教过语文、数学、历史、地理、英语、俄语。

1978 年

9 月，调到北京市第十二中学任教。

1979 年

3 月，被彻底平反。

6 月，任北京市第十二中学教导主任。

1980 年

9 月，加入中国共产党。

1981 年

3 月，任北京市第十二中学副校长。

1982 年

9 月，任北京市第十二中学校长，为北京市第十二中学制定了"同心同德、兢兢业业、求实创新"的校训，沿用至今。

1984 年

与北京八所中学的校长一起和教育部对话，建议中学应该建立校长负责制。同时，开始探索学校内部劳动、人事和工资制度的改革途径和办法。

1985 年

提出"办学要办厂，办厂为办学"的方针，以"不等不靠"的精神，将北京市第十二中学校办工厂从"全国第一所校办工厂"发展成为"全国效益最好的校办工厂"。

获得"全国五一劳动奖章"，被评为全国优秀教育工作者、北京市特等劳动模范，被北京市委授予"优秀共产党员"称号。

1986 年

任职北京市教育局党组书记、局长①，北京市教育局局机关党委书记。

---

① 《北京市普通教育年鉴》(1949—1991 年)。

赴英国、瑞士考察交流。①

在《北京教育》第8—9期撰文《实现教育过程整体优化，积极推动首都普教改革》，强调要树立整体优化的思想，推动全面的教育改革。

1987年

兼任北京市教育督学室主任②、北京市教育科学规划领导小组组长。③

组织召开各区县主管教育区县长和教育行政部门负责人、教育科研人员参加的北京市第一次、也是全国第一次区域教育评价工作会议。

支持创办《中小学管理》杂志，这是全国第一本专门为中小学管理干部服务的杂志，他一直坚持为这本杂志撰写文章，发表自己对教育问题的看法和观点，直到去世前半年才因病停笔。

4月，参加北京市校外教育工作会议，做题为《坚持正确的方针促进校外教育发展》的讲话，对北京市三十多年的校外教育工作进行了总结。

9月，参加北京市幼教工作会议，做题为《面向全体幼儿，全面提高幼儿素质》的讲话，强调幼儿教育改革的指导思想是面向全体幼儿，全面提高幼儿素质。

---

① 《北京市普通教育年鉴》(1949—1991年)。

② 1987年，根据市政府关于建立教育督导机构的决定，市教育局督学室成立。陶西平兼任督学室主任。

③ 1987年，北京市教育科学规划小组完成"六五"期间教育科研成果评奖工作后，改名为"北京市教育科学规划领导小组"。小组成员做了部分调整，由市教育局局长陶西平任领导小组组长，副局长汤世雄和北京市教科所所长范小韵任副组长，共20人组成，办公室设在北京市教育科学研究所，开展对市级课题的规划管理工作。

9月，基于国家教委颁发的《中学生日常行为规范》的通知，对进行养成教育、建立良好校风提出了"一个改观、三个突破"的要求；基于国家教委《关于颁发〈全日制小学劳动课教学大纲(试行草案)〉的通知》，指出重视劳动、重视实践是现代教育的特点。

在《班主任》第4期撰文《把班主任工作提高到一个新的水平》，对班主任工作中存在的问题进行了剖析。

在《北京教育》第10期撰文《深化教育改革为全面提高首都公民的素质打好基础》，强调要做好中小学政治思想教育。

1988 年

担任《北京教育丛书》领导小组副组长①、当选中国共产党第十三次全国代表大会代表。

3月，参加北京市小学领导干部会，要求各区县教育部门和各校校长要进一步明确办学方向，树立正确舆论，培养、宣传、树立、表彰好的典型，并号召全市各小学都要争做坚持全面育人、减轻过重负担、提高教育质量的学校。

5月，参加北京市小学青年教师教书育人经验交流会，强调要为青年教师提供充分展示才华的舞台，以促进他们迅速成长。

---

① 1986年8月，成立《北京教育丛书》领导小组和编委会。领导小组组长由中共北京市委副书记徐惟诚担任，副组长由中共北京市委副书记汪家镠担任，1988年又增聘副市长陆宇澄为领导小组副组长，成员有(按姓氏笔画为序)史文炳、李晨、李学信、张鸿顺、姚幼钧、陶西平、韩作黎。由29人组成编委会。顾问：李晨、韩作黎。主编：徐惟诚。副主编：姚幼钧、杨玉民、张鸿顺、温寒江，1988年初增加白耀任副主编；常务编委会由(按姓氏笔画为序)王光裕、白耀、杨玉民、张鸿顺、姚幼钧、曹福海、梁慧霞、温寒江组成；由副主编姚幼钧主持日常工作。

5月，参加区县电教馆馆长工作经验交流会，强调要认真研究探讨电化教育问题，要把电教工作纳入整个教改之中通盘考虑。

7月，参加区县教育局局长会议，部署1988—1989学年度第一学期工作计划，并指出要打破"平均主义"，搞活学校内部机制。

12月，在北京教育行政学院做题为《认真试点积极推进中小学管理体制改革》的报告，对中小学管理体制改革的背景和基本思路以及重点工作进行了论述。

在《人民教育》第2期撰文《对社会主义初级阶段普通教育发展战略的几点想法》，对如何实行教育行政管理整体优化做了全面阐述。

在《学习与研究》第3期撰文《百年大计 教育为本》，对党的十三大提出的"百年大计 教育为本"的精神进行了解读。

在《中小学管理》第5期撰文《深化教育改革提高教学质量》，对于教育如何适应社会主义现代化建设进行了阐述。

在《求是》杂志第10期撰文《启动教育内部活力》，强调启动内部活力就是要深化教育改革，对教育改革进行新的探索和实践。

在《学前教育》第12期撰文《推动幼儿园音乐教育的改革》，阐述了如何在幼儿园开展音乐教育。

1989年

担任《中小学管理》主编和编委会主任、《家庭教育报》主编。[①]

以《认识国情，明确共产党员的责任》为题，结合国际形势发生的新变化，就增强党员认识形势、坚定共产主义信念、防止和平演变、坚定

---

① 市教育局中小学家教研究组同崇文区家教会合办的《家庭教育报》出刊。市教育局局长陶西平任主编，到1990年底，发行量20余万份。

走社会主义道路的决心先后做了五场报告。

5月，参加北京市教育局第三次电教工作会议，并做总结报告，分析了近两年北京电化教育的发展形势，指出了今后的发展方向。

12月，参加北京市教育志编纂委员会成立大会。[①]

在《中小学管理》第1期撰文《关于学校管理体制改革的思考》，介绍了学校内部管理体制改革试点工作的情况。

1990 年

担任北京市老教育工作者协会会长、中国教育学会教育管理分会普通教育评价专业委员会理事长。

赴延庆县的深山区贫困乡，对单人岗位的小学进行了调查研究，撰写《关于延庆县山区小学布局情况的调查报告》，提出改善山区小学状况的建议和在山区实施九年制义务教育的构想。

2月，参加北京市首次教育督导工作会议，做题为《加强教育督导为全面提高教育质量发挥更大作用》的讲话，阐述了加强督导工作的重要性；在闭幕式上做题为《在推进教育督导工作中加强队伍建设》的讲话，阐述了如何加强督导队伍建设。

4月，参加北京市小学领导干部大会，并做题为《认真学习一师附小经验，进一步落实小学教改总要求》的讲话。

12月，参加《北京教育丛书》编委扩大会，强调要把学习《北京教育丛书》纳入全市提高教育质量的总体计划当中，要通过市、区、学校三级教研网络推广《北京教育丛书》的学习与使用。

---

① 见《北京教育年鉴》1990 卷

在《中小学管理》第 9 期撰文《推进中小学整体改革全面提高教育质量》，从八个方面对基础教育改革的任务进行了阐述。

担任主编的《启动学校内部活力的理论与实践》由北京教育出版社出版。

1991 年

担任北京市市长助理兼教育局局长、北京教育志编纂委员会主任，受聘北京市继续教育协会基础教育委员会名誉主任。①

1 月，参加《北京教育丛书》出版 50 本庆祝大会，做题为《编好、学好、用好〈北京教育丛书〉》的讲话。

1 月，参加北京市教育局工作会议，做了 1990 年工作总结，明确 1991 年工作指导思想、重点工作和主要工作。②

1 月，参加北京市中小学领导干部会议，部署 1991 年全市普教工作任务，明确了 1991 年普教工作指导思想。③

2 月，参加北京市普教系统勤工俭学工作会议，明确了校办企业发展方向和校长责任。④

2 月，参加贯彻"北京市加强与改进中小学学科教学的意见"经验交流会，并做题为《加强与改进教学工作要切实抓好三个环节》的讲话。

4 月，赴印度新德里参加联合国教科文组织俱乐部协会亚太地区联合会第九次执委会。⑤

5 月，到西城、朝阳、海淀工读学校视导。⑥

5 月，参加第三届"北京市支持发展校办企业经验交流大会"。⑦

①②③④⑤⑥⑦　见《北京教育年鉴》1992 卷

6月中旬，北京市北部山区发生洪涝灾害，怀柔县长哨营乡发生泥石流，王瑞芳、王瑞荣成了孤儿，提议由机关党委组织开展向孤儿捐款的活动。

6月，在纪念《中华人民共和国义务教育法》颁布五周年大会上做电视讲话《从严求实加快实施九年义务教育的步伐》，总结了北京市在义务教育工作上取得的进步。

6月，参加北京市中小学落实每天一小时体育活动现场会，做题为《中小学要认真落实每天一小时体育锻炼》的讲话。

7月，参加普教系统领导干部会议，做题为《抓常规抓改革全面提高教育质量》的讲话，对如何贯彻"十年规划"和"八五"计划提出的各项工作目标进行了部署。

7月，参加北京市教育局在海淀区中国农业大学附属中学举行的由全市 24 所军训试点校 1300 余名学生参加的阅兵式、分列式和军事表演。①

8月，参加北京市中小学生金帆、银帆奖颁奖大会，并主持颁奖仪式。②

10月，参加北京市联合国教科文俱乐部协会与中国教育国际交流协会共同承办的亚太地区教科文俱乐部活动研讨会。③

10月，与市民委主任沙之沅共同商定，筹建"北京市民族教育基金会"，并由双方共同筹集 50 万元人民币作为启动金。④

10月，参加北京市发展农村职业技术教育现场会，做题为《把农村职业技术教育推向新阶段》的讲话，阐述了农村职业技术教育的现状和

---

①③④　见《北京教育年鉴》1992 卷

②　见《北京教育年鉴》1993 卷

经验。

11月，参加北京市教育局处级以上干部会议并做讲话，阐述了1992年及整个"八五"期间北京普教工作的基本思路。①

11月，参加全市第四次中小学课间操现场会，向全市中小学提出衡量课间操质量的五条标准，要求各中小学在两年内分批达到标准要求。②

12月，参加东城区教育局召开的培养青年教师工作汇报会，并做题为《为建设一支优秀的青年教师队伍而奋斗》的讲话，阐述了加强教师队伍建设的重要性。

担任主编的《北京普通教育年鉴（1949—1991年）》由北京出版社出版。

1992 年

当选中国共产党第十四次全国代表大会代表。③

1月，在国家教委工作会议上做题为《建设一支德才兼备又红又专的教师队伍》，对北京市加强中小学教师队伍建设的基本思路进行了阐述。

6月，参加北京市普教系统青年教师工作会议，做题为《实施"五四工程"加强青年教师队伍建设》的报告，对青年教师队伍的重要性和如何加强青年教师队伍建设进行了论述。

8月，主持北京市中小学生金帆奖、银帆奖颁奖仪式。④

8月，参加全市中小学领导干部会，做题为《打好质量纵深战办好

---

① ② 见《北京教育年鉴》1992 卷
③ ④ 见《北京教育年鉴》1993 卷

教育为人民》的讲话，详细阐述了如何办好人民满意的教育。

9月，参加北京市农村教育综合改革现场会，做题为《解放思想加强领导全面推进农村教育综合改革》的讲话，对农村教育的现状和今后的工作进行了介绍。

10月，参加"北京市中小学美术教学优秀成果奖"颁奖仪式。①

10月，参加北京市教育局机关党委在劳动人民文化宫电影馆召开的大会，传达党的十四大会议精神。②

11月，到北京市第九中学考察。③

11月，参加北京市学校内部管理体制改革经验交流会，做题为《建立学校内部管理的新体制和新机制》，对北京市学校内部管理体制改革取得的成效进行了阐述，对学校内部管理体制改革的总体目标进行了解读。

在《人民教育》第11期撰文《增加教育投入重在投入效益》，论述了北京市如何始终坚持把"重在效益"作为增加投入的前提的经验。

1993 年

免去北京市教育局局长、党组书记。④ 担任北京市第十届人大常委会副主任，兼任北京教育学会会长⑤、北京市家庭教育研究会会长，受聘北京市教育学会普通教育评价研究会名誉理事长⑥，当选亚太地区联合国教科文组织俱乐部协会联合会二十一世纪特别委员会主席。

1月，参加北京市教育局艺术教育委员会年会⑦。

2月，参加北京市督学室工作会议，做题为《为取得督导工作的新

①②③　见《北京教育年鉴》1993卷
④⑤⑥⑦　见《北京教育年鉴》1994卷

进展而努力》的讲话，对邓小平同志南方谈话后的形势做了分析。

2月，会见日本武生市市长垣内泰治，双方就儿童绘画展览一事进行讨论。

3月，参加北京市教育学会第四届会员代表大会，在闭幕式上做题为《坚持方向性、学术性和群众性的统一》的讲话，强调学会的活动要坚持方向性、学术性和群众性的统一。

4月，会见日本郡山市联合国教科文协会会长佐藤信，双方就在北京市密云县建立北京市联合国教科文组织文化科学学校一事达成协议。

4月，为北京市教育局党员群众传达全国人大八届一次会议精神。①

7月，会见日本武生市市长垣内泰治率领的日中友好少男少女书法交流代表团。

8月，出席北京市中小学生金帆、银帆颁奖大会。②

9月，赴朝阳师范附小考察，并题词："教育改革的典范，培育人才的摇篮"。

9月，出席北京市教育科学研究优秀成果奖励基金会成立大会，对基金会的功能进行了阐述。

10月，出席联合国教科文组织俱乐部协会承办的亚太地区联合国教科文组织俱乐部协会联合会第十次执委会及学习中心项目评价会，主持了第十次执委会，并被选为亚太地区联合国教科文组织俱乐部协会联合会新设立的二十一世纪特别委员会主席。③

10月，在国家教委赴北京市抽查组对北京市普及九年义务教育和

①②③ 见《北京教育年鉴》1994卷

扫除青壮年文盲评估验收工作回复意见会议上做讲话。①

在《北京教育》增刊撰文《创造灿烂的明天》，纪念邓小平同志"三个面向"题词发表十周年。

担任主编的《实用中小学校长工作方法大典》由人民日报出版社出版。

1994 年

8 月，率北京市学生艺术团赴日演出。②

8 月，在北京中等专业工作会议上做讲话，强调中等教育专业改革要进一步适应社会主义市场经济体制的需要。

8 月，出席北京市教育评价学术会议暨北京市普通教育评价研究会首届年会，做题为《突出重点全面推进深入开展教育评价的理论研究》的讲话，阐述了如何推进普教评价实践工作和研究工作。

10 月，参加全国普通教育评价专业委员会第二次代表大会暨第五届年会，并做题为《教育评价呼唤理论和实践的新突破》的讲话，对教育评价的地位和作用进行了阐述。

在《北京教育》第 5 期撰文《当前教育评价工作的几个问题》，阐述了教育评价的功能、科学性和针对性问题。

倡导开展全市性"家庭教育指导行动"，以推动家庭教育研究。他组织了专家组，在家庭教育指导行动中进行家庭教育研究，连续 9 年，取得了研究成果和良好的社会反响。

---

①② 见《北京教育年鉴》1995 卷

1995 年

当选联合国教科文组织俱乐部协会世界联合国会执行委员、亚太地区联合国教科文协会联合会执委会副主席①、北京教育学会会长、北京继续教育协会理事长、第七届全国人大内务司法委员会青少年专门小组组长、受聘北京教育志编纂委员会顾问、《教育督导》杂志顾问。

3 月，出席北京市第三十五中学举行的李大钊铜像揭幕式。

4 月，出席在北京教育学院暨分院"继续教育理论与实践研讨会"，做题为《成果喜人前程灿烂》的讲话，对继续教育成果进行了介绍。

5 月，赴罗马尼亚参加联合国教科文组织俱乐部协会第十届世界代表大会，当选联合国教科文组织俱乐部协会世界联合国会执行委员。

5 月，出席纪念反法西斯战争胜利 50 周年暨中国人民抗日战争胜利 50 周年大型演出活动，并做了题为《和平万岁》的讲话。

5 月，出席北京市 1994 年"两法"检查总结暨 1995 年"两法"检查动员大会并做讲话。

6 月，出席北京市第三届教育督导工作会议。②

9 月，出席人民大会堂举办的庆祝教师节茶话会。③

9 月，出席北京市小学生质量综合评价工作经验交流会，并围绕小学生质量综合评价的相关问题做了专题报告。④

10 月，出席北京市胡楚南优秀中学生奖学金、教育成果奖设立签约仪式。⑤

10 月，为北京市朝阳区实验小学题写校名，并沿用至今。

12 月，出席"华夏园丁迎九六"教育研讨会，做题为《探讨"因材施

———————————

①②③④⑤　见《北京教育年鉴》1996 卷

教"的时代内涵》，对"因材施教"进行了解读。

在《光明日报》2 月 20 日撰文《该换换脑筋了!》，强调要全面实施素质教育，要将重视教育结果和重视教育过程统一起来。

在《中国教育报》2 月 24 日撰文《新世纪教育的法律基础》，认为《教育法》的制定是我国教育史上的一个里程碑。

在《教育评价》3 月试刊号上撰文发刊词《建设教育评价工作者的共有阵地》，对办刊宗旨和任务进行了论述。

在《北京日报》5 月 3 日撰文《热情与期望——由皮格马利翁效应想到的》，强调教师的热情与期望是学生进步的重要动力。

在《中学时事报》6 月 13 日撰文《着眼未来着眼素质》，对"素质"的核心内容进行的阐述，并强调要重视教育过程。

在《北京日报》7 月 5 日撰文《淡泊明志 宁静致远》，悼念教育家葛志成同志。

在《当代家庭教育报》第 5 期撰文《一份珍贵的礼物》，阐述了如何让孩子自立自强。

在《中小学管理》第 6 期撰文《学习邓小平教育思想加快基础教育改革》，对邓小平同志关于教育要"三个面向"的指示进行了解读。

在《北京教育》第 10 期撰文《在政府机构改革中教育督导工作只能加强不能削弱》，就加强教育督导工作进行了阐述。

1996 年

受聘教育部职业教育研究所指导委员会主任委员。

1月，到首经贸大学考察市属高校调整情况。①

2月，赴北京西藏中学向在京学习的藏族师生拜年。②

3月，出席北京市教委召开的北京市胡楚南优秀中学教学成果奖、优秀中学生奖学金颁奖大会。③

4月，出席北京市教育学会民办中小幼教育研究会成立大会，并做题为《民办教育应有更广阔的天地》的讲话，对民办教育的特点和任务进行了阐述。

5月，出席北京市人大、北京市政府联合举行的加强基础薄弱学校建设动员会。

6月，出席首都百万少年儿童喜庆"六一"活动，并在人民大会堂接见北京市"十佳"少年队员。

8月，视察丰台区西罗园六小，强调要加强执法监督，政府要依法办事，切实解决小区教育配套设施建设。④

9月，出席北京青年政治学院举行建院10周年暨北京市团校建校40周年和邓小平题写院名10周年纪念大会。

9月，出席《求是》杂志社与高等教育出版社召开的"科教兴国与教育教学改革"座谈会，并做题为《发达的职业教育是建设现代化强国的必要条件的讲话》，对如何建立完善的职业教育体系进行了阐述。

10月，出席全国外国语学校校长会议，并做题为《推广先进教学方法 加快外语教学改革步伐》的讲话，对外语教学的重要性和当前存在的问题进行了分析。

11月，在北京教育学院围绕"素质教育与当前教育发展和改革"做

---

①②③④ 见《北京教育年鉴》1997卷

专题讲座，从 10 个方面对全面实施素质教育问题进行了阐述。①

12 月，出席西城区教育学会学术年会并做题为《关于全面实施素质教育》的报告。②

12 月，出席西城区职教协会成立大会。③

12 月，出席市委、市人大、市政府举办的纪念《中华人民共和国义务教育法》实施 10 周年大会。

在《中国教育学刊》第 4 期撰文《当前中学德育工作的发展趋势》，对德育工作的新特点进行了阐述。

在《北京教育》第 2 期撰文《由"应试教育"向全面素质教育转变》，对如何实施全面素质教育进行了阐述。

在《求是》第 22 期撰文《发达的职业教育是建设现代化强国的必要条件》，阐述了职业教育的重要性。

1997 年

受聘北京市北京教育科学研究院首批顾问④、北京市教育学会教育评价与督导研究会名誉理事长。

1 月，出席北京教育科学研究院基教所召开的《教育评价辞典》编撰研讨会。⑤

6 月，出席昌平农职校现场办公会。

6 月，出席北京市中等职业学校职业道德教育经验交流会，并做讲话。

———————————

①②③见《北京教育年鉴》1997 卷

④⑤　见《北京教育年鉴》1998 卷

7月，接见并宴请以武生市教育长垣内泰治为团长的日本教育书法交流团。①

8月，出席北京市中小学生金帆、银帆奖颁奖大会。

9月，慰问北京市山区教师。

9月，出席北京教育系统京教老年大学开学典礼。②

9月，出席教科文组织协会和北京市文物局承办的首届亚太地区青少年世界遗产论坛。③

10月，到北京工业大学和首都师范大学调研市属高校调整和改革情况。

12月，出席北京中学生金帆新年音乐会。④

9月，撰文《创造适合每一个学生的教育》，提倡要向优秀法官尚秀云学习，创造适合每一个学生的教育。

在《中小学管理》第10期撰文《引导得力 服务得体 制约得法》，祝贺《中小学管理》创刊十周年。

在《北京日报》11月17日撰文《依法治教开创职业教育新局面》，对如何贯彻实施《中华人民共和国职业教育法》进行了论述。

担任主编的《从这里起步(北京市优秀教师教学方法精粹)》由北京教育出版社出版，该书收录了本市中小学优秀教师先进教学方法文集。

1998年

担任北京市第十一届人大常务委员会副主任、中国可持续发展教育项目指导委员会主任、北京学研究所名誉所长。

---

①②③④ 见《北京教育年鉴》1998卷

2月，出席"开发右脑，发展形象思维，深化素质教育"研讨会，并做题为《加强教育科学研究推进全面素质教育》的讲话，特别强调要用科学的态度推进科学研究。

3月，到北京中加学校调研。

4月，到北京十一学校与师生座谈探索教改新模式。①

6月，视察北京工读学校，研究"预防青少年犯罪法"问题。

9月，出席北京市中小学生金帆、银帆奖颁奖大会。

11月，出席北京市教委、市科委、市农林办联合召开的农村教育综合改革工作汇报会。

在《中小学管理》第1期撰文《加强立法推动民办教育健康发展》，强调发展民办教育需要做好立法工作。②

在《中华家教》第2期撰文《打好做人和成才的基础——与年轻父母谈素质教育》，强调要重视孩子的基础素质的形成。

在《北京档案》第2期撰文《依法治档是档案事业发展的关键》，阐述了如何做好档案工作。

在《北京教育研究》第3期撰文《加强教育科学研究推进全面素质教育》，阐述了如何加强教育科学研究。

在《中国教育学刊》第5期、《北京高等教育》第5期、《中小学管理》第11期撰文《"三个面向"指引下推进全面素质教育》，阐述了如何推进素质教育全面发展。

在《中国学校体育》第6期撰文《素质教育与当前的教育发展和改革（上）》，阐述了如何由"应试教育"向素质教育转变。

---

① ② 见《北京教育年鉴》1999卷

在《中小学管理》第 7—8 期撰文《教育改革需要自信》的讲话，阐述了崔孟明校长的办学理念。

在《北京档案》第 12 期撰文《促进开发利用完善档案管理》，进一步阐述了如何做好档案工作。

担任主编的《教育评价辞典》由北京师范大学出版社出版。

1999 年

当选联合国教科文组织协会世界联合会副主席。

2 月，出席北京市中学生金帆艺术团成立十周年庆祝会，做题为《使学校教育更加完善起来》的讲话，对艺术教育的重要性进行了阐述。

3 月，出席"开发大脑潜能，发展形象思维"研究课题颁奖大会，做题为《发展形象思维推进全面素质教育》的讲话。

3 月，出席北京市人大、市政府召开的 1999 年度教育法律、法规工作检查会议。

7 月，在北京市中等职业学校校长暑期研讨会做题为《再谈"二次创业"》的讲话，阐述了如何面对挑战、调整自我。

8 月，出席"第六届亚太地区超常教育研讨会"开幕式，做题为《一种特殊的特殊教育》的讲话，阐述了我国在超常教育方面取得的成果。

8 月，出席北京市中小学生金帆、银帆奖颁奖大会。

10 月，出席北京市第十一届"紫禁杯"优秀班主任颁奖会，做题为《让失败率为零》的讲话，建议把"让失败率为零"作为"紫禁杯"优秀班主任的共同口号。

11月，检查北京市山区中小学建设工程实施情况。①

12月，出席职业教育课程改革国际研讨会，做题为《职业教育改革势在必行》的致辞，阐述了职业教育改革势在必行。

11月，撰文《改进基础道德教育的成功尝试》，对尊重教育进行了阐述，对当代中学生基础道德研究课题的成果进行了展现。

在《当代家庭教育报》11月20日撰文《留下思索的空间》，对家长如何督促孩子的家庭作业提出了意见和建议。

在《中国学校体育》第1期撰文《素质教育与当前的教育发展和改革》（下），强调素质教育的实质问题就是要全面贯彻教育方针。

在《北京教育研究》第5期撰文《随着时代脉搏跳动》，对北京市中小学语文教育工作取得成就给予了肯定。

在《北京教育》第9期撰文《内强素质外塑形象》，强调全面的素质教育需要素质全面的教师。

撰文《民族的希望——实施全面素质教育》，收录于《面向21世纪·我的教育观》（综合卷）。②

担任主编的《面对渴望的眼睛——家庭教育经验谈》由北京科学技术出版社出版。

2000 年

3月，出席北京市教育学会成立20周年暨第九届学术年会，做题为《学习江泽民同志关于教育问题的谈话全面推进学会教育科研工作》的讲话。

---

① 见《北京教育年鉴》2000卷

② 《面向21世纪·我的教育观》（综合卷）由郝克明主编，广东教育出版社，1999年。

6月，出席北京市"紫禁杯"中小学班主任颁奖仪式，做题为《增强德育渗透力》的讲话，强调增强德育渗透力是当前工作的重点。

7月，与部分市人大代表检查学生营养餐定点生产单位。

10月，在全国中小学德育工作高级讲习班做题为《加强德育研究促进中学德育的创新与改进》的讲话，对如何进行德育工作的创新与改进进行了阐述。

10月，在第六届国家督学会议上做题为《神圣的使命》的讲话，对督学的责任进行了阐述。

11月，率市人大教育执法检查组和市政府教育督导室素质教育评估组，检查门头沟区山区教育工程和素质教育实施情况。[①]

1月，为《素质教育评价的实践研究》一书作序《推动素质教育评价的实践研究》。

12月，为《我和学生共成长》一书作序《召唤教育的明天》。

2月16日在《人民日报》撰文《方针必须坚定不移措施无比切实有效》，阐述了学习江泽民同志《关于教育问题的谈话》的讲话的体会。

在《中小学管理》第1期撰文《拓展学校心理教育的空间》，阐述了如何加强学校心理教育。

在《北京联合大学学报》第1期撰文《在北京学研究所第一次学术研讨会上的讲话》，祝贺北京学研究所成立。

在《当代家庭教育报》第1期撰文《适度——家庭教育科学与艺术的结合》，强调家庭教育应当按照孩子的年龄和身心发展状况来确定，要坚持适度的原则。

---

① 见《北京教育年鉴》2001卷

在《北京教育》第 3 期撰文《增强德育的实效性——兼评〈尊重·基础道德教育研究〉》，阐述了如何增强德育的实效性。

在《中国民族教育》第 6 期撰文《培养负责任的下一代》，阐述了如何对下一代进行培养。

在《人民教育》第 7 期撰文《拓展学校心理教育的空间》，对学校心理教育的重要性和如何开展学校心理教育进行了详细阐述。

在《北京教育》第 10 期撰文《培养负责任的下一代》，阐述了如何对下一代进行培养。

承担"借鉴多元智能理论，开发学生潜能的实践研究"课题研究，该课题先后被批准为中国教育学会"十五""十一五"重点课题。

2001 年

4 月，出席北京市教育法律法规检查工作会议，做题为《同心协力克服困难确保山区中小学建设规划三年目标的全面实现》的讲话。

5 月，在"新时期北师大实验中学教育发展暨王本中、张锦斋教育思想研讨会"上做题为《既要热情又要冷静》的讲话，论述了在推进素质教育中一要热情、二要冷静。

6 月，在朝阳区安贞二小调研计算机教育问题，强调要培养学生从互联网获取知识、理解运用知识和对知识评估的能力。[①]

8 月，辞去北京市人大常务委员会副主任。

在《中国青年报》3 月 15 日撰文《民办教育呼唤法治》，呼吁为民办教育的发展创造良好的法制环境。

----

① 见《北京教育年鉴》2002 卷

在《中小学管理》第1期撰文《既要热情又要冷静——在新时期北京师范大学附属实验中学教育发展暨王本中、张锦斋教育思想研讨会上的讲话》。

在《中小学管理》第3期撰文《推进学校管理现代化》，祝贺北京市外事职业高中通过ISO9001国家质量体系认证。

在《继续教育》第6期撰文《发展继续教育搞好协会工作迎接世纪挑战》，阐述了如何做好协会工作。

在《中国教育报》7月23日撰文《树立新的职业教育发展观》，对朱镕基总理《关于国民经济和社会发展第十个五年计划纲要的报告》进行了解读。

在《教育与职业》第7期撰文《树立新的职业教育发展观》，对《关于国民经济和社会发展第十个五年计划纲要的报告》进行了解读。

力推《北京市学前教育条例》出台，这是全国第一部学前教育地方性法规。

2002 年

被聘为中国职业技术教育学会顾问。

5月，在广东省学校领导干部工作会议上做题为《以积极的心态迎战入世对教育的挑战》，重点阐述了我国加入WTO对教育事业的影响和挑战。

5月，在第三届全国基础教育论坛闭幕式上做题为《促进基础教育的均衡发展》的讲话。

10月，在北京市西城旅游职业教育集团成立十周年大会上做题为《面向社会面向市场的成功尝试》的讲话，阐述了西城旅游职业教育集团的成功经验。

10月，在学习江泽民同志在北师大百年校庆大会上的讲话《大力推进教育创新》座谈会上，对如何进行教育创新进行了阐述。

10月，在中国职业教育学会第二次会员代表大会上做题为《迎接职业教育的又一个春天》的讲话，对职业教育的未来发展趋势进行了分析。

10月，为《新课程新理念新方法》一书作序《新的理念　新的方法　新的课堂》。

10月，撰文《让孩子们在快乐中成长》，对北京一师附小的快乐教育体系进行了分析，强调要重视教育过程的愉悦、要重视教育环境的和谐、要重视教育合力的形成、要重视教师自身的发展。

10月，撰文《让失败率为零》，呼吁把"让失败率为零"作为优秀班主任的共同口号。①

在《职业技术教育》第1期撰文《树立新的职业教育发展观》，对《关于国民经济和社会发展第十个五年计划纲要的报告》进行了解读

在《高教探索》第2期撰文《WTO与中国教育》，阐述了中国教育面临的新形势。

在《中小学管理》第4期撰文《"多元智能"理论值得借鉴》，对多元智能理论价值、研究方向、推进原则进行了阐述。

在《北京教育（普教版）》第9期撰文《改进基础道德教育的成功尝试》，阐述了如何在基础教育领域进行道德教育改革。

在《北京教育》第10期撰文《大力推进教育创新》，对江泽民同志在

---

① 此篇文章为1999年10月在第十一届"紫禁杯"优秀班主任颁奖仪式上的讲话，但此处有改动。

北京师范大学百年校庆大会上的讲话进行了解读。

在《北京教育（普教版）》第 11 期撰文《重视开发学生的多元潜能》，阐述了开发学生多元智能的重要性。

在《广西教育》第 33 期撰文《要树立新的职业教育发展观》，阐述新时代的职业教育发展观。

在《小康社会：创新与发展——2002·学术前沿论坛文集》撰文《以多元化推进基础教育的均衡发展》，阐述了推进基础教育均衡发展的路径。

2003 年

担任中国教育国际交流协会副会长，受聘香港可持续发展教育协会名誉会长、香港可持续发展教育学院名誉院长。

4 月，为《芳草如茵》一书作序《的确是一片芳草》。

5 月，为《亲情传递》一书作序《读懂孩子》。

5 月，为《培训学校的教育管理》一书作序《一门有生命力的学问》。

6 月，为《家庭教育丛书》一书作序《呼唤科学的家庭教育》。

7 月，为《北京人才交流协会 2000、2001、2002 年获奖优秀学术研究成果汇编——人才市场的发展与创新》一书作序。

9 月，在《中国职业教育》杂志座谈会上做题为《职业教育研究要坚持与时俱进》的讲话，阐述了职业教育发展的新机遇。

9 月，在北京自然科学界和社会科学界联席会议上致辞，致辞收录于《北京自然科学界和社会科学界联席会议首次会议文集》。

8 月，撰文《民办教育发展史的新的里程碑》，对《中华人民共和国民办教育促进法》的重要意义进行了阐述。

9 月，撰文《地区间教育合作的榜样》，对北京和海口之间开展的十年教育合作的重大意义进行了阐述。

10 月，为《孟艳老师舞蹈教育实践研讨会专辑》一书作序《对美的执着追求》。

11 月，撰文《可持续发展——教育国际合作的新起点》，对中国开展可持续发展教育的特点进行了阐述。

在《当代家庭教育报》1 月 28 日《弘扬家庭的诚信美德》，强调弘扬诚信美德，不能只是孩子做到诚信，而是要以诚信作为立家之本。

在《中国教育报》7 月 5 日撰文《引领激励探索》，祝贺《中国教育报》创刊 20 周年。

在《中小学管理》第 1 期撰文《面向社会面向市场的成功尝试——在北京西城旅游职业教育集团成立 10 周年大会上的讲话》。

在《思想·理论·教育》第 1 期、《思想政治课教学》第 2 期撰文《坚持教育创新加强与改进基础道德教育》，阐述了如何加强与改进基础道德教育。

在《北京教育（普教版）》第 1—2 月合刊撰文《呼唤学校的"诚信文化"》，认为"诚信文化"应该体现在学校的精神文化之中、体现在学校的制度文化之中、体现在学校的行为文化之中。

在《中国教师》第 2 期撰文《谈优质教育的发展方式》，阐述了如何发展优质教育。

在《北京教育》第 3 期撰文《核心在于促进民办教育的发展》，对《中华人民共和国民办教育促进法（草案）》的内容进行了解读。

在《人民教育》第 3 期撰文《推进基础道德教育要坚持教育创新》，阐述了如何在基础教育领域进行德育教育。

在《黄河科技大学学报》第 3 期撰文《核心在于促进民办教育的发展》，对《中华人民共和国民办教育促进法（草案）》的内容进行了解读。

在《科学咨询（教育科研）》第 3 期撰文《教育创新呼唤优质教育》，阐述了优质教育对教育创新的重要意义。

在《黄河科技大学学报》第 4 期撰文《正确把握〈民办教育促进法〉的核心内容》，对《中华人民共和国民办教育促进法（草案）》的核心内容进行了阐释。

在《北京教育（普教版）》第 4 期撰文《走出"二元体系"的困惑》，分析了"二元体系"存在的原因，并阐述了如何杜绝这种局面。

在《北京教育（普教版）》第 5 期撰文《要十分珍惜"优质教育资源"》，阐述如何提高名校的社会效益。

在《中小学管理》第 5 期撰文《让失败率为零》，这是作者专著《让失败率为零》一书的自序。

在《北京教育（普教版）》第 6 期撰文《从"教育券"想到的》，对国内外"教育券"使用现象进行了分析。

在《教育科学研究》第 5 期撰文《教育科研的创新使命》，阐述了教育科研的新使命。

在《教育文汇》第 5 期撰文《呼唤学校的"诚信文化"》，强调了诚信教育的重要性。

在《北京教育（普教版）》第 6 期撰文从《"教育券"想到的》，对教育券的起源及作用进行了分析。

在《新东方》第 8 期撰文《民办高校现状新观察》，呈现了民办高等教育的新发展。

在《北京教育（普教版）》第 7－8 期合订本撰文《宝剑锋从磨砺出》，

强调灾难是对学生的一次深刻的教育。

在《北京教育（普教版）》第 9 期撰文《莫使教育责任边缘化》，阐述了教育事业需要树立整体优化思想的教育理念。

在《中小学信息技术教育》第 9 期撰文《提高信息素养　迎接新的挑战》，强调要成为一个有信息素养的人，就必须具有检索、评价和有效使用信息的能力。

在《北京教育（普教版）》第 10 期撰文《办学体制多元化的成功探索》，对十一学校的办学体制进行了分析。

在《中国教育学刊》第 10 期撰文《一份珍贵的新中国教育史料》，这是作者在《张承先回忆录》出版座谈会发言的摘登。

在《科学中国人》第 10 期撰文《中国民办高等教育的发展趋势》，对中国民办高等教育的发展趋势进行了分析。

在《中国教育报》11 月 9 日撰文《重提家访》，强调家访是学生个性化培养的一个重要条件。

在《北京教育（普教版）》第 11 期撰文《要认认真真在"统"字上下功夫》，对教育统计、教育统筹工作中存在的问题进行了分析。

在《北京教育（普教版）》第 12 期撰文《要带着感情抓好农村教育》，强调农村教育关系国家发展和民族未来。

在《人民教育》第 17 期撰文《多元智能与课程改革》，阐述了多元智能与课程改革的关系。

在《中国职业技术教育》第 26 期撰文《职业教育研究要坚持与时俱进》，阐述了如何开展职业教育研究。

在《职业技术教育》第 24 期撰文《多元化是优质教育发展方式的必然选择》，阐述了优质教育的发展方式。

在《北京教育（普教版）》增刊撰文《戒躁——送给班主任》，建议班主任一定要学会减压，克服浮躁心理。

专著《让失败率为零——教育整体改革的思考与实践》由人民教育出版社出版，收录了 60 篇关于教育整体改革的讲话和文章。

担任主编的《多元智能与教学策略》（多元智能与课程改革丛书）由开明出版社出版。

2004 年

当选亚太地区联合国教科文组织协会联合会主席。

3 月，在首届全国教育策划研讨会上做题为《关于教育策划问题的思考》的讲话，对教育策划的重要性和如何进行教育策划进行了阐述。

7 月，在海峡两岸幼教工作论坛开幕式上做题为《推进海峡两岸的学前教育交流》的讲话，简要分析了我国学前教育的现状。

8 月，访问加拿大皮尔森学区。

8 月，在北京举办的首届中国中学校长大会上做题为《引领教育发展与改革的潮流——关于优质中学建设的几个问题》的报告，对优质中学的意义和如何建设优质中学进行了阐述。

5 月，为《为了孩子》一书作序《让我们为了孩子而学习》，在此书的指导篇中撰文《好家风金不换》，强调家庭教育的重要性。

6 月，为《快乐与发展课程教师指导用书》一书作序《让幼儿在快乐中发展》。

11 月，为《索缘的梦》一书作序《悟》。

5 月，撰文《调整我们的思维方式——关于教育策划问题的思考之一》《树立明确的办学理念——关于教育策划问题的思考之二》《形成办学目标的特色——关于教育策划问题的思考之三》《提升学校的核心竞争力——关于教育策划问题的思考之四》，详细阐述了如何进行教育策划。

6月，撰文《南开，一场伟大的教育实验》，收录于《〈毕业南开〉纪念南开大学成立100周年成立大会论文集》。

8月，撰文《洋思春早》，抒发了对教育改革的感想。

8月，撰文《可贵的"平起平坐"》，强调了"学校是教师和学生共同成长的地方"的现代教育理念。

10月，撰文《谈教师的道德与成长环境》，对教师的职业道德的核心内容以及如何培养教师的职业道德进行了阐述。

10月，撰文《把每一个孩子都放在心中》，强调班主任要平等对待每一个学生。

在《现代教育报》6月1日撰文《把欢乐送给孩子们》，希望让孩子们在展示中享受成功；在合作中发展个性；在宽松中求得和谐。

在《中国教育报》9月7日撰文《创设学校良好的外部环境》，强调外部环境是学校发展的一个重要因素。

在《中国教育报》9月7日撰文《培育高素质的校长队伍》，阐述了如何进行校长评价。

在《中国教育报》9月7日撰文《也谈校长负责制》，对校长负责制的重要性和如何推进校长负责制进行了阐述。

在《北京教育（普教版）》第1期撰文《在反思中创新》，强调对传统教育习惯的反思是极具现代意义的创意。

在《北京联合大学学报（人文社会科学版）》第1期撰文《北京学研究必须关注北京的发展》，强调北京学研究要关注北京的发展。

在《新课程研究（教育研究与实验）》第1期撰文《多元智能与课程改

革》，阐述了多元智能与课程改革的关系。

在《北京教育(普教版)》第 2 期撰文《寻求适应素质教育需要的组织架构》，对素质教育需要的学校内部组织架构进行了描述。

在《民办教育通讯》第 2 期撰文《共同创造法律效力充分发挥的条件》，纪念《中华人民共和国民办教育促进法》颁行一周年。

在《教育科学研究》第 2 期撰文《教育优质均衡发展的重要保证》，强调了办学条件标准的重要性。

在《北京教育(普教版)》第 3 期撰文《坚持弘扬和培育民族精神》，阐述了民族文化和民族精神面临的挑战。

在《北京教育(普教版)》第 4 期撰文《教师队伍建设要下真功夫》，强调要加强教师队伍建设，突破课程改革和优质教育发展的瓶颈。

在《基础教育参考》第 4 期撰文《要正确看待名校与名师》，强调不能无中生有地制造名师名校。

在《基础教育参考》第 4 期撰文《再谈优质教育》，阐述了优质学校、优质校长、优质教师的标准的核心内容。

在《北京教育(普教版)》第 5 期撰文《正式"大班化"走向》，强调要清醒认识大班化的成因，不能完全给予否定。

在《基础教育参考》第 5 期撰文《修改义务教育法应当关注的几个问题》，阐述了作者对义务教育法修改的思考。

在《北京教育(普教版)》第 6 期撰文《又逢"金榜"提名时》，分析对高考状元炒作的现象。

在《继续教育》第 6 期撰文《当前北京继续教育应注意的问题》，对北京继续教育的发展现状进行了分析。

在《教育文汇》第 6 期撰文《要十分珍惜"优质教育资源"》，阐述了优质教育资源对于教育的重要性。

在《学前教育研究》第 7 期撰文《〈民办教育促进法〉解读》，对《中华人民共和国民办教育促进法》进行了解读。

在《北京教育（普教版）》第 8 期撰文《在学会合作中张扬个性》，强调要让学生学会合作。

在《基础教育参考》第 8 期撰文《开发学生多元潜能的实践研究》，对推进开发人的多元潜能的实践研究中应该特别关注的问题进行了阐述。

在《北京教育（普教版）》第 9 期撰文《伴随着困惑的自豪——访皮尔森教育委员会》，介绍了加拿大皮尔森学区。

在《基础教育参考》第 9 期撰文《什么样的教师是好的教师》，阐述了好教师的标准。

在《基础教育参考》第 9 期撰文《关注教师的全面发展》，对教师队伍建设取得的成绩和存在的问题进行了阐述。

在《教育策划》第 10 期撰文《教育策划创造未来教育》，强调教育策划是教育管理中的一个重要环节。

在《北京教育（普教版）》第 10 期撰文《积累学校持续发展的动力》，强调一个真正的好校长要为学校积累持续发展的动力。

在《北京教育（普教版）》第 11 期撰文《为"图钉式"人才打好基础》，阐述了基础教育如何培养学生的创新精神。

在《北京教育（普教版）》第 12 期撰文《整合学校的德育的骨干力量》，阐述了如何增强德育教育的实效性。

担任主编的《多元智能理论与问题解决教育》《课程改革与问题解决》（借鉴多元智能理论实践研究丛书）由开明出版社出版；担任主编的《多元智能在中国》《多元智能在世界》（借鉴多元智能理论实践研究丛书）由

首都师范大学出版社出版。

2005 年

3月，在中国义务教育研究项目第一次国际会议开幕式上做题为《公平、质量和效益》的讲话，阐述了公平、质量和效益之间的关系。

4月，赴墨西哥考察。

5月，在广州市东山区教育特色示范区项目评估验收会上做题为《把握前沿 追求卓越》的讲话，对东山区教育特色进行了分析。

5月，为《育体与育心——我对教育和谐发展的探索》作序《求实 求是 求索》。

7月，在北京多元智能国际论坛上做题为《一种值得借鉴的教育哲学》的讲话，呈现了"借鉴多元智能理论开发学生潜能的实践研究"课题组取得的成绩。

7月，在北京市性健康教育研究会成立周年大会上做题为《一项有战略意义的工作》，阐述了开展性健康教育必须关注的问题。

7月，撰文《民办教育在法制化的轨道上前进》，收录于《第四届中国科学家教育家企业家论坛和 2005 中国教育热点问题研讨会论文集》。

11月，在发展形象思维的理论研究与教学实验课题研究十五周年研讨会上做题为《一项具有深远意义的研究》，肯定了"发展形象思维的理论研究与教学实验"课题的重要价值。

11月，撰文《维护职业教育的尊严》，收录于《中国国际职业教育论坛文集》。

12月，在"2005·学术前沿论坛"上的致辞，收录于《和谐社会：社会公正与风险管理——2005 学术前沿论坛论文集》（上卷）。

在《中国教育报》1月24日撰文《在继承中创新》，对孙维刚教育思想进行了分析。

在《光明日报》11月3日撰文《三个应当关注的问题》，对全面推进素质教育应该关注的问题进行了阐述。

在《江西教育》第1期撰文《引导人的生命发展方向》，强调了生命教育的重要性。

在《吉林工程技术师范学院学报》第1期撰文《以服务为宗旨，以就业为导向加强职业教育管理的研究》，阐述了管理体制和机制对职业教育发展的重要性。

在《现代校长高参(吉林教育B版)》第1期撰文《衡量一位好校长的五项指标》，阐述了好校长的标准。

在《北京教育(普教版)》第1期撰文《德育流程：一个值得重视的探讨课题》，阐述了如何构建科学的德育流程。

在《基础教育参考》第1期撰文《为农村教育的发展提供体制保障》，阐述了如何为农村教育的发展提供保障。

在《基础教育参考》第4期撰文《为学前教育注入充沛的活力》，强调树立促进孩子全面发展的教育目标。

在《北京教育(普教版)》第4期撰文《把教师集体建设成为和谐的团队》，强调教育改革是一项复杂的工程，需要全体教师的共同努力。

在《山东教育》第4期撰文《不宜"一切"从简》，强调通过必要活动的精细化，来凝聚学校的人心，滋润学生的心田，培育学生的人文精神。

在《北京教育(普教版)》第5期撰文《不宜"一切"从简》，强调通过必要活动的精细化，来凝聚学校的人心，滋润学生的心田，培育学生的人文精神。

在《基础教育参考》第 5 期撰文《需要实实在在的跨越》，认为开展跨越式发展研究是实现党的十六大提出的使人民接受良好教育的重要途径，是摆在教育工作者面前的重要课题。

在《职业技术教育》第 5 期撰文《以服务为宗旨，以就业为导向加强职业教育管理的研究》，阐述了管理体制和机制对职业教育发展的重要性。

在《基础教育参考》第 6 期撰文《聚焦高考》，对高考的功能进行了分析，同时建议要借鉴国外的先进理念对我国的高考制度进行完善。

在《北京教育（普教版）》第 6 期撰文《对评价进行再评价》，强调评价的导向性是正确发挥评价作用的关键。

在《北京教育（普教版）》第 7－8 合刊期撰文《也谈课堂教学的流畅性》，认为流畅性是评价一堂好课的重要标准。

在《基础教育参考）》第 7 期撰文《引导人的生命的发展方向》，强调了生命教育的重要性。

在《中小学管理》第 7 期撰文《教师的专业情意》，认为教师的专业情意是教师职业道德的集中体现，也是教师专业持续发展的根本动力。

在《基础教育参考》第 8 期撰文《教师的智慧》，强调教师的智慧是教师永葆青春活力的源泉。

在《北京教育（普教版）》第 9 期撰文《要做爬起来最快的人》，提出了有效表扬的四个原则。

在《基础教育参考》第 9 期撰文《为课程改革取得新的进展而努力》，阐述了如何推进课程改革。

在《北京教育（普教版）》第 10 期撰文《墨西哥义务教育一瞥》，介绍了墨西哥农村教育的情况。

在《北京教育(普教版)》第 11 期撰文《维护职业教育的尊严》，强调要用不同的标准去评价不同类型的人才。

在《基础教育参考》第 11 期撰文《无尽的追求》，阐述了好校长的基本素质和如何做一个好校长。

在《北京教育(普教版)》第 12 期撰文《不要"片面"不要"过重"——现阶段素质教育的务实追求》，强调素质教育的推进是一项社会系统工程。

在《教育与职业》第 22 期撰文《推动中国民办教育合理转型》，强调要引导民办教育合理转型。

在《中国职业技术教育》第 31 期撰文《借鉴多元理论：换一种眼光看教育》，阐述了如何正确认知职业教育。

在《基础教育参考》第 12 期撰文《要更加注重教育公平》，强调应当把教育的均衡发展作为我国教育事业发展的重要原则。

2006 年

受聘国家督学聘任审查委员会委员、教育部总督学顾问[①]。

4 月，赴韩国考察。

6 月，参加日本第 62 届教科文联盟全国代表大会。

6 月，在"尊重教育"课题结题会上做了题为《深化尊重教育的实践研究》的讲话，认为"尊重教育"课题的时代意义非常鲜明，体现了理论与实践的有机结合。

9 月，出席清华大学举办的中日素质教育论坛。

9 月，在沈阳青少年科技创新国际研讨会上做题为《成长比成功重

[①]　见《教育部关于聘任总督学顾问和兼职副总督学的通知》〔教督〔2006〕5 号〕

要》的讲话，阐述了开展青少年科技创新活动的意义。

11月，在青岛市南山区教育特色示范区评估会议上做题为《教师专业发展的创造之旅》的讲话，阐述青岛市南山区在教师专业发展方面的经验。

12月，在合肥市包河区教育特色示范区评估会议上做题为《教师队伍建设与教育均衡发展》的讲话，阐述了合肥市包河区在教师队伍建设与教育均衡发展的经验。

4月，撰文《寻求跨越式发展的技术路径——关于教育信息化问题的思考之一》《研究教育信息化进程中的问题——关于教育信息化问题的思考之二》《以教育信息化推动教育现代化——关于教育信息化问题的思考之三》，阐述了通过教育信息化推动教育跨越式发展的理念。

12月，撰文《教师队伍建设的体制保障》，分享对教师队伍保障机制建设的思考。

12月，撰文《要研磨学生》，阐述了教师应该如何了解学生。

在《中国教育报》2月12日撰文《加快区域教育的协调发展》，阐述了区域协调发展的理念。

在《中国教育报》6月20日撰文《培育学校良好的教育生态》，对如何进行学校文化建设进行了阐述。

在《中国教育报》12月6日撰文《推进素质教育 促进社会和谐》，对素质教育的核心内容进行了阐述。

在《北京教育（普教版）》第1期撰文《创造教育事业发展的良好生态》，阐述了如何创造教育事业发展的良好的生态环境。

在《今日教育》第1期撰文《人本主义：教师教育促进教师专业化成长》，阐述了如何促进教师专业化发展。

在《初中教育》第 1 期撰文《珍重花样的年华》，强调提高初中教育质量是深化教育改革、全面推进素质教育的重要课题。

在《基础教育参考》第 1 期撰文《人品与学识同步卓越——高中教育的理性追求》，强调高中教育改革应当改变传统的思维模式。

在《北京教育》第 1 期撰文《这些事党委和政府应该做的》，介绍了北京市东城区开展的"蓝天工程"项目。

在《北京教育（普教版）》第 2 期撰文《关注教育科研中的"快文化"》，认为必须尽快建立适应教育科研需要的管理制度，防止"快文化"蔓延。

在《基础教育参考》第 2 期撰文《一个充满活力的研究领域》，对教育评价的功能进行了阐述。

在《北京教育（普教版）》第 3 期撰文《假如只给你半小时……》，阐述了如何利用半小时去了解一所学校。

在《北京教育（普教版）》第 4 期撰文《ESD——教育功能的新定位》，强调教育要为人类可持续发展服务。

在《中国教育学刊》第 4 期撰文《以积极作为完善督导制度》，重新审视了新形势下督导工作需要重视的五个关系。

在《基础教育参考》第 4 期撰文《将美育融于学校教育全过程》，对中共中央、国务院《关于深化教育改革全面推进素质教育的决定》中关于美育的要求进行了解读。

在《浙江树人大学学报》第 4 期撰文《为形成民办教育和公办教育共同发展的格局而努力》，阐述了促进民办教育发展的重要性。

在《北京教育（普教版）》第 5 期撰文《学校建筑学的新课题》，强调学校建筑的现代化绝不能只是建筑部门的事。

在《基础教育参考》第 5 期撰文《加强与改进学校德育的必然要求》，

强调学校要加强德育教育就必须形成稳定的格局和流程。

在《北京教育（普教版）》第 6 期撰文《要树立规则意识》，强调要坚持按照规则办事、按照规则督导。

在《基础教育参考》第 6 期撰文《呼唤中等职业教育新的腾飞》，对发展中等职业教育的路径进行了探索。

在《北京教育（普教版）》第 7 期撰文《少年强则国强》，强调学生的身心健康既是素质教育的重要目标，又是学生全面素质的载体。

在《基础教育参考》第 7 期撰文《健康第一》，对体育的重要性进行了阐述。

在《北京教育（普教版）》第 7 期撰文《创造教育事业发展的良好生态》，阐述了如何创造教育事业发展的良好的生态环境。

在《北京教育（普教版）》第 10 期撰文《向着更高目标前进》，对新修订的《中华人民共和国义务教育法》进行了解读。

在《北京教育（普教版）》第 11 期撰文《构建和谐的家校关系》，阐述了如何构建和谐的家校关系。

在《基础教育参考》第 11 期撰文《进一步推动民族教育事业的发展》，对如何实现民族教育事业跨越式发展进行了阐述。

在《基础教育参考》第 12 期撰文《脑科学与教育》，强调脑科学要与教育紧密结合，进行面向教育理论和实际的应用研究。

在《北京教育（普教版）》第 12 期撰文《首尔格瑞姆幼儿园》，介绍了韩国首尔格瑞姆幼儿园开展国际理解教育的情况。

专著《一路走来：陶西平教育漫笔》由京华出版社出版。该文集收集陶西平不同时期对北京教育观察、思考和研究的论文 122 篇，系统反映了作者对北京教育的研究。

2007 年

受聘中国教育学会基础教育评价专业委员会名誉会长、受聘为北京市"十一五"第一期校长工作室导师。

1 月，在第八届国家督学会议上做题为《推动督学队伍的专业发展》的讲话，对督学工作的意义进行了阐述。

4 月，在浙江省义乌市现代化教育特色示范区启动会上做题为《落实以县为主的义务教育管理体制》的讲话，强调要依法落实"以县为主"的义务教育管理体制，推进教育公平，促进教育均衡发展。

5 月，在杭州职业教育论坛上做题为《职业教育蓬勃发展的新起点》的讲话，对我国职业教育的发展背景进行了梳理。

6 月，出席中国教育学会基础教育评价专业委员会成立大会。

7 月，赴雅典考察。

7 月，在海峡两岸青少年社会教育论坛上做题为《挑战 使命 目标 途径》的讲话，阐述了学校教育和社会教育的挑战、使命、目标和途径。

9 月，赴日本考察。

9 月，在北京教育科学研究院第二届学术委员会成立大会上做题为《指导现在探索未来——谈谈教育科研机构的任务》的讲话，阐述了教育科研机构的任务。

9 月，撰文《树立科学的教育公平观》，对胡锦涛总书记在全国优秀教师代表座谈会上的讲话精神进行了解读。

10 月，在魏书生教育思想研讨会上做题为《中国需要杰出的教育家》，阐述了中国需要教育家办学的理念。

11 月，在广州举办的全国第二届中学校长论坛上做题为《不拘一格育人才——现代进程中中学校长的使命》的讲话，对当代校长的主要任务进行了阐述。

11 月，在"发展形象思维的理论研究与教学实验"课题研究十五周年研讨会上做题为《一项具有深刻意义的教育研究成果》，阐述了"形象思维的理论研究与教学实验"课题的重要意义。

1 月，为《儿童思维发展新论——及其在语文教学中的应用》一书作序《以科学的态度跨越》。

10 月，为《〈弟子规〉新解》一书作序。

12 月，为《金帆情》一书作序《遨游于蓝天碧海》。

7 月，撰文《一段美好的回忆》，回忆了作者大学生活。

8 月，撰文《关于素质教育的几个问题》，收录于《第六届中国科学家教育家企业家论坛论文集》。

9 月，撰文《指导未来 探索未来》，对北京教育科研机构的发展历史进行了梳理。

9 月，撰文《多一点系统思维》，强调教育科研工作要多一些系统思维、多做一点统筹研究。

在《中国教育报》1 月 12 日撰文《以学习求发展》，阐述了如何实现教师专业化发展。

在《中国教育报》10 月 16 日撰文《静下心来教书 潜下心来育人》，对胡锦涛同志在全国优秀教师代表座谈会上发表的重要讲话进行了解读。

在《上海教育》第 1 期撰文《教育应成为和谐社会的支柱》，强调了和谐教育是建设和谐社会的基础工程。

在《吉林教育（现代校长）》第 1 期撰文《关于学校管理创新的思考》，强调学校管理创新要重视六个方面的和谐。

在《中国教育学刊》第 2 期撰文《现代化进程中中学校长的使命——第二届中国中学校长大会主题报告》，重点阐述了当代校长的三项重要使命。

在《北京教育（普教版）》第 1 期撰文《理念需要体制保障》，介绍了英国 A－LEVEL 考试体系。

在《中小学管理》第 1 期撰文《从战地黄花想到的》，对青岛市市南区实验小学开展的情趣教学和情趣教育进行了阐述。

在《中小学管理》第 2 期撰文《爱满天下》，强调爱是教育的真谛。

在《基础教育参考》第 2 期撰文《肩负起民办教育的社会责任》，对《中华人民共和国民办教育促进法》颁布对民办教育的影响进行了阐述。

在《中小学管理》第 3 期撰文《"特许"和"特色"》，介绍了英国伦敦一所特许学校的办学情况。

在《基础教育参考》第 3 期撰文《为了每一位学生的发展》，强调课程改革的核心理念是促进全体学生的全面发展。

在《北京教育（普教版）》第 3 期撰文《一切经过实验》，阐述了教师在整个教育事业发展过程中的重要地位和作用。

在《北京教育》第 4 期撰文《激情与理性——高中课改漫笔之一》、第 5 期撰文《理想与现实——高中课改漫笔之二》、第 6 期撰文《有识与有为——高中课改漫笔之三》、第 21 期《一元与三维——高中课程改革漫笔之四》、第 9 期撰文《变化与进步——高中课程改革漫笔之五》阐述了课改对高中教育的影响。

在《中小学管理》第 4 期撰文《千头万绪瘦身急》，强调教育中的"精益理论"。

在《中小学管理》第 5 期撰文《塑造更好的自己》，指出教育本身应成为学生自身主动发展的过程。

在《基础教育参考》第 5 期撰文《现代教育管理的技术基础》，认为信息技为教育管理现代化展现了美好的前景，也提出了挑战。

在《基础教育参考》第 6 期撰文《学校的效能》，对学校效能的核心内容进行了阐述。

在《中小学管理》第 6 期撰文《知快守慢》，强调教育需要跨越式发展，但发展必须符合规律。

在《中小学管理》第 7 期撰文《教师的专业情意》，强调教师要忠诚于教育事业。

在《中小学管理》第 8 期撰文《陕北的教育风情》，呈现了陕北教育的"实"特点。

在《基础教育参考》第 8 期撰文《教师的幸福感》，强调要高度重视教师的职业倦怠与事业困惑等问题，为教师的幸福感创设更好的外部条件。

在《中小学管理》第 9 期撰文《关注学生的心理感受》，强调所有涉及教育的活动都应当首先关注学生的心理感受。

在《基础教育参考》第 9 期撰文《增强改革的紧迫感》，强调了班主任工作的重要性。

在《基础教育参考》第 10 期撰文《高中课改中的评价问题》，强调了教育评价的指挥棒功能。

在《中小学管理》第 10 期撰文《知心与知音》，阐述了《中小学管理》杂志的重要意义。

在《中小学管理》第 10 期撰文《人格的魅力》，阐述了人格魅力的核心内容。

在《北京教育（普教版）》第 10 期撰文《"大气成就大器"》，强调好的教育应该是"大气"的教育。

在《基础教育参考》第 11 期撰文《树立积极的安全观》，强调树立积极的安全观是进一步推动学校安全工作的关键。

在《中小学管理》第 11 期撰文《"大家不同，大家都好"》，认为学校应当有各自的办学特色，这样才能形成教育的活力。

在《中小学管理》第 11 期撰文《创造良好的教师专业发展文化》，阐述了如何建设教师专业发展文化。

在《北京教育（普教版）》第 12 期撰文《从"十一学校现象"想到的》，在文中对十一学校的教育改革经验进行了总结和提炼。

在《中小学管理》第 12 期撰文《一项令人快乐的研究》，对北京市一师附小的快乐教育进行了总结。

在《教育》第 27 期撰文《有识与有为》，强调高中课程改革需要有识与有为之士参与。

担任主编的《尊重，从心开始》一书由中信出版社出版。

2008 年

担任中国民办教育协会首任会长、《国家中长期教育改革和发展规划纲要（2010—2020 年）》国家教育发展战略教育公平组组长，受聘国家总督学顾问、圣陶教育发展与创新研究院院长。

3 月，赴澳大利亚考察。

6 月，赴美国考察。

9 月，在"节能减排与可持续发展学校——社会行动项目"阶段成果汇报会暨北京可持续发展教育协会第二届学术年会上做题为《重视开展

"怎样做"的研究》的讲话，强调教育科研应当解决"为什么要做""做什么"和"怎么做"等问题。

11月，率团视察天津外国语大学附属外国语学校。

1月，为《王俊鸣语文暨语文教学文集》作序《为了使学生更聪明》。

2月，撰文《提高普通高中的整体水平》，阐述了示范高中在高中教育改革与发展中的作用。

9月，撰文《在家庭教育中开展信息素养教育》，阐述了如何在家庭中开展信息素养教育。

在《教育与职业》第1期撰文《当新年的钟声敲响》，对提高职业教育发展的关键性问题进行了阐述。

在《中小学管理》第1期撰文《也谈"让每一面墙都说话"》，强调要给学生创造一个良好的生态环境。

在《中小学管理》第2期撰文《为了真正的教育公平》，强调教育公平是国家的基本教育政策。

在《中国教育学刊》第3期撰文《对"减负"瓶颈的再思考》，对减轻学生课题负担的相关问题进行了分析。

在《中小学管理》第3期撰文《谁是 Wang Wei》，阐述了中国崛起与世界对中国汉字的尊重的关系。

在《课程教材教学研究（小教研究）》第3期撰文《营造教师发展"好生态"》，强调在推动教师专业发展中，必须关注教师的职业生态。

在《中国教育学刊》第4期撰文《示范性高中示范什么?》，阐述了示范高中的重要作用。

在《中小学管理》第4期撰文《关注新的教研症状》，分析了我国教育科研的弊病。

在《中小学管理》第 5 期撰文《不用教科书的小学》，介绍了澳大利亚尼德兰小学的课堂教学。

在《中小学管理》第 5 期撰文《要研磨学生》，强调要在三个层面对学生进行认真深入的研究。

在《幼儿教育》第 5 期撰文《营造教师发展"好生态"》，强调在推动教师专业发展中，必须关注教师的职业生态。

在《中小学管理》第 6 期撰文《"不让一个孩子落伍"》，介绍了美国《不让一个孩子落伍》法案的实施情况。

在《中小学管理》第 7 期撰文《期待着新的攀升》，阐述了基础教育评价工作者的历史责任。

在《教育科学研究》第 7 期撰文《面向"非理想"的学生》，分析了人们对教育公平的认识误区。

在《中小学管理》第 8 期撰文《风采忠诚铸就》，阐述了教师专业情意的重要性。

在《教育科学研究》第 8 期撰文《我国教育评价面临的问题与任务》，分析了我国基础教育评价进一步发展存在的问题。

在《中小学管理》第 9 期撰文《"态度决定一切"》，基于 TIP 英语学习模式强调态度决定一切。

在《中小学管理》第 9 期撰文《工具理性与价值理性的统一——关于深化课程改革、提高课堂教学质量的思考》，强调必须开展课程改革和课堂教学实效性的研究，努力实现工具理性与价值理性的统一。

在《中小学管理》第 10 期撰文《草原春意》，对内蒙古自治区"两免"工作进行了介绍。

在《中小学管理》第 11 期撰文《永不停跳的舞步》，对温寒江老师的教育科研工作进行了总结。

在《中小学管理》第 12 期撰文《由"京菜文化"想到的》，阐述了职业教育的人才观。

专著《追梦人——陶西平教育漫笔》由人民教育出版社出版，收录了有关我国教育改革与发展的系列专题论文 93 篇。

2009 年

担任国家教育发展战略教育公平组的组长[①]、担任中国教育学会中学德育研究会理事长、受聘国家教育咨询委员会委员。

1 月，访问新加坡汉合国际学校。

3 月，在东直门中学做题为《加强学校文化建设，促进教育内涵发展》的报告，对学校文化的核心价值进行了阐述[②]。

6 月，受国家教育督导团的委托，到贵州省进行"双基"检查。

在《北京教育学院学报》第 1 期撰文《光辉的教育人生》，阐述了温寒江的教育思想。

在《基础教育课程》第 1 期撰文《坚实的脚步深刻的启示——改革开放三十年课程改革回顾》，对改革开放三十年的教育改革进行了总结。

在《人民教育》第 2 期撰文《静下心来教书 潜下心来育人》，强调要创造条件解决教师的职业倦怠问题。

在《中小学管理》第 1 期撰文《多一点系统思维》，强调教育研究要多一点系统思维。

---

① 2009 年，参与国家中长期教育改革和发展规划纲要的调研、起草，担任国家教育发展战略教育公平组的组长，主持完成两万字调研报告。
② 见《北京教育年鉴》2010 卷。

在《中小学管理》第 2 期撰文《给他们多一点偏爱》，对如何加强流动人口子女教育的问题进行了阐述。

在《中小学管理》第 2 期撰文《谈"习惯性保护"》，对情绪张力形成的"习惯性保护"进行了阐释。

在《中小学管理》第 3 期撰文《向素质教育的先驱致敬》，介绍北京八中原校长陶祖伟制定的《北京八中学生素质教育大纲（试行草案）》。

在《中小学管理》第 4 期撰文《学习奥林匹克精神》，阐述了相互了解、友谊、团结和公平竞争的奥林匹克精神。

在《中小学管理》第 4 期撰文《素质教育就是培养好习惯》，指出推进素质教育就是要培养学生做人、做事、学习、共处的好的思维习惯和行为习惯。

在《中小学管理》第 5 期撰文《凝固了的理念美》，强调一所学校需要将自己的理念凝固在一种美的载体中。

在《中小学管理》第 6 期撰文《教育有什么用?》，对教育的意义进行了阐述。

在《中小学管理）《第 7 期撰文《普拉哈拉德公式》，对如何做好一个好校长进行了论述。

在《中小学管理》第 8 期撰文《谈高中特色办学》，认为加大高中学校特色发展的力度是中国高中教育事业改革与发展的重要课题。

在《中小学管理》第 9 期撰文《浓墨重彩的一笔》，呈现了贵州省山区学校的情况。

在《中小学管理》第 10 期撰文《释放学习的力量》，对山东省青岛市市南区提出了全区教育发展的理念——释放学习的力量进行了阐述。

在《中小学管理》第 11 期撰文《也谈教师的"批评权"》，阐述了教师如何使用"批评"的手段。

在《中小学管理》第 12 期撰文《给"多元"留下更大的空间》，强调要给教育的发展多一些自主发展的空间。

在《中小学管理》第 12 期撰文《谈"习惯性保护"》，阐述了习惯性保护的四种方式。

撰文《走进社会大课堂》，认为走进社会大课堂是深化教育改革、推进素质教育的重要举措。

担任主编的《尊重，小习惯改变大世界》一书由中信出版社出版；担任主编的《当代杰出青少年闪光足迹》由吉林大学出版社出版。

2010 年

当选亚太地区联合国教科文组织协会联合会主席、受聘国家基础教育课程教材专家咨询委员会副主任委员。[①]

1 月，出席教育部督导办在广西钦州召开全国教育督导工作研讨会，并做教育督导专题讲座。

1 月，出席深圳罗湖区区域教育特色发展实验区会议，做题为《以形成性特色带动整体提升》的讲话，阐述了罗湖区的教育特色的启示。

1 月，出席教育部督导办举行的部分在京国家督学迎春座谈会。

3 月，会见曾连任三届日本教育学会会长的日本教育家大田尧先生，围绕教育荒漠化进行了讨论。

3 月，赴日本考察。

6 月，赴英国考察。

---

① 参见《教育部关于成立国家基础教育课程教材专家咨询委员会的通知》（教基二函〔2010〕1 号）

11月，赴新加坡考察。

4月，在 UNESO_APEID(联合国教科文组织亚太地区教育革新为发展服务计划)第一评委会议上发表讲话《主动地创造未来》。

5月，出席在北京举办的"多元智能理论与全球教育转型"国际研讨会，做题为《美好的未来——一种改变教育的视角》的开幕辞。

5月，出席全国第二届规范化汉字书法比赛新闻发布会，做题为《创造和展现当代汉字之美》的讲话，阐述了规范化汉字比赛的意义。

5月，出席天津市学校文化建设会议，并围绕天津七中的教学经验做讲话。

5月，在第十二次北京学学术研讨会上的致辞，致辞收录于《北京学研究文集》。

6月，出席教育部国家教育督导团在沈阳召的开全国教育督导工作会议，并就贯彻实施《国家中长期教育改革与发展规划纲要》，进一步加强教育督导制度建设、履行教育督导职责和开展基础教育质量监测等问题作了专题报告。

6月，在哥伦比亚大学师范学校与现代中国教育交流与合作百年历程纪念座谈会做题为《中美教育交流的见证》的讲话，呈现了中美教育交流成果。

7月，在北京市朝阳区世界城市教育论坛上做题为《世界城市里的教育》的讲话，对世界城市的教育功能进行了阐述。

9月，在北京市督学大讲堂作题为《高中教育多样化发展与特色办学二者关系以及高中教育督导的地位和作用》的专题报告，为北京市200多名专兼职督学上了"第一课"。

9月，出席北京市政府教育督导室召开的"高中教育多样化发展与现代督导制度建设专题培训会"并作专题讲话。

12月，出席"学习与思维"课题20年成果汇报会，并做题为《尊重和敬畏教育规律》的讲话，阐述了温寒江"学习与思维"课题组研究的启示。

1月，撰文《我国民办高等教育发展现状和未来》，收录于《中国民办教育大典》。

2月，为《改变教育行为——素质教育怎么办》一书作序《改变教育行为》。

8月，为《从教育责任到教育行动》一书作序《区域教育研究的可喜成果》。

8月，撰文《以整体优化推动科学发展》，论述了刘彭芝校长教育哲学的魅力，登载在《刘彭芝教育思想与实践》一书中。

10月，为《每一个孩子都是我的骄傲：霍懋征和她的学生们》一书作序《每一个孩子都是我的骄傲》。

在《当代家庭教育报》3月16日撰文《杂感》，对日本东京一所幼儿园的一日生活进行了介绍。

在《光明日报》3月24日撰文《加强统筹协调促进教育公平》，强调要把教育公平放在突出的位置。

在《中国教育报》5月25日撰文《教育创新要关注多元多样的世界教育状态》，阐述了如何更有效地开展教育创新。

在《当代家庭教育报》6月15日撰文《共同防患于未然》，强调了安全问题的重要性。

在《家庭教育报》10月5日撰文《家庭教育指导要科学化》，对家庭教育指导行动的重要意义进行了阐述。

在《中国教育报》12月5日撰文《以先行先试扎实推进均衡发展》，对

《国家中长期教育改革和发展规划纲要（2010—2020 年）》确立的义务教育均衡发展的目标进行了解读。

在《中小学管理》第 1 期撰文《要重视教育的实证研究》，对规范研究和实证研究进行了阐述。

在《北京教育学院学报》第 1 期撰文《为继续教育事业的更大发展而努力》，阐述了北京市在《北京市中小学教师继续教育暂行规定》颁布 20 年来所取得的成绩。

在《中小学管理》第 2 期撰文《培养学生适应社会的能力》，阐述了培养学生适应社会的能力的重要性。

在《中小学管理》第 3 期撰文《实现课业负担的有效减轻》，阐述了"减负"的重要途径。

在《中国德育》第 4 期撰文《在多元中立主导——坚持社会主义核心价值观的导向》，强调学校应当坚持在各种教学活动中培育学生正确的价值观念。

在《中小学管理》第 4 期撰文《多为孩子用点心思》，强调了在教学中如何进行创新能力培养。

在《中小学管理》第 5 期撰文《黛安·拉维奇的"逆转"》，介绍了黛安·拉维奇的著作《伟大的美国学校系统的生与死：考试与选择是如何腐蚀教育的》。

在《中小学管理》第 6 期撰文《教育的荒漠化》，提出了可持续发展的理念。

在《教育研究》第 7 期撰文《加强统筹协调促进教育公平》，强调要把教育公平放在突出的位置。

在《中小学管理》第 7 期撰文《机会公平之后》，强调要关注农村辍学现象。

在《中小学管理》第 8 期撰文《"鸟笼逻辑"》，强调要培养学生良好的思维习惯。

在《中小学管理》第 9 期撰文《"庆祝失败"》，阐述了如何看待失败。

在《中小学管理》第 10 期撰文《让孩子有尊严》，阐述了如何尊重学生、使学生生成"尊严感"。

在《教育与情报参考》第 10 期撰文《树立科学的均衡发展观》，阐述了均衡与发展的关系。

在《中小学管理》第 11 期撰文《学与"被教"》，分析了我国基础教育的优势与弊端。

在《中小学管理》第 12 期撰文《走出国门的第一步——在国外的第一所中国国际学校》，他介绍中国在新加坡汉合国际学校的情况。

在《小学语文教学》第 33 期撰文《战地黄花分外香》，阐述了在推进素质教育的进程中校长和教师必须具有良好的心态。

担任主编的《中国民办教育》由教育科学出版社出版；担任主编的《改变教育行为——素质教育怎么办》《让孩子有尊严——素质教育怎么办》(尊重改变未来丛书)由经济管理出版社出版。

2011 年

受聘海淀区教育督导室督学顾问。

6 月，出席北京 2011 年教育督导评价国际研讨会。

8 月，在都江堰举办的"联合国教科文组织教育论坛"上做题为《公平与质量——共同的价值取向》的讲话，对世界教育面临的挑战进行了分析。

9月，出席北京教科院北京市教育督导与教育质量评价研究中心成立暨揭牌仪式。

9月，在鄂尔多斯新教育年会上做题为《新教育的摇篮效应》的讲话，肯定了新教育实验的社会性、人本性、人文性。

9月，在全国义务教育均衡发展试点推进会上做题为《扎实推进义务教育均衡发展》的讲话，对义务教育均衡发展的意义、内涵和任务进行了阐述。

10月，在北京教育学会高中教育专业委员会成立大会上做题为《百花齐放英才辈出——谈普通高中多样化发展》认为普通高中多样化发展是高中改革和发展的关键。

12月，在北京市朝阳区实验小学陈立华校长办学实践研讨会上做题为《轻松学习快乐成长》的讲话，阐述了如何落实科学地教和轻松地学。

12月，在国务院参事室举办的"为了孩子健康快乐成长"论坛上做题为《为了孩子健康成长》的讲话，强调为了孩子健康快乐成长是基础教育面对的既具有战略性又具有现实性的课题。

12月，在北京市第八十中学田树林校长教育思想与实践研讨会上做题为《回归基础教育的"本位价值"》的讲话，阐述了基础教育的核心价值。

12月，在北京市外事学校举办的京菜研究年会上做题为《赞"大师工作室"》的讲话，阐述了职业教育的核心价值。

在《中国教师报》4月8日撰文《深化学校文化建设》，强调要深化学校文化建设的内涵。

在《人民政协报》7月29日撰文《高中教育改革：探索进行时》，呈现了北京市第二中学的教育改革。

在《中国教育报》11 月 3 日撰文《促进民办教育在更高层次上的健康发展》，强调要推动民办高校从规模发展向优质发展转型。

在《中国教育报》11 月 4 日撰文《小学教育要淡化竞争减负提质》，强调了小学教育要淡化竞争、立足长远。

在《北京教育学院学报》第 1 期撰文《敬畏教育规律坚持不懈地探索教育规律》，阐述了温寒江教育团队对教育的启示。

在《教育导刊》第 1 期撰文《到达最边缘》，对联合国教科文组织 2010 年度教育报告进行了解读。

在《中小学管理》第 1 期撰文《学校幸福指数》，对什么是幸福进行了探究。

在《中小学管理》第 1 期撰文《提升校长价值领导力的几个重要环节》，阐述了如何提高校长领导力。

在《中小学管理》第 2 期撰文《PISA 和"一无两有"》，建议应当借鉴 PISA 和"一无两有"的思路，进一步完善教育评价体系。

在《中小学管理》第 3 期撰文《我们需要"转化教育学"》，提出要加强"转化教育学"的研究。

在《中小学管理》第 4 期撰文《大义、大气与大师》，强调要以更加理性、更加成熟的态度对待国学和国学教育。

在《中小学管理》第 5 期撰文《校长要做三件事——读〈哈佛商业评论〉一篇文章有感》，阐述了成功校长的特质。

在《中小学管理》第 6 期撰文《对反思的反思》，对《西城教育思想录》进行了点评。

在《中小学管理》第 7 期撰文《又一盏小橘灯》，认为一六六中学"高中冰心文学实验班"的创建是高中教育改革的一项有意义的实验。

在《中小学管理》第 8 期撰文《"复兴始于教师"》，强调教师队伍建设已成为当代世界教育事业发展的共同的关键因素。

在《中小学管理》第 9 期撰文《万类霜天竞自由——普通高中多样化发展的走向》，认为高中教育的改革集中体现在办学体制和育人模式的多样化上。

在《中小学管理》第 10 期撰文《一场有意义的争论》，强调进行性健康教育要坚持适应和适合的原则。

在《中小学管理》第 11 期撰文《霍懋征的大爱教育》，阐述了霍懋征老师的教育思想。

在《中小学管理》第 12 期撰文《幸福从哪里开始?》，认为小学生的幸福应当从切切实实的"减负提质"开始。

在《山西教育(管理)》第 12 期撰文《小学教育要减负提质》，强调小学教育要减负提质。

在《成才之路》第 29 期撰文《小学教育要淡化竞争减负提质》，强调了小学教育要淡化竞争、立足长远。

2012 年

受聘国家教育考试改革指导委员会委员。

1 月，在北京家庭教育研究会代表大会上做题为《要加强对家庭教育的指导》的讲话，强调要掌握正确的教育方法，提高家庭教育的水平。

2 月，在北京汇佳教育科学研究院成立大会上做题为《一朵含苞待放的小花》的讲话，对民间教育机构的成立给予了肯定。

4 月，在北京"钱学森大成智慧教育思想研究与实验"开题会暨中国基础教育改革发展战略研讨会上做题为《回答大师之问——大成智慧学与基础教育改革》的主题演讲，阐述了如何理解钱学森之问。

4月，赴墨西哥、古巴考察。

6月，出席北京2012教育督导与评价研讨会并作主题演讲。

7月，在台北举办的"关心下一代台湾行暨第二届海峡两岸关心下一代论坛"上做题为《弘扬传统文化，关注两岸未来》的致辞，强调弘扬传统文化的重要性；做题为《坚守学前教育的学前性》的报告，强调要尊重教育规律，促进儿童快乐健康成长。

9月，在中国可持续发展教育第11次国家讲习班上做题为《天地人和——谈深化可持续发展教育》的讲话，对可持续发展教育的历史进行了回顾。

10月，在北京市纪念陈鹤琴先生诞辰120周年大会上做题为《"活教育"：幼儿教育的活力源泉》的讲话，阐述了陈鹤琴教育思想的现实意义。

11月，出席北京市小学规范化建设工程展示交流周——走进西城活动，并做讲话，强调促进公平、提高质量是深化基础教育改革的重点。

11月，在北京市中小学首届校长美育论坛上做题为《创造美的教育——谈加强学校美育的问题》，阐述了如何加强学校美育教育。

11月，出席中国教育学会基础教育评价专业委员会学术年会。

12月，在中国民办教育发展大会暨中国民办教育协会年会上做题为《办好人民满意的民办教育》的讲话，阐述了在党的十八大的背景下民办教育的新使命。

12月，为《家长解惑》一书作序《让下一代健康幸福成长》。

在《中国教育报》3 月 18 日撰文《一所创造幸福的学校》，对沈阳市怒江小学的幸福实践活动进行了呈现和分析。

在《中国教育报》3 月 25 日撰文《紧紧抓住面向全体这个大方向》，强调全面提高幼儿素质是全体学前教育工作者的追求。

在《中国教育报》4 月 5 日撰文《异化的质量监测损害教育》，强调建立科学的质量监测体系是掌握区域教育质量动态发展水平的重要途径。

在新华网 5 月 30 日撰文《提高教育国际化水平》，强调为了提高中国的教育国际化水平应该重视五个问题的研究。

在《中国教育报》7 月 9 日撰文《推进义务教育均衡发展务求实效》，阐释了推进义务教育均衡发展的基本思路。

在《现代教育报》9 月 10 日撰文《没有爱就没有教育——学习教育家霍懋征》，对教育家霍懋征教育理念的核心进行了论述。

在《现代教育报》11 月 16 日撰文《学有所教让人民满意》，对党的十八大报告进行了解读。

在《当代家庭教育报·中小学专刊》合刊第 716－718 期撰文《立德为先 树人为本》，强调家庭教育要把立德树人放在最重要的位置。

在《北京教育学院学报》第 4 期撰文《最好的未来——一种视角改变着教育》，阐述了多元智能理论对传统教育的挑战。

在《辽宁教育》第 4 期撰文《对"减负"瓶颈的再思考》，深入分析了"过重"课业负担的内涵。

在《中小学管理》第 1 期撰文《呼唤"有效作业"》，强调必须开展"有效作业"研究。

在《中小学管理》第 2 期撰文《谈"精致教育"》，对北京市第五中学分校"精致教育"进行了分析。

在《中小学管理》第 3 期撰文《用音乐改变人生——委内瑞拉"音乐救助体系"的启示》，介绍了委内瑞拉音乐救助体系。

在《中国教育学刊》第 4 期撰文《教育必须坚持引导青少年树立正确价值观》，强调要重视学校的文化建设，要注意培育学生正确的价值观念。

在《中小学管理》第 4 期撰文《小"芝麻"和大"茶馆"》，阐述了北京市黑芝麻胡同小学演出的话剧"茶馆"这一事件对教育的影响。

在《基础教育论坛》第 8 期撰文《小学教育要淡化竞争减负提质》，强调小学教育要立足长远、淡化竞争、减负提质。

在《中小学管理》第 5 期撰文《教育公平在古巴》，介绍了古巴的教育公平情况。

在《中小学管理》第 5 期撰文《回归基础教育"本位价值"》，对基础教育的任务进行了阐述。

在《教育科学研究》第 5 期撰文《我国流动儿童教育问题的制约因素和政策出路》，对我国流动儿童教育政策特点、存在的问题进行了分析。

在《基础教育论坛》第 11 期撰文《推动普通高中多样化发展》，阐述了高中多样化发展的重要意义。

在《基础教育论坛》第 14 期撰文《基础教育的价值是育人不是选拔》，阐述了基础教育的独立价值。

在《中小学管理》第 6 期撰文《可贵的有差别教学》，对成都金沙小学有差别教学方法进行了分析。

在《中国可持续发展教育》第 6 期撰文《推进生态文明建设深化可持续发展教育》，对党的十八大提出的"生态文明建设"进行了解读。

在《基础教育论坛》第 20 期撰文《异化的质量监测损害教育》，强调要坚持科学的教育质量监测观。

在《基础教育参考》第 21 期撰文《"云教育"探索的起步》，基于北京数字学校的启动，描绘了"云教育"的图景。

在《基础教育论坛》第 23 期撰文《回归基础教育的"本位价值"》，强调基础教育理论和实践不能脱离基础教育的"基础性"。

在《中小学管理》第 9 期撰文《赋予课堂以生命的价值——谈课堂文化建设》，阐述了我国基础教育发展的特点。

在《中小学管理》第 9 期撰文《为理解而教》，阐述了为理解而教的价值。

在《辅导员》第 9 期撰文《基础教育的"独立价值"和新课程改革》，阐述了基础教育的独立价值。

在《未来教育家》9 月创刊号撰文《向千万位教育家致敬》，对教育家办学理念进行了分析。

在《基础教育论坛》第 27 期撰文《幸福教育离师生并不遥远》，阐述了和谐师生关系的重要性。

在《中小学管理》第 10 期撰文《让学生会"说"》，阐述了如何培养学生的口头表达能力。

在《中小学管理》第 11 期撰文《返璞归真》，阐述了教育家的重要标志。

在《辅导员》第 27 期撰文《重新认识基础教育的"独立价值"》，对基础教育的独立价值进行了详细阐述。

在《教书育人》第 32 期撰文《推进义务教育均衡发展务求实效》，阐释了推进教育均衡的基本思路。

在《中小学管理》第 12 期撰文《没有问题是最大的问题》，阐述了什么是真问题。

在《基础教育论坛》第 33 期撰文《还童年以欢乐——当代小学校长的历史责任》，阐述了小学校长的责任。

2013 年

受聘北京语言文化建设促进会顾问。

1 月，赴意大利、南非考察。

5 月，出席清华附小召开"1＋X 课程"体系建构与实施阶段汇报会，并对清华附小"1＋X 课程"的特点进行了阐释。

5 月，在首届中国民办培训教育优秀项目展示合作交流会上做题为《让人民选择——引导与服务于合理的教育消费》的主题报告，对选择性的教育进行了阐述。

6 月，在北京市教育委员会主办的"北京市第四次基础教育理论学习组会"做题为《面对挑战的世界教育》的报告，分析了世界教育的发展趋势。

7 月，参加"亚欧道德教育论坛"，并做题为《道德教育：国际交流中的共识与分歧》，对此次会议达成的共识和存在的分歧进行了论述。

8 月，在"2013 年中国学前教育年会"上做题为《规模和质量必须协调发展》的报告，强调要把质量问题放到更重要的位置。

10 月，在中国教育学会中小学整体改革专业委员会第十六届实验基地会议做为《未来科技与未来教育》的讲话，阐述了聚合科技将对教育产生巨大影响。

在《人民政协报》4 月 10 日撰文《基础教育是为人的发展打基础的教育》，强调了基础教育的重要作用。

在《中小学管理》第1期撰文《令人感动的攻坚之举》，对辽宁省规范化办学的特点进行了分析。

在《中小学管理》第2期撰文《好望角以北的教育》，介绍了南非幼儿教育和基础教育的特点。

在《人民教育》第3期撰文《情境教育对中国传统教育弊端的挑战》，阐述了李吉林情景教育对基础教育改革与发展的重要意义。

在《中小学管理》第3期撰文《倡导教育的"微创新"》，对"微创新"进行了阐述。

在《中国德育》第3期撰文《创造美的教育——谈加强学校美育的问题》，阐述了加强美育教育的重要意义。

在《中小学管理》第5期撰文《意大利的艺术高中》，介绍了他考察意大利艺术高中的情况。

在《基础教育论坛》第14期撰文《构建和谐的家校关系》，强调家庭与学校和谐发展是教育事业发展的重要原则。

在《中小学管理》第4期撰文《迎接教育信息化的挑战》，介绍了电脑的使用对教育信息化的影响。

在《中小学管理》第6期撰文《把握"国学教育"的精髓》，提出加强国学教育是立德树人的重要途径。

在《中小学管理》第8期撰文《难能可贵的"坚守童真"》，对北京市宣武区师范学校附属第一小学杨英校长的办学理念进行了阐述。

在《辽宁教育》第16期撰文《异化的质量监测损害教育》，阐述了建立科学的质量监测体系的重要性。

在《中小学管理》第8期撰文《在管理中体现价值导向》，对中小学管理应该处理的关系进行了阐述。

在《中小学管理》第 10 期撰文《对现代学校制度建设几个问题的思考》，对《国家中长期教育改革和发展规划纲要（2010—2020 年）》中关于建设现代学校的关键点进行了阐述。

在《中小学管理》第 10 期撰文《倡导"零起点"教学》，认为"零起点"教学是尊重教育规律、促进学生身心健康发展的重要举措。

在《基础教育论坛》第 30 期撰文《面对挑战的世界教育》，阐述了当代教育的发展趋势和面临的挑战。

在《中国教育学刊》第 11 期撰文《在"三个面向"指引下前进——纪念邓小平同志"三个面向"题词 30 周年》，对"三个面向"的内容进行了解读。

在《中小学管理》第 11 期撰文《由两节课引发的思考》，对东西方的课堂教学进行了比较。

在《中小学管理》第 11 期撰文《未来科技与未来教育》，对教育的未来变革问题进行了分析。

在《中小学管理》第 12 期撰文《志愿者行动：立德树人的有效实践》，对志愿服务理念进行了阐述。

在《基础教育论坛》第 35 期撰文《民办教育要有"三只眼"》，总结了民办教育的六个特点。

2014 年

5 月，赴加拿大考察。

5 月，在联合国教科文组织亚太可持续发展教育专家会议暨亚太可持续发展教育中心揭牌仪式闭幕式上发表讲话《可持续发展教育十年——成果挑战及发展方向》，认为亚太可持续发展教育中心的成立，对于推动亚太地区的可持续发展教育和推进中国的可持续发展教育都有着重大的意义。

6月，参加北京2014教育督导与评价研讨会，并围绕"现代教育治理与教育督导改革"做了专题讲话。

8月，在中国学前教育年会上做题为《幼儿教师该怎样加强自身修养》的讲话，论述了幼儿教师加强修养的10个原则。

10月，赴俄罗斯考察。

在《中国教育报》9月6日上撰文《从只看"冷冰冰的分"到关注"活生生的人"》，阐述了中国高考改革方向。

在《中国教育报》9月14日撰文《不懈的追求》，强调民办教育工作者要弘扬有定力、能创造、肯担当、讲诚信的民办教育教育家精神。

在《中国教育报》10月9日撰文《探析公立学校权利边界》，对《我国公立学校权利研究》一书进行了评价。

在《赢未来·学校品牌管理》第1—2期合刊（总第91期）撰文《从补充性教育到选择性教育》，对中国民办教育20年的历程进行了回顾。

在《当代家庭教育报·中小学专刊》第764—766期撰文《走向理性化的家庭教育》，强调家庭要理性看待孩子、看待发展、看待学校、看待责任。

在《中小学管理》第1期撰文《琐忆拾零》，回忆了在北京第十二中学上课的经历。

在《基础教育论坛》第1期撰文《一个"敢为天下先"的"草根教育家"》，对姚文俊校长的办学思想给予了高度赞扬。

在《未来教育家》第1期撰文《海淀教育，聚是一团火，散是满天星》，阐述了作者对海淀开展的"成长中的教育家"培养工作的感触。

在《北京广播电视大学学报》第 2 期撰文《涌动的国际高等教育变革潮流》，分析了高等教育所面临的态势。

在《世界教育信息》第 2 期撰文《涌动的潮流——关注当代世界教育改革的动向》，对世界教育教学改革新动向进行了分析。

在《中小学管理》第 2 期撰文《爱我所爱，无怨无悔》，对老教育工作者对教育的忠诚给予了肯定。

在《中小学管理》第 3 期撰文《对试行学区制的几点思考》，对国内外学区制的特点进行了对比分析。

在《中小学管理》第 3 期撰文《多样化发展与规范化治理的统一——基础教育良性发展的途径》，强调多样化发展与规范化治理的统一是基础教育良性发展的途径。

在《考试（理论实践）》第 12 期撰文《以人为本的教育观》，强调增强进行价值观教育的重要性。

在《人民教育》第 3 期撰文《让人民选择——引导与服务选择性教育需求》，强调民办教育的重要任务就是提供选择性教育。

在《浙江树人大学学报（人文社会科学版）》第 3 期撰文《让人民选择：选择性教育的需求引导与服务》，强调民办教育的重要任务就是提供选择性教育。

在《教育与教学研究》第 4 期撰文《对城乡教育一体化与城乡发展一体化的思考》，强调城乡教育一体化发展是城乡发展一体化的重要内涵。

在《基础教育论坛》第 14 期撰文《对现代学校制度建设几个问题的思考》，从四个方面对如何构建现代学校制度进行了阐释。

在《中小学管理》第 4 期撰文《迎接教育信息化的挑战》，强调教育信息化是教育现代化的重要标志之一。

在《中小学管理》第 4 期撰文《"翻转课堂"与"生成课堂"》，介绍了两种课堂教学模式。

在《中小学管理》第 5 期撰文《关于集团化办学的思考》，对我国基础教育领域集团化办学的特点进行了分析。

在《中小学管理》第 6 期撰文《从一次世界性比赛想到的》，强调比赛应该更多关注创新能力。

在《人民教育》第 7 期撰文《涌动的潮流——关注当代世界教育教学改革新动向》，对世界教育教学改革新动向进行了分析。

在《中小学管理》第 7 期撰文《直面"影子教育系统"》，对我国课外辅导教育现状进行了分析。

在《中小学管理》第 8 期撰文《让学校充满活力》，强调要做好教育改革的顶层设计和实施，防止学校领导和教师因产生职业困惑和职业倦怠而失去活力。

在《人民论坛》第 8 期撰文《成德达才，守正出新》，对首都师范大学附属中学的办学特点进行了分析。

在《中小学管理》第 9 期撰文《把握教学改革的平衡点》，认为教学改革的难点就是以学生为主体与以教师为主导之间的平衡点和契合点。

在《北京教育（普教版）》第 9 期撰文《聚焦"北京 2014 教育督导与评价"研讨会建设良好教育生态让基层充满活力》，对"全民教育的行动计划"进行了阐释。

在《教育策划与管理》第 9 期撰文《中小学管理与评价的基础性建设》，对《中小学校管理评价》一书进行了评价。

在《中小学管理》第 10 期撰文《坐看云起时》，建议在互联网时代发展线上教育。

在《中小学管理》第 11 期撰文《俄罗斯教育一瞥》，对俄罗斯教育的课程体系、校外教育制度、学科竞赛进行了介绍。

在《中小学管理》第 12 期撰文《定力·根本·担当》，对北京市海淀区五一学校陈珊校长的团队的特点进行了分析。

专著《沉浸于求索之中（陶西平自选集）》由首都师范大学出版社出版，这是《北京社科名家文库》系列丛书中的一本，收录了 73 篇教育论文。

在《辽宁教育》第 24 期撰文《中小学校管理与评价的基础性建设——评〈中小学校管理评价〉》，阐述《中小学校管理评价》一书对教育督导与评价工作的指导意义。

在《人民教育》第 24 期撰文《学校教育应有法治思维》，强调学校应该加强法治教育。

在《上海教育》第 27 期撰文《从只看冷冰冰的分到关注活生生的人》，阐述了中国高考改革方向。

在《基础教育论坛》第 32 期撰文《让学校充满活力》，强调要做好教育改革的顶层设计和实施，防止学校领导和教师因产生职业困惑和职业倦怠而失去活力。

2015 年

当选为中国教育学会副会长、中国职教学会副会长。

1 月，赴韩国考察。

6 月，出席北京 2015 教育督导与评价研讨会，并做题为《适应新常态，迎接新挑战——加强教育督导工作的科学研究》的大会演讲。

7 月，在"2015·海峡两岸中华传统文化与现代化研讨会"上做题为

《优秀传统文化是人格教育的价值基础》，对传统文化对人格教育的影响进行了论述。

11 月，参加第七届中国民办教育发展大会，并作专题报告。[1]

7 月，在"京城教育圈"微信号发文《寻求社会功能与教育功能的协调》，分析国际招生考试的动态。

在《现代教育报》2015 年 1 月 5 日撰文《2015 让教育人生更有意义》，这是作者对 2015 年的新年祝词。

在《人民政协报》8 月 2 日撰文《走科学化的中国幼儿教育道路》，对陈鹤琴先生幼儿教育思想的时代意义进行了论述。

在《中国教育报》11 月 27 日撰文《跨上义务教育均衡发展的新高度》，阐释了义务教育均衡发展的五个经验。

在《当代家庭教育报·中小学专刊》第 812—814 期撰文《给孩子更多自主发展空间》，对家庭教育的功能进行了重新审视。

在《中小学管理》第 1 期撰文《韩国济州农村学校印象》，介绍了韩国农村学校。

在《中国民族教育》第 1 期撰文《共同放飞中国梦》，论述了如何发展民族教育。

在《北京教育（普教版）》第 1 期撰文《教育家与教育家精神》，对什么是教育家和教育家的成长之路进行分析。

在《基础教育论坛》第 1 期撰文《大家不同，大家都好》，强调要尊重多元文化和多元教育。

在《基础教育论坛》第 1 期撰文《不懈的追求——当代中国民办教育

---

[1]　见《北京教育年鉴》2016 卷

家的历史使命》，分析了民办教育面临的新形势。

在《基础教育论坛》第 1 期撰文《教育改革要经得起历史的检验》，强调教育改革不是表面文章，是扎扎实实的系统工程。

在《未来教育家》第 1 期撰文《教育家和教育家精神》，对什么是教育家和教育家的成长之路进行分析。

在《考试》第 1 期撰文《促进学校的特色教育》，阐释了学校特色发展的时代背景和基础特征。

在《基础教育论坛》第 2 期撰文《2015 让教育人生更有意义》，这是作者对 2015 年的新年祝词。

在《中小学管理》第 2 期撰文《告别排浪式的教育改革》，对"排浪式"的教育改革现象进行了分析。

在《中国民族教育》第 2 期撰文《让多元文化教育生动起来》，分享了作者对韩国农村教育考察后的思考。

在《中国民族教育》第 3 期撰文《呼唤管理流程重构》，对如何营造学校的自主发展的生态环境进行了阐述。

在《创新人才教育》第 3 期撰文《引领新常态，深化教育的科学研究》，强调在新常态下，要加强教育的科学研究与实验。

在《北京广播电视大学学报》第 4 期撰文《走科学化的中国幼儿教育道路——纪念教育家陈鹤琴先生》，阐释了陈鹤琴先生的教育思想。

在《考试》第 13 期撰文《没有谁可以去培养另一个人成为教育家》，阐释了教育家的成长之路。

在《世界教育信息》第 5 期撰文《可持续发展教育十年——成果、挑战及发展方向》，对可持续发展的十年历程进行了总结。

在《生活教育》第 5 期撰文《办知行统一的真教育》，强调在深化教育综合改革的道路上，要坚持知与行统一。

在《课程教材教学研究》第 5 期撰文《有一种精神叫教育家精神》，阐述了教育家精神的内涵。

在《中小学管理》第 5 期撰文《意识形态与人格培养》，呼吁要强化核心价值观教育。

在《考试》第 22 期撰文《学校教育应有法治思维》，强调学校要加强法治教育，坚持依法治校。

在《教育》第 23 期撰文《告别排浪式的教育改革》，分析了"排浪式"改革产生的原因。

在《中国教师》第 7 期撰文《可贵的探索》，对海淀区中关村第一小学的教育实践成果进行了分析。

在《辽宁教育》第 8 期撰文《学校教育应有法治思维》，强调学校要加强法治教育，坚持依法治校。

在《中小学管理》第 8 期撰文《新常态·新挑战：探索教师专业发展的新路径》，阐述了教师专业发展面临的新的课题。

在《基础教育论坛》第 8 期撰文《学校教育应有法治思维》，强调学校要加强法治教育，坚持依法治校。

在《中小学管理》第 9 期、《基础教育论坛》第 35 期撰文《"向上"与"向善"》，对"向上"与"向善"的内涵进行了阐述。

在《上海教育》第 28 期撰文《对优秀人才早期培养的成功探索》，对上海中学资优生培养教育体系进行了分析。

在《中小学管理》第 12 期撰文《且行且思·且思且行》，对课程改革的相关问题进行了论述。

在《师陶学刊》第 12 期撰文《云时代在线教育三大争论焦点待解》，

分析了教育信息化的争论焦点。

2016 年

担任北京明远教育书院学术委员会主任。

1月，在"2016年高中国际教育研讨会暨中欧知名高中校长论坛中方代表团行前座谈会"做了题为《加快高中教育的改革步伐》的讲话，对高中教育中存在的问题、改革的目标和途径进行了阐述。

2月，在中欧高中校长论坛闭幕式做题为《"互联网＋教育"不是物理变化，而是化学变化》的讲话，分析了信息化对教育的影响。

7月，在中法知名小学校长论坛闭幕式上做题为《面对未来世界》的讲话，阐述了信息技术对教育发展的影响。

在《光明日报》2月23日撰文《提高质量：义务教育均衡发展的主题》，强调只有提高质量才能推动均衡发展。

在《光明日报》2月23日撰文《迈出义务教育均衡发展的有力步伐》，对《国家中长期教育改革和发展规划纲要（2010—2020年）》颁布5年后，我国在义务教育均衡方面取得的成绩进行了阐述。

在《中国教育报》2月25日撰文《均衡发展的实质是全面提高教育质量》，强调只有提高教育质量才能推动均衡发展。

在《光明日报》3月8日撰文《职业教育和民办教育需要更多尊重》，呼吁应该给予职业教育和民办教育更多关注和尊重。

在《人民政协报》8月3日撰文《人文主义的教育价值观——评〈反思教育：向"全球共同利益"的理念转变〉》，阐述了什么是人文主义价值观以及人文主义教育观产生的时代背景。

在《人民政协报》10月26日撰文《促进普惠性民办幼儿园高质量发

展》，阐述了民办教育在普惠性发展中的作用。

在《现代教育报》11 月 9 日撰文《未来教育 人文当先》，强调要将人文主义教育作为学校的基础工作。

在《当代家庭教育报·中小学专刊》第 860—862 期撰文《给孩子更多自主发展空间》，强调要把家风建设和校风建设放到同等重要的位置。

在《中国教育学刊》第 1 期撰文《引领新常态，深化教育的科学研究》，强调在新常态下，要加强教育的科学研究与实验。

在《创新人才教》第 1 期撰文《坚定信心深入思考推动高中教育改革与发展》，分析了高中教育面临的问题与挑战。

在《未来教育家》第 1 期撰文《直面挑战攻坚克难》，阐述了作者对小学教育未来发展的一些观点和看法。

在《比较教育研究》第 2 期撰文《21 世纪课程议程：背景、内涵与策略》，指出培养学生的核心素养是各国教育的重要使命。

在《华东师范大学学报（教育科学版）》第 2 期撰文《一个难题，两种策略——评美国〈每一个学生都成功法〉》，将美国颁布的《每一个学生都成功法》与《不让一个孩子掉队法》进行了对比。

在《辽宁教育》第 4 期撰文《跨上义务教育均衡发展的新高度》，阐释了义务教育均衡发展的五个经验。

在《中小学管理》第 4 期撰文《优秀传统与时代精神的结合》，对中国人民大学附属中学的课程定位、课程理念、课程特点、课程结构进行了分析。

在《未来教育家》第 4 期撰文《优秀传统与时代精神的结合》，对中国人民大学附属中学课程改革的理论成果与实践经验进行了阐释。

在《创新人才教育》第 4 期撰文《学生发展核心素养与课程改革》，强调核心素养是基础教育的重点，也是中小学生发展的关键要素。

在《教育》第 4 期撰文《教育的一盏灯和一条路》，阐述了新教育实验对中国基础教育改革的影响。

在《中国多媒体与网络教学学报（电子版）》第 4 期撰文《教育信息化是教育现代化的重要标志》，阐述了教育信息化发展趋势对教育的影响。

在《中小学管理》第 6 期撰文《传承以守正 变革以出新》，对北京一零一中学郭涵校长团队的特点进行了分析。

在《教育与职业》第 7 期撰文《提升民办教育品质，推动教育供给侧结构性改革》，强调民办教育是推动教育供给侧结构性改革的重要突破口。

在《中小学管理》第 8 期撰文《面向未来基础教育改革的目标和途径》，阐述了教育信息化对基础教育改革的影响。

在《未来教育家》第 8 期撰文《在交流与借鉴中创新——〈每一个学生成功法〉与〈反思教育〉》，详细解读了《每一个学生成功法》与《反思教育》的核心内容。

在《人民教育》第 16 期撰文《把学生放在正中央——北京教育综合改革的价值观》，强调基础教育综合改革要紧紧围绕促进教育公平和提升教育质量这条主线。

在《教学管理与教育研究》第 22 期撰文《好的教育能够促使所有学生全面发展》，强调教育的发展是创造适合学生发展的教育，而不是去选择适合教育的学生。

在《教育家》第 36 期撰文《引领课程改革的理论创新——从情境教学到情境教育》，强调要立足国情和时代要求，科学遴选界定核心素养指标。

在《中国教育学刊》第 10 期撰文《新时代教育改革的壮丽画卷》，阐述了如何将情景教学推向情景教育。

在《吉林教育》第 36 期撰文《21 世纪课程议程：背景、内涵与策略》，指出培养学生的核心素养是各国教育的重要使命。

在《辽宁教育》第 10 期撰文《提高质量是义务教育均衡发展的主题》，强调只有提高质量才能推动均衡发展。

在《中小学管理》第 11 期撰文《面向未来的主张和行动》，对北京市海淀区中关村三小刘可钦校长团队的特点进行了分析。

在《基础教育论坛》第 36 期撰文《面向未来基础教育改革的目标和途径》，阐述了教育信息化对基础教育改革的影响。

2017 年

被当代教育名家推选活动组委会推选为当代教育名家。

6 月，在北京八中召开的第二届优质中学联盟年会上做题为《未来教育发展及改革走向》的讲座。

9 月，出席"2017 中美校长国际高峰论坛"，并发表讲话，对校长在培养学生核心素养中的作用进行了阐述。

9 月，出席北京市"紫禁杯"优秀班主任表彰暨"紫禁杯"优秀班主任评选活动。

10 月，在北京市委教育工委、市教委召开主题为"深化教育体制机制改革，促进义务教育优质均衡发展"的学区制管理和集团化办学工作推进会做专家点评，建议北京市在深化教育体制机制改革中要鼓励多样化探索，要着力于办好每一所学校。

12 月，出席中国民办教育协会年会，并做题为《在新时代开始新征程》的讲话，阐述了党的十九大后民办教育的新使命。

12月，在教育部等部门印发《加强中小学生欺凌综合治理方案》新闻发布会上做题为《学生欺凌不是一件小事》的讲话，对校园欺凌产生的原因和破解方法进行分析。

12月，为《儿童母语情景学习的理论与应用》一书作序。

在《中国教师报》6月7日撰文《义务教育向更高水平迈进》。

在《现代教育报》11月17日撰文《增强价值观教育的自觉性》，阐述了如何进行价值观教育。

在《当代家庭教育报·中小学专刊》第908－910期撰文《为了孩子，做更好的自己》，强调家长要以自己的言行来影响孩子，身教甚于言传。

在《中小学管理》第1期撰文《亲历与推动》，阐述了《中小学管理》杂志的三个特点。

在《创新人才教育》第1期撰文《深化高中教育改革的四个关键点》，阐述了高中教育改革的四个关键点。

在《云南教育（视界时政版）》第1期撰文《均衡发展的实质是全面提高教育质量》，强调只有提高教育质量才能推动均衡发展。

在《当代教育家》第2期撰文《贺信》，表达了作者对大城市教科院发展联盟成立的祝贺。

在《中小学管理》第2期撰文《给生命涂上明亮的底色》，阐述了北京市第一师范附属小学快乐教育的理论与实践。

在《中小学管理》第3期撰文《多一点乡愁》，呼吁关注辍学儿童。

在《中小学管理》第4期撰文《五段教学法和五计分制》，阐述五段教学法和五计分制的起源和特征。

在《中小学管理》第6期的《期盼更好的教育：当前教育改革的趋势

与动向》，强调了"更加关注教育过程"的观点。

11月，在《中国教育研究》《当前教育改革的几个问题》中撰文《办知行统一的真教育》中，对我国教育改革中的四种脱节现象进行了阐述。

在《基础教育论坛》第3期撰文《把学习者当作中心》，强调课程改革要把学生作为中心。

在《中小学管理》第7期撰文《真情妙悟铸文章》，强调尊重教育是落实立德树人的重要途径。

在《北京教育（普教版）》第10期撰文《加强学校的安全教育》，阐述了如何加强安全教育。

在《中国教育学刊》第10期撰文《抓紧开展社会资源服务中小学的立法准备》，阐述了依法治教的重要性。

在《教育》第17期撰文《快乐是学生全面发展的基础》，强调心理健康是快乐教育的科学依据。

在《教学管理与教育研究》第20期撰文《未来课程发展的5个主要趋势》，阐述了课程未来发展的趋势。

在《教育》第34期撰文《新家风的传承与传递》，强调要重视家庭教育，建设现代化家风。

2018 年

受聘北京市学校德育研究会咨询专家、北京师范大学教育集团专家委员会副主任委员。

1月，在《决策参考》撰文《青少年道德教育困境与出路选择》，对我国青少年道德教育的突出问题和破解策略进行了阐述。

在《中国教师报》1月10日撰文《基础教育改革的八大走向》，从八个方面阐述了我国基础教育的未来发展趋势。

在《人民政协报》5 月 23 日撰文《重视科创课程，提高科技素养》，强调要重视 STEAM 课程，提高青少年科技素养。

在《人民政协报》11 月 22 日撰文《我国学前教育发展趋势》，阐述了学前教育发展的三个特点。

在《当代家庭教育报·中小学专刊》合刊第 956－958 期撰文《以良好的家风引领家教》，强调家庭教育要把家风建设放在第一位。

在《中小学管理》第 1 期撰文《在管理中体现价值导向》，对中小学管理应该处理的关系进行了阐述。

在《中小学管理》第 2 期撰文《办好每一所学校》，对学区制、集团化办学的作用进行了阐述。

在《中小学管理》第 3 期撰文《固本与创新》，对北京市海淀区实验小学赵璐玫校长团队的特点进行了分析。

在《未来教育家》第 1 期撰文《未来不再遥远——浅谈未来学校的模式》，呈现了未来学校的模式和特点。

在《今日教育》第 1 期撰文《未来学校的七个共同特点》，阐述了未来学校的七个共同特点。

在《北京教育(普教版)》第 4 期撰文《加强海洋意识教育势在必行》，认为加强海洋和海防教育是在补教育的短板。

在《江苏幼儿教育》第 4 期撰文《世界学前教育发展三趋势——在2018(苏州)亚洲幼教年会上的致辞》，阐释了学前教育的历史使命。

在《中小学管理》第 4 期《培养善于质疑的审辨能力》，强调培养质疑能力是培养思维能力的起点。

在《中小学管理》第 6 期撰文《让每个孩子享有公平而有质量的教

育》，建议通过四方面的努力让每个孩子享有公平而有质量的教育。

在《北京教育(普教版)》第 6 期撰文《让每个孩子享有公平而有质量的教育》，建议通过四方面的努力让每个孩子享有公平而有质量的教育。

在《中小学管理》第 7 期撰文《紧抓落实刻不容缓》，分析了大班额现象产生的原因。

在《中小学管理》第 8 期撰文《超常教育琐谈》，倡导应支持超常教育的研究和实验。

在《中华家教》第 8 期撰文《面对信息时代成长的孩子们》，强调要科学合理运用信息技术。

在《中小学管理》第 9 期撰文《借鉴 STEAM 教育理念的中国科创教材》，建议通过借鉴 STEAM 教育理念创新中国科创教材。

在《中小学管理》第 10 期撰文《融入·贯穿·围绕》，对习近平同志关于构建更高水平的教育体系的指示进行了解读。

在《中小学管理》第 11 期撰文《把火种点燃》，对朝阳区呼家楼中心小学马俊校长的 PDC 教育理念进行了阐释。

在《中小学管理》第 12 期撰文《促进学生个性全面和谐地发展——纪念苏霍姆林斯基诞辰 100 周年》。

在《人民教育》第 17 期撰文《未来不再遥远》，阐述了未来教育的三个重要因素。

在《教育》第 19 期撰文《基础教育改革的八大走向》，从八个方面阐述了我国基础教育的未来发展趋势。

在《教育》第 21 期撰文《改革必须发生在课堂上》，强调要认真研究教学，推动教学实验，总结教改经验。

在《教育家》第 32 期撰文《教育改革开放永远在路上》，阐述了改革开放对教育发展的重大影响。

在《幼儿教育》第 34 期撰文《谱写学前教育新篇章》，强调要推动学前教育健康发展。

在《教育家》第 48 期撰文《改革最终发生在课堂》，强调了课堂教学的重要性以及如何进行课堂教学改革。

2019 年

10 月，参加北京教育科学研究院组织的北京市幼儿园女园长协会座谈会，对新时代幼儿园办园工作进行阐述。

在《中小学管理》第 1 期撰文《童心教育的魅力》，阐释了首都师范大学附属小学宋继东校长的童心教育理念。

在《中小学管理》第 2 期撰文《"四声"课堂文化》，对中国人民大学附属小学郑瑞芳校长的教学理念进行了阐释。

在《中小学管理》第 3 期撰文《心中有担当脸上有微笑》，对"博雅教育"进行了解读。

在《中小学管理》第 5 期撰文《从培养"感觉"开始》，阐释了提高未来一代的科学素养的重要意义。

在《中小学管理》第 6 期撰文《参观英国布莱恩斯顿公学有感》，分享了作者参观英国布莱恩斯顿公学的经历。

在《中小学管理》第 7 期撰文《思维进阶课堂》，阐释了培养学生高阶思维能力的重要性。

在《中小学管理》第 8 期撰文《只问耕耘静待花开》，阐释了陈爱玉校长的办学理念。

在《中小学管理》第 9 期撰文《在迎接共和国诞生的日子里》，分享了作者参加开国大典的经历。

在《北京教育（普教版）》第 10 期撰文《伴随共和国成长》，介绍了《北京教育》杂志对北京教育的贡献。

《陶西平教育漫笔选集》（①《大家不同　大家都好》、②《在反思中创新》、③《涌动的潮流》、④《为生命而为》）由教育科学出版社出版。

11 月，在北京友谊医院住院期间给《中小学管理》杂志写下了一段话："我的教育追求就是实现教育过程的整体优化，谢谢大家，我还是那颗心。"

2020 年

在《北京教育（普教版）》第 2 期撰文《积极推动人工智能和教育深度融合》，强调通过人工智能与教育融合来改变教育。

5 月 19 日，病逝。

附录二 陶西平著作目录

公开发表的文章

序号	文章	来源
1	实现教学过程整体优化,积极推动首都普教改革	北京教育 1986 年第 8—9 期
2	破除陈旧观念 推进教育改革	学习与研究 1986 年第 10 期
3	发刊辞	中小学管理 1987 年第 1 期
4	对社会主义初级阶段普通教育发展战略的几点想法	人民教育 1988 年第 2 期
5	百年大计教育为本	学习与研究 1988 年第 3 期
6	深化教育改革提高教学质量	中小学管理 1988 年第 5 期
7	关于学校管理体制改革的思考	中小学管理 1989 年第 1 期
8	推进中小学整体改革 全面提高教育质量	中小学管理 1990 年第 4 期
9	加强与改进教学工作 要切实抓好三个环节	北京教育 1991 年第 3 期
10	学校教育的历史使命	中小学管理 1991 年第 6 期
11	中小学整体改革的若干问题	教育科学研究 1992 年第 1 期
12	为建设一支优秀的青年教师队伍而奋斗	北京教育 1992 年 3 期
13	建设一支德才兼备的青年教师队伍	中小学管理 1992 年第 5 期

序号	文章	来源
14	增加教育投入重在投入效益	人民教育 1992 年第 11 期
15	打好质量纵深战办好教育为人民	人民教育 1993 年第 1 期
16	增加教育投入重在提高效益	中小学管理 1993 年第 1 期
17	适应首都现代化建设需要积极发展高等教育	中国高等教育 1993 年第 2 期
18	全面推进农村教育综合改革	中小学管理 1993 年第 3 期
19	依法治教是落实教育战略地位的重要保证	中国教育学刊 1994 年第 2 期
20	当前教育评价工作中的几个问题	中小学管理 1994 年第 3 期
21	当前教育评价工作中的几个问题	北京教育 1994 年第 5 期
22	学习邓小平教育思想加快基础教育改革	中小学管理 1995 年第 6 期
23	该换换脑筋了！	光明日报 1995 年 2 月 20 日
24	新世纪教育的法律基础	中国教育报 1995 年 2 月 24 日
25	热情与期望——由皮格马利翁效应想到的	北京日报 1995 年 5 月 3 日
26	着眼未来着眼素质	中学时事报 1995 年 6 月 13 日
27	淡泊明志 宁静致远	北京日报 1995 年 7 月 5 日
28	在政府机构改革中教育督导工作只能加强不能削弱	北京教育 1995 年第 10 期
29	由"应试教育"向全面素质教育转变	北京教育 1996 年第 2 期
30	当前中学德育工作的发展趋势	中国教育学刊 1996 年第 4 期
31	高水平实施北京市中高层次紧缺人才培训工程	北京成人教育 1996 年第 4 期
32	素质教育与当前教育发展和改革	北京教育学院学报 1996 年第 4 期
33	由"应试教育"向全面素质教育转变	人民教育 1996 年第 10 期
34	发达的职业教育是建设现代化强国的必要条件	求是 1996 年第 22 期
35	向着高标准实施义务教育的目标前进——纪念《中华人民共和国义务教育法》及北京市实施办法施行十周年	北京教育 1997 年第 3 期
36	发达的职业教育是建设现代化强国的必要条件	前进论坛 1997 年第 5 期
37	依法治教开创职业教育新局面	北京日报 1997 年 11 月 17 日
38	加强立法推进民办教育健康发展	中小学管理 1998 年第 1 期

序号	文章	来源
39	认真贯彻实施职教法及本市实施办法进一步推动职教的改革与发展	北京教育 1998 年第 1 期
40	依法治档是档案事业发展的关键	北京档案 1998 年第 2 期
41	在"成人高校直接有效地为经济建设服务"研讨会上的讲话	首都财贸 1998 年第 3 期
42	加强教育科学研究推进全面素质教育	北京教育研究 1998 年第 3 期
43	在"三个面向"指引下推进全面素质教育	中国教育学刊 1998 年第 5 期
44	在"三个面向"指引下推进全面素质教育	北京高等教育 1998 年第 5 期
45	素质教育与当前的教育发展和改革(上)	中国学校体育 1998 年第 6 期
46	在"三个面向"指引下推进全面素质教育	中小学管理 1998 年第 11 期
47	促进开发利用完善档案管理	北京档案 1998 年第 12 期
48	素质教育与当前的教育发展和改革(下)	中国学校体育 1999 年第 1 期
49	发展形象思维推进全面素质教育	北京教育研究 1999 年第 4 期
50	随着时代脉搏跳动	北京教育研究 1999 年第 5 期
51	内强素质 外塑形象——教师节寄语	北京教育 1999 年第 9 期
52	留下思索的空间	当代家庭教育报 1999 年 11 月 20 日
53	拓展学校心理教育的空间	中小学管理 2000 年第 1 期
54	在北京学研究所第一次学术研讨会上的讲话	北京联合大学学报 2000 年第 1 期
55	方针必须坚定不移措施无比切实有效	人民日报 2000 年 2 月 16 日
56	增强德育的实效性——兼评《尊重·基础道德教育研究》	北京教育 2000 年第 3 期
57	培养负责任的下一代	中国民族教育 2000 年第 6 期
58	拓展学校心理教育的空间	人民教育 2000 年第 7 期
59	培养负责任的下一代	北京教育 2000 年第 10 期
60	既要热情又要冷静——在新时期北京师范大学附属实验中学教育发展暨王本中、张锦斋教育思想研讨会上的讲话	中小学管理 2001 年第 1 期
61	推进学校管理的现代化——祝贺北京市外事服务职业高中通过 ISO9001 国际质量体系认证	中小学管理 2001 年第 3 期

续表

序号	文章	来源
62	民办教育呼唤法治	中国青年报 2001 年 3 月 15 日
63	发展继续教育搞好协会工作迎接世纪挑战	继续教育 2001 年第 6 期
64	树立新的职业教育发展观	教育与职业 2001 年第 7 期
65	树立新的职业教育发展观	中国教育报 2001 年 7 月 23 日
66	树立新的职业教育发展观	职业技术教育 2002 年第 1 期
67	WTO 与中国教育	高教探索 2002 年第 2 期
68	"多元智能"理论值得借鉴	中小学管理 2002 年第 4 期
69	改进基础道德教育的成功尝试	北京教育（普教版）2002 年第 9 期
70	大力推进教育创新——学习江泽民同志在北师大百年校庆大会上的讲话	北京教育（普教版）2002 年第 10 期
71	重视开发学生的多元潜能	北京教育（普教版）2002 年第 11 期
72	要树立新的职业教育发展观	广西教育 2002 年第 33 期
73	以多元化推进基础教育的均衡发展	小康社会：创新与发展——2002 · 学术前沿论坛文集 2002 年
74	面向社会面向市场的成功尝试——在北京西城旅游职业教育集团成立 10 周年大会上的讲话	中小学管理 2003 年第 1 期
75	弘扬家庭的诚信美德	当代家庭教育报 2003 年 1 月 28 日
76	呼唤学校的"诚信文化"	北京教育（普教版）2003 年第 1 期
77	坚持教育创新加强与改进基础道德教育	思想 · 理论 · 教育 2003 年第 1 期
78	宝剑锋自磨砺出	北京教育（普教版）2003 年第 2 期
79	坚持教育创新加强与改进基础道德教育	思想政治课教学 2003 年第 2 期
80	谈优质教育的发展方式	中国教师 2003 年第 2 期
81	核心在于促进民办教育的发展	北京教育（普教版）2003 年第 3 期
82	推进基础道德教育要坚持教育创新	人民教育 2003 年第 3 期

序号	文章	来源
83	核心在于促进民办教育的发展	黄河科技大学学报 2003 年第 3 期
84	教育创新呼唤优质教育	科学咨询（教育科研）2003 年第 3 期
85	走出"二元体系"的困惑	北京教育（普教版）2003 年第 4 期
86	正确把握《民办教育促进法》的核心内容	黄河科技大学学报 2003 年第 4 期
87	要十分珍惜"优质教育资源"	北京教育（普教版）2003 年第 5 期
88	让失败率为零——《让失败为零》一书的自序	中小学管理 2003 年第 5 期
89	教育科研的创新使命	教育科学研究 2003 年第 5 期
90	呼唤学校的"诚信文化"	教育文汇 2003 年第 5 期
91	从"教育券"想到的	北京教育（普教版）2003 年第 6 期
92	引领激励探索	中国教育报 2003 年 7 月 5 日
93	民办高校现状新观察	新东方 2003 年第 8 期
94	提高信息素养 迎接新的挑战	中小学信息技术教育 2003 年第 9 期
95	莫使教育责任边缘化	北京教育（普教版）2003 年第 9 期
96	一份珍贵的新中国教育史料——《张承先回忆录》出版座谈会发言摘登	中国教育学刊 2003 年第 10 期
97	办学体制多元化的成功探索	北京教育（普教版）2003 年第 10 期
98	中国民办高等教育的发展趋势	科学中国人 2003 年第 10 期
99	要认认真真在"统"上下功夫	北京教育（普教版）2003 年第 11 期
100	重提家访	中国教育报 11 月 9 日
101	要带着感情抓好农村教育	北京教育 2003 年第 12 期
102	多元智能与课程改革	人民教育 2003 年第 17 期

续表

序号	文章	来源
103	职业教育研究要坚持与时俱进	中国职业技术教育 2003 年第 26 期
104	多元化是优质教育发展方式的必然选择	职业技术教育 2003 年第 24 期
105	序言	北京人才交流协会 2000、2001、2002 年获奖优秀学术研究成果汇编——人才市场的发展与创新. 2003 年
106	在北京自然科学界和社会科学界联席会议首次会议上的致辞	北京自然科学界和社会科学界联席会议首次会议文集. 2003 年
107	北京学研究必须关注北京的发展	北京联合大学学报(人文社会科学版)2004 年第 1 期
108	在反思中创新	北京教育(普教版)2004 年第 1 期
109	多元智能与课程改革	新课程研究(教育研究与实验)2004 年第 1 期
110	教育优质均衡发展的重要保证	教育科学研究 2004 年第 2 期
111	寻求适应素质教育需要的组织架构	北京教育(普教版)2004 年第 2 期
112	坚持弘扬和培育民族精神	北京教育(普教版)2004 年第 3 期
113	教师队伍建设要下真功夫	北京教育(普教版)2004 年第 4 期
114	正视"大班化"走向	北京教育(普教版)2004 年第 5 期
115	修改义务教育法应当关注的几个问题	基础教育参考 2004 年第 5 期
116	又逢"金榜"题名时	北京教育(普教版)2004 年第 6 期
117	当前北京继续教育应注意的问题	继续教育 2004 年第 6 期
118	把欢乐送给孩子们	现代教育报 2004 年 6 月 1 日
119	要十分珍惜"优质教育资源"	教育文汇 2004 年第 6 期

续表

序号	文章	来源
120	南开，一场伟大的教育实验	《毕业南开》纪念南开大学成立100周年成立大会论文集.2004年
121	《民办教育促进法》解读	学前教育研究2004年第7期
122	在学会合作中张扬个性	北京教育（普教版）2004年第8期
123	伴随着困惑的自豪——访皮尔森教育委员会	北京教育（普教版）2004年第9期
124	创设学校良好的外部环境	中国教育报2004年9月7日
125	培育高素质的校长队伍	中国教育报2004年9月7日
126	积累学校持续发展的动力	北京教育（普教版）2004年第10期
127	为"图钉式"人才打好基础	北京教育（普教版）2004年第11期
128	整合学校德育的骨干力量	北京教育（普教版）2004年第12期
129	在继承中创新	中国教育报2004年1月24日
130	也谈课堂教学的流畅性	北京教育（普教版）2005年第1期
131	为农村教育的发展提供体制保障	基础教育参考2005年第1期
132	德育流程：一个值得重视的探讨课题	北京教育（普教版）2005年第1期
133	引导人的生命发展方向	江西教育2005年第1期
134	以服务为宗旨，以就业为导向加强职业教育管理的研究	吉林工程技术师范学院学报2005年第1期
135	衡量一位好校长的五项指标	现代校长高参（吉林教育B版）2005年第1期
136	让教育更加和谐	北京教育（普教版）2005年第2期
137	以科学的发展观推进教育公平	基础教育参考2005年第3期
138	引领教育发展与改革的潮流——关于优质中学建设的几个问题	北京教育（普教版）2005年第3期

序号	文章	来源
139	为学前教育注入充沛的活力	基础教育参考 2005 年第 4 期
140	把教师集体建设成为和谐的团队	北京教育（普教版）2005 年第 4 期
141	不宜"一切"从简	山东教育（小学刊）2005 年第 4 期
142	需要实实在在的跨越	基础教育参考 2005 年第 5 期
143	不宜"一切"从简	北京教育（普教版）2005 年第 5 期
144	聚焦高考	基础教育参考 2005 年第 6 期
145	对评价进行再评价	北京教育（普教版）2005 年第 6 期
146	以服务为宗旨的管理体制建设与以就业为导向的管理创新	职业技术教育 2005 年第 6 期
147	民办教育在法治化的轨道上前进	第四届中国科学家教育家企业家论坛和 2005 南中国教育热点问题研讨会论文集
148	引导人的生命发展方向	基础教育参考 2005 年第 7 期
149	引导人的生命发展方向	中小学心理健康教育 2005 年第 8 期
150	教师的智慧	基础教育参考 2005 年第 8 期
151	教师的智慧——献给教师节	中小学心理健康教育 2005 年第 9 期
152	要做爬起来最快的人	北京教育（普教版）2005 年第 9 期
153	为课程改革取得新的进展而努力	基础教育参考 2005 年第 9 期
154	在法治化的轨道上前进	基础教育参考 2005 年第 10 期
155	墨西哥义务教育一瞥	北京教育（普教版）2005 年第 10 期
156	三个应当关注的问题	中国教育学刊 2005 年第 10 期
157	三个应当关注的问题	光明日报 2004 年 11 月 3 日
158	无尽的追求	基础教育参考 2005 年第 11 期

序号	文章	来源
159	维护职业教育的尊严	北京教育（普教版）2005年第11期
160	要更加注重教育公平	基础教育参考2005年第12期
161	不要"片面"不要"过重"——现阶段素质教育的务实追求	北京教育（普教版）2005年第12期
162	教师的智慧	江西教育2005年第20期
163	推动中国民办教育事业的合理转型	教育发展研究2005年第20期
164	推动中国民办教育合理转型	教育与职业2005年第22期
165	换一种眼光看教育	教书育人2005年第28期
166	借鉴多元智能理论：换一种眼光看教育	中国职业技术教育2005年第31期
167	北京市社会科学界联合会主席陶西平在"2005·学术前沿论坛"上的致辞	和谐社会：社会公正与风险管理——2005学术前沿论坛论文集（上卷）.2005年
168	维护职业教育的尊严	中国国际职业教育论坛文集.2005年
169	人品与学识同步卓越——高中教育的理性追求	基础教育参考2006年第1期
170	又是一年春草绿	教育与职业2006年第1期
171	这些是党委和政府应该做的	北京教育（普教版）2006年第1期
172	创造教育事业发展的良好生态	北京教育（普教版）2006年第1期
173	人本主义：教师教育促进教师专业化成长	今日教育2006年第1期
174	一个充满活力的研究领域	基础教育参考2006年第2期
175	关注教育科研中的"快文化"	北京教育（普教版）2006年第2期
176	加快区域教育的协调发展	中国教育报2006年2月12日
177	拓展学校教育的空间	基础教育参考2006年第3期
178	假如只给你半小时……	北京教育（普教版）2006年第3期
179	将美育融于学校教育全过程	基础教育参考2006年第4期

续表

序号	文章	来源
180	ESD——教育功能的新定位	北京教育（普教版）2006 年第 4 期
181	以积极作为完善教育督导制度	中国教育学刊 2006 年第 4 期
182	为形成民办教育和公办教育共同发展的格局而努力	浙江树人大学学报 2006 年第 4 期
183	加强与改进学校德育的必然要求	基础教育参考 2006 年第 5 期
184	学校建筑学的新课题	北京教育（普教版）2006 年第 5 期
185	呼唤中等职业教育新的腾飞	基础教育参考 2006 年第 6 期
186	培育学校良好的教育生态	中国教育报 2006 年 6 月 20 日
187	要树立规则意识	北京教育（普教版）2006 年第 6 期
188	少年强则国强	基础教育参考 2006 年第 7 期
189	不要"片面"不要"过重"——现阶段素质教育的务实追求	基础教育参考 2006 年第 7 期
190	关于青少年学生公民教育的若干思考	教育科学研究 2006 年第 7 期
191	树立科学的教师专业发展观	基础教育参考 2006 年第 8 期
192	迈开教育信息化的坚实步伐	基础教育参考 2006 年第 9 期
193	访日本青森明星学校	北京教育（普教版）2006 年第 9 期
194	书写更加光辉的篇章	基础教育参考 2006 年第 10 期
195	向着新的更高目标前进	北京教育（普教版）2006 年第 10 期
196	进一步推动民族教育事业的发展	基础教育参考 2006 年第 11 期
197	构建和谐的家校关系	北京教育（普教版）2006 年第 11 期
198	推进素质教育 促进社会和谐	中国教育报 2006 年 12 月 6 日
199	脑科学与教育	基础教育参考 2006 年第 12 期
200	首尔格瑞姆幼儿园	北京教育（普教版）2006 年第 12 期
201	加快民办高教转型推动民办教育进入主流行列	中国高等教育 2006 年第 12 期

序号	文章	来源
202	需要坚韧精神与务实态度	基础教育参考 2007 年第 1 期
203	理念需要体制保障	北京教育（普教版）2007 年第 1 期
204	以学习求发展	中国教育报 2007 年 1 月 12 日
205	从战地黄花想到的	中小学管理 2007 年第 1 期
206	教育应成为和谐社会的支柱	上海教育 2007 年第 1 期
207	关于学校管理创新的思考	吉林教育（现代校长）2007 年第 1 期
208	现代化进程中中学校长的使命——第二届中国中学校长大会主题报告	中国教育学刊 2007 年第 2 期
209	肩负起民办教育的社会责任	基础教育参考 2007 年第 2 期
210	爱满天下	中小学管理 2007 年第 2 期
211	日本东京目黑区市立第三中学印象	北京教育（普教版）2007 年第 2 期
212	为了每一位学生的发展	基础教育参考 2007 年第 3 期
213	创造良好的教师专业发展文化	北京教育学院学报 2007 年第 3 期
214	"特许"和"特色"	中小学管理 2007 年第 3 期
215	一切经过实验	北京教育（普教版）2007 年第 3 期
216	以创新成就理想	基础教育参考 2007 年第 4 期
217	千头万绪瘦身急	中小学管理 2007 年第 4 期
218	激情与理性——高中课改漫笔之一	北京教育（普教版）2007 年第 4 期
219	现代教育管理的技术基础	基础教育参考 2007 年第 5 期
220	塑造更好的自己	中小学管理 2007 年第 5 期
221	理想与现实——高中课改漫笔之二	北京教育（普教版）2007 年第 5 期
222	学校的效能	基础教育参考 2007 年第 6 期
223	教师应以学习求发展	江西教育 2007 年第 6 期
224	知快守慢	中小学管理 2007 年第 6 期

续表

序号	文章	来源
225	有识与有为——高中课改漫笔之三	北京教育（普教版）2007 年第 6 期
226	一元与三维——高中课改漫笔之四	北京教育（普教版）2007 年第 Z1 期
227	健康第一	基础教育参考 2007 年第 7 期
228	教师的专业情意	中小学管理 2007 年第 7 期
229	良好的文化：优质学校的标识	新课程（综合版）2007 年第 7 期
230	教师的幸福感	基础教育参考 2007 年第 8 期
231	陕北的教育风情	中小学管理 2007 年第 8 期
232	增强改革的紧迫感	基础教育参考 2007 年第 9 期
233	关注学生的心理感受	中小学管理 2007 年第 9 期
234	变化与进步——高中课程改革漫笔之五	北京教育（普教版）2007 年第 9 期
235	知心与知音	中小学管理 2007 年第 10 期
236	高中课改中的评价问题	基础教育参考 2007 年第 10 期
237	"大气成就大器"	北京教育（普教版）2007 年第 10 期
238	树立科学的教育公平观——学习胡锦涛总书记在全国优秀教师代表座谈会上的讲话	中国教育学刊 2007 年第 10 期
239	人格的魅力	中小学管理 2007 年第 10 期
240	静下心来教书　潜下心来育人	中国教育报 2007 年 10 月 16 日
241	树立积极的安全观	基础教育参考 2007 年第 11 期
242	创造良好的教师专业发展文化	中小学管理 2007 年第 11 期
243	"大家不同，大家都好"	中小学管理 2007 年第 11 期
244	关注教师的职业心态——学习胡锦涛总书记在优秀教师代表座谈会上的讲话	北京教育（普教版）2007 年第 11 期
245	学校持续健康发展的保证	基础教育参考 2007 年第 12 期
246	从"十一学校现象"想到的	北京教育（普教版）2007 年第 12 期
247	一项令人快乐的研究	中小学管理 2007 年第 12 期
248	静下心来教书　潜下心来育人	江西教育 2007 年第 24 期

序号	文章	来源
249	有识与有为	教育 2007 年第 27 期
250	关于素质教育的几个问题	第六届中国科学家教育家企业家论坛论文集. 2007 年
251	也谈"让每一面墙都说话"	中小学管理 2008 年第 1 期
252	当新年的钟声敲响	教育与职业 2008 年第 1 期
253	为了真正的教育公平	中小学管理 2008 年第 2 期
254	对"减负"瓶颈的再思考	中国教育学刊 2008 年第 3 期
255	谁是 Wang Wei?	中小学管理 2008 年第 3 期
256	营造教师发展"好生态"	课程教材教学研究（小教研究）2008 年第 3 期
257	示范性高中示范什么?	中国教育学刊 2008 年第 4 期
258	关注新的教研症状	中小学管理 2008 年第 4 期
259	要研磨学生	中小学管理 2008 年第 5 期
260	不用教科书的小学	中小学管理 2008 年第 5 期
261	营造教师发展"好生态"	幼儿教育 2008 年第 5 期
262	"不让一个孩子落伍"	中小学管理 2008 年第 6 期
263	面向"非理想"的学生	教育科学研究 2008 年第 7 期
264	期待着新的攀升	中小学管理 2008 年第 7 期
265	我国教育评价面临的问题与任务	教育科学研究 2008 年第 8 期
266	风采忠诚铸就	中小学管理 2008 年第 8 期
267	工具理性与价值理性的统一——关于深化课程改革、提高课堂教学质量的思考	中小学管理 2008 年第 9 期
268	"态度决定一切"	中小学管理 2008 年第 9 期
269	草原春意	中小学管理 2008 年第 10 期
270	在探索中前进	中小学管理 2008 年第 11 期
271	永不停跳的舞步	中小学管理 2008 年第 11 期
272	由"京菜文化"想到的	中小学管理 2008 年第 12 期
273	有学上、上好学与都上学	中国教育学刊 2009 年第 1 期
274	多一点系统思维	中小学管理 2009 年第 1 期

序号	文章	来源
275	光辉的教育人生	北京教育学院学报 2009 年第 1 期
276	坚实的脚步深刻的启示——改革开放三十年课程改革回顾	基础教育课程 2009 年第 1 期
277	给他们多一点偏爱	中小学管理 2009 年第 2 期
278	谈"习惯性保护"	中小学管理 2009 年第 2 期
279	静下心来教书潜下心来育人	人民教育 2009 年第 2 期
280	向素质教育的先驱致敬	中小学管理 2009 年第 3 期
281	陶西平：因材施教才是真正的公平	成才之路 2009 年第 3 期
282	素质教育就是培养好习惯	中小学管理 2009 年第 4 期
283	凝固了的理念美	中小学管理 2009 年第 5 期
284	教育有什么用？	中小学管理 2009 年第 6 期
285	普拉哈拉德公式	中小学管理 2009 年第 7 期
286	谈高中特色办学	中小学管理 2009 年第 8 期
287	给"多元"留下更大的空间	中小学管理 2009 年第 8 期
288	浓墨重彩的一笔	中小学管理 2009 年第 9 期
289	释放学习的力量	中小学管理 2009 年第 10 期
290	也谈教师的"批评权"	中小学管理 2009 年第 11 期
291	快乐英语人人唱——在北京市崇文区景泰小学校本课程现场会上的讲话	北京教育（普教版）2009 年第 11 期
292	要重视教育的实证研究	中小学管理 2010 年第 1 期
293	培养学生适应社会的能力	中小学管理 2010 年第 2 期
294	实现课业负担的有效减轻	中小学管理 2010 年第 3 期
295	杂感	当代家庭教育报 2010 年 3 月 16 日
296	加强统筹协调促进教育公平	光明日报 2010 年 3 月 24 日
297	多为孩子用点心思	中小学管理 2010 年第 4 期
298	在多元中立主导——坚持社会主义核心价值观的导向	中国德育 2010 年第 4 期
299	以"三个面向"为指针坚持不懈进行教育实验	北京教育（普教）2010 年第 5 期

序号	文章	来源
300	黛安·拉维奇的"逆转"	中小学管理 2010 年第 5 期
301	研究特级教师成长规律的独特价值	人民教育 2010 年第 5 期
302	教育创新要关注多元多样的世界教育状态	中国教育报 2010 年 5 月 25 日
303	教育的荒漠化	中小学管理 2010 年第 6 期
304	共同防患于未然	当代家庭教育报 2010 年 6 月 15 日
305	加强统筹协调促进教育公平	教育研究 2010 年第 7 期
306	树立科学的均衡发展观	中国教育学刊 2010 年第 7 期
307	机会公平之后	中小学管理 2010 年第 7 期
308	给"多元"留下更大的空间	教书育人 2010 年第 8 期
309	"鸟笼逻辑"	中小学管理 2010 年第 8 期
310	"庆祝失败"	中小学管理 2010 年第 9 期
311	家庭教育指导要科学化	家庭教育报 2010 年 10 月 5 日
312	让孩子有尊严	中小学管理 2010 年第 10 期
313	学与"被教"	中小学管理 2010 年第 11 期
314	走出国门的第一步——在国外的第一所中国国际学校	中小学管理 2010 年第 12 期
315	以先行先试扎实推进均衡发展	中国教育报 2010 年 12 月 5 日
316	为继续教育事业的更大发展而努力	北京教育学院学报 2010 年第 1 期
317	战地黄花分外香	小学语文教学 2010 年第 33 期
318	在第十二次北京学学术研讨会上的致辞	北京学研究文集. 2010 年
319	我国民办高等教育发展现状和未来	中国民办教育大典. 2010 年
320	到达最边缘	教育导刊 2011 年第 1 期
321	提升校长价值领导力的几个重要环节	中小学管理 2011 年第 1 期
322	学校幸福指数	中小学管理 2011 年第 1 期
323	敬畏教育规律 坚持不懈地探索教育规律	北京教育学院学报 2011 年第 1 期
324	《每一个孩子都是我的骄傲——霍懋征和她的学生们》序	语文建设 2011 年第 1 期

续表

序号	文章	来源
325	PISA 和"一无两有"	中小学管理 2011 年第 2 期
326	教育创新要关注多元多样现状	教书育人 2011 年第 2 期
327	我们需要"转化教育学"	中小学管理 2011 年第 3 期
328	以开放促发展　提高教育国际化水平	世界教育信息 2011 年第 4 期
329	大义、大气与大师	中小学管理 2011 年第 4 期
330	深化学校文化建设	中国教师报 2011 年 4 月 8 日
331	校长要做三件事——读《哈佛商业评论》一篇文章有感	中小学管理 2011 年第 5 期
332	对反思的反思	中小学管理 2011 年第 6 期
333	具有特殊意义的一项实验	北京教育(普教)2011 年第 6 期
334	高中教育改革：探索进行时	人民政协报 2011 年 7 月 29 日
335	又一盏小橘灯	中小学管理 2011 年第 7 期
336	"复兴始于教师"	中小学管理 2011 年第 8 期
337	万类霜天竞自由——普通高中多样化发展的走向	中小学管理 2011 年第 9 期
338	一场有意义的争论	中小学管理 2011 年第 10 期
339	推动普通高中多样化发展	中国教育学刊 2011 年第 11 期
340	霍懋征的大爱教育	中小学管理 2011 年第 11 期
341	幸福从哪里开始？	中小学管理 2011 年第 12 期
342	小学教育要减负提质	山西教育（管理）2011 年第 12 期
343	小学教育要淡化竞争减负提质	成才之路 2011 年第 29 期
344	促进民办教育在更高层次上的健康发展	中国教育报 2011 年 11 月 3 日
345	小学教育要淡化竞争减负提质	中国教育报 2011 年 11 月 4 日
346	在第十三次北京学学术研讨会上的讲话	北京学研究 2011：北京线性文化遗产保护与传承. 2011 年
347	万类霜天竞自由——谈普通高中多样化发展	北京教育(普教)2012 年第 1 期
348	呼唤"有效作业"	中小学管理 2012 年第 1 期
349	重新认识基础教育"独立价值"	中国教育学刊 2012 年第 1 期
350	谈"精致教育"	中小学管理 2012 年第 2 期

续表

序号	文章	来源
351	"复兴始于教师"	基础教育论坛 2012 年第 2 期
352	用音乐改变人生——委内瑞拉"音乐救助体系"的启示	中小学管理 2012 年第 3 期
353	一所创造幸福的学校	中国教育报 2012 年 3 月 18
354	紧紧抓住面向全体这个大方向	中国教育报 2012 年 3 月 25 日
355	教育必须坚持引导青少年正确价值观	中国教育学刊 2012 年第 4 期
356	小"芝麻"和大"茶馆"	中小学管理 2012 年第 4 期
357	最好的未来——一种视角改变着教育	北京教育学院学报 2012 年第 4 期
358	对"减负"瓶颈的再思考	辽宁教育 2012 年第 4 期
359	异化的质量监测损害教育	中国教育报 2012 年 4 月 5 日
360	回归基础教育的"本位价值"	中小学管理 2012 年第 5 期
361	可贵的启示	北京广播电视大学学报 2012 年第 5 期
362	教育公平在古巴	中小学管理 2012 年第 5 期
363	我国流动儿童教育问题的制约因素和政策出路	教育科学研究 2012 年第 5 期
364	小学教育要淡化竞争　减负提质	辽宁教育 2012 年第 6 期
365	可贵的有差别教学	中小学管理 2012 年第 6 期
366	扎实推进义务教育均衡发展	北京教育(普教)2012 年第 7 期
367	一项难能可贵的研究	中小学管理 2012 年第 7 期
368	推进义务教育均衡发展务求实效	中国教育报 2012 年 7 月 9 日
369	提高班级活动的组织水平	中小学管理 2012 年第 8 期
370	小学教育要淡化竞争减负提质	基础教育论坛 2012 年第 8 期
371	构建以学生为主体、价值为导向的课堂文化	中小学管理 2012 年第 9 期
372	为理解而教	中小学管理 2012 年第 9 期
373	基础教育的"独立价值"和新课程改革	辅导员 2012 年第 9 期
374	没有爱就没有教育——学习教育家霍懋征	现代教育报 2012 年 9 月 10 日
375	让学生学会"说"	中小学管理 2012 年第 10 期
376	返璞归真	中小学管理 2012 年第 11 期
377	推动普通高中多样化发展	基础教育论坛 2012 年第 11 期

序号	文章	来源
378	学有所教让人民满意	《现代教育报》2012 年 11 月 16 日
379	没有问题是最大的问题	中小学管理 2012 年第 12 期
380	基础教育的价值是育人不是选拔	基础教育论坛 2012 年第 14 期
381	异化的质量监测损害教育	基础教育论坛 2012 年第 20 期
382	"云教育"探索的起步	基础教育参考 2012 年第 21 期
383	回归基础教育的"本位价值"	基础教育论坛 2012 年第 23 期
384	重新认识基础教育的"独立价值"	辅导员 2012 年第 27 期
385	幸福教育离师生并不遥远	基础教育论坛 2012 年第 27 期
386	推进义务教育均衡发展求实效	教书育人 2012 年第 32 期
387	还童年以欢乐——当代小学校长的历史责任	基础教育论坛 2012 年第 33 期
388	令人感动的攻坚之举	中小学管理 2013 年第 1 期
389	好望角以北的教育	中小学管理 2013 年第 2 期
390	我国青少年道德教育困境与出路选择	教育科学研究 2013 年第 3 期
391	倡导教育的"微创新"	中小学管理 2013 年第 3 期
392	情境教育对中国传统教育弊端的挑战	人民教育 2013 年第 3 期
393	创造美的教育——谈加强学校美育的问题	中国德育 2013 年第 3 期
394	"大师之问"与"大师之答"——钱学森"大成智慧学"与基础教育改革	中小学管理 2013 年第 4 期
395	迎接教育信息化的挑战	中小学管理 2013 年第 4 期
396	基础教育是为人的发展打基础的教育	人民政协报 2013 年 4 月 10 日
397	意大利的艺术高中	中小学管理 2013 年第 5 期
398	推进义务教育均衡发展求实效	辽宁教育 2013 年第 6 期
399	21 世纪的校长和教师与过去有何不同?	中小学管理 2013 年第 6 期
400	把握"国学教育"的精髓	中小学管理 2013 年第 6 期
401	课程整合:走向综合化的课程改革	中小学管理 2013 年第 7 期
402	开展"微创新"评价	中小学管理 2013 年第 7 期
403	民办教育要有"三只眼"	辽宁教育 2013 年第 8 期
404	难能可贵的"坚守童真"	中小学管理 2013 年第 8 期

续表

序号	文章	来源
405	道德教育：国际交流中的共识与分歧	中小学管理 2013 年第 9 期
406	对现代学校制度建设几个问题的思考	中小学管理 2013 年第 10 期
407	倡导"零起点"教学	中小学管理 2013 年第 10 期
408	在"三个面向"指引下前进——纪念邓小平"三个面向"题词 30 周年	中国教育学刊 2013 年第 11 期
409	未来科技与未来教育	中小学管理 2013 年第 11 期
410	由两节课引发的思考	中小学管理 2013 年第 11 期
411	志愿者行动：立德树人的有效实践	中小学管理 2013 年第 12 期
412	构建和谐的家校关系	基础教育论坛 2013 年第 14 期
413	异化的质量监测损害教育	辽宁教育 2013 年第 16 期
414	面对挑战的世界教育	基础教育论坛 2013 年第 30 期
415	民办教育要有"三只眼"	基础教育论坛 2013 年第 35 期
416	琐忆拾零	中小学管理 2014 年第 1 期
417	钱学森之问与基础教育改革	创新人才教育 2014 年第 1 期
418	一个"敢为天下先"的"草根教育家"	基础教育论坛 2014 年第 1 期
419	海淀教育，聚是一团火，散是满天星	未来教育家 2014 年第 1 期
420	涌动的国际高等教育变革潮流	北京广播电视大学学报 2014 年第 2 期
421	爱我所爱，无怨无悔	中小学管理 2014 年第 2 期
422	用制度保障促教育公平	人民日报 2014 年 2 月 27 日
423	涌动的潮流——关注当代世界教育改革的动向	世界教育信息 2014 年第 2 期
424	多样化发展与规范化治理的统一——基础教育良性发展的途径	中小学管理 2014 年第 3 期
425	对试行学区制的几点思考	中小学管理 2014 年第 3 期
426	让人民选择——引导与服务选择性教育需求	人民教育 2014 年第 3 期
427	让人民选择：选择性教育的需求引导与服务	浙江树人大学学报（人文社会科学版）2014 年第 3 期
428	"翻转课堂"与"生成课程"	中小学管理 2014 年第 4 期
429	对城乡教育一体化与城乡发展一体化的思考	教育与教学研究 2014 年第 4 期
430	义务教育制度化建设的重要举措	基础教育参考 2014 年第 5 期

续表

序号	文章	来源
431	关于集团化办学的思考	中小学管理 2014 年第 5 期
432	从一次世界性比赛想到的	中小学管理 2014 年第 6 期
433	直面"影子教育系统"	中小学管理 2014 年第 7 期
434	涌动的潮流——关注当代世界教育教学改革新动向	人民教育 2014 年第 7 期
435	让学校充满活力	中小学管理 2014 年第 8 期
436	聚焦"北京 2014 教育督导与评价"研讨会建设良好教育生态让基层充满活力	北京教育（普教版）2014 年第 9 期
437	把握教学改革的平衡点	中小学管理 2014 年第 9 期
438	从只看"冷冰冰的分"到关注"活生生的人"	中国教育报 2014 年 9 月 6 日
439	不懈的追求	中国教育报 2014 年 9 月 14 日
440	中小学校管理与评价的基础性建设	教育策划与管理 2014 年第 9 期
441	用制度保障促教育公平	辽宁教育 2014 年第 10 期
442	坐看云起时	中小学管理 2014 年第 10 期
443	探析公立学校权利边界	中国教育报 2014 年 10 月 9 日
444	俄罗斯教育一瞥	中小学管理 2014 年第 11 期
445	定力·根本·担当	中小学管理 2014 年第 12 期
446	以人为本的教育观	考试（理论实践）2014 年第 12 期
447	对现代学校制度建设几个问题的思考	基础教育论坛 2014 年第 14 期
448	学校教育应有法治思维	人民教育 2014 年第 24 期
449	中小学校管理与评价的基础性建设——评《中小学校管理评价》	辽宁教育 2014 年第 24 期
450	从只看冷冰冰的分到关注活生生的人	上海教育 2014 年第 27 期
451	让学校充满活力	基础教育论坛 2014 年第 32 期
452	2015 让教育人生更有意义	现代教育报 2015 年 1 月 5 日
453	教育家与教育家精神	北京教育（普教版）2015 年第 1 期
454	共同放飞中国梦	中国民族教育 2015 年第 1 期
455	教育现代化的核心是人的现代化	中小学管理 2015 年第 1 期

续表

序号	文章	来源
456	韩国济州农村学校印象	中小学管理 2015 年第 1 期
457	大家不同，大家都好	基础教育论坛 2015 年第 1 期
458	不懈的追求——当代中国民办教育家的历史使命	基础教育论坛 2015 年第 1 期
459	教育改革要经得起历史的检验	基础教育论坛 2015 年第 1 期
460	教育家和教育家精神	未来教育家 2015 年第 1 期
461	促进学校的特色教育	考试 2015 年第 1 期
462	让多元文化教育生动起来	中国民族教育 2015 年第 2 期
463	告别排浪式的教育改革	中小学管理 2015 年第 2 期
464	2015 让教育人生更有意义	基础教育论坛 2015 年第 2 期
465	引领新常态，深化教育的科学研究	创新人才教育 2015 年第 3 期
466	呼唤学校管理流程重构	中国民族教育 2015 年第 3 期
467	走科学化的中国幼儿教育道路——纪念教育家陈鹤琴先生	北京广播电视大学学报 2015 年第 4 期
468	有一种精神叫教育家精神	课程教材教学研究 2015 年第 5 期
469	意识形态与人格培养	中小学管理 2015 年第 5 期
470	可持续发展教育十年——成果、挑战及发展方向	世界教育信息 2015 年第 5 期
471	办知行统一的真教育	生活教育 2015 年第 5 期
472	可贵的探索	中国教师 2015 年第 7 期
473	走科学化的中国幼儿教育道路	人民政协报 2015 年 8 月 2 日
474	学校教育应有法治思维	辽宁教育 2015 年第 8 期
475	新常态·新挑战：探索教师专业发展的新路径	中小学管理 2015 年第 8 期
476	适应新常态迎接新挑战——加强教育督导工作的科学研究	北京教育（普教版）2015 年第 8 期
477	学校教育应有法治思维	基础教育论坛 2015 年第 8 期
478	"向上"与"向善"	中小学管理 2015 年第 9 期
479	民族地区双语教育的战略意义	中国民族教育 2015 年第 10 期

续表

序号	文章	来源
480	20 年，不寻常	北京教育（普教版）2015 年第 10 期
481	学校教育应有法治思维	考试 2015 年第 10 期
482	且行且思·且思且行	中小学管理 2015 年第 12 期
483	没有谁可以去培养另一个人成为教育家	考试 2015 年第 13 期
484	学校教育应有法治思维	考试 2015 年第 22 期
485	告别排浪式的教育改革	教育 2015 年第 23 期
486	对优秀人才早期培养的成功探索	上海教育 2015 年第 28 期
487	"向上"与"向善"	基础教育论坛 2015 年第 35 期
488	跨上义务教育均衡发展的新高度	中国教育报 2015 年 11 月 27 日
489	云时代在线教育三大争论焦点待解	《师陶学刊》2015 年 12 期
490	引领新常态，深化教育的科学研究	中国教育学刊 2016 年第 1 期
491	坚定信心深入思考推动高中教育改革与发展	创新人才教育 2016 年第 1 期
492	直面挑战攻坚克难	未来教育家 2016 年第 1 期
493	21 世纪课程议程：背景、内涵与策略	比较教育研究 2016 年第 2 期
494	《每一个学生都成功法》七人谈	华东师范大学学报（教育科学版）2016 年第 2 期
495	提高质量：义务教育均衡发展的主题	光明日报 2016 年 2 月 23 日
496	迈出义务教育均衡发展的有力步伐	光明日报 2016 年 2 月 23 日
497	均衡发展的实质是全面提高教育质量	中国教育报 2016 年 2 月 25 日
498	职业教育和民办教育需要更多尊重	光明日报 2016 年 3 月 8 日
499	教师信息素养是关键	中国教师报 2016 年 3 月 9 日
500	跨上义务教育均衡发展的新高度	辽宁教育 2016 年第 4 期
501	学生发展核心素养与课程改革	创新人才教育 2016 年第 4 期
502	教育的一盏灯和一条路	教育 2016 年第 4 期
503	优秀传统与时代精神的结合	未来教育家 2016 年第 4 期
504	教育信息化是教育现代化的重要标志	中国多媒体与网络教学学报（电子版）2016 年第 4 期
505	传承以守正变革以出新	中小学管理 2016 年第 6 期

序号	文章	来源
506	提升民办教育品质，推动教育供给侧结构性改革	教育与职业 2016 年第 7 期
507	面向未来基础教育改革的目标和途径	中小学管理 2016 年第 8 期
508	在交流与借鉴中创新——《每一个学生成功法》与《反思教育》	未来教育家 2016 年第 8 期
509	人文主义的教育价值观——评《反思教育：向"全球共同利益"的理念转变》	人民政协报 2016 年 8 月 3 日
510	在交流与借鉴中创新	人民政协报 2016 年 8 月 3 日
511	新时代教育改革的壮丽画卷——从情境教学到情境教育	中国教育学刊 2016 年第 10 期
512	提高质量是义务教育均衡发展的主题	辽宁教育 2016 年第 10 期
513	促进普惠性民办幼儿园高质量发展	人民政协报 2016 年 10 月 26 日
514	未来教育 人文当先	现代教育报 2016 年 11 月 9 日
515	面向未来的主张和行动	中小学管理 2016 年第 11 期
516	把学生放在正中央——北京教育综合改革的价值观	人民教育 2016 年第 16 期
517	好的教育能够促使所有学生全面发展	教学管理与教育研究 2016 年第 22 期
518	引领课程改革的理论创新	教育家 2016 年第 36 期
519	21 世纪课程议程：背景、内涵与策略	吉林教育 2016 年第 36 期
520	面向未来基础教育改革的目标和途径	基础教育论坛 2016 年第 36 期
521	亲历与推动	中小学管理 2017 年第 1 期
522	深化高中教育改革的四个关键点	创新人才教育 2017 年第 1 期
523	均衡发展的实质是全面提高教育质量	云南教育（视界时政版）2017 年第 1 期
524	给生命涂上明亮的底色	中小学管理 2017 年第 2 期
525	贺信	当代教育家 2017 年第 2 期
526	多一点乡愁	中小学管理 2017 年第 3 期
527	把学习者当作中心	基础教育论坛 2017 年第 3 期
528	五段教学法和五计分制	中小学管理 2017 年第 4 期
529	义务教育向更高水平迈进	中国教师报 2017 年 6 月 7 日

续表

序号	文章	来源
530	期盼更好的教育：当前教育改革的趋势与动向	中小学管理 2017 年第 6 期
531	真情妙悟铸文章	中小学管理 2017 年第 7 期
532	加强学校的安全教育	北京教育（普教版）2017 年第 10 期
533	抓紧开展社会资源服务中小学的立法准备	中国教育学刊 2017 年第 10 期
534	增强价值观教育的自觉性	现代教育报 2017 年 11 月 17 日
535	快乐是学生全面发展的基础	教育 2017 年第 17 期
536	未来课程发展的 5 个主要趋势	教学管理与教育研究 2017 年第 20 期
537	新家风的传承与传递	教育 2017 年第 34 期
538	在管理中体现价值导向	中小学管理 2018 年第 1 期
539	基础教育改革的八大走向	中国教师报 2018 年 1 月 10 日
540	未来不再遥远——浅谈未来学校的模式	未来教育家 2018 年第 1 期
541	未来学校的七个共同特点	今日教育 2018 年第 1 期
542	办好每一所学校	中小学管理 2018 年第 2 期
543	固本与创新	中小学管理 2018 年第 3 期
544	加强海洋意识教育势在必行	北京教育（普教版）2018 年第 4 期
545	世界学前教育发展三趋势——在 2018（苏州）亚洲幼教年会上的致辞	江苏幼儿教育 2018 年第 4 期
546	培养善于质疑的审辨能力	中小学管理 2018 年第 4 期
547	重视科创课程，提高科技素养	人民政协报 2018 年 5 月 23 日
548	让每个孩子享有公平而有质量的教育	中小学管理 2018 年第 6 期
549	让每个孩子享有公平而有质量的教育	北京教育（普教版）2018 年第 6 期
550	紧抓落实刻不容缓	中小学管理 2018 年第 7 期
551	超常教育琐谈	中小学管理 2018 年第 8 期
552	面对信息时代成长的孩子们	中华家教 2018 年第 8 期
553	借鉴 STEAM 教育理念的中国科创教材	中小学管理 2018 年第 9 期
554	融入·贯穿·围绕	中小学管理 2018 年第 10 期

续表

序号	文章	来源
555	把火种点燃	中小学管理 2018 年第 11 期
556	我国学前教育发展趋势	人民政协报 2018 年 11 月 22 日
557	促进学生个性全面和谐地发展——纪念苏霍姆林斯基诞辰 100 周年	中小学管理 2018 年第 12 期
558	未来不再遥远	人民教育 2018 年第 17 期
559	基础教育改革的八大走向	教育 2018 年第 19 题
560	改革必须发生在课堂上	教育 2018 年第 21 期
561	教育改革开放永远在路上	教育家 2018 年第 32 期
562	谱写学前教育新篇章	幼儿教育 2018 年第 34 期
563	改革最终发生在课堂	教育家 2018 年第 48 期
564	谱写学前教育新篇章	今日教育(幼教金刊)2019 年第 2 期
565	"语文·戏剧"大有可为	小学语文教学 2019 年第 21 期
566	童心教育的魅力	中小学管理 2019 年第 1 期
567	"四声"课堂文化	中小学管理 2019 年第 2 期
568	心中有担当脸上有微笑	中小学管理 2019 年第 3 期
569	从培养"感觉"开始	中小学管理 2019 年第 5 期
570	参观英国布莱恩斯顿公学有感	中小学管理 2019 年第 6 期
571	思维进阶课堂	中小学管理 2019 年第 7 期
572	只问耕耘静待花开	中小学管理 2019 年第 8 期
573	在迎接共和国诞生的日子里	中小学管理 2019 年第 9 期
574	伴随共和国成长	北京教育(普教版)2019 年第 10 期
575	积极推动人工智能和教育深度融合	北京教育(普教版)2020 年第 2 期

专著

序号	专著	出版年度	出版社
1	《让失败率为零——教育整体改革的思考与实践》	2003 年	人民教育出版社

续表

序号	专著	出版年度	出版社
2	《一路走来——陶西平教育漫笔》	2006 年	京华出版社
3	《追梦人：陶西平教育漫笔》	2008 年	人民教育出版社
4	《沉浸于求索之中：陶西平自选集》	2014 年	首都师范大学出版社
5	"陶西平教育漫笔选集"丛书 ①《大家不同 大家都好》 ②《在反思中创新》 ③《涌动的潮流》 ④《为生命而为》）	2019 年	教育科学出版社

编著

序号	编著	出版年度	出版社
1	《启动学校内部活力的理论与实践》	1990 年	北京教育出版社
2	《北京市普通教育年鉴（1949—1991）》	1992 年	北京出版社
3	《实用中小学校长工作方法大典》	1993 年	人民日报出版社
4	《从这里起步——北京市优秀教师教学方法精粹》	1997 年	北京教育出版社
5	《教育评价词典》	1998 年	北京师范大学出版社
6	《中国民办教育发展报告（2003—2009）》	2010 年	上海人民出版社

图书在版编目(CIP)数据

陶西平教育思想研究 / 方中雄,杜玲玲著. —北京:北京师范
大学出版社,2024.5
ISBN 978-7-303-29739-9

Ⅰ.①陶… Ⅱ.①方… ②杜… Ⅲ.①陶西平(1935—2020)
—教育思想—研究 Ⅳ.①G40—092.7

中国国家版本馆 CIP 数据核字(2024)第 019268 号

营 销 中 心 电 话 010-58805385
北 京 师 范 大 学 出 版 社
主题出版与重大项目策划部

出版发行:北京师范大学出版社　www.bnupg.com
　　　　　北京市西城区新街口外大街 12-3 号
　　　　　邮政编码:100088
印　　刷:北京盛通印刷股份有限公司
经　　销:全国新华书店
开　　本:730 mm×980 mm　1/16
印　　张:32.5
字　　数:400 千字
版　　次:2024 年 5 月第 1 版
印　　次:2024 年 5 月第 1 次印刷
定　　价:139.00 元

策划编辑:禹明超　　　　责任编辑:禹明超
美术编辑:王齐云　　　　装帧设计:王齐云
责任校对:陈　民　　　　责任印制:马　洁　赵　龙